普通高等教育经济与管理类规划教材

现代公共关系学

（第2次修订本）

郗龙珠　主编

清华大学出版社
北京交通大学出版社
·北京·

内容简介

公共关系是社会组织运用传播沟通媒介，促进组织与相关公众之间的双向了解、理解、信任与合作，从而为组织树立良好的公众形象的管理活动。而公共关系学就是专门研究社会组织与其相关公众相互作用、相互协调、彼此合作的规律性及工作技法的一门学科。

本书共18章，分为5大板块。第1板块包括两章，分别介绍了公共关系的含义、职能、基本原则及公共关系的历史沿革；第2板块包括三章，从公共关系的三大要素出发，对公共关系的基本原理作了全面的阐释；第3板块包括四章，主要介绍公共关系的流程，涉及公共关系的调查、策划、实施、评估四个环节；第4板块包括五章，分别解析了公共关系的活动模式、公共关系的专题活动、公共关系危机处理及公共关系若干传播操作技巧；第5板块包括四章，分别从企业、非营利组织、政府三个角度对其公共关系进行分析，并对当下正热的国际公共关系作了介绍。全书结构严谨，内容实用。

本书可作为高等院校公共管理、经济管理、企业管理、人力资源管理及市场营销等相关专业的教学用书，也可作为各类成人教育或培训的教材，还可作为对公共关系学有兴趣的读者的入门读物。

图书在版编目（CIP）数据

现代公共关系学 / 鄢龙珠主编. — 北京：清华大学出版社；北京交通大学出版社，2011.4（2020.12 修订）

（普通高等教育经济与管理类规划教材）

ISBN 978-7-5121-0540-9

Ⅰ. ①现…　Ⅱ. ①鄢…　Ⅲ. ①公共关系学-高等学校-教材　Ⅳ. ①C912.3

中国版本图书馆 CIP 数据核字（2011）第 055809 号

策划编辑：解　坤　张兆辉

责任编辑：解　坤

出版发行：清 华 大 学 出 版 社　　邮编：100084　　电话：010-62776969

北京交通大学出版社　　邮编：100044　　电话：010-51686414

印 刷 者：艺堂印刷（天津）有限公司

经　　销：全国新华书店

开　　本：185×230　　印张：23.5　　字数：527 千字

版　　次：2011 年 5 月第 1 版　　2020 年 12 月第 2 次修订　　2020 年 12 月第 9 次印刷

书　　号：ISBN 978-7-5121-0540-9/C · 103

印　　数：14 001 ～ 15 000 册　　定价：58.00 元

本书如有质量问题，请向北京交通大学出版社质监组反映。对您的意见和批评，我们表示欢迎和感谢。

投诉电话：010-51686043，51686008；传真：010-62225406；E-mail：press@bjtu. edu. cn。

前言

中国公共关系自20世纪80年代中期起步，从无到有，走过引入期、虚热期，现进入了理性发展期，二十多年的发展历程清晰地呈现了其逐渐融入世界的价值轨迹。

随着我国现代化步伐的加快，政治民主化、经济市场化、信息全球化以越来越强劲的势态影响着我们的社会生活，各类组织所处的环境更加复杂多变，公共关系也越来越成为组织生存和发展的重要工具。没有公共关系能力的企业，不可能赢得社会公众的信赖而取得市场竞争的主动权；没有公共关系意识的机构、社团、事业单位及政府不可能成为优秀的组织，也不能很好地完成为大众服务的职能。所以，作为专门研究社会组织与其相关公众相互作用、相互协调、彼此合作的规律性及工作技法的一门科学，公共关系学正受到社会各界越来越多的重视。近年来，中国政府公共外交水平的不断提高，进一步推动了公共关系在中国的发展。2008年北京奥运会、2010年上海世博会也极大地激发了公共关系服务市场的全面发展。

二十多年来，为了适应我国的开放与发展需要，全国各地各高校相继开设了公共关系的本、专科专业，以及公共关系硕士生和博士生研究方向。各高校在教学内容、教学手段、教学方法、考核方式等方面都取得了可喜成果，积累了丰富的经验。但是伴随着高等教育的大众化、教育的消费化时代的到来，大学生就业压力更大、面临的职业挑战更加严峻，他们希望所学知识能够直接指导其工作实际。然而，现行的公关教学却与之有不少差距。其中，作为教学工具的公关教科书与人们的新期望也存在一定的差距。

鉴于当今社会发展的需要及读者的特点，本书突出基础理论知识的应用和实践技能的培养，在兼顾理论和实务内容的同时，避免“全”而“深”的面面俱到。基础理论以应用为目的，以必要、管用为尺度，尽量容纳新知识和新方法。实务部分侧重介绍一些常用的或重要的专题活动及其操作技巧，以实用、可操作为原则。为此，我们对教科书的体例编排进行了一些新的尝试：除了在每章开宗明义点明“本章学习目标”，使学习者明了该章的学习任务外，各章后面都附有“相关知识链接”，以拓宽学习者的视野，同时增强学习的趣味性；“案例点评”则精选相关案例，在点评中展示公关理论的实际运用，示范运用所学知识分析问题、解决问题的方法；“思考题”的设计促使学习者思考和梳理所学内容，有助于他们扎实掌握相关知识点；“案例讨论题”则选择典型的案例并提出相应的问题，有助于学习者掌握思考的方法，提高他们学以致用的能力。这一体例设计也便于授课教师的备课、讲授及授课效果的测评。

本书由福建师范大学鄢龙珠担任主编，参编人员及其具体分工如下：鄢龙珠制定全书的写作大纲并撰写第1、2、5、10章；福建师范大学魏毅君撰写第3、4、12章；福建师范大学邢雯撰写第6～9章；福建师范大学张伟志撰写第11、13、14章；福建师范大学张在海撰写第15～18章。全书由张伟志校稿，由主编鄢龙珠审阅定稿。

在本书的写作过程中，我们学习、借鉴和参考了国内外专家、学者的著作、教材和论文，并引用了其中的一些资料，在此谨向有关作者致以诚挚的谢意。

本书的出版得到了北京交通大学出版社的大力支持，解坤编辑为本书出版付出了辛勤劳动，在此一并表示衷心的感谢。

由于我们水平有限，书中不妥和疏漏之处在所难免，诚盼同行专家的指导，欢迎广大读者批评指正。

编　者

2011年3月

目录

第1章

公共关系导论

本章学习目标

通过本章学习，掌握公共关系的含义、构成要素和特征；理解公共关系的功能和原则；能够辨识与公共关系相关的学科概念，把握公共关系概念的特殊性；熟悉公共关系学的学科特点。

公共关系是现代社会的产物。随着市场经济和传播技术的发展，公共关系越来越成为现代社会的一种普遍现象，并被赋予了越来越多的内容。人们对它的研究也越来越深入。作为一门学科的公共关系学正是在此基础上产生的。

1.1 公共关系的含义

1.1.1 公共关系概念的引出

“公共关系”简称“公关”，译自英文 Public Relations，缩写为 PR。Public Relations 最早出现于 1807 年美国《韦氏新九版大学辞典》中。其中，Public 可译作“公开的、公共的”，也可译为“公众”；Relations 则译为“关系”。因此，其中文表述可称“公共关系”，也可称为“公众关系”。随着历史的推移，英文 Public Affairs，Public Communication 也被译为公共关系。

中文中的“公共关系”也是多义词，因此，对公共关系含义的理解和定义的表述也必然是多层次的。这一概念至少有几层含义，举例如下。

① 北海饭店的公共关系不错。（指静态评价）

② 张三是干公关的。（指职业）

③ 李四是学公关的。（指学科或专业）

④ 王五很有公关头脑。（指观念意识）

⑤ 刘老师写了本《公共关系》。(指公关理论)

⑥ 尼克松下台是公共关系的失败。(指形象和舆论环境)

⑦ A 公司赞助希望小学是在搞公关。(指活动、专项活动)

归纳起来，公共关系这个概念至少有以下五层含义。

(1) 公共关系是一种状态。从纵向的历史角度看，它与人类组织和群体活动相伴随，源远流长；从横向的社会角度看，任何性质的组织机构都处在某种公共关系状态中。因此，“公共关系”是一种客观的社会现象，是不以人的意志为转移的：不管人们认识还是不认识、承认还是不承认、喜欢还是不喜欢，公共关系作为一种社会状态总是客观存在的，早在“公共关系”这个概念出现之前它就存在了。

(2) 公共关系是一种活动。当人们逐步认识到外界关系的重要性，并主动去调整这种关系时，就从事公共关系的活动。公共关系活动不是现代才有的。自古以来，人们为着某种经济目的、政治目的、军事目的、文化目的而从事相关的经济活动、政治活动、军事活动、文化活动的同时，也在自觉或不自觉地从事着某种公共关系活动，即设法争取别人对自己的了解和支持。这种活动开展得好不好往往直接影响着人们各种具体目标的实现。在现代社会尤其如此，人们日益将公关活动视作事业成功的重要手段。

(3) 公共关系是一种职业。1903 年，艾维·李创立宣传事务所，以收费的形式为企业进行公关策划，公关职业由此正式诞生，艾维·李也被誉为“公共关系之父”。

(4) 公共关系是一门学科。1923 年，著名公关教育家、实践家爱德华·伯纳斯出版了世界上第一本公关专著《舆论明鉴》，并在纽约大学开设了公共关系课。公共关系从此正式成为一门科学。

(5) 公共关系是一种意识、观念与思想。公共关系状态的客观存在、公关实践的发展与理论的日渐深入人心，使公共关系的观念得以逐步传播。公共关系观念作为人类精神文明的一种成果为越来越多的人所接受，对社会进步发展起着日益重要的作用。

上述阐述中都有“公共关系”一词，但他们的含义各不相同。那么怎样把握公共关系这一概念呢?

1.1.2 公共关系的定义及其内涵

关于公共关系的定义，国内外公关学者没有一个公认的统一的标准。仁者见仁，智者见智，众说纷纭。在此列举国内外流行的几种公共关系的定义，透过不同定义所强调的侧面，可以看到公共关系的多维实质。

1. 若干有代表性的定义

1) 管理说

“管理说”这类定义突出公共关系的管理性。比如，美国著名公共关系学者雷克斯·哈罗博士所提出的定义：公共关系是一种独特的管理职能。它帮助一个组织建立并维持与公众之间双向的交流、理解、认可与合作；它参与处理各种问题与事件；它帮助管理者及时了解公众舆论，并对之作出反应；它明确并强调管理部门为公众利益服务的责任；它作为社会变化趋势的监视系统，帮助管理者及时掌握并有效地利用社会变化，保持与社会变动同步；它运用健全的、正当的传播技能和研究方法作为主要的工具。

2）传播说

“传播说”这类定义侧重于公共关系的传播属性。比如，英国著名公共关系学者弗兰克·杰夫金斯认为，公共关系就是一个组织为了达到与它的公众之间相互了解的目标，而有计划地采用一切向内和向外的传播方式的总和。

3）传播管理说

“传播管理说”这类定义将管理说和传播说结合起来，强调公共关系是组织一种特定的传播管理行为和职能。当代美国公共关系学术权威、马里兰大学的詹姆斯·格鲁尼格教授认为，公共关系是一个组织与其相关公众之间的传播管理。

4）咨询说

“咨询说”这类定义侧重于公共关系的决策咨询功能。最有代表性的是国际公共关系协会于1978年8月发表的《墨西哥宣言》：“公共关系是一门艺术和社会科学。它分析趋势，预测后果，向机构领导人提供意见，履行一系列有计划的行动，以服务于本机构和公众的共同利益。”

5）关系说

“关系说”这类定义强调公共关系是一种公众性、社会性的关系或活动。比如，美国普林斯顿大学的资深公共关系教授蔡尔兹认为，公共关系是我们从事的各种活动、所发生的各种关系的通称，这些活动与关系都是公众性的，并且都有其社会意义。

6）协调说

“协调说”（或“平衡说”）是对“关系说”的深化，认为公共关系主要是协调组织与公众之间的社会关系，即公共关系是“维持企业的营利性和社会性之平衡”。

7）形象说

“形象说”这类定义从塑造形象的角度揭示公共关系的本质属性，强调公共关系的宗旨是为组织塑造良好的形象。这类定义认为，公共关系是社会组织为了塑造组织形象，通过传播、沟通手段来影响公众的科学与艺术。

2. 公共关系定义的内涵

上述公共关系定义说，各有侧重。归纳起来，基本上可以从中看出公共关系的本质、任务、职能、目标、基本精神，从而得出一个完整的公共关系的概念。

① 公共关系在本质上是一个组织借助传播手段开展的一种管理活动。

② 公共关系的任务是协调一个组织和它的各类公众之间的关系。

③ 公共关系的职能是在收集信息的基础上，评估一个组织实施的政策和行为在公众中产生的影响，进而提出公共关系活动的具体目标和计划，通过传播沟通的实践活动将其目标和计划付诸实施，最后通过收集反馈信息，对下一步新的行动进行设计。

④ 公共关系的目标是为组织树立良好形象，获得内外公众的信任与支持，创造最佳的社会环境。

⑤ 公共关系的基本精神是诚实、开放、互惠互利。

根据上述认识，本书这样给公共关系下定义：公共关系是指社会组织运用传播沟通媒介，促进组织与相关公众之间的双向了解、理解、信任与合作，从而为组织树立良好的公众形象的管理活动。这个定义反映了公共关系的三个本质特征：公共关系是一种“公众”关系；公共关系是一种传播活动；公共关系是一种管理职能。

1.1.3 公共关系的构成要素

认识公共关系应当首先从认识关系入手。所谓关系，是指事物之间相互作用、相互影响的状态，也表示人与人之间或人与物之间某种性质的联系。主体、媒介、客体是构成某种关系的必备要素。对应而言，公共关系是由社会组织、传播、公众三个要素构成的。

（1）社会组织是指执行一定的社会职能，完成特定的社会目标，构成一个独立单位的社会群体。它包括各种政治组织、经济组织、教科文组织、群众组织、宗教组织、社区组织。社会组织可以发起和从事公共关系活动，是实施公共关系的主体。

（2）公众是指与公共关系主体发生相互作用的，其成员面临着某种共同问题、共同利益的社会群体。公众对社会组织的生存、发展具有实际的或潜在的利害关系。社会组织的公共关系活动，就是要与这些相关公众搞好关系，它们是公共关系活动的对象，是公共关系的客体。

（3）传播是指社会组织为了达到某个目标而运用媒介与公众进行信息、思想和观念传递的过程。传播是连接公共关系主客体的中介和桥梁，是完成沟通的工具，也是实现公共关系目标的唯一手段。

社会组织、公众、传播这三个要素存在于同一个社会环境中，并构成了公共关系，如图 1－1 所示。

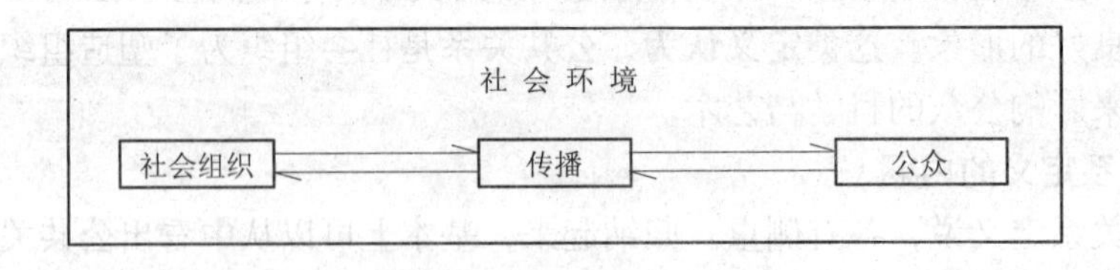

图 1－1　公共关系构成图

1.1.4 公共关系的特征

公共关系的特征是由它的自身性质、主体目标和客体特征及工作方式决定的，可以概括为以下几个方面。

1. 以公众为对象

公共关系是社会组织同构成其生存环境的内外公众的关系，公众构成公共关系客体一方，它与公共关系的主体构成公共关系的基本矛盾。公众是公共关系的主要研究对象，一切工作均围绕公众展开。

2. 以美誉为目标

公共关系不是一种政治关系，也不是一种经济关系。其评价尺度不是政治立场，不是经济指标，而是美誉度。用通俗的话说就是关系好不好，客体愿不愿意与之交往。而组织形象中的知名度、定位度都是以美誉度为基础的，因此，公共关系是以追求高美誉度为工作目标的。

3. 以互惠为原则

公共关系不是以血缘、地缘为基础，而是以一定的利益关系、业缘关系为基础的。社会组织要生存发展必须要得到公众的支持，而要想得到支持就必须让公众得到利益，因此，要想持久地赢得公众支持，必须做到与公众互利互惠，最终达到双赢的目的。

4. 以长远为方针

组织凭借公共关系在公众中塑造好的形象，绝非一日之功。它有树立过程的长期性，同时一旦树立起来它又同形象的滞后性相关，而不会轻易改变，因此，公共关系的长远性是与组织生存的长远性同根相生、同命相连的。

5. 以真诚为信条

公共关系要追求长久的美誉度，就一定要以真诚为信条。互利互惠也只有依靠真诚才能做到。特别是在市场经济条件下，公众对真诚的期望越来越迫切。唯有真诚才能长久赢得公众的合作与社会美誉。

6. 以沟通为手段

公共关系依靠信息产业。信息只有在传播沟通时才能实现价值。形象在沟通中塑造，美誉在沟通中提高，合作在沟通中促成，目标在沟通中实现，无形资产在沟通中建立与积累，因此，公共关系目标与价值的实现离不开沟通。

以上六个方面综合地、系统地、多角度地构成了公共关系的基本特征。公关意识以此为基础，公关工作由此而展开，公关职能缘此而设定，所以有人说，公共关系内核小、外延大，即是此理。

1.2 公共关系的职能与原则

1.2.1 公共关系的职能

公共关系的职能是公共关系在组织中所应发挥的作用和应承担的职责。对公共关系职能的概括长期以来存在着不同的表述。我们认为公关的职能从广义上讲，就是调动一切可以调动的力量，运用各种手段，塑造良好的组织形象，为组织赢得良好的生存环境，促进组织的生存与发展，使组织在激烈的竞争中取胜。

从狭义上讲，公共关系的职能可以概括为以下几方面。

1. 采集信息，监测环境

公共关系首先要发挥收集信息、监测环境的作用，即作为组织的预警系统，通过各种调查研究的方法，收集信息、监视环境、反馈舆论、预测趋势、评估效果，以帮助组织对复杂、多变的公众环境保持高度的敏感性，维持组织与整个社会环境之间的动态平衡。

采集信息是公关工作的必要前提。在信息社会中，信息已成为公认的巨大资源。公共关系是“信息产业”。不采集信息，公共关系就成了无米之炊。因此，无论是内部公关还是外部公关，任何策划都应从采集信息开始，这样才能做到知彼知己、百战不殆。采集信息的职能要求公关人员具备信息意识，注意随时采集有关组织的信息。

所谓监测环境，是指观察和预测影响组织目标实现的公众情况和各种社会环境的情况，使组织对环境的发展变化保持清醒的头脑、敏锐的感觉及灵敏的反应，从而保证科学地塑造组织形象，实现组织目标。

1）信息的来源

制约和影响组织生存和发展的公众环境包括内部公众和外部公众两个方面，因此，公共关系工作所需要的信息就包括内源信息和外源信息两个部分。

（1）内源信息。内源信息主要指来自组织内部各方面的信息和动态。一个组织的发展首先受到其内部公众对象的制约和影响。内部公众对象包括组织各部门的管理人员、技术人员、全体职员，他们处在组织日常运转的第一线。对组织内部的人、财、事、物的状况和动态的了解与评价，是重要的内源信息。

（2）外源信息。外源信息指组织所处的外部环境的信息和动态。与组织有关的外部公众对象非常广泛、复杂。公共关系需要建立广泛的社会信息网络，密切注视外部公众的各种信息和动态，既要关注已经发生联系的公众对象的信息，也要预测可能发生关系的潜在公众对象的动向；既要重视具有直接利害关系的公众对象，也不能忽略那些只有间接关系的公众对象。如客户的需求、合作者的看法、投资者的意向、竞争者的动态、政府官员的看法、新闻界的评价、领袖的观点，等等。公共关系需要大量汇集外部公众的信息资料。

2）信息的内容

公共关系部门作为组织的信息中心，不仅要搜集与组织的专门业务直接相关的业务信息，而且要搜集与组织的专门业务没有直接关系的社会的政治、经济、文化、科技、军事、民情等全方位的社会信息资料。具体而言，它主要包括以下几方面。

（1）公众需求信息。公众需求是公众态度与意见的基本出发点，组织要与公众建立良好的关系，不了解公众的需求是难以成功的。公众需求一方面是组织生存和发展的依据和动力，另一方面又是公众利益和兴趣之所在。只有重视公众的需求并做到尽可能满足，才会赢得公众。

（2）产品形象信息。产品形象是一个组织的产品或服务在公众，尤其在顾客公众心目中的印象和评价。产品形象是组织形象的客观基础，只有产品被接受、受欢迎，企业存在的价值才能得到社会的认可。公众对产品的意见和评价是多方面的，如质量、性能、功能、价格、款式、包装、售后服务，等等。

（3）组织形象信息。产品形象是构成组织的整体形象的基本要素，但不是唯一要素。组织的整体形象还反映在公众对组织其他要素的评价方面，如公众对于组织的方针政策，办事制度、程序和效率，经营管理水平，技术、财政、人才方面的实力，服务质量和水准，市场宣传形象，组织文化和精神文明等方面的反映和评价。组织机构需要根据这些评价来调整和完善自身。

（4）组织环境中的各种社会信息。公共关系需要为组织监测社会变化与趋势，注意社会的政治、经济、文化、科技、军事、时尚潮流、民俗民情、舆论热点等多方面的信息动态，分析其对组织的各种直接或潜在的影响，充分利用环境中的有利因素，避免不利因素，使组织与社会环境的变化保持动态平衡。

公共关系的信息功能具有宏观性和社会性，这是组织其他职能部门无法取代的。

2. 咨询建议，参与决策

这是公共关系最有价值的职能，因此公共关系也称“咨询业”、“智业”。1978 年在墨西哥召开的世界公共关系大会上提出的公共关系定义，着重强调了公共关系咨询建议、参与决策的职能。

1）咨询建议的含义

公共关系的咨询建议就是指组织的公关人员向决策层和各管理部门提供公共关系方面的意见和建议，使决策更加科学化、系统化，并照顾到社会公众的利益。

公共关系的咨询建议与采集信息是密切相连的。获取信息是咨询建议的前提，没有足够的信息，一切咨询和建议只能是空谈。采集的信息只有通过向组织提供咨询和建议，才能充分发挥其功能，实现其价值。

2）公共关系咨询建议的主要内容

（1）对本组织内部方针、政策和行动提供咨询意见。发挥公共关系对组织观念、政策、行为、形象、舆论的导向作用，参与决策，制定出合乎组织发展的目标。

（2）对本组织公共关系战略、经营销售战略和广告宣传战略、CIS 战略、组织文化战略提供咨询意见，使原来由几个部门负责的工作发展成为一个系统，并制订出科学的实施方案供决策者参考。

（3）对组织生存环境的有关发展变化进行预测和咨询，使组织决策者拥有一套乃至几套可以选择的方案，以适应这些变化。

3）咨询建议的形式

（1）成立咨询服务部。咨询服务部是组织的智囊团，其主要任务是向组织提供各种咨询建议，为领导科学决策发挥参谋作用。例如，广东对外经济贸易总公司曾为广州人民造纸厂引进一套造纸设备进行咨询，通过认真比较，分析国际行情价格，结果使这一项目为国家节约外汇 100 万美元。

（2）帮助组织选择决策方案和活动的时机。公关的咨询作用表现在运用公关手段为决策者评价、选择和实施有关的决策方案，特别应关注决策方案在经济效益和社会效益方面的统一和协调，敦促决策者重视决策行为的社会影响和社会效果。同时，调动公关手段，广泛征询各类公众对象的意见，促进决策过程的民主化和科学化。

组织要提高知名度，就必须多参加和举办各种各样的公关活动，如举办记者招待会、商品展销会、博览会，策划新闻稿件等。公关人员可根据自己的实践经验，为组织选择恰当的时间、地点和方式参与这些活动。通过活动，使组织广结良缘，提高声誉。

（3）参与决策。公关人员不仅要向组织提出一般的咨询建议，而且要尽可能参与决策，为领导决策提供必要的信息建议，直接影响决策过程，这才是公关咨询建议的最高形式。

公共关系部门参与组织决策通常分为四个环节。

① 公共关系部门为组织决策提供有关环境的信息。一方面公共关系部门利用它与外部各界的广泛联系，为组织决策开辟广泛的外源信息，提供第一手的准确信息；另一方面，公共关系部门利用它在组织内部的沟通渠道，为组织决策提供内源信息，促进组织决策科学化、民主化。

② 公共关系部门帮助组织确定决策目标。现代企业决策的日益专门化，整体决策目标往往被分解为各个职能部门的专门决策目标，如生产决策目标、技术开发决策目标、财务决策目标、市场营销决策目标等。各职能部门的专家或管理人员往往将决策的焦点高度凝聚于本部门的职能目标。因此，亟须公共关系部门站在公众和社会的立场上，对各职能部门的决策目标进行综合评价，敦促有关部门或决策当局依据公众需求和社会价值及时修正可能导致不良社会后果的决策目标，使组织决策目标既反映组织发展的要求，也反映社会公众的需求。也就是说，协调组织与公众利益，把组织引向利益交汇点，而不是引向组织利益与其他公众利益的冲突点。

③ 公共关系部门帮助组织拟订决策方案。决策方案是保证决策目标得以实现的各种措施的总和。决策方案的拟订实际上包含了两个环节，即设计方案环节和选择方案环节。

在设计方案这一环节，公共关系部门力促公共关系目标在方案中得到落实，以保障公众的利益。同时，还应提醒设计者考虑各类公众情况的变化，考虑实施方案时会遇到的各种可能性，包括向好和向坏两个方面发展的可能性，从而制定灵活的应变措施。

在选择方案这一环节，公共关系部门力主把公共关系原则放进方案标准中，把公众当做最有权威的评议者。

④ 公共关系部门帮助组织实施决策方案。公共关系部门不仅作为组织的智囊部门，为组织提供咨询、建议，同时，它也作为组织的执行部门，具体帮助组织实施决策方案。公共关系部门一方面要协助组织把决策方案传达到各个部门甚至每个员工那里，帮助他们理解决策方案；另一方面又需要对其实施效果进行观察、分析、评价，并及时反馈给决策部门，以

便对原决策做出必要调整，或为新的决策活动提供信息。

3. 传播推广，塑造形象

这是公共关系的重要职能。公共关系活动的目的在于为组织树立良好形象，以赢得有利于组织生存与发展的环境。组织的良好形象必须建立在组织自身做得好的基础上。同时，还要大力传播组织做出的成绩，从而影响或引导公众舆论，使之有利于组织。

公共关系的传播沟通职能主要体现在两个方面：一是组织运用传播沟通的手段同公众进行双向交流，与公众交心，赢得公众的信任和支持；二是顺时造势，实现舆论导向，通过策划新闻、公关广告、专题活动等手段，制造声势，提高组织的知名度与美誉度，为组织创造良好的舆论环境。从某种意义上说，丧失了传播沟通的职能，公共关系就将一事无成。

4. 协调沟通，平衡利益

1）协调的含义

公共关系中的协调是在沟通的基础上，经过调整，达到组织与公众互惠互利的和谐发展。协调的重要作用在于保持组织管理系统的整体平衡，使各个局部能步调一致，以利于发挥总体优势，确保计划的落实和目标的实现。协调关系分为广义协调和狭义协调。广义协调不仅包括组织内部的协调，而且包括组织对外的协调，如组织与政府、社区、消费者等的协调活动。狭义协调主要是指组织内部的协调，如组织内部上下级之间的协调，组织内部同一层次中的各部门、各单位之间的关系协调。内求团结，外求和谐，是公关协调工作的宗旨。

马克思说过，人们奋斗的一切都同他们的利益有关。公共关系也是以利益为基础的。社会进入市场经济以后，许多过去用武力、由行政手段调节的关系，现在需要按经济规律来调节。组织作为一个开放系统，面对着各类公众及其利益要求，组织公关要想为组织创造一个良好的内外部环境、协调各种关系，就必须本着真诚互惠的原则首先承认这些利益，然后按公共关系双向对称原则来尽量满足这些利益；当各种利益发生矛盾时，应本着公平对等的原则加以协调、平衡，既不能无视正当要求，也不能厚此薄彼。

2）协调关系的内容

协调既是目的，又是手段，具有两重性。作为目的指的是一种关系的良好状态；作为手段指的是一种调整工作，通过协调使关系达到良好状态。

（1）协调组织内部领导与职工之间的利益与关系。组织内部领导与职工关系的好坏，直接关系到职工积极性、主动性、创造性的发挥和领导者职责的实现，也关系到组织全体职工能否形成良好的团结奋斗精神和产生有效的协调作用。因此，组织的公关部门和人员要努力协调好领导与职工的关系。具体来说，一方面，公关人员要应用科学方法，经常向职工宣传本组织的方针、政策，传达领导层的经营战略，并尽可能充分地对组织的方针、政策、战略意图做出相应解释和说明，使职工了解、理解，并自觉执行；另一方面，公关人员还要不断地、广泛地从职工中搜集对组织的意见和看法，及时将这些情况转达给领导，以改进和促进组织的工作，保证领导与职工的关系和谐发展。

（2）协调组织内部各部门、各环节之间的利益与关系。在组织内部，由于分工的缘故，组织内部各部门之间往往缺乏全局观念，各自为政，产生一些矛盾，给组织带来不必要的麻烦和损失。部门之间的协调工作，虽然主要由领导去做，但公共关系部门也要积极配合。通过沟通，加强部门之间的联系、了解，使之相互支持，相互信任，相互谅解，协同努力，提高组织绩效，实现组织目标。

（3）协调组织与外部公众之间的利益与关系。任何一个组织，在其发展过程中，会由于各种原因而与外部公众发生矛盾和冲突。一旦出现这些现象，公关部门就要及时了解情况，进行协调，妥善处理各种矛盾和冲突。否则，组织的发展就会受到影响。

3）协调关系的方法

（1）反馈调节法。反馈调节法即根据信息的反馈来适当调整组织的行动，以协调关系。在反馈调节过程中，公关人员要把组织的政策、计划情况及其他信息告之内外公众，同时还要把执行情况及内外公众的看法及时反馈给组织的决策层，以填补漏洞或进一步修正计划。

（2）自律法。组织与公众之间有时因关系处理不当而引起种种矛盾，如组织内的干群矛盾、部门之间的矛盾，组织外部的社区矛盾、与消费者的矛盾、与政府有关部门的矛盾等。这时，组织要善于自律，实行自我检查、自我监督，严于律己，发现问题主动纠正。

（3）感情疏通法。人是有感情的，组织与公众之间有情感关系。如果双方感情好，任何事情都好办；感情不和，就会造成阻力。因此，公关人员要重视心理情感的协调，善于运用感情疏通法拉近公众与组织的心理距离。

（4）信息分享法。信息分享法即通过建立和完善组织内部的各种传播沟通渠道和协调机制，促进组织内部的信息交流，上情下达，下情上达，横向联络，分享信息，使全体成员在思想上认同，在行为上一致，提高组织的向心力、凝聚力。

（5）协商法。协商法就是通过协商的方式来避免或减轻组织与员工之间、组织与组织之间的矛盾和冲突，以及由此造成的损失。这也是常用的一种方法。

5. 教育引导，培育市场

公共关系要完成其社会职能、促进社会发展，就需要加强对公众教育引导；要提高组织的美誉度更需要教育引导。组织公共关系的教育引导职能主要表现在对内、对外两方面。

对内，公共关系的主要职能是传播公关意识，传播公共关系的思想和技巧，进行知识更新，不仅要对每个员工进行教育引导，还要说服组织领导接受公共关系思想；对外，组织公共关系主要是对公众进行教育引导。人们常说“公众永远是对的”，这是从服务的角度将“正确”让给对方，但客观地讲，公众不可能永远正确，而是需要加以引导。

另外，随着科技的突飞猛进、产品的极大丰富，需要公共关系来培育市场。公众不可能了解那么多的新产品，需要不断对其进行商品知识、消费知识、安全保险等方面的教育和引导，使消费群体与组织认同。

6. 科学预警，危机管理

组织危机是组织生存发展的大敌，处理不好往往给组织造成重大损失，甚至断送组织的“生命”，因而组织公共关系将危机处理作为公共关系的主要职能和工作重点之一。随着公关理论和实践的发展，事前预测管理危机已成为公共关系对待危机的主流方法，这是组织公共关系的新发展。

1.2.2　公共关系的功能

公共关系的基本功能是指公共关系在组织生存、发展过程中起到的独特作用与影响。公共关系的功能是多元化、多层次的，可分为直接功能和间接功能。

1. 直接功能

公共关系的直接功能是指其直接对组织生存、发展带来的影响与作用，主要表现在两个方面：一是导向作用，二是增强组织实力的作用。

1）导向作用

（1）组织观念导向。公共关系为组织设计并培养独特的企业精神、组织文化、组织哲学和组织方针，使组织能顺应形势，在竞争中有精神支柱，发挥组织的整体实力和优势。

（2）组织政策导向。公关理论的导入，为组织制定经营政策、质量政策及多种有效措施增添了新鲜内容，使之更具生命力。例如，一些省市重奖有功科技人员的政策就对组织吸引人才产生了巨大的效应，极大地增强了组织的优势和竞争能力。

（3）组织行为导向。公共关系对组织的员工素质提出了新的要求，对组织自身整体行为也提出了新的要求，这对于改善组织的经营作风、工作效率，提高组织的工作质量与服务质量都很有意义，有利于为组织赢得良好的信誉。

（4）组织形象导向。公共关系的主要任务是为组织塑造形象。公共关系将争取公众的活动变成一项自觉、科学的系统工程。例如，运用公关技巧提高组织的知名度和美誉度，科学地进行组织形象设计、定位、确立，为组织创造巨大的无形资产。

（5）组织舆论导向。公共关系将组织放在信息社会之中去考察它的生存与发展，利用各种传播媒介与手段来传播组织形象，传播组织的观念与政策，赢得公众的理解与支持。

公共关系这五种导向作用相辅相成，构成一个完整的导向系统。它对优化组织的发展环境、减少前进阻力有着不可估量的作用。可以说，在竞争中通过导向作用去最大限度地争取社会公众的这种公关功能，是其他管理手段和功能所无法比拟的。

2）增强组织实力的作用

强大的实力是组织在竞争中立于不败之地的基础，公共关系作为组织竞争中的一大资源，若能合理开发利用，可以产生巨大的能量，有效地增强组织实力，创造无形资产，促进有形资产积累。

2. 间接功能

公共关系的间接功能是指公共关系对其功能对象（社会、组织、个人）所发挥的一种间接作用。间接功能主要表现在公共关系对个人和社会的作用两方面。

1）对个人的作用

公共关系活动对提高个人素质，使其适应现代社会发展有着积极的作用，这种作用体现在以下两方面。

（1）公共关系促进个人观念更新。

① 注重个人形象的观念。公共关系是塑造组织形象的艺术，它灌输给每一个人有关形象的意识，使人们由重视组织形象进而注重个人形象。从个人形象的组成因素来看，它既包括内在形象也包括外在形象，内在形象是个人形象中最重要的部分，它包括一个人的社会责任感和道德感，以及一个人的学识修养、个性心理特征等。外在形象对个人来说也很重要。衣冠整洁、精神饱满、举止得体的人总是给他人留下良好的印象。

② 尊重他人的观念。公共关系强调“公众至上”，以尊重公众的意愿、满足公众的需求为己任，因此它培养了人们强烈的尊重他人的意识。

③ 相互合作的观念。为了给组织营造一个良好的环境，公共关系活动广结人缘，沟通信息，带给人们一种现代交际观念。同时公共关系还谋求组织与公众之间的合作，表现出强烈的合作意识，并把这种合作意识灌输给每一个人。

（2）公共关系有助于个人能力提高。

公共关系是一门实用性、操作性很强的学科，其中相当一部分内容是关于实务技巧的传授和训练。因此，公共关系不仅促进个人观念更新，还有助于个人能力的提高。

① 创造能力的提高。与急剧变化的社会相一致的是人们求新、求异心理的日益增强。为了树立组织形象，公共关系常以其独特新颖、别具一格、出奇制胜的专题活动吸引公众。这种创造性的劳动能够培养和提高人的创造能力。

② 交际能力的提高。公共关系活动可以培养个人出色的交际能力，这种交际能力包括：掌握各种交际规范和礼仪；善于进行各种沟通协调工作；有广泛的社交范围等。

③ 自我调节能力的提高。公共关系活动中经常要面对各种矛盾和冲突，要处理各种突发事件，在这些过程中个人的自我调节能力可以得到很大的提高。

2）对社会的作用

公共关系主要用于对组织内外环境的监测与调试，在这一过程中，组织的主观能动性必然会对社会环境产生影响，主要表现在三个方面。

（1）优化社会经济环境。公共关系可以帮助组织引进先进的管理科学技术，提高组织的整体素质，争取最好的经济效益，同时，促进组织经济的横向联合、协调发展，促进整个社会经济的繁荣。

（2）优化社会互动环境，净化社会风气。社会互动是指社会横向关系——人与人、群体与群体之间的交往和相互作用。公共关系引导社会树立新观念，提倡双赢，并首先从我做起，引起社会互动，为净化社会风气发挥着日益重要的作用。

（3）优化社会心理环境。公共关系可以通过创造良好的环境与氛围，培育健全的社会心理，通过利益调整与心灵沟通达到和谐发展，从而使社会心理环境得到优化。

1.2.3　公共关系的原则

任何组织在策划和实施公共关系活动时，必须遵循共同的原则。

1. 真实性原则

1）坚持真实性原则的意义

真实性原则是指组织在开展公共关系活动时，必须建立在组织良好行为和掌握事实的基础之上，向公众如实传递有关组织的信息，同时向组织决策者如实传递有关公众的信息。

公共关系是建立信誉、塑造形象的艺术，但它又不是一种纯粹的艺术或宣传的技术，而是以事实为依据的科学。公共关系不能“制造”，只能“塑造”良好的形象，这种塑造所用的材料就是事实。所以说，真实是公共关系的基本原则，也是对公共关系人员的根本的道德要求，是公共关系的生命。隐瞒、歪曲、推诿是公共关系的大敌，坦诚、亲切、负责的态度是公共关系成功的要诀。

信息是组织决策的依据，是组织经营等活动有秩序进行的手段，是搞好组织管理的基础。正因为信息如此重要，所以失真的信息给组织带来的后果是不堪设想的。失真的信息会造成对组织真实形象的错误估量，会使组织目标决策走向歧途。

公共关系为组织树立良好形象的大部分工作是信息传递工作。公共关系传递信息的首要原则是真实可信，绝对不能有任何虚假。如果公共关系传递的信息的真实性受到怀疑，那么公共关系工作就很难取得预期的效果，甚至会一败涂地。公共关系传递信息是双向的，即把组织外部信息向组织内部输入，把组织内部的信息向外部输出。

如实地输入外部的信息并不是一件容易的事。这里有思想方法问题，也有职业道德问题。信息不是外部现象的罗列。对组织有用的信息应是在实事求是地进行调查研究的基础上，对来自各方面的意见加以整理分析，才是比较准确地反映实际情况的信息。因此在搜集和处理信息的过程中有个思想方法问题。反馈信息时，一定要有高度的责任感和事业心，公正而不主观。

公共关系如实地输入信息很重要，如实地输出信息更重要。真实与信誉相通，真实是取信于民的资本。真实性受到怀疑，组织的声誉将会受到严重的损害。中国有句话——“假作真时真亦假”，说的就是这样的哲理。近年来在经济生活中，一些企业对外宣传不实事求是，传递掺假失实消息，甚至做虚假广告，这将严重损坏这些企业的信誉。

2）如何坚持真实性原则

坚持对外宣传的实事求是原则，要求在宣传中既做到真实、客观，又要全面、公正。不全面的宣传，也是一种不真实，全面就是既报喜也报忧。

真实性的宣传，还有个特别重要的问题，那就是当企业有过失时，要敢于承认缺点和不足，这是一个企业自信心的表现，也是取得公众谅解的基础。但在现实经济活动中，有些企业不愿老实承认错误，而是企图把过失掩盖起来，或找借口推托，或是隐瞒真相以图蒙混，这种方法实际上是最愚蠢的。千金买名，万金买誉，利润可创，信誉难得。企业要自尊自爱，遵循真实性的原则去赢得良好的声誉。企业公共关系一定要明白这个道理并刻意追求。在优质产品和优良服务的基础上，辅以实事求是的公共关系，让人感到名实相符，企业的信誉就很快树立起来。

2. 平等互惠原则

1）平等互惠原则的意义

平等互惠原则是指公关活动要兼顾组织与公众的双方利益，在平等的地位上使双方互利互惠。

公共关系活动必须遵守平等互惠的原则，不能单纯追求组织单方面的利益。只有在公众也同样受惠的前提下，才可能得到公众的支持和合作。事实上，任何一种良好的社会关系要得到维护和发展，都必须对双方有利。公共关系强调主体和客体的平等权利和义务，尊重双方的共同利益和各自独立的利益，谋求本组织利益与相关公众利益的平衡协调并促成组织运作与环境达成自动平衡。公共关系必须信守组织与自己的公众对象共同发展、平等相处、互利互惠、共存共荣的坚定信念。公共关系必须以公众为本，一个失去了公众的组织也就丧失了生存的环境。为了满足公众的合理需求，有时可能要求组织对眼前利益作出必要的“牺牲”。从长远来说，这是对组织生存环境的维护，属于组织的公共关系投资，是形象建设的要求。所以，组织在与公众交往沟通的过程，应从公众利益出发，真诚地对待公众，设身处地为公众着想，以公正平等的态度为人处世。

对工商企业来说，平等互惠是与物质利益紧密联系在一起的。现代公共关系是建立在商品经济基础上的。在商品经济中，商品生产经营者的主要目的之一是获取利润。为此就要生产、经营对他人有用的商品。商品生产者不能随心所欲地“赚钱”，它要受等价交换原则的支配。建立在商品经济基础上的公共关系既有合作又有竞争；既有互助的道德人情的联系，又有讨价还价的交换关系，不讲互惠是建立不起科学的公共关系的。在我国，企业与公众的关系，特别是企业与企业之间的关系是种互助合作的关系；但另一方面，企业又是相对独立的生产者和经营者，有相对独立的经济利益，企业之间存在着竞争的关系。企业与公众之间，特别是企业与企业之间的关系，也是要通过物质利益来维系的。不讲互利是建立不起社会主义的公共关系的。

平等互利，就是既讲“利己”，又讲“利他”。公共关系并不是一味地讲“利他”，也要讲“利己”（局部利益），但“利己”不是利己主义。公共关系是在不违反法律和道德的前提下，让别人先得益，最后对自己也有利。

2）公众利益放在首位

平等互惠原则不能片面地理解为简单对等的原则。平等互惠原则的基点，就是要把公众利益作为首要因素来考虑，把能否满足公众利益作为衡量公关效果的重要尺度。任何组织都要对公众与社会负责。对公众负责，即对由组织行为引起的特殊社会群体负责；对社会负责，就是要为解决人们共同面临的社会问题而分担责任。这就要组织把自身的运行建立在满足公众利益的前提下，关心由组织行为引起的问题及由此设计的公众利益。满足公众利益和要求，关心社会问题，有时会牺牲组织的眼前利益，但从长远看，这是对组织生存环境的维护，是一种重要的战略性的公关投资。

3. 整体一致原则

1）整体一致原则的意义

整体一致原则是指社会组织在开展公共关系活动时，要站在“社会”的高度，对由活动可能产生的对社会经济效益、社会生态效益及社会精神文明建设等几方面的影响综合起来统一考虑，使诸方面均符合公众的长期利益和根本利益。这种力求使诸因素效益一致的思想和做法称为整体一致原则。

一个组织所从事的活动，对社会产生的影响是多方面的。以一个企业为例，企业在为社会提供产品和服务的同时，对社会的政治、文化、教育、道德和生态等方面也会产生积极或消极的影响。所以企业对生产经营活动要进行全面的权衡。不仅要从企业本身而且要从社会角度来评价其经济效益。例如，有的商业企业为了获取高额利润，竟然经销假冒伪劣商品，严重损害了消费者利益，虽然企业经济效益可观，但其社会效益是十分低下的；有的生产企业只顾生产，而对废气、废水、废渣的排放不认真处理，以致影响附近居民的生活，甚至影响厂区附近农作物的生长、污水污染了河流，造成了极大的社会危害。这些做法只考虑本企业的经济效益而不顾社会效益和生态效益，违反了公共关系的整体一致性原则，使社会蒙受损失，最终企业也必将吞下自己酿成的苦果。

在社会文明不断发展的当今社会，越来越多的社会组织认识到坚持社会整体效益的重要性，主动贯彻整体一致思想，严格按整体一致原则办事，在社会上产生了积极影响。

2）整体一致原则包含的内容

（1）社会经济效益。一个社会组织要想生存和发展必须很好地为社会提供服务，并得到社会的信赖和支持。一个企业要生存和发展必须取得一定的利润，为了确保其获得合理的利润就必须为社会提供产品与服务。没有为社会提供产品和服务，企业就不应该也不可能取得利润。没有取得利润，企业就不能继续为社会提供产品和服务，甚至连自身的生存也受到威胁。所以，任何一个企业都需要追求利润，讲求经济效益。既要讲自身的经济效益，更要讲社会的经济效益。为此企业必须做到出色地完成任务，包括既完成企业的生产、经营任务，同时为国家提供资金积累。完成这两项任务就是为整体效益做贡献。

企业提供税利是国家积累的主要来源，是扩大社会再生产的物质条件。企业要在努力提高经济效益的前提下，为国家多提供税利。但有些企业借口有自主权，钻国家政策的空子，甚至采取非法手段偷税漏税，通过向消费者转嫁负担和损害社会利益来增加企业的利润。这种盲目地追求企业短期经济利益，置社会整体利益于不顾的行为，是极其错误的。

从企业经济效益和社会经济效益的角度来考虑，企业的各种经济活动必须自觉地置于社会利益的控制和监督之下。在通常情况下，企业的经济效益与社会经济效益是一致的。但社会经济效益又不是简单地等于各企业的经济效益之和。有利于提高企业经济效益的行为，并不总是能提高整个社会的经济效益。当企业经济效益与社会经济效益发生矛盾时，应当服从大局。

（2）社会生态效益。企业的生存和发展与环境有着不可分割的关系，企业的良性运行离不开周围的良好环境。但企业在经营中如果不注意，就可能对周围的生态环境产生不良影响。例如，有的企业在生产过程中产生强烈噪声影响附近居民生活，有的商业企业为了招徕顾客把音箱放到店门口，每天不停地大声播放音乐或叫卖呼喊，这些都属于环境污染；至于由于某些生产企业排放的废气或粉尘使周围居民深受其害的事例更是时有发生，这既污染了环境，也破坏了生态平衡。所以企业在经营过程中，既要追求经济效益，又要充分考虑社会生态效益。

（3）社会精神文明建设。企业不仅是一个经济实体，而且还是个社会成员。它不仅为社会提供物质产品和服务，而且还以它的经营作风、产品设计装潢、职工的精神面貌等对社会精神文明生产起促进或者削弱甚至破坏的作用。所以企业的整体效益还要包括促进精神文明建设的内容。具体地说，企业生产什么产品、不生产什么产品，不仅要看能否给企业带来利润，而且要看是否有利于人民身心健康。

4. 全员公关原则

1）全员公关原则的意义

全员公关原则是指一个组织公关工作的开展，不仅要依靠专职公关机构和公关人员的不懈努力，而且有赖于组织的各部门和全体员工的配合。这就要求组织的全体成员要树立公共关系观念，关注并参与公共关系工作，为组织建立良好公共关系做出贡献。

（1）只有全员公关，才能建立和维持组织的良好的公关状态。组织形象是通过组织所有人员的集体行为表现出来的，是组织内个人形象的总和。每一个成员与外界发生联系时，其个人形象直接体现组织的整体形象和风貌。因此组织的每位员工在对外交往时都必须注意自己的形象，从而维护甚至扩展组织的形象。

（2）对组织负责和对公众负责是每个员工的神圣职责。公共关系必须以公众利益为基准点，每个组织的成员在对本组织负责的同时，要对公众和社会负责。这一点对组织的全体成员，上至领导下至员工，概莫能外。决不能认为组织公共关系状态如何只是公关人员的事。没有组织全体员工的共同努力，公关宣传只是空中楼阁。因此，强烈的公关意识必须渗透到每位员工的思想之中。

2）贯彻全员公关原则的具体要求

（1）全员公关必须体现在组织最高领导层的行为上。在公关中流传着一句话："公共关系的动力来自上层。"公关要获得真正动力和效果，必须得到最高领导层的支持。因为公关活动作为一种管理活动，渗透于组织工作的各个环节，必须从全局和战略角度加以协调管理。没有领导层的关心和支持，公关活动就难以成功。

组织最高领导层必须采取有力措施和行动支持公关工作，包括由最高领导层成员亲自指挥公关工作，经常督促、检查公关机构和人员工作情况，从制定组织政策、方针、计划及其贯彻实施充分考虑公关因素，把组织目标与公关工作联系起来。

（2）全员公关必须依靠全体组织成员的配合。建树组织形象，依靠全体员工的工作和努力。全体员工的工作都必须与公关工作相结合，团结协作，自觉代表组织向外界传播宣传组织形象，并注意收集有关本组织的信息，提供给公关部门，以自己的实际行动关心、支持、配合公关工作。实践证明公关工作得到广大员工的支持就获得了最可靠的保证，失去广大员工的支持就失去了生命力。

（3）全员公关要求组织的公关工作具有整体协调性。要使组织全体成员形成合力推动公关工作，就必须使公关工作本身具有整体协调性。要用系统的观点来安排组织的公关活动，把公关作为一个系统，尽可能地提高公关系统的功能，既要改善单个要素，更要改善整个公关系统的结构，以产生整体效应。

公关整体协调性要求公关机构内部人、财、物的最佳组合；公关机构与其他人员的严密配合，协同一致。

（4）全员公关要求在组织内部形成浓厚的公共关系观念。要使组织的全体成员懂得组织形象是组织的无形资产，良好的组织形象能使一个组织的资产增值，恶劣的组织形象会导致一个组织有形资产的贬值。在组织内部培植浓厚的公共关系观念是全员公关的基础。

1.3 公共关系学及其特点

公共关系学与公共关系是两个不同的概念。公共关系是一种社会存在，是客观存在的一种关系；而公共关系学是一门专门研究社会组织与其相关公众相互作用、相互协调、彼此合作的规律性及工作技法的一门科学。

1.3.1 公共关系学的研究对象

任何一门科学，都有自己的研究对象，而且是客观的、带有规律性的。公共关系作为一门科学也应有自己的、带有客观规律的研究对象。

公共关系学的研究对象实际上包含在它的定义中，就是研究社会组织与其公众的关系的规律及各种公关活动的技巧。具体包括四方面内容。

① 研究各种具体的“公众”关系，如员工关系、股东关系、政府关系、媒介关系、顾客关系、社区关系等。

② 研究社会组织与公众之间的信息传播规律，如研究信息传播的原理、信息传播的形式、信息传播的机制及传播的技巧、信息传播体系等。

③ 研究公共关系作为社会组织的管理职能的种种规律，如帮助组织建立并维持与公众之间的交流、理解、认可、合作，帮助管理部门了解民意，使公关工作本身具有目的性、计划性、连续性等。

④ 研究公关活动及其策划、实施的艺术与方法，如确立公关的目标、制定公关工作的

程序、进行公关谈判、策划公关广告、撰写新闻稿件等。

1.3.2 公共关系学的研究内容

公共关系学的研究内容是由历史、理论、应用三部分组成的。

1. 公共关系学的历史研究

主要研究公共关系是如何产生、如何发展的。目的是从历史的变迁中了解公共关系是如何随着社会的进步、环境的变化而改变自己的工作内容、工作重心和工作策略的；了解哪些做法应予坚持，哪些做法应予修改，哪些做法应予抛弃，以便探索、掌握公共关系的发展规律。

2. 公共关系学的理论研究

公共关系学的理论研究可分为基础理论研究和核心理论研究。公共关系学是一门综合性的交叉边缘学科，它涉及社会学、心理学、广告学、传播学、管理学、市场学、舆论学、新闻学、伦理学、民俗学等。因此，这些学科的许多理论就构成了公共关系学的基础理论部分，它虽然不是公关学理论“本身”，但是公关学必须加以研究，公关从业人员必须予以掌握。例如，公关学要研究一个社会组织与环境之间的关系，研究组织本身如何自觉地与环境相适应、相协调，这就需要有社会、环境学的理论；公关要与人打交道，要了解人的心理，这就需要介入心理学的概念和理论；公关在营销上有非常重要的作用，这就需要市场学的理论……公共关系学的综合性、交叉性、边缘性，决定了它的基础理论的广阔性、学科知识的广博性。公共关系学的基础理论是其创立的理论基础。公共关系学的核心理论就是紧紧围绕公共关系学这门学科的核心而提出的理论。它的核心理论部分比较狭窄，内核较小，但却反映了该学科的质的规定性，如研究公共关系的构成要素及工作过程、方法，考察公共关系的地位、职能、基本原则等，是紧紧围绕研究公共关系本身的理论体系及其结构的。

3. 公共关系学的应用研究

公共关系学的应用部分内容最为丰富，主要研究如何应用公共关系学的原理去指导实践，以提高公关活动的效果，达到公关活动的目标。应用部分的内容包括如何制定公关目标、活动的程序、具体内容及其组织方法与技巧等。公共关系学是一门应用性的学科，它注重实践。公共关系学所有的原理、技能、工作方法等都是从实践中总结出来而又被应用于实践中去的。当今国际、国内流传较广的公共关系学著作大多也是以应用研究为重点展开讨论和阐述的。

1.3.3 公共关系学的学科特点

1. 应用性

公共关系学是一门技术多于理论，操作性、应用性很强的学科。

公共关系学发展之快、传播之广，从某种意义上说，是和此学科本身有很强的应用性分不开的。公共关系具有多种功能，其中主要的是管理功能、传播沟通功能、社会交往功能等，这些都是社会活动的表现。从另一方面看，公共关系是社会组织参加社会竞争的一门艺术、一种手段。所以无论从哪方面看，都能清晰地看到：公共关系学是一门应用性很强的学科。

2. 边缘性

公共关系学科的外延很广，公共关系的本体知识内涵并不多，但与之相关的交叉学科却非常之多。基础理论相互渗透，说明实际进行公共关系操作时，需要交叉运用各种学科的知识和手段。这是公共关系的特点所决定的。

3. 多维性

公共关系的多维性首先表现在功能上的多维性。公共关系有许多功能，如沟通功能、管理功能、社交功能。这就要求学科本身的构架要照顾到几个方面。其次，由于公共关系的层次不同，具体从事公关工作的人员所在组织的类别、性质也不同，对公关人员的要求不同，表现在学科上就出现多维性。另外，公共关系学的多维性还表现在研究方向及方法上，不同的研究者，根据自身的经验与见解，有着不同的切入口，用自己认为正确、完善的体系来构建公共关系学。

4. 综合性

公共关系学是在经营管理学、市场营销学、大众传播学、社会心理学等其他有关学科的基础上，综合广告、交际、传播等技术手段所形成的一门综合性较强的学科。

1.3.4 公共关系的相关范畴辨识

作为一门综合性的应用学科，公共关系学涉及许多学科领域和实践范畴，在应用中较容易被视作新闻传播、广告宣传、推销等活动的同义语。对这些概念上的混淆和误解加以辨析，有助于进一步理解公共关系学的本质特征。

1. 公共关系与新闻传播

公共关系与新闻传播的主要区别，在于两者的任务和必须为之负责的对象间的差异。公共关系是一个组织为了争取社会了解和支持所采用的活动方式，所以公共关系必须为本组织的利益服务。而新闻传播则必须对整个社会负责。

一个组织为了能够长久地在社会中生存下去，就不能只考虑眼前利益，而必须通过创造社会效益来获得社会的了解和支持。所以，公共关系工作的出发点是维护本组织的长远利益。但是，为了实现这一目的，公共关系工作又不得不对社会负责，向社会公众公开事实真相，让社会公众了解本组织。因此，尽管出发点不同，但是在具体行动上，公共关系和新闻还是有着十分相似的地方的，即必须以事实为基础说话。

通过大众传播媒介，新闻可以迅速地在社会中传播出去，产生广泛的影响力。公共关系经常借助新闻所具有的这种特点进行工作，因此，拟写新闻稿、同新闻界人士建立良好的关系等，成了公共关系工作人员的日常工作之一。

公共关系新闻也一样要遵守新闻报道的原则，不能自吹自擂。所以公共关系新闻也必须具有真实性、及时性及新闻性。

另一个十分引人注意的问题是公共关系活动中常常采用的“制造新闻”的做法。这种公关活动在企业和工商部门采用的较普遍。对于一个企业来说，要想得到更多的消费者的支持，就必须提高本企业的知名度和美誉度，而如果本企业经常可以在新闻报道中扮演主角，无疑对达到这个目的是十分有利的。因此，公关人员就需要在不弄虚作假的条件下，争取使本企业成为新闻报道的重点。这时，公关人员常要针对社会公众和新闻界的兴趣，有计划、主动地“制造”出一些新闻，以吸引新闻界和社会公众的注意。

相对于一般的新闻报道而言，这种“制造新闻”的特点在于：第一，它是由公关人员主动策划和安排的，不是偶然发生的，因而更符合本组织的需要；第二，由于经过加工，这种新闻往往更富有戏剧性，更能迎合公众的兴趣，吸引公众的注意力：第三“制造新闻”的效果往往较突出，作为新闻报道重点的组织常常成为人们一时交谈的中心，从而提高了组织的知名度。

2. 公共关系与广告

公关活动经常要使用广告来扩大影响，但公关与广告有着若干不同，具体有以下区别。

1）目标不同

广告的目标是以最小花费在最短的时间里推销出更多的产品和劳务。公关的目标是要树立整个组织的形象，增进组织内外部公众的了解，从而使整个事业获得成功。

2）传播方式不同

广告的信息传播是以创造性的技巧将产品或劳务的信息撰写成文稿，设计成图案，采用夸张的手法拍成广告影视片，“引人注目”是其基本原则。而公共关系的信息传播同新闻传播方式一样，即靠事实说话，绝不能有任何虚假，“真实可信”是其基本原则。公关人员成功的诀窍，不在于运用什么文学的及艺术的传播方式或哗众取宠、耸人听闻的表现手法，而在于善于选择适当的时机，采用适当的形式，通过适当的媒介，把本组织有新闻价值的信息及时地、准确地传递给特定的公众。

3）传播周期不同

一般来说，广告的传播周期是短暂的，通常一个时期集中宣传某个产品或劳务，它有比较明显的季节性和阶段性。相比之下，公关的传播周期则是长期的，因为公关的目标是树立组织形象和信誉，这绝非一时努力所能奏效，它需要长期的、有计划的、有步骤的公关工作。

4）工作性质不同

广告在企业管理中属于局部性工作，某一广告的成败一般并不会对企业经营全局产生决定性影响，但公关工作却在经营管理中处于全局地位，属战略性工作。公关工作的好坏，决定组织的形象和信誉，并因此而决定组织的生死存亡。

5）效果不同

广告的效果是直接的、可测量的，一项广告的效益可用产品销售量的增加、利润额的上升等指标来衡量。公关的效果与广告大不相同，成功的公关使组织具有良好声誉，组织因此而受益无穷，但所得益处却难以用简单的硬指标来衡量，它既是社会效益也具有整体效益。

公关与广告存在着上述区别，但二者亦有密切联系，其主要表现在：公关需要借助广告形式作为一种工具，而广告业务也需要公关思想作指导。出于全局性的考虑，开展公关工作也经常需要做广告，即所谓“公关广告”。但这种广告不是推销企业的具体产品或劳务，而是重点介绍企业的管理、人员素质、服务宗旨及为社会承担的义务和责任、所做的好人好事等，其目的是塑造企业的良好形象。一般商业广告需要接受公关指导，并纳入公关工作的整体战略中。一个企业的公关工作效果和成绩，可能因一则言过其实的广告而功亏一篑。

3. 公共关系与市场营销

公关作为一种推销手段越来越受到工商界的重视和运用，但公关与一般的商业推销也有着重要的区别：公关追求的是组织的社会效益和长远利益，而推销追求的是组织的经济效益和近期利益。提高组织的社会效益、考虑组织长远利益的行动，无疑有利于提高组织的经济效益和近期利益（虽然有时有矛盾）。

一般的推销术都带有明显的推销产品的味道，使消费者会感到背后藏有工商企业的自私目的。所以，无论是有奖销售，还是分期付款，使用的次数一多，消费者会本能地产生抵抗心理，大大降低了这些推销术的效力，时间一长，消费者甚至会对这些推销手段有厌恶情绪，认为是在推销积压商品，拒绝购买。因此，将公关实务与推销活动有机地结合起来则可以在一定程度上解决这一问题。公关实务着重的是同消费者沟通感情，让消费者对企业和企业的商品有一个正确、全面的了解，在此基础上树立起企业或商标的形象。公共关系取得进展后，推销人员在友善、信任的环境中再推销商品，就可以收到良好的效果了。

4. 公共关系与人际关系

公共关系与人际关系的主要区别有三点。① 主体不同。公共关系的主体是组织，处理的是组织与公众的关系；而人际关系的主体是个人，处理的是个人与个人之间的关系。② 服务对象不同。公共关系服务于组织，关系的融洽与冲突、受益与受损的都是组织；而人际关系服务于个人，关系的好坏、受益或受损属于个人。③ 交往范围不同。公共关系要经常组织专门的活动，借助于新闻传播界扩大影响，沟通范围广；而人际交往的范围要小得多，也简单得多。

但是，公共关系与人际关系又有着十分紧密的联系。首先体现在公共关系通常表现为人际关系。因为组织整体之间的联系往往表现为一个组织中的若干人同另一个组织中的若干人之间的联系，即表现为人际关系，所以，公共关系经常要借助人际沟通的方法来进行。如商店与消费者的关系，一般具体表现为售货员与消费者的关系。其次，公共关系目标的实现离不开人际关系的协调。由于组织与公众的关系一般体现为人际关系，因此只有协调好组织内外的人际关系，才能产生良好的公共关系效果。

相关知识链接

国家形象

美国政治学家布丁（K. E. Boulding）认为：国家形象是一个国家对自己的认知及国际体系中其他行为体对它的认知的结合；它是一系列信息输入和输出产生的结果，是一个“结构十分明确的信息资本”。国家形象被认为是国家“软实力”的重要组成部分之一，可以从一个方面体现这个国家的综合实力和影响力。因此，国家形象的塑造与传播深受各国政府的重视。

国家形象，作为一种主观印象，实际上构成了人们对于一个国家及其民众的心理预设。负面的国家形象，会使人们对这个国家及其民众的所有相关信息和行为的认知和评价带有或多或少、有意无意的敌对性、排斥性和刻板印象；而正面的国家形象则往往使人愿意用更理解、更亲和、更易接纳的方式对待该国及其民众的信息和行为。因此，国家形象的塑造，其实就是对人们认识和评价一个国家及其民众的正面预设的塑造。

案例点评

乔·吉拉德的公关策略

美国著名的推销汽车能手乔·吉拉德成功的一个重要原因，是与顾客之间建立起“唇齿相依”的特殊关系。他说：“当顾客把车开回来要求给予修理或提供服务时，我会尽一切努力为他们争取到最好的东西。这时，你必须像一位医生，顾客的车出了毛病，你应该替他感到心痛。”乔·吉拉德还向从他手里买车的顾客每月寄一张大小不同、格式精美的明信片。小小的明信片紧紧系着乔·吉拉德与顾客的心，使他与顾客保持着密切的联系。

【**点评**】周到的服务，情感的协调，使乔·吉拉德赢得顾客的心，从而成为著名的汽车推销能手。而这也是组织与公众建立良好关系的好方法。

思考题

1. 简述公共关系概念的基本含义。
2. 如何认识公共关系的三大构成要素？
3. 简述公共关系的特征。

4. 简析公共关系与人际关系的联系与区别。
5. 如何理解“真实性”原则在公共关系中的作用？
6. 贯彻公共关系的全员公关的原则要注意哪些问题？

案例讨论题

万家乐的“中原事件”①

万家乐热水器连续七年获全国产销量第一，是东南亚最大的热水器生产基地。但是万家乐却在“中原事件”中栽了一个大跟头，几乎是“身败名裂”。

1993年10月，郑州市发生多起万家乐热水器爆裂事故。用户往往正在洗浴时，瞬间会发出一声爆响，用户颇受惊吓，但更重要的是万家乐热水器从此再也不能使用了。

这样的事故在郑州发生了多次，而且集中在一个干休所的住宅小区。这个住宅小区安装的是万家乐生产的第一批产品，已使用了4～5年。河南省燃器及燃气具产品质量检测中心在检查爆裂的热水器后得出的结论是：这些事故是由于干烧引起的。“干烧”是指热水器点燃后，开关转至大火位置，冷水阀还未打开时，大火燃烧器已被点燃；或水阀已关闭，而大火仍然不灭，以致热水器中热交换器螺形管经受不住高压蒸汽而爆裂。由于这些热水器是万家乐的第一批产品，所以当时还没有防干烧装置。事故发生后不久，用户即找到了万家乐郑州服务中心要求免费维修。

尽管当时万家乐在郑州的用户有20万，在整个中原地区更难以计数，但万家乐郑州服务中心对此事的处理却十分不当。万家乐服务中心答应为用户维修，但要求用户付零件费，而且态度差。本来就因在冲澡中由于热水器爆裂憋了一肚子气的用户，此时更是火上浇油。于是，用户联名告到了消费者协会。

万家乐服务中心的技术人员此时却急于找出原因。他们对发生干烧“爆裂”的万家乐热水器进行了详细解剖，发现出现干烧现象的产品热水器阀和水气联动阀里面都有铁锈状沉淀物，当沉淀物积累到一定量时，就会引起水气联动阀里面的推动杆运动不灵活，严重地卡住不复位；由于水中的沉淀物累积堵住水气连动轴，造成关水后热水器不熄火而继续燃烧，就是“干烧”。“干烧”时由于水箱水管里的水不流动，很快就会把里面的水烧开而产生蒸汽压力。若热水器是后制式（即水龙头装在热水器出口控制），水管里的压力就会越烧越大，最终造成水箱水管“爆裂”，并发出很大声响，使热水器不能继续使用。万家乐郑州服务中心终于找到了一块挡箭牌，他们发现了水中的铁锈状沉淀物。

① 万力．名牌公关策划．北京：中国人民大学出版社，1997.

不久，万家乐郑州服务中心匆忙在《郑州晚报》上刊登了一则广告，大意是：由于郑州自来水中含有杂质，导致万家乐热水器在使用时，水阀和水气联动阀都积有铁锈状沉淀物，从而导致热水器出现“干烧”，由此产生的万家乐热水器“爆裂”与万家乐产品质量无关。万家乐郑州服务中心想就此推卸“爆裂”的责任，但却又一次犯了大错。万家乐郑州服务中心的最大失误在于将这场危机扩大化了，把郑州自来水公司也卷了进来。又为自己树立了一个强大的对手，不利于化解危机。果然，郑州自来水公司迅速做出了反应，以损害名誉为由向郑州市人民法院起诉万家乐，要求赔偿名誉损失费100万元人民币。郑州自来水公司的水源取自黄河水，万家乐郑州服务中心在报纸上宣称郑州自来水有杂质，影响着几百万郑州人民的生活，事关安定团结，当然会引起自来水公司的强烈反应。郑州自来水公司出示的证据是采自郑州9个自来水取水监测点的关于水质正常的监测报告。

万家乐则认为，郑州市自来水源没有问题，不等于用户水龙头里的水没有问题，由于管道失修和二次污染，导致郑州自来水有杂质。对每一台“爆裂”热水器的检验都表明水箱里面有铁锈状沉淀物，这就是杂质的证据。双方各执一词，相持不下。

长达一年的万家乐危机并没有引起万家乐公司多少重视，无论万家乐郑州服务中心还是万家乐公司总部都未对这一事件给予足够重视，用户的问题迟迟没有得到解决。

第二年10月，“万家乐事件”终于开始解决了。万家乐在中原受重创。全国人大常委会消费者权益保护法执法检查组，到全国各地巡视，第一站直奔郑州。检查组刚到郑州，当地消费者协会就万家乐热水器爆裂事件向全国人大检查组做了专门汇报，检查组当即做出了有利于消费者的指示。

10月21日，随行的新华社记者写了《郑州多次发生“万家乐”热水器爆炸事故》，在记者的新闻稿中“爆裂”变成了更具形象的“爆炸”，从而使新闻色彩更加浓厚。此稿一路审查通过。

同日，北京新闻界的一位朋友给万家乐打电话说，有一篇“万家乐热水器爆炸”的新闻稿即将从新华社发出。当时，万家乐的老总正在香港，未对此事采取任何应对措施。

或许，如果万家乐早一点知道消息，或许当时万家乐以总公司的名义急电新华社，申明新闻稿与事实有出入，就不会造成那么严重的影响了。几个小时以后，冠以“新华社郑州10月21日电”的消息《郑州多次发生“万家乐”热水器爆炸事故》由北京发往全世界。

第二天，几乎所有大报纸都在头版位置刊登了这一消息。这则消息来自新华社有足够的权威性，事关中国大企业有一定的显著性，又非本报采写无诉讼风险。于是乎，报纸都铺天盖地地刊登了这则消息。一家中央级大报为这则电讯稿配上一个醒目的标题《想买热水器吗？当心》，另一家报纸索性把万家乐的广告词改了——《要买热水器呀，告诉你吧，郑州“万家乐”多次发生爆炸》。

由检查组下令、新华社撰稿、全国新闻媒体刊登的“万家乐事件”是对万家乐的一次集体毁誉，万家乐的品牌受到了重创及毁灭性的打击。

对于如何处理这起事件，在万家乐内部形成了“主战”和“主和”两派。主战派认为事已至此，就要焦土抗战，把官司打到底；主和派认为万家乐应该把目标转向售后服务上，认认真真为消费者解除后顾之忧，此事的影响让时间去冲淡它。

此时的万家乐，由于不重视消费者的利益以及轻视企业潜伏危机已经变得伤痕累累了，一个庞大的企业，在整个社会新闻、舆论的攻击下已难以再继续维持其企业形象了。

【讨论题】

1. 试析万家乐郑州服务中心在处理“事件”过程中，没有遵循哪些公共关系原则？
2. 面对顾客投诉，如何开展工作才能维护企业形象？

第2章

公共关系的起源与发展

本章学习目标

通过本章学习，了解公共关系发生与发展的历史过程；掌握公共关系形成和发展的社会条件；理解公共关系在中国产生与发展的社会历史必然性。

公共关系作为一种专门化的社会职业，成为一门较为系统和完善的科学体系，至今不过百年历史。但作为一种客观存在的社会现象，却有悠久的历史。理解公共关系的起源与发展，把握国内外公共关系的发展现状，对于全面、准确地把握公共关系思想和理论具有重要意义。

2.1 公共关系的起源

2.1.1 古代公共关系的渊源

纵观历史，早在古代埃及、巴比伦、波斯、古希腊、古罗马，统治者就一方面用武力、一方面用舆论手段来控制社会，处理与民众的关系。这些帝王、政府都曾动用大量的金钱和人力去营造雕像、寺院、陵墓，写赞美诗等，用精湛的艺术手法描述他们的英雄业绩，树立统治者的声誉，宣扬自己的伟大和神圣的身份，也传播生产知识。他们具有强烈的“公关意识”。

在古希腊时代就已经有了靠创作赞美诗维持生活的人。古希腊著名学者亚里士多德在其著作《修辞学》中就怎样运用语言来影响听众的思想与行为进行了精辟的阐述。该书被称为最早探讨“公共关系理论”的专著。

古罗马的恺撒创办发行了世界上最早的日报——《每日记闻》。他还专门写了一本记载其功绩的纪实性著作——《高卢战记》，这本书曾被西方一些著名的公共关系专家称为“第一流的公共关系著作”。

古代基督教在全世界卓有成效的传播，也被认为是古代“公共关系”的又一典范。

中国是文明古国，“公共关系”的思想与活动可以追溯到有文字记载的远古时代。在商代，部族首领就已认识到民意和利用民意的重要性。在盘庚迁都的故事中，盘庚在三次演说词中都提出“朕及笃敬，恭承民命”，证明他已懂得顺民意、得民心，办事要向民众说明原因、用意才能实现。

中国古代在收集民意、利用民意的技术方面也有相当大的发展。大禹为治水曾“合诸侯于涂山”，协商后终于得到大家的支持，才得以指挥千军万马完成了治水的壮举。

周朝时，宫廷已有“采诗”制度，目的之一就是以此来体察民情民意。《左传》中的“子产不毁乡校”，体现了舆论监督和知识分子与政权间的双向沟通。

秦国的商鞅利用“徙木赏金”的“人为事件”来取信于民，表明变法改革的决心，在民众中树立了可信赖的形象。

中国古代的说服传播技术、技巧已相当发达，已成为制造舆论和协调各种社会关系的重要手段。例如，苏秦周游列国宣传“合纵”之说，维持了十几年的和平，成为“三寸不烂之舌，胜于百万雄兵”的典型案例。

历代农民起义领袖们也都十分注重利用各种传播手段来制造舆论，赢得民众的支持。从陈胜、吴广到李自成、洪秀全都各有经典做法。

在中国古代的一些经济活动中，人们都自觉或不自觉地运用各种传播手段和沟通技巧来宣传自己，树立自己良好的声誉和形象。张骞通西域、郑和下西洋在世界公共关系史上都占有十分重要的地位。

当然，严格地讲，古代并不存在科学意义上的公共关系，因此使用该词时一般都加上了引号，那时的一些类似今天的公共关系的思想观点与实践做法可称为“类公关”、“准公关”、“公关的萌芽”、“史前公关”。总之，那时的公共关系不仅没有独立的思想体系，甚至连这一概念都没有，但它们确是今天公共关系产生的基础，是丰富的、宝贵的人类文明遗产，应辩证地加以取舍、扬弃。

2.1.2　近代公共关系的萌芽

近代的公共关系萌芽于当时政治、经济、文化事业比较发达的美国。可以说，美国的公共关系起源于北美殖民地人民反对君主专制、争取独立的斗争。当时的领袖们都是很好的公共关系宣传家。他们利用报纸、小册子、传单、制造事件、集会、辩论等宣传独立的主张。其中的代表人物是塞缪尔·亚当斯（Samule Adams）。他的一些理论与做法对今天的公共关系事业依然是很有借鉴价值的。亚当斯认为“所有的人受感受支配的程度比受理智支配的程度大得多”。由此，他认为“公共舆论来源于事物的进展以及公众观察事物进展的方式”（绝不是仅取决于客观事物本身）。亚当斯是一个积极进取并有一套成功技术的“公共关系”专家。他在没有公众的条件下，会创造一些事件来求得公众的支持，进而实现自己的目标。这些技术在亚当斯组织北美13州抗英斗争中发挥了巨大的作用。这些技术表现为以下几个方面。

① 一个组织完成某项行动需要且可能通过一个公共关系活动来实现，如1766年在波士顿组织的“解放之子”和1775年同是在波士顿成立的“公众反映委员会”等。

② 在宣传技巧上使用徽记，如用“解放树”等来增强公众的认同，使之容易辨认和诱发公众的情感。

③ 使用口号可以使复杂的问题变得易认易记，来反复增强公众的观念，如“征税而无抗议就是暴政”。

④ 抓住事件引起公众注意，引发讨论，由此使原来没有形成的公众舆论明确化，如“波士顿茶俱乐部”。

⑤ 在一个事件中使自己的观点与公众相一致，这样对事件的解释便可以为公众接受，如“波士顿惨案”。

⑥ 为了最大可能开展公共关系活动，必须运用公共关系技术和利用各种沟通渠道向公众渗透新的思想与观点。从1750年到1783年的34年中，亚当斯等人共印制出版了1500多种攻击英国统治的小册子，其中有不少是亚当斯自己撰写的。亚当斯还煞费苦心地建立了13个殖民地的通信网络——通信委员会，借此网络通报英国统治者的胡作非为，并保持13州的经常联系。

1787年10月至1788年4月，在美国面临如何立国的关键时刻，亚历山大·汉弥尔顿连续发表了一系列效果显著、影响深远的文章，巧妙地引导了当时的舆论，争取宪法得以批准，促成美国联邦制的实现。历史学家认为这次活动是“历史上最出色的公共关系工作”。

最早的政府公关和竞选的宣传智囊出现于安德鲁·杰克逊（Andrew Jackson）时代。这个时期公关活动的主要代表人物是艾莫斯·肯德尔（Amos Kendall）。在19世纪20年代末30年代初，普通的公民开始拥有选举权，公众的政治兴趣迅速萌发，新闻界作用日益明显。杰克逊是一位军事英雄，也是一位重视知识分子的国家元首，他聘请学者和记者成立顾问团（Brain Trust）为其出谋划策。肯德尔就是顾问团中的一名记者，他担任杰克逊的竞选活动专家和公共事务专家，负责安排接见记者，为总统撰写演讲稿和新闻稿，负责总统的公共舆论，进行民意测验、新闻分析，创办了美国政府最早的机关报——《环球报》作为政府的喉舌来报道、解释政府的政策，并逐步发展起一套白宫对外宣传的方式。

在这一时期还有几件与公共关系密切相关的事情发生。1842年哈里斯·伯格组织的《宾夕法尼亚人报》和罗里组织的《明星报》印制了一些民意选票寄给读者，以预测总统竞选的结果，这是最早的公共关系调查。1860年出现了新闻代理人，这是新闻与实业相结合的时期。1882年，美国的伊顿在耶鲁法学院发表“公共关系与法律的责任”的演讲，被认为是与公共关系有关的最早的演讲。

“公众第一次承认公共关系是1899年。”那年交流电发明家乔治·威斯廷豪斯（George Westinghouse）首先组织了现代意义上的专门的公共关系部门，他聘请匹茨堡的记者E. H. 海因希斯（E. H. Heinriches）作为他的新闻顾问，成功地使交流电为社会所接受。

2.2　现代公共关系的产生和发展

2.2.1　现代公共关系产生的条件

现代公共关系产生于 20 世纪初的美国。它是当时美国社会的基本矛盾及经济、政治、科学技术、文化等诸条件综合作用的结果，是社会发展到一定阶段的必然产物，是社会文明进步的必然结果。

1. 市场经济：公共关系产生的经济条件

公共关系产生的经济条件主要表现为社会生产分工的加剧、市场经济的高度发展，特别是买方市场的形成。

1）社会分工的发展是公共关系产生的客观基础

人类社会经历了几次大的分工。分工推动了生产力的发展，但也增加了各行业之间的相互依赖与制约；分工越细，寻求合作的愿望就越强，因此，对于发展生产而言，寻求合作也就与产生分工一样必然与迫切。同时，这种社会的分工和组织的分化不仅表现在经济生产领域，它还使人们所处的环境更加复杂多样，人与人之间的关系也逐渐变得更加复杂和多元化，整个社会也在不断地发生分化。一方面，人与人更加隔膜、难以相互理解；另一方面，人又是一种社会动物，离不开社会，离不开合作，为了适应这种社会环境，人们就必须更加自觉主动地协调人与人之间、组织与组织之间的相互关系，需要全方位地协调与合作，这样，社会才能得以正常运行与发展。公共关系就是适应了这一历史发展的客观需要而产生的，并且一经产生就取得了突飞猛进的发展。

2）市场经济的发展是公共关系产生的加速器

市场经济对公共关系的需求可以从以下几个方面得到体现。

（1）市场经济的发展呼唤着协作。市场经济以市场为轴心形成了极广泛的分工与协作。为了在竞争中取胜，商品生产者的分工也越来越细，专业化程度也越来越高，商品生产者所拥有的一切都必须从市场购进，生产出来的一切物质产品与精神产品又必须在市场上售出。因此，光有细微的分工还不行，他们必须考虑跨行业、跨地区的合作，这就需要公共关系这样的综合性新学科来协调各方面的关系。

（2）市场经济的发展需要和谐的社会环境。因为在市场经济条件下，生产完全是为了交换，商品交换关系的通畅与稳定对于生产者来说生死攸关，因此，他们渴望能够有商品交换之外的另一种力量来支持他们的事业，来保护和改善商品的交换关系，形成一个相对安定和谐的社会发展环境。公共关系也就随着这种需求从传统的传播活动中“分离”出来，专门为组织与公众建立安定和谐的社会生存环境。

（3）买方市场的形成、消费市场的成熟增加了对公共关系的迫切需求。在生产力尚不发达的时期，市场上产品的需求大于供给，是卖方占完全优势的“卖方市场”，这时，他们根本不会考虑公共关系的问题。随着生产力的发展，市场上产品“供过于求”，形成“买方市场”。消费者可以根据个人喜好灵活地选择任何一种他们看中的商品。为了吸引和留住消费者，销售者便会想办法有效地维护买卖双方的联系，最大限度地争取广大公众的理解、信任、支持与合作。因此，了解消费者、研究消费者、与消费者公众建立密切的联系并赢得公众的支持，就成了商品生产者与销售者生存、发展的重大课题，公共关系就成了企业生死攸关的关键环节。

2. 民主政治：公共关系产生的政治条件

社会政治生活的民主化是公共关系赖以产生和发展的社会政治条件。

从封建社会进入资本主义社会是人类社会民主化进程中的一个重要里程碑。封建社会的政体特点主要体现为独裁、专制、世袭三个方面，其政治生活的特征表现为“民怕官”。与封建制相反，资产阶级革命后推行共和制、立宪制，变独裁为民主，变专制为共和制，变世袭为民选，这就带来了一系列根本性的变化。这些变化使公众地位上升，其影响主要是通过纳税制与选举制来实现的。

由于实行纳税制，纳税人有权了解政府的政治运作情况，政府则有义务将政府事务的决策与运作情况定期向纳税人公布与报告，接受纳税人的监督。

由于实行选举制，一方面，要求民众精心挑选能真正代表自己意志的人去行政、执政，民众不仅有选举权，而且有知情权、议政权、监督权，要求政治有透明度；另一方面，被选举者为了登上“宝座”或保住“宝座”，就不能不注意与社会各界公众搞好关系。唯有这样方能拉来选票、保住官位。这是政治上促进公共政治生活民主化的动因。

在这种民主政治的社会氛围中，政治生活的特征表现为“官怕民”，民众的地位发生了根本性的变化。在这种情况下，公众的意愿第一次成为竞选者和执政者不能不加以认真考虑的问题。如何才能有效地与民众进行沟通，建立良好的关系，成为资产阶级政府、政党及各利益集团所面临的新问题。长期以来，公共关系就一直成为各种政治变革、权力斗争的工具。

3. 人性文化：公共关系发展的精神源泉

美国是一个移民国家，几乎没有历史传统的包袱。美国文化体系中有三个突出特点：个人主义、英雄主义、理性主义。个人主义使美国人富于自由浪漫的色彩；英雄主义使美国人崇拜巨头伟业，富于竞争精神；理性主义使美国人注重严密的法规，崇尚教条、数据和实效。20 世纪初管理科学的鼻祖泰罗的思想及其制度，便是理性主义的典型代表。他将人视为机器的一部分，强调严格的操作程序，作业计量定额，颠倒了人与机器的关系，使手段异化为目的。这种机械唯理主义的管理，虽然短期内取得了显著的高效率，但同时也促使阶级矛盾与劳资矛盾的日趋尖锐激化，孕育着社会危机和动荡不安，也孕育着社会文化意识的嬗变。正是在严峻的现实面前，人们逐渐意识到纯理性文化的局限，人文主义重新抬头，在管理中注重人性、注重个人和群体的文化精神理念迅速获得人们的认同。20 世纪 30 年代哈佛大学教授梅奥在著名的“霍桑实验”中提出的“人群关系理论”、“行为科学”，便是人性文化逐渐形成的有力体现。

此外，大众传播的发展，社会化大生产的发展，也对尊重个人隐私但又互不相关、过于狭隘的美国传统文化形成冲击，使社会生活、社会交往更趋开明化、开放化。这种尊重人性、尊重个人情感和尊严的、人文的、开放的、人性化的文化，正是公共关系得以产生的精神源泉。

4. 大众传播：公共关系产生的技术条件

大众传播与现代通信手段的发展为公共关系的产生提供了技术支持。

在现代社会中，科学技术日新月异，信息传播技术飞速发展，从报纸、杂志、电报、电话、广播、电视到光导通信、卫星转播、互联网……无不具有极高的传播广度、速度、深度与高保真度，并且费用低廉。崭新的传播媒介迅猛发展，甚至超出人们的想象。瞬息万变的信息变得“瞬息可悉”。比如，全世界的人可以通过电视和网络同时看世界杯足球赛、看奥运会比赛，也可以同时看到赛场上的企业广告。现代化的手段使世界范围内大规模的信息沟通和交往成为可能，这就为公共关系事业的大发展提供了必要的技术保障与方法。

2.2.2　现代公共关系发展的过程

现代公共关系在美国的形成与发展大致经历了以下几大阶段。

1. 单向吹嘘式的公共关系

19世纪上半叶的美国，随着政治民主化的推进、公众地位的提高，大众传播事业得到了迅速的发展。“报刊宣传活动”就是在这时开始风行起来的。所谓“报刊宣传活动”，是指一些公司或企业为了自己的利益，雇用专人在报刊上进行宣传的活动。在19世纪30年代，美国《纽约时报》率先发起了“便士报运动”，即以一便士就可以买到一份报纸。该报以其低廉的价格和关切大众的内容获得全社会的认可和接受，政府部门及各类巨头们也竞相争取它的支持。《纽约时报》成了具有重要影响力的社会舆论工具。报纸便宜、内容好，发行量自然大增，许多公司和组织便看重了这一媒体，想到用它宣传自己；然而发行量大、知名度高，广告费也猛涨，一些大公司和巨头们为了节省这笔昂贵的广告费，便纷纷花钱雇一些记者或宣传员来编造关于自身或组织的新闻甚至“神话”刊登在报纸上来吸引读者的注意力，以达到宣传本组织形象的目的，于是便兴起一场声势浩大的“报刊宣传活动”。

这一时期最有代表性的报刊宣传员是费尼斯·泰勒·巴纳姆（Phineas Taylor Barnum）。巴纳姆是一家马戏团的老板，以制造和杜撰“神话”而闻名于世。他所处的时代，是公共关系的重要演变时期，其影响至今依然存在。

巴纳姆最典型的宣传是制造了这样一个神话：马戏团有一名叫海斯的黑人女奴，在100年前曾经抚养过美国第一任总统乔治·华盛顿。这一消息发表后引起了轰动。巴纳姆乘机以各种笔名向报社寄去表明不同看法的“读者来信”，引起一场争论。于是很多人抱着好奇心纷纷到马戏团要看个究竟，使马戏团票房收入猛增。海斯死后，尸体解剖表明，她才活了80多岁，根本不像巴纳姆宣传的那样活了160多岁，也根本不可能抚养过华盛顿总统。可巴纳姆却宣称，他本人也是受骗者。实际上巴纳姆早已从这场他策划的争论中得到了好处。巴纳姆恪守的信条是“公众要被愚弄”,“凡是宣传皆是好事”。他这种不择手段地为自己或自己代表的组织进行吹嘘、欺骗、制造“神话”，全然不顾公众利益、不顾职业道德的行为，是完全违背现代公共关系宗旨的，是公共关系史上不光彩的一页，这一时期被称为“公众被愚弄的时期”和“公共关系的黑暗时期”。

2. 单向传播式的公共关系

19 世纪末，美国已进入垄断资本主义时代，少数企业寡头几乎掌握着全美大半的经济命脉，他们不择手段地榨取工人的剩余价值，在经营上实行封闭保密政策，被称为“象牙塔”。他们的残酷压榨引起了工人强烈的不满，劳资关系日趋紧张，阶级矛盾日益激化，各个阶层和集团之间的利益冲突尖锐，整个社会都充满了对企业寡头的敌意。在此情况下，终于爆发了以揭露工商企业丑闻为主题的新闻“揭丑运动”，史称“扒粪运动”。

从 1902 开始，第一个正面发起进攻的是《麦克卢尔》杂志。其从 1902 年至 1904 年连续刊出了《美孚石油公司发迹史》，以大量事实揭露当时显赫一时的石油大王如何通过不正当的手段挤垮竞争对手的真面目，使洛克菲勒多年一直处于挨批的地位。一批年轻正直的记者，勇敢地充当了“揭丑斗士”，他们的锋芒指向那些不法巨头及政府的腐败行为，将其丑行暴露在光天化日之下。在近 10 年的时间里，各种报刊上发表的此类文章达 2 000 多篇，甚至有人创办专门揭丑的杂志，从而使许多大企业和资本家声名狼藉。垄断财团最初想使用高压手段平息舆论，先是进行恫吓，继而又以不在揭丑的杂志上登广告相威胁，或以贿赂为“武器”，或自办报刊继续制造“神话”，掩盖丑闻。结果事与愿违，公众对垄断寡头们的敌意反而与日俱增。“揭丑运动”与当时的罢工运动给那些垄断寡头带来极大的打击。

“揭丑运动”对工商企业构成了巨大的公众舆论压力，严重影响了企业形象，恶化了企业的社会关系，制约了企业的发展。使美国的工商界开始正视新闻界与公众对企业发展的重要影响，他们开始转变思维方式以图摆脱危机。杜邦公司是最早觉悟的一家。

杜邦公司是一家从事炸药生产的化学公司，由于当时技术尚不是很先进，难免发生一些爆炸事故。起初公司采取保密政策，一律不准记者采访。社会公众对此猜测纷纷，久而久之，杜邦公司在公众心中留下一个“杜邦——流血——杀人”的可怕形象，对其市场营销和企业发展造成极为不利的影响。杜邦找来报界朋友咨询，报界的朋友建议他实行“门户开放”政策，把“象牙塔”变成“玻璃屋”。杜邦采纳了这一建议，并请这位朋友出任公司新闻局局长。公司改变了以往的做法，坚持向公众公开公司的事故和内幕，同时精心设计出一个宣传口号：“化学工业能使你生活得更美好!”此外，他们还积极赞助社会的公益事业，组织员工街头义务服务，一举改变了过去留给公众的“杜邦——杀人”的形象。于是，许多公司也纷纷聘请新闻代言人，实行厂区开放、参观介绍等项公关措施，利用大众传播手段来修建自己的“玻璃屋”，实行开明经营。

在这场为企业塑造新形象的热潮中一个新的职业诞生了，开这一职业先河的是艾维·李(Ivy Lee)。艾维·李毕业于普林斯顿大学，曾是《纽约时报》和《纽约世界报》的记者。他认为单纯地把阴暗面揭露出来是一种消极的做法，对于问题的解决只是做到了一半，还有一半应是用积极合作的态度，想办法消除误会、改变现状，而消除误会最好的办法是把事实真相告诉新闻界，采取信息公开的政策，这样不仅可以消除误会，还可促进、监督企业行为的完善。他为了实现自己的理想，于 1903 年与派克合资成立了“派克·李氏公司”，成为第一位通过向客户提供劳务而收取佣金的职业公关专家。这标志着公共关系职业和公共关系事业的诞生。

艾维·李的公共关系思想是：“公众必须迅速被告知”——对公众要“讲真话”。他经常为报社免费提供新闻公报，公开提供客观的新闻材料，放弃一直是神圣不可侵犯的行业秘密。因此，亦称其为“单向信息发布式”的公共关系。

艾维·李还为洛克菲勒财团与宾夕法尼亚铁路公司处理了危机，重塑了形象，从此他成为蜚声社会的公关专家，被誉为“公共关系之父”。

3. 双向沟通式的公共关系

公共关系职业化的发展，促使公共关系由简单零碎的活动上升为较系统完整的专业活动，并逐渐形成了公共关系的原则和方法。

1）企业界开始逐步推广公共关系制度

美国的贝尔公司、福特汽车公司、通用汽车公司、巴尔的摩铁路公司、爱迪生电力公司、约翰和劳森钢铁公司都在 1908 年至 1913 年期间成立了公共关系部或请人专门负责公共关系工作。到 1937 年，全美最大的数百家企业中已有 20% 设立了公关部。

2）公共关系咨询业迅速发展

在派克·李氏公司创办时，美国只有 3 家类似的公司。到 1937 年，全美已有 250 家左右的公关公司，5 000 多名公关从业人员。1939 年，在著名的公关学者哈罗博士的主持下，美国公共关系理事会（ACPR）宣告成立。此外，政府公共关系也进一步发展。

3）公共关系研究和公共关系教育正式诞生

在这方面做出杰出贡献的是美国的爱德华·伯纳斯（Edward Bernays）。他 1912 年从康乃尔大学毕业后即从事新闻工作，1913 年受聘为福特汽车公司公关部经理，被誉为“开企业承担社会责任之先河”。第一次世界大战期间，伯纳斯参加了威尔逊总统组织的、由乔治·克里尔（George Greel）领导的公众信息委员会。这一委员会将报道民意、动员民意的能力提到前所未有的高度。战争结束后，伯纳斯与夫人开办了公共关系公司，开始为社会提供全面的公共关系咨询服务。1923 年，他出版了第一本公共关系专著——《舆论明鉴》，书中明确论述了“公关咨询”的含义，提出了公关工作的原则、程序和职业道德等，该书被称为公共关系理论发展史上的一个里程碑。他把公关活动发展成为一种更有意识的、自觉的、有组织的活动。他特别强调了在公关活动中首先应了解公众的要求，在确定公众价值观念和态度的基础上，再进行有计划、有组织的宣传，宣传应“投公众之所好”。这就比艾维·李时期单向地站在企业的角度去宣传、去告知要大大进了一步。1923 年，伯纳斯开始在纽约大学讲授“公共关系”，成为在大学教授公共关系的第一人。1947 年，波士顿大学成立了第一所公共关系学院，培养公共关系人才。公关教育在美国逐步展开。

双向沟通式的公共关系产生于公共关系从艺术走向科学的时期，这一时期的主导思想是“投公众之所好”，其代表人物是公共关系发展史上的一个集大成者——爱德华·伯纳斯。

4. 双向对称式的公共关系

1952年，卡特李普和森特出版了权威性公共关系专著——《有效公共关系》，书中论述了“双向对称”模式，在公共关系的目标上将组织和公众的利益放在同等重要的位置上，这是目的上的“对称”；在方法上坚持组织与公众之间的双向传播与沟通，这是传播手段上的“对称”。此书出版后多次再版，成为公共关系的畅销书，被誉为“公共关系的《圣经》”，其作者成为享有声望的公共关系理论权威人士。

双向对称模式提出的理论前提有两个：一是把公共关系看做封闭系统还是开放系统；二是把公共关系看做一种“工作”还是一种“职能”。

（1）将公共关系看做封闭系统和一种“工作”的做法是将公关人员放在沟通技术实施者的位置上，定期进行新闻发布，去保持和推进公众对组织的良好印象，而忽视将有关环境的信息传递给组织。

（2）将公共关系看做开放系统和一种“职能”的做法是将组织与公众关系的维持和改变建立在产出——反馈——调整诸环节相互作用的基础之上，公众意志可以吸收到决策中，公共关系不仅能在决策中发挥参谋与顾问的作用，而且有预警作用，可以阻止潜在危机的发生。

双向对称模式体现了中国墨家的理想：“兼爱”与“交相利”，也反映了现代竞争提倡的“互利双赢”，以及“双方共同发展”的现代公共关系意识。

双向对称式的公共关系是当代公共关系发展的高级阶段，它强调“双向沟通、双向平衡、公众参与”。这时期的代表人物是斯科特·卡特李普和阿伦·森特。

至此，公共关系正式进入科学化阶段。一门充满时代特征的具有强大实用性的新兴科学以其崭新的身姿崛起于学科之林。

公共关系的发展过程可总结如表2-1所示。

表2-1　公共关系发展过程

类　型	时　期	代　表　人　物	主　导　思　想
单向吹嘘式公关	职业公关的前奏	费尼斯·泰勒·巴纳姆	公众要被愚弄，凡是宣传皆是好事
单向传播式公关	职业公关的开创	艾维·李	公众要被告知
双向沟通式公关	公关从艺术走向科学	爱德华·伯纳斯	投公众之所好
双向对称式公关	公关发展的高级阶段	斯科特·卡特李普、阿伦·森特	公众若愿意可参与到决策中来

2.2.3　不同发展阶段公共关系的比较

现代公共关系从无到有，经历了一系列变化。了解这段历史可以使人们更好地领悟公共关系发展的客观规律，更好地开展公共关系工作。下面将现代公共关系的不同阶段作一比较。

1. 各阶段公共关系对公众的态度不同

在没有公共关系的时代，垄断寡头们只顾一己私利，公众是他们宰割的对象。单向吹嘘式的公共关系特点是“公众要被愚弄”；单向传播式的公共关系特点是“公众要被告知”；双向沟通式的公共关系发展为“要投公众之所好”；双向对称式的公共关系进而提出“公众意愿可以参与到决策中来”。

2. 各阶段公共关系的原则不同

垄断寡头们信奉“我行我素”，“向公众封锁信息”；单向吹嘘式的公共关系坚持“凡是宣传皆好事”，根本不顾公众的利益；单向传播式的公共关系坚持“事实公开”、“讲真话”的原则，增加公众对组织的信任感；双向沟通式的公共关系坚持让组织了解公众，也让公众了解组织，“增加双方的透明度”；双向对称式的公共关系坚持组织与公众双方在目的、利益和传播上要双向对称、双向平衡。

3. 各阶段公共关系所要达到的目的不同

垄断寡头们的目的是独享天下；单向吹嘘式的公共关系目的是扩大自身影响而玩弄公众；单向传播式的公共关系目的是寻求公众的理解、认同与接纳；双向沟通式的公共关系是为了赢得公众的支持而取悦公众；双向对称式的公共关系是为了双方的利益，和谐拓展。

双向对称式的公共关系的口号似乎不如双向沟通式的公共关系的口号“投公众之所好”与“一切为了公众”听起来动人，感觉公众地位更高，但是双向对称式的公共关系却更加理性、更加客观、更加真实。因为在现实社会中，特别是在商品经济条件下，人们奋斗的一切都同他们的利益有关。因此人们会把“一切为了公众”当做一句动人的口号而不是行动准则。由此看来，双向对称模式显得更加客观、真实，因而也更有生命力。

4. 各阶段公共关系所采取的方法不同

垄断寡头们对新闻界采取的是封锁、恫吓、收买控制舆论的做法；单向吹嘘式的公共关系采用的方法是编造“神话”、制造新闻；单向传播式的公共关系采取的是向公众提供准确而有价值的信息的方法；双向沟通式的公共关系采取的是调查研究、双向传播的方法；双向对称式的公共关系采取的是监测—发布—反馈—调适—双向平衡的方法。

2.2.4　未来公共关系发展的特点①

公共关系在 20 世纪中后期的几十年时间里得到了迅速发展，美国汤姆生公司总裁预测，在未来年代里，国际公共关系和广告业将成为全世界范围内发展最快的产业之一。这是因为，随着世界范围内新技术革命的兴起以及经济、政治和文化一体化程度的不断提高，公共关系在各个领域起着越来越重要的作用。未来公共关系发展将呈现出以下特点。

---

① 龚荒．公共关系：原理、实务与案例．北京：北京交通大学出版社，2009：45－46.

1. 人们的公关意识不断加强

公共关系的普及与提高，使人们在公关活动中加深了对公关的认识，公关意识在不断加强。众多的企业界人士加强了现代公关的管理功能，他们在“名牌”活动中，渐次导入CIS；政府公关日益受到重视，城市形象工程是现代公关的大手笔，它使人们逐渐自觉运用公关这门高深而又实实在在的创造效益的科学为其目标服务。

2. 公关实践与理论全面发展

公共关系作为一种独特的职业，最早产生于美国的工商企业界，在经济领域发挥重要的社会功能。随着公共关系自身的不断发展以及社会对公共关系的需求不断增加，必然促进现代公关事业向深层次、高水平推进。现代公关的实践活动必将在深度和广度上有新的突破，它必将从营利性组织向非营利性组织发展，从经济组织向政府、文化组织发展，从单个组织向地区性组织、向城市发展，从所在国向国际发展。公关理论必将在丰富的实践中不断吸取新经验，研究新问题，形成新理论，获得新飞跃，它必将在21世纪有突破性进展并发挥重要作用。

3. 职业化程度日益提高

自1903年艾维·李创办世界上第一个公共关系事务所以来，公共关系作为一种全新而独特的社会职业已得到很大发展。由于它在社会各个行业和领域中发挥着越来越重要的作用，因而逐渐从其他经营管理职能和行业中分化出来，成为一种越来越受人们尊重和向往的独立的社会职业。在知识经济时代，知识信息的加工、创造、传播与应用已成为经济增长的新的最重要的源泉。因而，人们的思想、观念、心态与行为，必然发生新的变化。经济领域的竞争、开拓与占领，政治领域的协调、促进与合作，对现代公关的需求更加迫切，对活动质量要求更严，对人员素质要求更高。正如加拿大迈克尔·杜马斯先生指出的，靠“即兴的从业人员”是不可能担此重任的。靠个体的智慧与技巧，靠分散的、作坊式的小打小闹，靠兼职人员或临时凑合专家团等，已不能满足社会的需求。因此，培养高品位、高素质的具有优秀策划、咨询、管理与创造能力的现代公关专业人才，已成为公关界之共识。

4. 公共关系活动范围扩大化

由于世界政治、经济和科学文化一体化呈现日益加剧之势，不同的国家和民族在政治、经济和文化等各个领域中的沟通和联系不断增强，从而促进了国际公共关系事业的蓬勃发展。无论是发达国家还是发展中国家，资本主义国家还是社会主义国家，都十分重视公共关系，国际性的公共关系公司和公共关系协会纷纷建立，国际间的学术研究、学术交流日趋频繁，国际公共关系业务往来也在逐渐增多。公共关系在各种国际事务中发挥着越来越重要的作用。

不但企业的公关意识越来越强，而且越来越多的政府也开始意识到公共关系的重要性。各国政府为适应这一形势的需要，加强了政府管理体制改革，正试图从原来的统治者、控制者向协调者、服务者的角色转换。

5. 传播渠道网络化

随着现代科学技术的迅速发展，公共关系作为一种智力密集型的新职业，其工作手段也不断现代化。公关人员越来越多地运用电子技术、通信卫星等现代化大众传播媒介和信息传播手段，利用计算机储存、分析调查资料，进行市场和环境预测，从而大大提高了工作的科学性。

2.3 公共关系在中国的传播与发展

2.3.1 公共关系在我国兴起的历史必然性

1. 实行改革开放政策的需要

党的十一届三中全会以后，改革开放成为党的基本路线的重要组成部分，为公共关系的传播提供了可能。

首先，在经济体制改革方面，企业要转变经营机制，改善管理，增强活动，提高效益，需要公共关系的协调。

其次，在政治体制改革方面，需要引进公共关系帮助正确处理和协调各种不同的社会关系，化解矛盾，促进合作，加强监督，减少失误，改善党群关系，促进安定团结。

2. 发展社会主义市场经济的需要

改革开放使企业有了更大的自主权，也丧失了原有的生存条件，面临着巨大的挑战。它们必须协调好与内部公众、消费者、供应商、股东、协作者、政府部门、宣传媒介、社会环境、竞争对手等一系列前所未有的复杂关系，这就需要公共关系的帮助。

同时，企业还必须面对全方位的竞争。不仅产品的质量要好、价格要合适，而且要面临售后服务、企业与产品的知名度、美誉度、品牌、形象、CIS 战略等一系列无形资产的较量和一系列的“软竞争”。没有公共关系，这场竞争就输在了起跑线上。

3. 建设社会主义精神文明的需要

首先，要通过公共关系调整心态，优化社会环境，扭转社会风气，推动社会组织，尊重社会整体利益，做到经济效益与社会效益一致，处理好组织内部与外部的关系、组织发展与生态平衡的关系，赞助社会上有关的文化、教育、福利事业，倡导新型的人际关系，遵纪守法，尊重公德。

其次，公共关系还有一个重要的作用，就是要参与遏制腐败的斗争。党和政府正在加强党风建设和廉政建设，反腐倡廉，应通过公共关系功能，加强舆论监督，揭丑曝光，惩恶扬善，净化灵魂，净化社会，维护社会发展的正常秩序。

4. 进行国际交流与合作的需要

改革开放使我国结束了长期闭关锁国的状态，可以借助公共关系加强国际间的交往，了解国际上的信息，改善我国的投资环境，增强竞争实力，促进我国的发展与繁荣。

所以说，公共关系在中国的兴起与发展是历史的必然。

2.3.2 公共关系在中国发展的历程

早在20世纪50年代现代公共关系就进入了我国台湾地区。1956年，台湾公共关系协会成立，1974年在台湾影响最大的联太公共关系公司成立。香港的现代公共关系始于20世纪60年代初，1981年建立了太平洋公共关系协会，直接影响了祖国大陆公共关系的兴起与发展。我国大陆公共关系自20世纪80年代中期起步，走过了引入期、虚热期，现在进入了理性发展时期。

公共关系在中国是沿着公关实务、公关传播与教育、公关理论研究、公关组织的建设几条途径逐步发展起来的。

1. 中国公关实务的引进与发展

1980年，我国在广东省设立了深圳、珠海、汕头三个经济特区。不久，深圳、珠海的一些三资企业中的宾馆、酒店按照国外的一些管理模式设立了公共关系部，引进了公共关系的职能。之后，北京长城饭店公关部成功地策划了请美国总统里根在饭店举办答谢会的公关活动，一夜之间名扬四海，向国人展示了公关的魅力，使人们对公关刮目相看。

1984年，广州白云山制药总厂率先成立了公共关系部，开我国大陆企业公共关系之先河。

1985年，美国最大的国际公关公司之一——伟达公司在北京设立了办事处。1986年7月，中国环球公共关系公司成立，这是中国大陆最早的专业化公关公司。此后越来越多的组织认识到了公共关系的重要性，纷纷成立公共关系部或设立专职公关人员。30多年来的公共关系运作，为中国树立了一大批名牌企业，公共关系也创造了一系列的奇迹，积累了一批有中国特色的经典案例。

随着市场经济的深入发展，不仅旅游饭店及民用日常用品的生产企业引进了公共关系，而且各行各业也先后引进了公共关系。一些城市和地区也将公共关系应用到城市形象战略上，我国的党政部门也开始重视研究和利用公共关系。

1999年5月，国家劳动和社会保障部正式出版发行了部颁《国家职业分类大典》（简称《职业大典》），公共关系正式列入《职业大典》之中。这标志着国家已正式承认公共关系这一行业。

1999年1月4日，劳动和社会保障部正式批文决定成立国家职业资格工作委员会公关专业委员会。委员会制定了公关职业标准，编制了《公关员职业培训与鉴定教材》，并于1999年9月正式出版，2000年开展公关员的培训与考核工作，在全国范围内开始推广公共关系人员上岗资格考试，公关员与律师、会计师、医师一样，走上了职业化和专业化的道路。

人事部将公关人员列入“高级经济师电脑测评系统”，与决策人员、管理人员、营销人员并列为四个子系统。

2001 年，中国申奥成功、国足出线、入世成功使该年度成为了世界的中国公关年。2003 年的公关最高奖项“环球杯”授给了北京 2008 奥运会申办委员会。2003 年，中国公共关系协会宣布，将把每年的 12 月 20 日定为“中国公关节”。

2. 公关教育为中国培养了大批公关人才

1985 年，深圳大学传播系创办了中国大陆第一个公共关系专业。1985 年，在广东和北京也举办了各种公关培训班、报告会。一批大专院校相继开设公共关系课程与公共关系专业。1994 年，中山大学被教育部批准开办部属院校第一个公共关系本科专业，随后在行政管理专业的硕士点招收公共关系方向的硕士生。目前，中国的公关教育已经走向正规化、系统化、多层次化。有高层次的“公关”学士和研究公共关系方向的硕士、博士、博士后，也有培养公关专业人员的自学考试、夜大、电大培训等形式；有公关专职人员培训、资格证书培训，也有内部厂长、经理、党政干部的公关知识培训。目前中国已有 1 000 多所高校开设公共关系课，几十所高校开设公共关系专业。

1989 年 12 月，全国高等院校公共关系教学研讨会在深圳举行，会上推出了经过研究讨论的教学大纲、教学计划。随后，先后在杭州、兰州、北京、武汉召开了二至五届全国公关教学理论研讨会，对中国的公关教育起到了积极的推动作用。各种层次的研讨和公关教育为中国培养了大批公关人才，为中国公关事业的发展准备了人力资源。

3. 公关理论研究推动了公关实践的深入开展

早在 1984 年 2 月，《经济日报》在报道广州白云山制药总厂的公关经验时，就发表了《研究社会主义公共关系》的社论，启发人们研究创建中国社会主义条件下的公共关系。1987 年中国公共关系协会成立之后，又为此做了不懈的努力。

1990 年，中国公共关系协会在河北新城召开了全国第一届公共关系理论研讨会，议题是“公共关系与社会发展”。1991 年 5 月，中国公共关系协会在北京召开全国公共关系工作会议，对公共关系事业的发展进行总结并交流经验。党和国家领导人李瑞环、薄一波同志在贺词中充分肯定了我国公共关系事业取得的成绩，明确指出了公共关系事业的发展方向和根本任务。这在当时是对公关事业的一个巨大的推动。同时，由中国公关协会、北京公关协会、深圳大学大众传播系、《公共关系》杂志、《公共关系导报》、《北京公关报》、《公共关系报》联合举办“中国十大杰出企业公关评优活动”，树立了一些成功的典型，总结出一批行之有效的经验。

新城会议之后，中国公共关系协会每年组织一次全国性公关理论研讨会，这些会议紧扣中国的国情，对公共关系的基础理论、应用理论和前沿科学进行了有益的探讨，有力地促进了中国公共关系理论的深入研究。

1992 年 7 月，中国公共关系协会学术委员会在山东召开了“中国公共关系特色初探”研讨会，1993 年又在北京怀柔召开了“中国公共关系特色再探”研讨会，并继而推出具有中国特色的《中国公共关系教程》。

1997 年，第一届中国海峡两岸公共关系理论暨实务研讨会在台湾召开，两岸公关学者和业内人士共同研讨公关理论与实践问题，开创海峡两岸公共关系合作之先河，对推动两岸公关理论与实务的发展起到了里程碑的作用。

至今，所有的本科院校全部开设了公共关系学课程，有上百所学校开办了公共关系本、专科专业。据不完全统计，全国公开出版的公共关系专著、教材、译著、工具书已超过1 000 种，此外还有大量涉及公共关系方面的论文、调研报告。

4. 公共关系的组织建设

1986 年 11 月，中国第一家公共关系协会——上海公共关系协会成立。1987 年 5 月，全国性的公关团体——中国公共关系协会在北京成立。此后，全国各省、市、自治区陆续成立了公共关系协会。1991 年 4 月 26 日，中国国际公关协会在北京成立，前任驻美大使柴泽民任会长，并提出了"让世界了解中国，让中国走向世界"的宗旨和"指导、协调、服务、监督"的工作方针，促进了中国公共关系事业的国际化。到目前为止，全国各省都成立了公共关系协会。

中国企业中的公共关系部在引进和借鉴国外公共关系部的经验的前提下，逐步探索出一些适合中国国情的组织结构形式，社会上还出现了一批各种类型的公共关系公司、事务所等，还有一些企事业单位采取聘任公共关系顾问或公共关系专家、策划团等形式推动本单位的公共关系事业。

中国的公共关系 30 年来可以说是发展迅速、成绩斐然，无论是理论研究、公关实务，还是公关教育，都令世界刮目相看，但也有些不尽如人意的地方。中国公共关系的普及和树立自我形象的工作依然任重而道远。

2. 3. 3 中国公共关系面临的问题

现代公共关系在我国取得了可喜的成绩，对经济发展、社会稳定、文化繁荣有极大的推动作用。但也存在一些值得注意的问题。

1. 存在的问题

（1）理解欠科学。有些组织和公共关系从业人员将公共关系简单地理解为只是为产品做广告，为企业做宣传，应付、敷衍公众，甚至曲解为就是请客送礼的关系，将公共关系变成"庸俗关系"。有的甚至打着公共关系这一时髦的旗号，搞行贿、收买等不法勾当。

（2）公共关系的运用存在地区上和行业上的不平衡。从近些年公共关系的开展情况看，东南沿海经济发达地区公共关系活动较普遍，受到广泛重视，而内地特别是边远地区相对来说运用较少。目前国际上已形成公认的三大公共关系应用领域：一是政府和政界，二是经济实业界，三是非营利性组织。但我国公共关系运用最多最活跃的就属经济领域，其他两个领域运用相对较少。另外，不少企业只把公共关系看做是招徕拉拢顾客、加强横向联系、促进营销的手段，远没有上升到策划、参谋的高层次上来。许多已建立公关部门、开展公关活动的企业，又多把工作目标重点放在"外求发展"上，忽视或轻视了"内求团结"，即如何加强内部职工关系。

（3）公关从业人员素质偏低。除了人们认识上的不足之外，突出的问题是许多已建立公关部门和发展公关活动的企业与社会组织，缺乏经过专业培训、真正掌握公关原理和实务要领的公共关系工作人员，而往往以长相漂亮、风度潇洒的接待人员或口齿伶俐、善于随机应变的推销人员去充当。这些人员并不了解公共关系的真谛所在，所以很难胜任科学的公共关系工作。

2. 主要原因

（1）中国社会经济生活中存在着各种障碍，不利于公共关系的健康发展。在新旧体制交替的过程中，经济生活中出现的不正当关系和不正之风，也给公共关系的顺利发展带来重重困难。这不仅使许多社会组织在开展正常的公共关系活动时步履维艰，而且使公共关系的基本原则和精神受到不正之风的侵蚀。

经济生活中的贪污腐化、行贿受贿等腐败现象和腐败行为，更是严重影响了公共关系的健康发展。长官意志等不良行为使政府与人民群众沟通联系不畅，正确的方针、政策有时不能贯彻到底，群众的合理要求、建议还不能完全反映上去，重效益、轻公益，重外延、轻内涵的陈旧观念在一些地区和组织内依然存在，给公关工作带来了很大的困难。

（2）中国相当一部分工商企业管理水平不高，人员素质低下，经济生活中的急功近利、短期化行为十分严重，直接妨碍了公共关系的实施。这些目光短浅者，往往不顾及企业的长远利益。

（3）中国传播媒介的相对落后，制约着公关工作的有效开展。

由于存在上述因素，建设中国特色、适合中国国情的公共关系体制就成为一个十分重要而又艰巨的系统工程，必须付出比西方发达国家更多的精力，才能开创公关工作新局面。

相关知识链接

美国的“扒粪运动”

扒粪运动又称“揭丑运动”、“清垃圾运动”。

南北战争之后，被解放的黑奴和数百万移民投入到机器化大生产中，美国经济高速发展。经济的发展却未惠及大众，财富高度集中，资本家垄断市场，还与贪官污吏沆瀣一气。美国在创造财富的过程中，似乎正面临失去灵魂的危险。美国人的道德观念开始沦丧，崇尚物质主义和拜金主义，社会生活一片混乱。财富分配的两极化在19世纪末趋于登峰造极。仅占美国家庭总数0.016%的最富之户，在1860年占有全国财富的比例是3.6%，到1890年上升为9.6%。1893年披露的材料，估计当时9%的家庭占有全国财富的71%。由于工业化和机械化，削弱了庞大的农民人口，代之而起的是一支城市无产阶级大军。1900年，全国人口中60%～88%是穷人和赤贫者。1896—1910年间，最富的1%人口掌握的国民财富从8%增长到15%。同一时期，美国国民经济总值翻了三番，但工人总工资只翻了两番，这反映了工人的经济地位相对下降。

工业化促使大量农村劳动力涌入城市，旧城市管理体制无法适应大型城市的发展，带来许多新的问题。当时松散联邦政府体制下的中央政府软弱无力，对州政府和大型工业企业听之任之，企业纠纷、劳资纠纷、城乡矛盾得不到解决。官员利用手中权力，官商勾结、权钱交易，腐败行径层出不穷，上至国会，下至市政府，都成了贪污腐败分子聚集的场所。

面对着一系列的社会问题，一些有良知的知识分子对之进行了无情的揭露。而报刊业的发展给这些人创造了宽广的舞台。1906年3月的《世界主义者》上，戴维·格雷厄姆·菲利普斯在其《参议院的叛国罪》中指名道姓揭露了纳尔逊·奥尔德里奇等20多位参议员政治腐败的罪恶，该篇文章手法极其辛辣，通篇尽是"叛国"、"无耻"、"强盗"等字眼，最后打破了参议院的铜墙铁壁，一些参议员在下届选举或几年之后失去了席位。1912年一项宪法修正案成功通过，直接选举参议员的权力最终还给了人民。黑幕揭露者的触角遍及生活的方方面面，指责详尽而直接，毫不留情……普通公民的关注、黑幕揭露者自身的责任感及大众杂志所提供的宽松平台，催生了1903年至1912年这十年间轰轰烈烈的扒粪运动。

轰轰烈烈的黑幕揭露运动虽然无疾而终，但产生了深远的影响和积极的社会作用。它不仅促成了美国公民意识的觉醒，更将舆论监督的观念深入人心，最终造就了现代意义上的调查新闻界。

案例点评

酒香还怕巷子深——古代人的公关术

在中国古代，朴素的公共关系事例真可谓层出不穷。最简单的莫过于酒店门前为招徕顾客，挂出一面旗帜，上书"酒"字。当时就有"酒店门前三尺布，过来过去寻主顾"之说。

中国有句俗话，叫"酒香不怕巷子深"。然而，即使是古时候，酒店的主人也意识到，要想获得更好的生存和发展环境，仅仅靠"做"是不够的，还要进行宣传、推销，还要在"做"的前提下"说"。要想获得更多的消费者，就必须让顾客了解自己。"酒香还需勤吆喝"。

【点评】没有古代人朴素的公关意识，就不会有今天成熟的公关形态。

思考题

1. 简述现代公共关系产生和发展的社会条件。

2. 艾维·李和爱德华·伯纳斯各自对公共关系有哪些贡献?
3. 试述现代公共关系发展的几个主要阶段。
4. 试析公共关系在我国兴起的历史必然性。
5. 怎样看待“揭丑运动”?它与今天的“3·15”有何异同?
6. 简述我国公共关系的发展面临的主要问题及对策。

案例讨论题

春秋战国时期的公关活动

春秋战国时期，是中国社会发生大变革的时期，社会上的各个阶级和阶层都希望用自己的世界观来改造社会，因此，产生了各个阶级和阶层的思想代表和思想流派，形成了“百家争鸣”的局面……人们开始采取“类公关”手段来协调社会中的矛盾和摩擦，其中一些活动还取得了相当好的社会效果。

1. 学术争鸣与其宣传活动

在当时，不管这些学者代表的是哪一个阶级或阶层的利益，他们多是靠着兴办私学这种组织形式来规范门徒、著书立说以获得社会影响的。在战国时期，私学成了一个个自由的学术团体，在社会上自由地流动。这些当时的学术大师带着门徒游学列国，向上说服诸侯采用本派的政治主张；向下开馆讲学，为自己的学派招纳新生力量。他们这些行为，主观上是为了寻求改变世界秩序的方法，但在客观上却成了一支支流动的宣传队，广泛地宣传他们的政治主张，极力地扩大本学派的社会影响。

以儒家为例，相传孔子门下“弟子三千，达者七十二人”，他们中的很多人陪同孔子周游列国，并出任齐、宋、卫等诸侯国的官员，实施着本学派的政治主张。在治理国家的同时，他们以“教化”的方式将本派的学说传播出去。有的学生在孔子在世的时候，已在各地开门授徒。正如《史记·儒林列传》所载:“自孔子卒后，七十子之徒散游诸侯，大者为师傅卿相，小者友教士大夫”，这些人都是本派的得力宣传者。

儒家的学者历来很注重在各地游历讲学以扩大自身的影响。孔子在他晚年的时候周游列国，到处宣传。虽然他的主张没有得到当时各国统治者的采纳，却为学术传播和交流做出了巨大的贡献，同时也扩大了本组织的知名度。儒家的第二位大师孟子，虽然游历的国家比起孔子少了些，但其影响力较他的师祖要大得多，他在齐国和梁国宣传讲学的时候，受到的多是诸侯级的高级待遇。齐王还请他到齐国当时著名的文化交流中心、自由学术论坛——稷下学宫去讲学，孟子因此还成为了当时稷下学宫中研究与教学的学术领袖，使本派的影响力得到了进一步的扩大。儒家战国后期的荀子，多次率领门徒游学于齐、楚、赵，最后定居于秦，也曾主持过稷下学宫，为诸侯讲述强国之道，其做法和他的前辈是一脉相承的。儒家的宣传工作，使儒学不但在中华大地不断地传习发展，还影响扩散到了夷夏各国，为儒学在全社会的流传做好了准备，也为儒学在汉代之后复兴并一举成为学术主流打下了坚实的基础。

当时的诸子除了四处游学交流之外，在公关宣传上的另一个措施就是利用本学派著作来散布本组织的观点和主张，让更多的人了解本学派的理论。各派的学术领袖，多有论述其观点的著作传世。这些典籍，一是用来给本学派的学生做传道的教材，二是在稷下学宫等学术论坛中进行互相交流传播。正因为有这样自由热烈的学术交流与传播活动，才会有《管子》这样一本类似于现代学报性质的汇编书籍出现。

运用现代的公共关系理论来分析春秋战国时期诸子百家的学术争鸣与宣传活动不难发现，他们这种学术组织在与公众的关系处理上已经做得相当成功了。

2. “游士”的游说活动

春秋战国时期的门客和游士阶层的游说活动，也是我国先秦时期一项重要的“类公关”活动之一。当时的社会，周室衰微，群雄混战，各个诸侯国都在为着自己的利益不断地变换着自己的盟友和敌人，社会局势错综复杂。各诸侯国为了保存和壮大自己，大量地任用“游士”进行游说。一时间各国外交场上“战国争雄，辩士云涌；纵横参谋，长短角势；转凡骋其巧能，飞钳伏其精术，一人之辩，重于九鼎之宝，三寸之舌，强于百万之师”（《文心雕龙·论说》）。这些说客的足迹遍及诸侯各国，游说的内容涉及政治改革、经济发展、军事战争等方面，他们的事迹在当时的典籍中叙述颇多，不一而足。我们所知的规模最大的游说活动就是战国时期的“合纵”“连横”之争。当时各诸侯国为了增强力量，共同结成联盟反对强秦，由著名外交家苏秦“佩六国相印”（《史记·苏秦列传》），在各国间往来穿梭，协调各国关系，史称“合纵”。秦国看到这个局势，派遣秦相张仪，利用东方各诸侯国的矛盾，说服各国与秦国联合，实施“各个击破”战术，拆散各国盟约，史称“连横”。合纵、连横针锋相对，双方的说客游说天下，展开一场军事战争之前的大舌战。春秋战国时期的说客发展了诸侯国之间的上下沟通和各诸侯国之间的争斗关系，从思想上、心理上、感情上、策略上加强了政权建设，处理了各种矛盾关系，在解决错综复杂的矛盾纠纷、保全自己、削弱敌人等方面都起到了重要的作用。先秦时期众多游说活动中的“公关”说服策略和劝诱技巧，对于现代公关研究，还有相当的借鉴价值。

【讨论题】

1. 春秋战国时期的“公关”有哪些特点？
2. 试述春秋战国时期的“公关”策略与技巧对现代公共关系的借鉴价值。

第3章

公共关系主体——社会组织

本章学习目标

通过本章学习，掌握公共关系主体——社会组织的含义、特征及分类；理解公共关系主体的工作原则；了解公共关系部、公共关系公司、公共关系社团各自的工作内容和职责；理解公共关系从业人员的基本素质、基本能力。

公共关系的主体是指操作公共关系任务，实现公共关系功能的载体和实体，也就是社会组织。在公共关系活动中，作为主体的社会组织通过作为媒介的传播手段而与作为客体的公众相互作用、相互影响，促使组织目标的实现。因此，社会组织是公共关系活动的承担者、实施者和行为者，它主宰着公共关系活动，决定着公共关系的状态。

3.1 公共关系主体的内涵

3.1.1 社会组织的含义及特征

1. 社会组织的含义

社会组织简称组织，是指执行一定的社会职能，完成特定社会目标，构成一个独立单位的社会群体。它本质上是社会关系的体现，是社会关系的一种表现形式。社会组织是人类社会的组合方式，大多数人学习、工作和生活在社会组织中。

2. 社会组织的特征

1）目标明确性

每一个社会组织都有自己特定的目标。明确的并为全体成员接受的目标，是社会组织存在和发展的依据，也是进行公共关系活动的依据。如果组织的目标不明确，不仅会影响组织公共关系工作的顺利进行，也会危及组织的生存。

2）整体性

社会组织是一个有机的整体，组织的各个组成部分相互协调，为了实现同一个目标而按照一定的规则运作。它的整体性表现在社会组织与外部环境之间的信息交换及与其他社会组织之间的密切交流。除此之外，社会组织的整体性还表现在它的自身必须拥有较完善的组织体系结构，并且有一套适应此组织使用的规范和准则，以规范协调组织内部工作。

3）计划性

社会组织是一个有明确目标并且体系完整的组织。因此，组织成员在为组织目标奋斗的过程必须是有计划、有组织的行动，而不是随机的、即兴而发的行动。它必须遵循有序的原则，按照一定的步骤开展活动并且分阶段地进行。

4）动态性

社会组织是一个有机“生长体”，应随环境的变化不断调整自身行为。社会组织的动态性表现在两个方面：一是社会组织是随着社会环境的变化而变化的，社会组织要适时地进行目标、功能、机构及人员的调整；二是社会组织本身要不断进行变化，在不同的发展时期组织的形象目标也要有所不同。

3.1.2 社会组织的类型

复杂的社会关系必定造成了各式各样的社会组织。人们从不同的角度将社会组织划分为不同的类型。而每一种组织的性质、活动方式和功能都不尽相同。国外的学者与国内的学者立足于不同的社会环境对此也有着不同的见解与分类。国外的学者对于社会组织大致有这样几种分类。

① 按组织目标和功能的不同，把组织分为经济生产组织（如企业）、政治组织（如政府机关）、整合组织（如律师事务所）、文化组织（如广播电视媒体）。

② 按组织目标与受益者的关系的不同，把组织区分为营利性组织（如公司、工厂）、互利性组织（如各种党派团体、俱乐部）、服务性组织（如医院、学校）、公益性组织（如科研机构、消防队、NGO）。

③ 按组织对成员的控制方式不同，把组织区分为强制性组织（如军队）、功利性组织（如商业公司）、规范性组织（如教会）。

我国的社会学学者根据我国社会组织的目标及其活动内容，将社会组织分为以下几类。

（1）经济组织。经济组织是最基本的社会组织，它担负着向人们提供衣食住行和文化娱乐等物质生活资料的任务，它最终要实现所有者和经营者的经济利益。经济组织所负担的公共关系任务是建立一个良好的生产经营者形象，争取各类公众的支持，以便不断增强自己的竞争力。

（2）政治组织。政治组织是指代表占统治地位的阶级的利益和意志，为其提出奋斗目标，制定方针政策，组织社会的经济文化建设，保卫国家政权，处理与他国的关系。它包括政党组织、国家政权组织、国家武装力量组织和国家司法机关等。政治组织所要履行的公共关系任务是，力争在人民心目中树立一个良好的领导者、管理者、保卫者和服务者的形象，以便得到广大人民的拥护、理解和支持，完成其政治职能。

(3) 群众组织。群众组织是指代表群众利益，有广大群众参加的非政权性质的社会团体。它的任务是，广泛团结社会各阶层、各领域的人民群众，代表他们的利益，了解他们的意愿，反映他们的需求，组织他们开展各种社会活动。群众组织的公共关系任务是在群众心目中树立自己是社会利益和群众利益的忠实捍卫者的形象，求得社会各方和人民群众的支持，日益扩大群众组织活动的规模和范围，帮助党和人民政府搞好有中国特色的社会主义现代化建设。

(4) 文化组织。文化组织是以满足人们的文化需求为目标，以从事文化活动为其基本任务。它的公共关系任务是塑造良好的精神文明建设者和文化教育卫生事业服务者的形象，争取社会尽可能多的人民群众的关心、支持和参与。

(5) 宗教组织。宗教组织是以某种宗教信仰为宗旨形成的组织。它的公共关系任务是在信教群众和宗教界人士心目中建立一个宽容的组织者的形象，与各种宗教信仰和平共处，争取得到信教群众和宗教界人士的拥护和爱戴。

3.2 公共关系机构

3.2.1 公共关系部

公共关系部是组织为贯彻本组织的目标，开展公共关系工作而在组织内部设立的专业职能机构。公共关系部的组建是由组织自身状态和公众的特点及组织与公众之间联系的状况所决定的。通过公共关系部，可以协调组织与公众的关系，在公众中树立良好的组织形象，筑起组织与公众之间感情的桥梁和沟通的渠道。

1. 组织内设公共关系部的必要性

任何组织都热切希望在社会上树立良好的形象，而在组织内设公共关系部就是树立良好形象的有效手段。社会组织的公共关系部承担着两方面的工作：对内要向各子系统提供信息，协调组织内部的各种关系，建立组织文化；对外代表组织发布信息，协调组织与外部公众之间的关系，塑造和完善组织的整体形象。虽然公共关系部的某些职能貌似可以由一些组织的其他部门所接管，如办公室接管接待工作、宣传部做宣传工作等。但是，分而管之的工作效果与专业的公共关系部整体工作是有质的区别的。因此，在组织中建立公共关系部是很有必要性的。

1) 有利于公共关系工作整体效能的实现

目前，许多社会组织的公共关系工作是由其他的一些部门兼任的。这样不但不能达到节省财力、物力、人力的效果，还有可能既影响其他部门的正常运作又不能很好地完成公共关系工作。这是因为，一个组织面临的公众是复杂的，组织要树立的形象是多面的，如果没有一个专门的机构来从事这些专业性和技术性很强的工作，来统筹这种极强调同一性的工作，就会造成组织资源的浪费以及组织内部各部门各自为政的局面。这样，组织的公共关系工作也无法有效展开，所塑造的组织形象也不够完整，影响组织整体效能的实现。

2）有利于更好地监测环境

社会组织的环境是由其公众及其他影响组织生存和发展的社会政治、法律、经济、文化等因素造成的。组织的环境是不断变化的，要适应这种变化，就必须对此作出迅速的反应。而公共关系部的一个重要职能就是及时、准确地向组织提供环境变化的信息，帮助组织准确地分析预测环境的变化，从而进行适当的行为或目标的调整。由于对组织环境的监测是一个持续性、长期性、专业性的工作。因此需要一个专业的团队来总体负责此类工作。

3）为组织决策层提供决策咨询

公共关系部能开辟多种渠道进行信息的收集，从而获得比别的部门要丰富得多的信息，并且它还拥有专业的公共关系人员，能对信息进行科学的分析，对公众的心理状态和意向作出科学的预测。因此，公共关系部门所提出的意见具有较强的专业性与权威性，更容易被组织决策者所接受。

4）有利于形成良好的沟通协调机制

随着组织的不断发展，组织与公众的联系也日益密切，与公众的摩擦纠纷和利益冲突越来越多。这在客观上要求组织的公共关系部要不断地向公众宣传组织的政策，解释组织的行为，增加组织的透明度，与公众进行协调沟通，从而消除误会、化解矛盾。对外赢得公众，避免或减少组织与公众的摩擦与冲突；对内可增强组织的凝聚力，创造一个充满信任、团结合作的组织内部氛围。

2. 公共关系部的工作职责

在弗兰克·詹夫金斯的《实用公共关系学》中共列举了26项公共关系部的工作，用A到Z的26个英文字母来进行表述，因此被称为“公共关系A到Z”：①

A. 写作并向报刊发布新闻、照片和特写，发布前编好报刊的名单；

B. 组织记者招待会，接待参观访问；

C. 向媒体提供信息；

D. 为关系部门安排接见报刊、广播和电视记者的访问；

E. 为摄影师作情况介绍，保存照片资料；

F. 编辑出版供员工阅读的杂志或报纸，组织其他形式的内部通讯，诸如录像带、幻灯片、墙报等；

G. 编辑出版以经销商、用户、顾客为对象的对外刊物；

H. 编写并提供各种资料，诸如培训资料、企业的历史、年度报告、新员工须知等；

① 林祖华．公共关系学．北京：中国时代经济出版社，1991.

I. 制作视听工具，诸如纪录片、同步幻灯片、录像带，包括分发、编目、放映及维护工作；

J. 组织有关公共关系的展览会、陈列品，包括提供交通工具；

K. 制造并维护企业识别标志，诸如商标、配色图案、专用印刷品的风格及车辆的标志等；

L. 主办有关公共关系活动；

M. 组织参观工厂等活动，并提供各种方便；

N. 参加董事会和生产、市场营销和其他主要负责人的会议；

O. 出席销售和经销商品会议；

P. 代表企业出席行业性的会议；

Q. 负责同公共关系顾问联系；

R. 训练公共关系人员；

S. 进行意见调查或其他调研活动；

T. 监督广告——和广告专业单位联系；

U. 和政治家、公职人员联系；

V. 当新厂房或办公楼落成举行开幕仪式时，接待来宾和新闻界人士；

W. 安排官员和国外人士的来访、参观；

X. 举办纪念活动，如百年纪念或者获奖纪念等；

Y. 从剪报、广播、电视或其他外界的报告中获得反馈，进行组织整理；

Z. 分析反馈，评估预定目标的实际结果。

弗兰克·詹夫金斯的“公共关系 A 到 Z”对公共关系部的职能列举得极为详细。综上所述，公共关系部的职能主要集中在三个方面：处理内部关系、处理外部关系和进行专业的制作。

3. 公共关系部的组建模式

公共关系部的组建模式是多种多样的，组织应根据本组织的具体情况和实际需要，选择合适的组建模式。

1）从机构类型看

公共关系部的组建模式有最高领导直接负责型、部门并列型、部门附属型、公共关系委员会型等四种。

（1）最高领导直接负责型。这是一种比较理想的模式，对公共关系工作的开展最有利。公关经理直接向总经理报告工作，对总经理负责；也有的由最高领导（总经理）直接兼任公关经理。其组织结构如图 3 – 1 所示。

（2）部门并列型。在这种模式中，公共关系部是组织的一个二级职能部门，与生产部、财务部等业务部门处于并列地位，公关经理向其主管领导报告工作。其组织结构如图 3 – 2 所示。

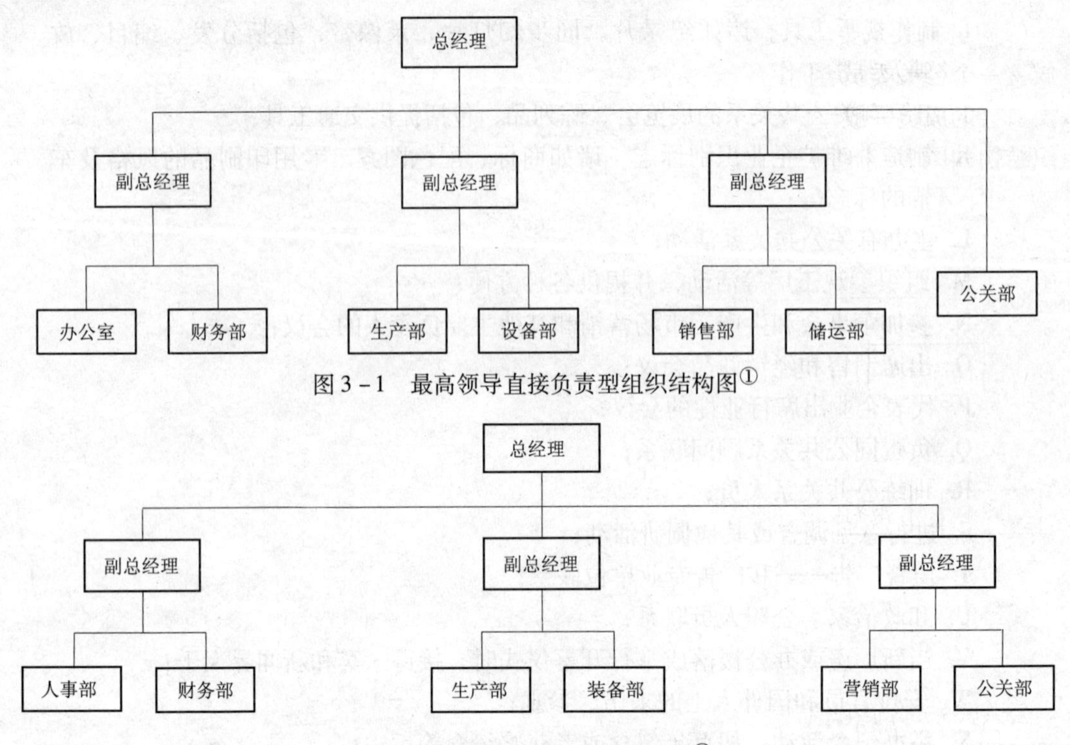

图 3-1 最高领导直接负责型组织结构图①

图 3-2 部门并列型组织结构图②

（3）部门附属型。在这种模式下，公关部只是组织二级部门下的一个附属机构，也即组织的三级机构。这时，公关部可能隶属营销部门、广告宣传部、外事部或行政办公室。其组织结构如图 3-3 所示。

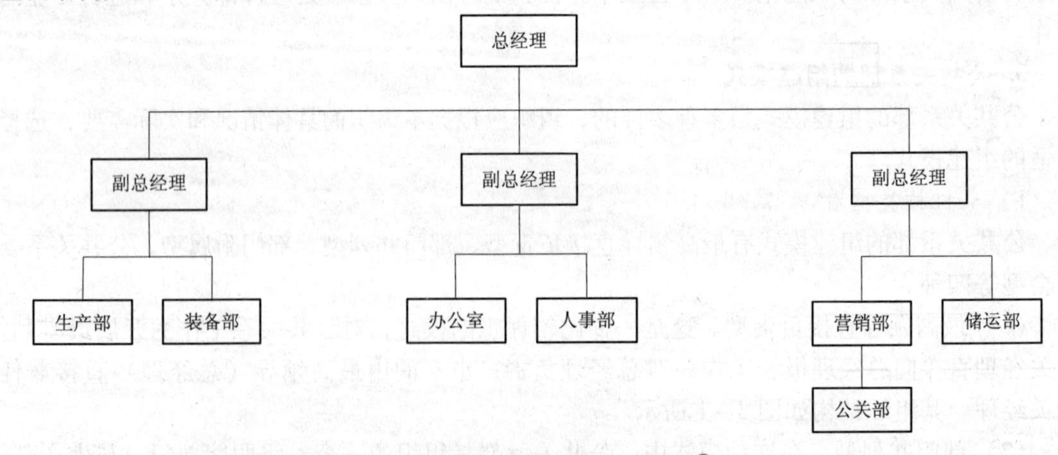

图 3-3 部门附属型组织结构图③

①②③ 丁军强．公共关系原理与实务．北京：北京交通大学出版社，2002.

（4）公共关系委员会型。有的组织不设常设的公关部门，也没有专职的公关人员，而是成立一个公关委员会，负责组织的重大公关事务，一些日常工作则分散到各职能部门。公关委员会的成员一般包括：最高负责人及各位副职、各职能部门第一负责人及相关人员，其组织结构如图3－4所示。

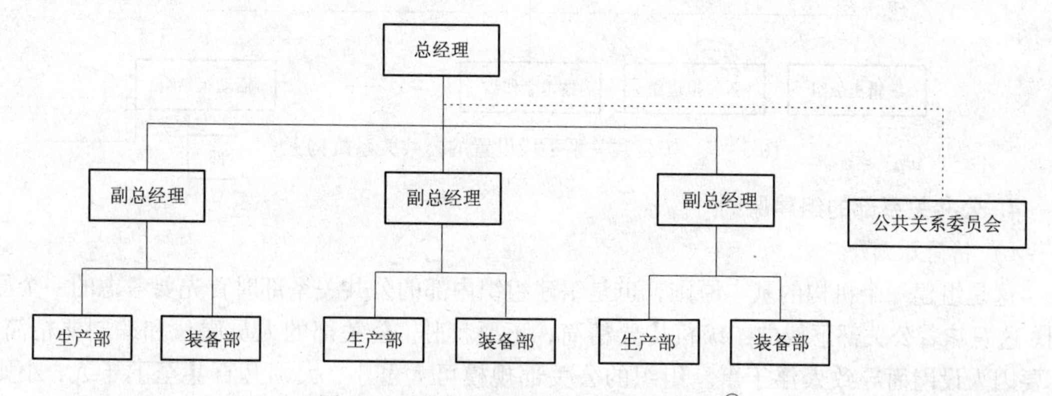

图3－4　公共关系委员会型组织结构图①

注：图中虚线表示公关委员会为非专职职能部门，即非常设固定机构。

2）从公关部的内在结构看

公共关系部的组建模式有按公共关系过程设置、按公共关系对象设置、按公共关系手段设置三种。

（1）按公共关系过程设置的公共关系机构如图3－5所示。

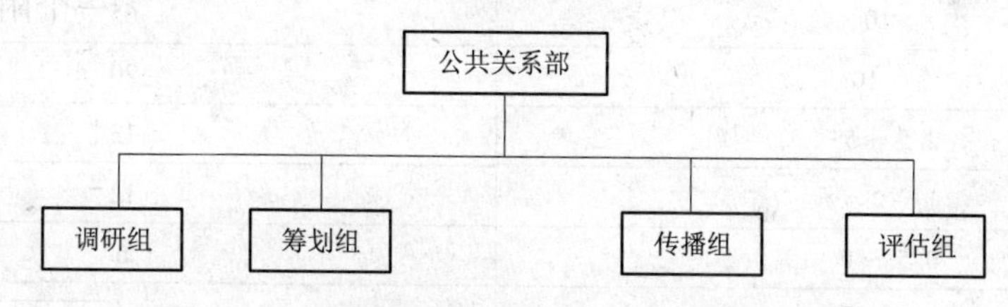

图3－5　按公共关系过程设置的公共关系机构②

（2）按公共关系对象设置的公共关系机构如图3－6所示。

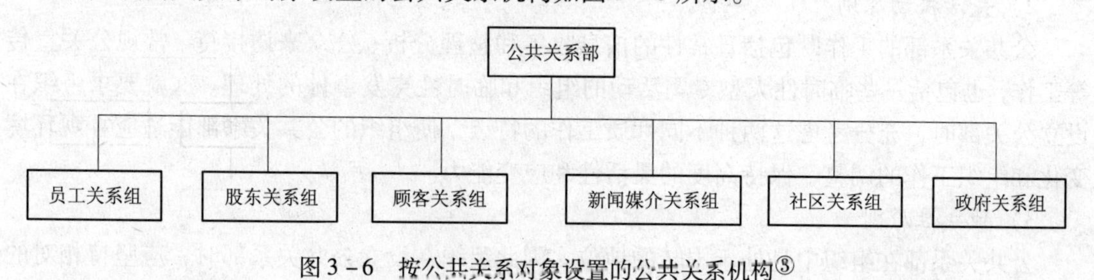

图3－6　按公共关系对象设置的公共关系机构③

①②③　丁军强．公共关系原理与实务．北京：北京交通大学出版社，2002.

(3) 按公共关系手段设置的公共关系机构如图 3－7 所示。

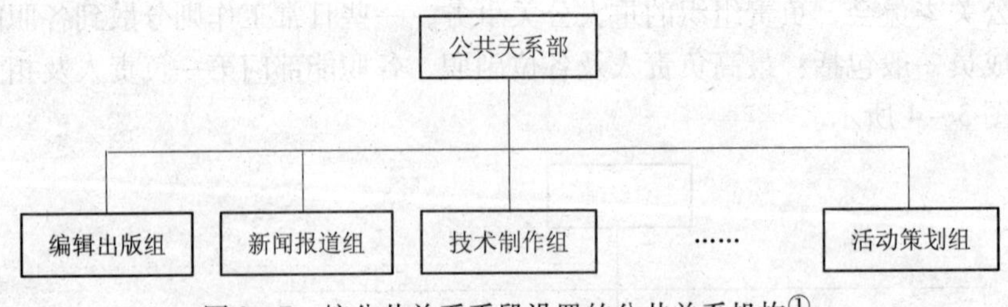

图 3－7 按公共关系手段设置的公共关系机构①

4. 公共关系部的组建原则

1）精简原则

这是组建一个机构的基本原则，也是组建组织内部的公共关系部时首先要考虑的一个原则。这意味着公关部下属的二级机构要精简，不要臃肿。公关部的人员岗位和编制要精简，不要因人设岗而导致人浮于事。组织的公关部规模可大可小，大则几百甚至上千人，小则 3～5 人甚至 1 人。在确定公共关系部的规模时，一般要考虑组织本身规模、组织内部各职能部门的职能分配、组织对公共关系部的要求、组织的公众特点等情况。不同规模组织中公关部人数如表 3－1 所示。

表 3－1 不同规模组织中公关部人数表

年销售额/亿美元	公共关系部人数/人
>10	65
5～10	20
2.5～5	13
1～2.5	12
0.5～1	6
<0.5	4

2）灵活机动原则

公共关系部的工作既包括日常性的信息收集和整理分析、公众来访接待、常规公关宣传等工作，也包括一些临时性大型专题活动的组织和临时性突发事件的处理。这就要求组织在设立公关部时，充分考虑这两种不同性质工作的特点，使组织的公共关系部能适应客观环境变化和组织工作的调整，保持高度的灵活性和应变能力。

3）独立性原则

公共关系部在组织中是处于中转的地位。因此组织在设立公共关系部时，应坚持相对的

① 龚荒．公共关系：原理、实务与案例．北京：北京交通大学出版社，2009.

独立性，即公共关系部无权指挥本组织的任何其他部门，其他部门也无权对公共关系部下达命令。但是为了更好地发挥公共关系部对组织内部各部门、组织与外界环境的协调沟通的作用，在立足于独立的基础上，公共关系部又要和组织中的各层次、各部门保持密切的接触，使其了解各方面的意见并及时反馈到领导部门或其他部门中。

4）专业性原则

公共关系部是组织的一个重要的职能部门，其工作的优劣，直接反映在组织的形象和声誉上，甚至会影响组织的兴衰。因此公共关系部的工作内容和组织工作应该正规化、专业化。组织在设立公共关系部时，应该专职专用，设立一个专职、精干的工作班子，其工作人员必须具备强烈的公共关系意识，接受正规的培训，具备一定的专业水平。

5）针对性原则

社会组织组建公共关系部时，要根据不同的工作性质和所面对的不同公众来设置机构、安排人员，不能采用一种固定的模式设置。不同的社会组织需要面对的社会公众是不同的，因此它所拥有的公共关系部所要面临的问题也是不一样的，因此公共关系部的组建需要根据针对性的原则。

6）权责相配原则

公共关系部及其工作人员均在一定范围内从事专职的工作，拥有从事专职工作的权利。在拥有权利的同时应当承担相应的责任。因为责任是权利的基础，权利是责任的保证。有权无责会使工作人员的行为失去约束性，放任自由；有责无权则会影响工作人员的积极性。因此，权责要相互统一，相互匹配才能充分调动公共关系部的工作人员的工作积极性。

3.2.2　公共关系公司

1. 公共关系公司含义及其优势

公共关系公司又可称为公共关系咨询公司、公共关系顾问公司、公共关系服务公司等。它不隶属于任何组织，它是专门为客户提供公关劳务和业务咨询的信息型、智力型、传播型的专业的营利性机构，是高度专业化的公关行为主体。

公共关系公司充分利用现代化的高科技手段，广泛运用现代化的办公设备，通过富有专业知识和丰富经验从业人员，掌握多方面的信息，以此为公众提供高质量、高效率的咨询、服务等公共关系业务。公共关系公司相对于其他公共关系组织，有着无法比拟的优势。主要表现在以下几个方面。

1）信息网络完善，沟通渠道畅通

公共关系公司的基础性工作就是收集和提供各类信息。为了达成此目的，公共关系公司已经建立了多种信息来源渠道，使自己能够更广泛、更全面地收集信息。公共关系公司在工作的过程中与政府部门、社会团体、新闻媒介等建立了密切的联系，形成了分布广泛的社会关系网络，使自身的信息来源广泛、沟通渠道畅通。因此它能够为客户在最短的时间内提供最准确的信息，并使用先进的设备技术处理各种信息，为客户提供科学的决策依据。

2）拥有较强的专业素质

公共关系公司比一般组织内设的公共关系部，在资金上更加雄厚，在经验上更加丰富。并且它的工作人员都是由受过专业训练的公共关系人员和专家组成，实际操作经验更加丰富。其整体的专业素养是一般的公共关系部无法比拟的。这一优势使它提出的建议和方案往往更具有说服性、权威性和实际操作性，更容易得到客户和决策层的信任和重视。

3）处理问题公正、客观、全面

组织内部的公共关系部与组织有着直接的利益和隶属关系，在处理问题时会不自觉地站在组织的立场去分析问题，它的结论往往会带有主观性的色彩。公共关系公司是根据合同工作，不隶属于客户，它与所服务的组织也没有直接的利益关系。因此在进行公共关系问题处理时，能够更公正、客观、全面。

2. 公共关系公司的类型

公共关系公司从不同的角度进行划分可分为不同的类型。

1）按规模进行划分

按规模进行划分可以把公共关系公司分为两大类：综合性业务集团型大公司和单项业务服务为主的顾问型小公司。

（1）综合性业务集团型大公司通常规模较大，具有集团性的特征。多为跨地区、跨国度经营的公司，在许多地方甚至全世界范围内都设有分支机构，触角多，影响大。此类公司除了为具体的社会组织提供服务外，也能够为地区性或国际区域性经济开发、政治合作等提供咨询服务，更能够在适当的时候帮助一个国家制定外交政策、进行国家发展战略的规划等。

（2）顾问型的小型公共关系公司通常人员较少，往往由几个公关专家组建而成。它一般承担的是一个独立的项目或者是项目的一个独立的方面，如组织形象评估与推广、产品促销、危机处理等。

2）按业务内容进行划分

按业务内容进行划分可以把公共关系公司划分为专项业务服务公司、专门业务服务公司与综合服务咨询公司。

（1）专项业务服务公司是专门为用户提供某种公共关系技术服务的公司。它们凭借拥有的各种专门人才、技术和设备，为客户提供专项的公共关系服务。这种公司一般为拥有一技之长、专业技术强、非常有特色的公司。

（2）专门业务服务公司是为特定行业提供公关服务的公司，如专门为工商企业服务、维护企业合法地位和良好形象的公共关系公司；专门为公司处理危机的公共关系公司等。

（3）综合服务咨询公司是以分类公关专家和公关技术专家为主体，提供信息收集、广告设计、业务咨询等综合性服务的公司。此类公司一般规模较大，实力雄厚。

3. 公共关系公司的工作内容

1）确立目标，制订实施计划

公共关系公司协助委托人确立公共关系目标，开展调查研究，考察客户公共关系的失调情况和原因，为改变客户公共关系失调状况提供办法。具体而言，就是根据已经确定的公共关系目标，针对现存问题，制订切实可行的公共关系计划，提出解决客户与社会公众关系失调的措施，并且运用自身的专长，协助委托人实施公共关系计划。

2）研究市场，提供咨询服务

社会组织按委托人的要求提供各种市场研究分析报告。为客户收集、整理、分析、汇编有关的新闻报道、市场信息及各种政治、经济、文化等方面的情报。在收集情报的基础上，根据客户要求有针对性地提供咨询服务，并通过对所收集的情报资料的研究分析，提出有效地解决问题的具体方案。

3）编写各种公关资料

社会组织根据每一个客户的不同情况，策划和操作大型的公关活动。为客户提供文字写作、新闻发布、编辑印刷、摄影美工与接待联络等各种公关工作。

4）培训考核人员

公共关系公司可以利用专业技术优势和丰富的实践经验，帮助需要建立公共关系部的组织建立公共关系部，并为之培养专业的公共关系人才。

3.2.3　公共关系社团

1. 公共关系社团的定义

公共关系社团是指社会上从事公共关系工作及热爱公共关系事业的团体和个人自发组建的非营利性松散型的社会群众团体。主要包括：公共关系协会、学会、研究会、专业委员会、俱乐部、联谊会等。它们通过出版物、会议、实践活动等，起着推广和普及公关意识、公关观念及提高人们公关技能的重要作用。

在公关变成一门职业后，各种专业性的公共关系社团也迅速得到了发展。1915 年 7 月，金融公共关系协会在美国芝加哥成立，1917 年 4 月美国高等院校公共关系协会宣告成立。1948 年 2 月美国全国公共关系顾问协会（NAPRC）和美国公共关系理事会（ACPR）合并成立美国公共关系学会，其总部设在纽约。英国在 1948 年也成立了英国公共关系学会（IPR）。欧美国家的公共关系协会在建立和推行公共关系理念方面走在了世界的前沿。

1986 年 1 月我国成立了第一个公共关系民间团体——广东地区公共关系俱乐部；1986 年 11 月，上海市公共关系协会成立；1987 年 5 月，中国公共关系协会成立。1991 年 4 月，中国国际公共关系协会成立，标志着我国公共关系的发展进入了一个全新的时代。

2. 公共关系社团的特征

（1）广泛性。公共关系协会的成员可以是从业的公关人员，也可以是其他行业的人员。因为可以来源于不同的行业，所以具有行业分布的广泛性和人员构成多层次、职业差异性大的特点。各成员通过协会联系在一起，使大家的信息沟通更加便利。

（2）松散性。公共关系协会是按一定的联系组织起来的群众组织，没有统一的组织结构模式，结构上比较松散。而协会里成员与成员之间没有严格的组织人事方面的隶属关系，因此人员管理方面也是比较松散的。

（3）非营利性。公共关系协会是非经济实体，不以盈利为目的。社团的经费主要来自社会和企业的赞助。公共关系协会目标的非营利性也决定了协会的活动最终不以盈利为目的，也不能以盈利为目的去经营协会的日常工作。公共关系协会的大批专业性人才为社会各界提供有偿公关服务，一方面可以提高公关社团的名誉度，另一方面也收取适量的酬金以供协会的日常运作，但并不以盈利为目的。

（4）权威性。参加公共关系社团的往往是社会上从事公共关系工作和热爱公共关系事业的团体和个人，其中聚集了一批有理论、有实践的公共关系专家、学者和实际工作者。他们通过理论研究和高效优质的服务，不仅可以满足社会对公共关系的需求，而且能提高所在社团的权威性和信誉。

3. 公共关系社团的工作内容

（1）发展和联络会员。为了公共关系事业的发展，公关社团应把各行各业的公共关系爱好者和实际工作者源源不断地吸收到社团中来组织学术和经验交流，研究我国公共关系理论和实践，以更好地促进公共关系事业的发展。同时，还要与会员保持经常性的联系，及时沟通最新的信息与理念以便形成网络，进行广泛的协作。

（2）制定公共关系职业道德。制定和宣传公共关系从业人员的职业道德和行为准则，并检查其贯彻和执行的情况。

（3）培训公共关系从业人员。培训公共关系从业人员是公共关系协会的一项经常性工作。通过为会员和社会大众提供公共关系实务和管理方面的培训，以提高公共关系从业人员的素质和从业水平。

（4）宣传、普及公共关系知识。公共关系社团有义务为社会公众介绍和宣传公共关系知识，树立公众的公共关系意识，加强公众的公共关系观念。

（5）编辑出版刊物。公共关系社团编辑出版有关公共关系的书籍和报刊，这是宣传公共关系的重要手段。

3.3 公共关系从业人员

公共关系从业人员是指以从事公共关系工作为职业的人员。公共关系从业人员是公共关系活动的核心，其素质和专业技术水平的高低直接影响着公共关系活动的展开。曾经有一段时间人们对公共关系从业人员的选择标准定位为“俊男美女”。这是对公共关系从业人员要求的误解。公共关系工作是一项专业性很强的工作，对其从业人员的要求不仅仅在于外貌，更重要的是综合素质。公共关系从业人员的综合素质包括合理的知识结构和专业技能、良好的心理素质和道德素质等。

3.3.1 公共关系从业人员的基本素质

素质是个人身心条件的综合表现，是个人生理、心理结构及其机能特点的总和，主要指个人的性格、气质、情感等。公共关系从业人员的职业素质必须以公共关系意识为核心，以良好的心理状态为基础，拥有全面的知识结构和工作能力结构。公共关系从业人员作为公共关系的主体，其素质的高低直接影响公共关系工作的效果。

1. 公共关系从业人员要拥有良好的公关意识

公共关系意识是将公共关系原则内化为内在习惯和行为规范，是公共关系从业人员的思想灵魂。公共关系意识是从业人员经过公共关系实践和公共关系知识积累后，对公共关系活动经验的高度概括与升华。作为一种深层次的思想，指导约束着从业人员的行为。良好的公共关系意识能促使从业人员以一种积极向上的工作态度创造性地完成各项公共关系任务。公共关系从业人员所必须拥有的公共关系意识为：形象意识、服务意识、沟通意识、危机意识、互利意识、平等意识、开放意识、创新意识。

（1）形象意识。公共关系的核心意识之一就是形象，公共关系的一切工作都是围绕形象目标而展开的。虽然对于公共关系的定位有多种说法，但塑造形象艺术却是其重要的共识。从业人员只有具有明确的形象意识，才能够深刻理解对社会组织生存和发展有重大意义的知名度和美誉度。他们才会时刻像保护人的眼睛一样维护组织的形象，把形象视为组织的生命。

（2）服务意识。公共关系工作的任务是处理好组织同社会公众的关系。为公众服务是组织的基本方针，组织因公众而存在，公共关系从业人员开展的日常工作、专项活动等都离不开服务。因此，从业人员要自觉为公众服务，必须充分了解、理解和信任公众，树立服务意识是他们日常工作的一个必不可少的理念。

（3）沟通意识。社会组织为了塑造良好形象，更好地为公众服务，以实现其目标，就必须有一个信息交流的平台。此平台的建立和完善有助于公共关系从业人员及时了解和掌握外部环境的变化，有目的地与公众进行沟通交流，让公众了解组织，让组织面向公众。沟通可以增强感情，加深理解，产生统一的意识。因此，沟通意识是作为公共关系从业人员的一种必备意识。

（4）危机意识。在瞬息万变的社会，危机是无处不在的。所以，公共关系从业人员必须具备强烈的危机意识。面对危机的方式多种多样，但首先是要加强组织的管理，防患于未然；其次在危机发生时要及时应对，化解危机。

（5）互利意识。社会组织开展公共关系工作的一项原则是“与公众共同的发展”。在现代社会，任何组织都希望有一个良好的发展环境，都希望得到更多公众的信任、理解和支持。但是要得到以上的环境和支持，就必须建立在真实、透明、真诚的基础上。只有建立在彼此尊重、平等合作、互惠互利的基础上才能使组织通过公共关系工作追求自身经济效益和社会效益的最佳统一。

（6）平等意识。公共关系从业人员是联系客户与公众的桥梁，他们虽然受雇于客户但是应该站在中间的立场去处理客户与公众之间的关系，在平等意识的指导下，平等地设计和处理公共关系问题。这样才更让人心服口服，社会组织与公众才能和平共处，与时俱进。

（7）开放意识。开放意识是要求组织以开放姿态和胸怀面向公众。社会组织作为公共关系的主体，他们应主动地在公共关系活动中寻求建立良好的公共关系的途径。公共关系从业人员只有坚持开放意识才能使社会组织坦诚地、全面地融入社会、面向公众，以达成与公众和社会的双向交流。

（8）创新意识。公共关系的活力所在就是创新。公共关系工作从来就不是一成不变的，它要求勇于实践，勇于创新，要求公共关系从业人员具有创新意识。唯有创新才能塑造出具有个性的组织形象，而要征服公众也需要不断地创新，才能吸引公众的眼球。

2. 公共关系从业人员的心理素质

公共关系从业人员的心理素质是其基本素质的基础。从事公共关系工作的人员需要具备健全的人格、良好的心态、健康的心理等素质。

（1）开放。公共关系工作具有开放性的特征。这就要求公共关系从业人员应具备开放心理，能不断接受新事物、新理念和新知识，敢于大胆创新；以开放的意识积极传播社会组织的相关信息，树立社会组织的良好形象。

（2）自信。自信是对公共关系从业人员的基本要求。自信就是相信自己。充满自信的公共关系从业人员在工作中敢于面对挑战、自强不息。但自信并不是盲目自信。这就要求公共关系从业人员不断地学习、实践，提高自己的工作能力和综合素质。

（3）热情。公共关系不是一项吃喝玩乐的工作，这种工作需要付出大量的智力和体力劳动。因此，要求公共关系从业人员具有热情的心理素质。要对工作充满热情，对公众充满热情，这样才能在交往中赢得公众的信任。

（4）坚强。从事公共关系工作常常会遇到许多突发性事件，因此公共关系从业人员必须有坚强的意志去应付各种突发性事件。强抗压的心理是公共关系从业人员所必须具备的。在工作中要冷静地对待所遇到的困难和挫折，特别是当组织遇到危机时，要以耐心和毅力使组织转危为安。

3. 公共关系从业人员所要拥有的基本知识

公关工作是一项涉及面广、内容丰富的工作，这就要求其从业人员必须具有广博的知识，他们应该是“通才”、“杂家”。具体包括以下内容。

（1）公关学科专业知识。一是要掌握公关理论知识，如公关的基本概念、公关的历史沿革、公关的职能、公关的程序、公关三大基本构成要素、公关工作方式等。同时，要懂得中国公关的发展史、有中国特色的公关理论。公关人员具备了基本的公关理论知识，有利于克服盲目性，增强自觉性，用以指导实践活动，提高公关活动的效果。二是要掌握公关实务知识。公关是一门应用性学科，掌握公关实务知识，是公关人员的基本功。这些知识包括：公关调研、公关策划、公关项目实施、公关效果评估、公关专门活动等。了解和掌握公关实务知识，不在于死记硬背某些条文，而在于创造性地运用，学以致用才是真本事，是成功公关的核心所在。

（2）与公关相关的学科知识。公关是边缘性、综合性的学科，要求公关人员具有广博的知识，包括传播学、社会学、心理学、经济学、管理学、行为学、市场学、新闻学、广告学、决策学等。掌握这些学科的基本原理和方法，在公关工作中会得心应手。此外，还应掌握一些文学艺术、写作、编辑方面的知识及外语等。

（3）方针政策。公关人员应熟知党和政府的有关政策、法令、法规，了解社会的政治、经济、文化诸方面的现状及未来的发展趋势。

（4）专门知识。公关人员的工作，与他们所在组织的工作是密不可分的。例如，政府公关、非营利性社会组织的公关与企业公关在内容上就有很大差异。因此，作为公关人员，必须掌握和懂得本行业的基本知识。例如，在电子厂工作的公关人员要懂得、了解电子方面的基本知识和技术发展动态，懂得本企业的业务和管理的特点。

4. 公共关系从业人员的基本能力

公共关系从业人员要胜任公共关系工作，必须具备以下基本能力。

（1）表达能力。表达能力是指运用语言、文字等方式将自己的知识观点明确地传达给他人的能力。而公共关系人员除了担负着对内外传播的任务，如撰写新闻稿件及咨询方案、起草活动方案、编写刊物等文字处理工作，还要负责与各类公众打交道，用语言清晰准确地传播信息。因此公共关系从业人员的表达能力包括文字表达能力与口头表达能力。

（2）交际能力。交际能力是指人际交往传递信息、增加了解、强化感情的工具。公共关系人员是社会组织形象的体现者和代言人，肩负着沟通公众、环境、社会的重任，因此他们必须有相当强的交际能力。一个缺乏交际能力的人，往往会在自己与周围环境或他人之间设置一道隔离墙。这样的公共关系人员不可能有效地完成自己所承担的公共关系工作。因而只有具备了较强的交际能力才能潇洒自如处理工作中的问题和应变各种危机。

（3）协调能力。公共关系从业人员的协调能力不仅体现在组织的内部还表现在组织的外部。内部协调包括协调组织上下级关系，协调同级部门之间的关系。外部协调包括协调组织利益与公众利益的关系等。因此作为公共关系从业人员应具有极强的协调能力，才能使公共关系工作事半功倍；反之，则处处受阻很难取得成效。

（4）组织能力。在公共关系实践中，经常需要利用新闻发布会、沟通性会议、商品交易会等各种活动传播信息、推销产品、树立组织形象。不论公共关系从业人员展开哪一项公共关系活动，都需要有条理、有章法。因此，作为公共关系从业人员要善于计划，周到细致，拥有良好的组织能力。

（5）应变能力。应变能力是应付一些偶发性事件的能力。在公共关系工作中往往会遇到一些偶发性事件。偶发性事件的处理往往是组织能否走出危机的关键。因此作为公共关系从业人员在面对偶发性事件时应冷静思考、果断处理，用自己的言语或行动挽救已经出现的失误。这就要求公共关系从业人员拥有很强的应变能力，能够在危机时刻利用一切可利用的资源解除危机。

（6）创新能力。创新能力是指人们创立新思想、新事物、新环境等以满足自我的发展和自我实现的需要。公共关系能在如此短的时间内在全球范围得以发展，正是因为它工作中变化无穷、追求创新的特性。这就要求公共关系从业人员在立足于基础知识之上，要拥有自己的思维，批判式地学习借鉴成功的经验，不断地求新、求异，以更新颖的方式吸引公众的注意。

（7）辨析能力。公共关系工作必须对组织的情况进行调查研究，深入实际进行工作、分析，以把握组织和公众各方面的变化，这就要求公共关系从业人员要善于发现问题、明辨是非、正确评估。而辨别方向、准确地判断与周密地计划是公共关系从业人员为组织改革与创新提供保障的前提。因此，作为一名合格的公共关系从业人员必须拥有剥茧抽丝的辨析能力。

3.3.2 公共关系从业人员的职业道德与职业准则

1. 公共关系从业人员的职业道德

道德是一种社会意识形态，是人们调整自身及相互关系的思想意识和行为准则。社会有社会的基本道德，行业也有行业的道德准则。因此公共关系工作也有一定的职业道德，以约束公关人员的工作过程，规范其职业行为。公共关系的职业道德主要包括以下几方面。

（1）诚实可信、实事求是。公共关系人员的基本工作和根本任务是塑造良好的组织形象，为组织的生存发展创造良好的环境。公共关系的一切活动都是通过信息传播得以实现的，为了确保所传播的信息是真实准确的，公共关系从业人员在收集信息、撰写方案、沟通协调等活动中应该做到客观、公正、诚实可信、实事求是。

（2）勤奋学习、努力工作。公共关系工作是一种实干型的工作。它要求公共关系从业人员勤奋学习，掌握全面的公共关系理论知识，发挥吃苦耐劳、不断进取的精神努力工作，为组织塑造良好的形象。

（3）廉洁奉公、不谋私利。公共关系工作主要是为组织、为社会提供服务。每个公共关系从业人员只有为公众、组织、国家谋利益的义务，而没有谋取个人私利的权利。公共关系从业人员是组织形象的代表，在任何时候都要把国家的利益、公众的利益、组织的利益放在首位，不能利用手中的关系和权力做谋取私利之事。

（4）公道正派、谦虚团结。公共关系从业人员是组织和公众之间的桥梁，因此他们在处理事件的过程中，应站在公正的立场上，从大局出发，维护正义，坚持真理。然而公共关系工作又是一种团体性工作，因此需要工作人员之间团结、合作、相互尊重、相互信任。这就要求公共关系从业人员在工作中需公道正派、谦虚团结。

2. 公共关系从业人员的职业准则

公共关系从业人员的职业准则是为使公共关系活动更具系统性和正规性而对公共关系活动中工作人员的行为进行规范。在众多的公共关系组织制定的职业准则中，《国际公共关系道德准则》影响是最大的。

在我国第一次出现公共关系职业准则是在1989年。1989年9月，全国省市公共关系组织第二次联席会议提出了《中国公共关系职业道德准则》草拟及实施方案，此方案在1991年5月召开的全国省市公共关系组织的第四次联席会议上正式通过。该准则内容如下。

总　　则

中国公共关系事业的发展，是中国改革开放的必然趋势。它以新型的管理科学，协调社会各方面的关系，密切党和广大人民群众的联系，调动各种积极因素，维护安定团结，促进社会主义建设。因此，公共关系工作者肩负着时代的使命，公共关系工作者必须具有高尚的职业道德作为完善自身形象的行为准则。

条　　款

(1) 公共关系工作者应当坚持社会主义方向。自觉地遵守我国的宪法、法律和社会道德规范。

(2) 公共关系工作者开展公关活动首先要注重社会效益，努力维护公关职业的整体形象。

(3) 公共关系工作者在公共关系活动中，应当力求真实、准确、公正和对公众负责。

(4) 公共关系工作者应当努力提高自己的政治水平、文化修养和公关专业技能。

(5) 公共关系工作者应当将公关理论联系中国的实际，以严肃认真、诚实的态度来从事公共关系学教育。

(6) 公共关系工作者应当注意传播信息的真实性和准确性，防止和避免使人误解信息。

(7) 公共关系工作者不能有意损害其他公关工作者的信誉和公关实务，对不道德、不守法的公关组织及个人应予以制止并通过有关组织采取相应的措施。

(8) 公共关系工作者应当对公关事业具有高度的责任感。不得利用贿赂或其他不正当手段影响传播媒介人员真实、客观报道。

(9) 公共关系工作者在国内外公共关系事务中应该严守国家和各自组织的有关机密。

(10) 公共关系从业人员的培养和从业资格鉴定。

3.3.3 公共关系从业人员的培养

1. 公共关系从业人员的培养目标

培养公共关系从业人员，是以确定培养目标为前提的。只有确定了培养目标才能知道要用什么样的方式进行培养。根据公共关系工作的需要，对不同的公共关系从业人员有不同的培养目标。而培养目标一般分为以下两种。

(1) 通才型公共关系人才：此类公共关系人才一般拥有较广的知识面、合理的知识结构、良好的心理素质和综合能力素质。在面对紧急事件时可以独当一面、较完美地处理复杂问题。

(2) 专长型公共关系人才：此类公共关系人才往往是某一方面的专家。他们擅长某方面的公共技术技能，如写作、设计、摄影、舞台等技能。

但是，从公共关系工作的综合性来看，它所培养的人才应是知识面和技能面较宽的“通才”；从专业性层面需求来看，公共关系领域应当是一门专业性较强的领域，所以仅仅培养“通才”往往是不够的。因此，在广博知识的前提下精通一门专业技术的“通才—专才”型公共关系人才是最理想的培养目标。

2. 公共关系从业人员的培养途径

1) 学校正规的教育

这是一种专门培养公关人才的正规途径，具有系统和严格的教学计划、教学大纲、专业师资和专业教材，有明确的培养方向和目标。学生在学校通过学习可以全面系统地掌握公共关系的有关知识，具备良好的知识结构和能力结构，并辅助以一定的实际工作训练，进行公关模拟活动和相关活动实习，成为独当一面的公共关系人才。

2) 在职培训

在职进修培训是我国公关教育培训中比较受欢迎的形式，这是因为它教学的现实针对性较强，周期短，见效快；学生的学习目标明确，且已有实践经验，故易于理解吸收。

(1) 培训班式培训。办班培训是一种见效快的好形式。学员主要学习与公关相关的基本知识，从而提高公关人员的理论水平。例如，组织学员学习公共关系学、传播学、心理学等基础学科知识。

(2) 见习培训。见习培训的特点是在实践中学习和提高，让见习者在一段时间内担任组织的公关人员助手，尽可能让他们有机会进行公关实践，在实践中观察和学习别人处理公关事务的方式方法，增强感性认识。

(3) 聘请专家指导。聘请具有公共业务专长的专家到组织指导咨询，以帮助解决公关工作中的疑难问题，对公关人员进行业务的实际辅导和点拨，以提高公关人员的业务能力和组织公关工作的质量。这种方式针对性强，解决问题效率高，实际效果好。

(4) 其他培养途径。例如，组织员工通过参加自学考试、函授教育和网络教育等方式学习公共关系知识，多途径多形式地提高专业理论水平和业务水平。

3. 公共关系从业人员的从业资格鉴定

1965 年美国公共关系协会开始实行专业公共关系从业人员的资格认证考试，到 20 世纪 80 年代中期，该协会有 1/3 的会员获得了 APR 的称号。英国公共关系协会主持的 CAM 考试虽然比 APR 考试实施较晚，但其影响力更大。CAM 考试分两个等级，第一等级有 7 门考试课程：市场学、广告学、公共关系媒介、调查与行为研究、传播实践、商业与经济环境、公共关系。公共关系人员只要通过其中6门考试就可获得CAM证书。获得第一等级证书后才有资格参加第二等级考试。第二等级考试课程包括：商业组织公共关系、非商业组织公共关系、公共关系战略、管理资源。凡通过其中三门考试就可获得CAM公共关系文凭和公关从业资格证。

2000年12月3日，为了保证公关行业的规范发展，劳动和社会保障部举行了全国首次公关员职业资格统一鉴定。2003年6月，国家职业资格工作委员会公关专业委员会组织专家对《公关员国家职业标准》进行了修订。新版标准共设5个等级，在原有的初级公关员、中级公关员和高级公关员基础上，增设了“公关师”（国家职业资格二级）和“高级公关师”（国家职业资格一级），并对5个等级的申报资格提出了明确的要求。同时在“公关师”（国家职业资格二级）和“高级公关师”（国家职业资格一级）的考核办法上作出了新的规定，除技能知识闭卷考试外，还需要进行专业技术报告和答辩专家评审考核。

相关知识链接

中国国际公共关系协会

中国国际公共关系协会（CIPRA）是具有社团法人地位的全国性涉外专业组织、联合国经社理事会特别咨商地位组织，成立于1991年4月，总部设在北京。本会由何鲁丽、蒋正华、铁木尔·达瓦买提、经叔平、黄华、袁宝华、柴泽民担任名誉会长。现任会长为我国前驻美国大使李道豫。中国国际公共关系协会的宗旨是让世界了解中国，让中国走向世界。工作方针是指导、协调、服务、监督。协会常设机构为秘书处，秘书处下设五部一室：会员部、对外联络部、经济文化发展部、信息咨询部、学术培训部、办公室。现有专职人员14人。协会还聘请一批国内外知名公共关系专家和学者为协会业务提供支持。国家职业资格工作委员会公共关系专业委员会设在协会秘书处。

协会的任务是：致力于公共关系的理论研究、宣传与实践，探讨中国公共关系的发展战略；维护公共关系从业人员的合法权益，提高公共关系业及其从业人员的社会地位；促进中国公共关系组织同海内外相关组织之间的了解与合作，推动中国公共关系事业向正规化、职业化方向发展，积极开展高层次、多渠道、多形式的国际交流与合作，为海内外组织机构提供咨询服务。

例如，在2010年3月9日针对互联网及论坛、博客等社会化数字媒体迅速兴起和普及，传统信息传递方式和沟通方式发生了巨大变革，营销传播模式和公共关系环境也发生了颠覆性变革。网络公关业务已成为传统公共关系服务不可或缺的重要延展，成为公关服务领域业务增长最快的业务模式。在此良好发展形势下，出现了一些违法违规的现象。少数作坊式的小公司和个人，利用法律上的空白点，采取恶意炒作等手段，达成客户传播需要；更有甚者，将攻击客户竞争对手作为谋利的手段，严重影响了网络公关服务的声誉，对于整个行业的发展造成了极为不利的影响。针对以上这些情况：CIPRA 向网络公共关系从业者提出倡议。

(1) 网络公关业务应遵守国家的法律法规和社会的公序良俗，用专业、规范的服务赢得客户，帮助客户实现其营销目标。在提供专业服务的过程中，应充分考虑公众利益和社会价值，承担一个企业应尽的社会责任。我们倡导“绿色网络公关”，强调行业自律，用科学的营销、管理、传播理论指导实践，用丰富的经验、优质的服务提升客户满意度，建立一个平等共享、健康有序的网络公关环境，促进社会的和谐发展和文明进步。

(2) 网络公关业务应自觉遵循行业自律公约，坚决抵制各种有悖于行业准则的各种行为。具体准则如下：对客户所发布内容合法性进行审核和约定，保证信息内容及其传播手段符合国家法律的有关规定；保证信息内容的完整性、真实性和准确性，不提供任何与实际情况或客观事实明显不符的内容信息；不涉及政治敏感性话题和国家敏感监控的问题；不可以隐瞒事实真相或欺骗公众，有责任及时纠正错误的传播信息；不从事任何不道德、不诚实或有损他人尊严或信誉的传播活动；抵制各种欺骗客户和公众的信息传播活动；不提供任何形式攻击、诽谤竞争对手的信息服务；传播素材不使用任何无合法版权的图片、视频或言论；不对传播效果指标进行任何技术和人为非正常干预。

(3) 网络公关业务应循序渐进地建立和完善服务规范。网络公关公司要建立良好的企业价值观，倡导社会公认的商业道德和行为准则，诚信面对股东、客户、员工、社区和商业链上的各利益群体，并且对产品和服务的质量负责。加强企业文化建设，全面提高员工的社会责任感，鼓励员工积极参与公益活动。

以此来规范与呼吁网络公共关系从业人员遵守职业道德，共建公共关系行业的和谐环境。

案例点评

王宾的离职原因

王宾是从电气工程师一跃而成为某大公司领导400 多名工程师和8 000 多名职工的副总经理，不久前却辞职去了一家工厂埋头于纯技术的工作。是什么原因使他要调离这一重要的岗位呢？让我们展示他过去的一次社交片段，就不难理解其中的原因了。一个周末的晚上，美国克莱尔公司总裁在上海国际饭店设宴招待上海贸易伙伴。主桌上，王宾穿着呆板的西装，脖子上紧系着深色的领带，正襟危坐。只有当莫里克总裁举起酒杯时，他才被动地在脸上硬装出一阵笑容，或者过分地欠身弯腰。他常常在片刻的沉默中，悄悄用餐巾抹去额头上的虚汗。这种拘谨的状态一直持续到坐上回家的轿车才感到如释重负。他私下多次表示，这类应酬对他来说是一种巨大的负担，不仅耗费时间，而且磨损自己的精神。于是，在他任期3年满后，不仅他自己，别人也要求他转换一个职务。他是一个典型的缺乏社交能力的人。一个连在小范围的公众场合都无法树立自己应有形象的人，他能在大范围的公众面前树立起自己公司的良好形象吗？

【点评】社交能力是衡量一个现代人能否适应开放社会的标准之一。缺乏社交能力的人，往往会在自己与周围的人群之间形成一道无形的心理屏障，是很难完成自己所担负的工作的。公共关系人员是本组织形象的体现者和代言人，肩负着沟通公众、环境、社会的重任，他们必须具备较强的社交能力，树立起本人的良好形象，并为树立组织的良好形象展开有力的社交攻势。

思考题

1. 什么是社会组织？它有哪些特征？
2. 为什么要在组织内设公共关系部？
3. 组建公共关系部必须遵循哪些原则？
4. 公共关系公司有哪些类型？
5. 公共关系公司有哪些优势？
6. 简述公共关系社团的特征。
7. 公共关系从业人员应具备哪些基本素质？

案例讨论题

公关公司的公共关系[1]

珠海经济特区公共关系公司成立于1986年10月。公司开业伊始，没有实力，更谈不上知名度和美誉度，加上公关当时未被社会广泛认识，因而发展缓慢。为了迅速改变这种状况，新上任的总经理决定策划一项具有社会效益的大型活动，以提高公司的知名度和美誉度，加快企业的拓展。公司领导人查阅了大量情报资料，了解到玩具是世界经济贸易中的大宗商品之一，年销售额高达300亿美元，玩具业是一个投资少、见效快、技术可高可低的劳动密集型行业；玩具既有助于少年儿童增长见识、提高智力，又可以为成年人的生活增添色

① 胡锐．现代公共关系案例评析．杭州：浙江大学出版社，1994.

彩；玩具出口，促进我国玩具业的发展，既有社会意义，又有经济效益。因此，公司决定筹办一个国际性的玩具博览会来推动我国玩具业的发展。项目确定了，接着就是考虑如何开展工作的问题。当时，公司既没有实力，又没有知名度，要组织如此大型的活动，是十分困难的。公共关系的知识告诉他们，“权威”具有较大的号召力和影响力，只要能发挥“权威效应”，就可以解决号召力不足的问题。他们首先想到了宋庆龄基金会。该会不但在国内外享有盛名，而且一向关心少年儿童的成长。于是，他们把宋庆龄基金会定为寻找的第一个合作对象。经联系，该会不但愿意支持，而且还同意作为主办单位之一，因而解决了号召力不足的难题。

公关的力量，要借助于新闻媒介才能更好地发挥。如何利用新闻媒介是要思考的第二个问题。中国环球公关公司，是新华社新闻发展公司下属的企业，是中国第一家公关公司。凭借上级单位的网络，该公司的触角伸向世界各地，与新闻媒介有着广泛的联系，加上又是同行，有着共同的服务宗旨和目标，若得该公司参与，宣传鼓动工作就有了保障。于是公司总经理亲自登门，说明了合作意向。由于目标一致而一拍即合，该公司成了第二个合作伙伴。

接着，需要落实的是场地问题，他们分析了珠海有条件提供博览会场地的几个单位的情况，当时，南海石油珠海服务总公司正在筹备开业，同样急切要提高知名度和美誉度。看准了对象，即刻对该单位进行公关说服工作，果然不出所料，该单位毅然接受作为主办单位的邀请，除免费提供展览馆外，还无偿地提供了展出摊位的装修费用。

接下来，就是人力和资料准备问题。珠海市科技发展中心有不少工程技术人员，而且下设科技情报所。该“中心”的参与，将使这两个问题迎刃而解。经联系，该中心成了他们第四个合作伙伴。

至此，一个由该公司牵头，上述4个单位参与的博览会组委会就这样顺利地诞生了。领导的支持，是事业成功的保证。为了广泛地争取有关部门领导的支持，他们除了向珠海市政府提交了详尽的报告外，还先后走访了轻工业部、国家经委轻工局、中国玩具协会、广东省经委及部分省市的玩具协会。这些部门都对他们后来的工作给予了不同程度的关注和支持。

组织机构成立后，第一件事就是抓宣传发动工作。1987年4月15日，由中国环球公关公司联系组织的新闻发布会在北京举行，公司总经理亲自到会发布新闻。在京的各大新闻机构（包括香港的《大公报》和《文汇报》）都派出记者参加了新闻发布会。中国环球公关公司还通过新华社，向国外的新闻单位编发了新闻稿。据不完全统计，有20多家新闻单位（转发消息的未算在内）为博览会发布了消息。数以亿计的读者、听众因此知道了主办单位的名字，从而大大地提高了5个主办单位（尤其是珠海市3个单位）的知名度。此后，组委会向国内外寄发的近万份邀请书，又进一步扩大了主办单位的影响。

经过几个月的紧张筹备，博览会终于在1987年7月21日至28日如期举行。宋庆龄基金会副主席、省经委副主任及珠海市副市长等领导为博览会剪了彩。

博览会期间，谈成外引内联项目两项，合同成交额几百万元。但也有一些拼图式的静态专利产品无人问津。销售上的差异，反映出消费者喜欢动态玩具的消费心理。一些厂家从中找到了差距，认识到产品必须适应市场才能在竞争中立于不败之地，没有市场的产品，哪怕是专利产品也没有生产价值。

参展的厂商，从博览会中获取了信息或经济效益，交流了经验，这次博览会无疑在一定程度上对我国玩具业的发展起到了促进作用。南海石油珠海服务总公司为与会者提供的豪华展厅及超值的食宿服务，赢得了赞誉。原定在惠州召开的广东省1987年玩具工作座谈会也因此而移址在此举行。接着公司又承办了澳门与珠江三角洲发展问题研讨会。此后，各种各样的交流会、洽谈会、研讨会、展销会接踵而来。尽管博览会没有直接为南海石油珠海服务总公司创造经济效益，但由于知名度及美誉度的提高而带来的好处是难以计算的。美国P&G公司的布鲁斯·L. 弗莱曼参观完展览后称赞说，这个博览会办得好，希望今后继续办下去。这个意见，代表了大部分厂商的愿望。

当主办单位向参展的厂商征求意见时，大家都异口同声地说："你们几个主办单位既不生产玩具，又不销售玩具，摊位费仅收800元，还不到正常收费的1/3，可见你们并不是为了赚钱，而是旨在为我们玩具业服务，是为促进我国玩具业的发展而操办的，这种精神值得学习……"由此可见，主办单位已在代表们的心目中留下了良好的印象。给人良好印象的名字，自然会显得更美。就这样，公司通过筹办博览会，既提高了知名度，又增加了美誉度，收到了一举两得的效果。

【讨论题】

1. 该公共关系公司本次公关活动有哪些成功之处？
2. 公共关系公司塑造自身形象的策略与其他组织树立形象的策略有什么不同？

公共关系对象——公众

本章学习目标

通过本章学习，掌握公众的含义、特征及分类；了解内部公众的重要性，掌握员工、股东管理的工作内容；了解外部公众的重要性，掌握外部公众管理的工作内容。

公众是组织赖以生存和发展的基础，是公共关系工作的对象。在开展任何一项公共关系活动之前，都必须明确本次活动的对象是哪些公众，了解对象公众的心理和行为特征，这样才能有针对性地开展公共关系，提高公共关系活动的效果。

4.1 公众及其分类

4.1.1 公众的含义与特征

1. 公众的含义

“公众”是公共关系学中最基本的概念之一，其特定含义是：因面临某个共同问题而与一个社会组织发生相互作用、相互影响的个人、群体和组织。公共关系中的“公众”与我国传统意义的“公众”含义有所不同，它不是指人民、群众或民众，也不是指社会上的大多数人，而是特指与公共关系主体即社会组织有相关利益关系的社会群体，应具体地称为“组织的公众”。

2. 公众的特征

从公众的含义中，不难看出公众具有以下特征。

（1）相关性。公众是具体的，与特定的组织相关联。他们总是相对于公共关系主体而存在，某组织的公众与该组织之间具有一定的相关性和互动性。因此，公众的态度和言行对组织具有一定的影响力或制约力，组织的决策和行为对公众也有一定的影响力。

（2）群体性。群体性是公众的内在结构特征，无论是哪一类公众对象都具有某种内在的群体性。他们拥有共同的目的、共同的利益、共同的兴趣、共同的意识、共同的愿望等。就是这些共同点把许多相互之间不认识的社会成员，组成具有某种共同特征的公众群体，如酒店里的顾客、医院中的病人等。

（3）多样性。公众的多样性首先体现在它具有多层次的立体结构。公众是由个人、群体和社会组织三个部分构成，因此它的结构形式是多样性的。虽然形成公众的可以是个人、群体和组织，即使是同类的公众其存在形式也不尽相同，并且同一组织、个人和群体，可以同时成为多种组织的公众。因此公众是具有多样性的。

（4）可变性。任何组织所面对的公众都不是自我封闭、一成不变的，而是开放的、处在不断的变化之中。公众会随着时间的推移及环境条件的变化而产生或消失、扩大或缩小、固定或转移。公众的可变性具体体现如下两个方面。① 公众和组织的联系程度不断变化。此类公众的形成取决于共同问题的出现，一旦共同的问题得以解决，作为公共关系意义上特定问题的公众就不存在了。② 公众的成分在不断变化。公众是由许多不同的社会成员构成的。随着时间的推移、社会的发展和科技的进步会使公众发生各种各样的变化，有群体会消失，也有新的群体产生。

（5）整体性。公众的存在是一种普遍的社会现象。公共关系不是一个人的行为，而是一种组织行为。组织的运行、生存和发展均离不开公众群体环境。所以任何一个组织所面对的公众都不是单一的，而是社会各有关方面的公众所组成的复杂群体。因此，在公共关系工作中不可只注意其中某一类的公众，而忽视其他的公众客体。对任何相关客体的忽略都可能导致整个公众环境的恶化，进而影响组织的生存和发展。所以应该把组织面对的公众视为一个完整的群体，用全面的眼光进行分析。

4.1.2　公众的分类

组织所面对的公众都不是单一的，一方面，不同的组织必然有不同的公众；另一方面，同一组织所面对的公众也是各种各样的。所以，对公众进行分类，以明确自己的目标公众对象是开展公共关系工作的必要前提。按照不同的标准，可以把公众分为以下几类。

1. 根据组织的内外对象来划分

（1）内部公众。内部公众一般与组织有归属关系，是组织机构中的成员，它包括组织的员工、股份制组织的股东等。这类公众与组织有着最直接、最密切的关系，他们的意见、态度、情感等对组织的生存和发展有着直接的影响。内部公众是实现“内求团结”目标需要协调的重要对象。

（2）外部公众。外部公众是指与作为公共关系主体的社会组织不具有隶属关系的其他组织、群体或个人，如政府部门、社会团体、竞争者等。由于这类公众的数量庞大，虽然不像内部公众与组织那样密切，但对组织机构的日标、生存和发展具有实际或潜在的影响力。

2. 根据公众对组织的态度来划分

（1）顺意公众。顺意公众是指对一个组织奉行的政策、采取的行为持赞成意向和支持态度的公众。组织的公共关系工作的基本目标就是建立、保持、扩大顺意公众队伍。因此，协调并改善与顺意公众的关系，保持和扩大顺意公众的数量是公共关系工作的重点。

（2）逆意公众。逆意公众是指对组织奉行的政策、采取的行为持反感、反对、不合作态度。逆意公众的形成通常有两种原因：一种是因为在利益上与组织发生了冲突；另一种是由于组织、公众之间的信息管道不畅使公众对组织的政策、行为产生了误解。不论是哪一种逆意公众的形成，都直接影响着组织形象的树立。因此，做好逆意公众的转化工作，改变其敌对的态度，使逆意公众成为边缘公众或顺意公众是公共关系的重要工作之一。

（3）边缘公众。边缘公众是指对组织贯彻的政策、采取的行为持中立态度或尚未表态、态度不明朗的公众。边缘公众往往可能发展为顺意公众，也有可能发展为逆意公众。所以，边缘公众的争取是公共关系人员的工作重点。组织通过有效的公共关系工作，一方面防止边缘公众转变为逆意公众；一方面争取把边缘公众转化为顺意公众。

3. 根据组织对公众的态度进行划分

（1）组织欢迎的公众。组织欢迎的公众是指主动接近组织、支持组织、有利于组织的生存与发展，而且组织也对他们持欢迎和重视态度的公众，如股东、投资人等。这类公众和组织间相互感兴趣、相互重视、关系密切。

（2）组织追求的公众。组织追求的公众是指那些能给组织带来利益、令组织十分感兴趣并努力想接近、渴望建立良好的关系，但是这类公众的自身往往对组织并不一定感兴趣。因此，组织要采取积极的公共关系活动去争取这类公众的认可与支持。

（3）组织不欢迎的公众。组织不欢迎的公众是指那些为了实现自己的既定目的来接近和讨好组织，但却有可能损害组织利益的公众，如以各种名义向组织索取赞助费的个人或团体等。对于组织不欢迎的公众，组织也不能采用粗暴无礼的方式对待，应开展相应的公共关系工作向他们阐明组织的观点，委婉地拒绝此类公众的要求。

4. 根据公众对组织的重要性进行划分

（1）首要公众。首要公众是指与组织关系密切，对一个组织的生存发展具有重要影响力和决定性作用，还影响和制约其他公众的那一部分公众。一般来说，组织的内部公众和可以直接决定组织兴衰、关系组织生死存亡的目标公众都作为组织的首要公众。首要公众是组织生存发展的重要方面，因此组织应投入最多的人力、财力和物力来维持和改善同这类公众的关系。

（2）次要公众。次要公众是指对一个组织的生存发展有一定影响，但这种影响尚不具有决定作用的公众。这类公众虽然不是组织公共关系工作的重点对象，但建立、保持与这类公众的良好关系是组织发展不可忽略的事项。

（3）一般公众。这是距离组织的各项工作较远的一类公众，组织只需在公共关系活动中对其涉及的一些问题顺便予以解决。

首要公众与次要公众只是在一定时期内一个相对的公众划分。随着时间、环境、事件等的变化，首要公众在某一时刻会转变为次要公众，次要公众在某些特定的时刻也会转变为首要公众。因此，公共关系工作人员应及时对公众的重要性进行考察与分析，根据组织的需要，确定一定时期内公共关系的主攻对象。

5. 根据公众的稳定性进行划分

受客观环境、外在条件发展变化的影响，公众的稳定性也有很大的差异。因此，也可将公众划分为流散性公众、临时性公众、周期性公众和稳定性公众。

（1）流散性公众。流散性公众是指组织公众中稳定性最差的一类公众，如某一城市流动人口中的探亲访友者、旅游观光者。此类公众的特点是流动性大、分散性强。

（2）临时性公众。临时性公众是指因某一项临时性的事件、活动或某一共同问题临时聚集在一起的公众，如展销会、运动会、研讨会等的参与者。

（3）周期性公众。周期性公众是指有规律地聚集和分散的公众，如节假日出现的游客、招生时节的考生和家长。此类公众的出现具有规律性，是可以预见和预测的，这有利于组织做好必要的准备，有计划地开展公共关系活动。

（4）稳定性公众。稳定性公众是指与组织有长期的业务、隶属关系或经常发生关系的公众。这类公众由于兴趣、爱好、习惯的影响，比较集中地与某些组织发生稳定的联系，如定期去某个医院做体检的人群、专门用某种洗发水的顾客、稳定的协作厂家等组织内部公众和小区居民、熟客等。

6. 根据公众的发展过程进行划分

（1）非公众。这是公共关系学的特殊概念。非公众是指处在某组织的影响范围之中，但却与该组织无任何利益关系的群体和个人，即组织和这些群体、个人不发生任何交互作用。在从事公共关系工作时应当正确区分公众与非公众。这样才能使工作更具有目标和重点。但是，非公众不是绝对不变的，而会随着时间、地点、条件、环境的变化而变化，有可能会从非公众转变为潜在公众。

（2）潜在公众。主要是指由于潜在的公共关系问题而形成的潜伏公众、隐患公众、隐蔽公众或未来公众。也就是当组织行为与一定个人、群体和社会团体发生了利益关系，使他们已经面临着由这个组织行为引起的共同问题，但公众本身并未意识到这种问题的存在，因此他们与组织的关系尚处于潜伏状态。潜在公众在意识到他们面临的问题之前是不会有行动的，但这仅仅局限在一定的时间内，在这个时间区间内对组织的影响力只是潜在性的。但这方面的公众往往是公共关系人员需要未雨绸缪，加强预测，密切监视势态发展的。因为一旦潜在公众自已发现了问题，他们就会转化为知晓公众。

（3）知晓公众。知晓公众是由潜在公众发展而来的。潜在公众已经面临着组织行为引起的共同问题，但尚未意识到；知晓公众则不仅面临着共同的问题，而且意识到了问题的存在。所以知晓公众是指当一定的个人、群体和社会团体面临着由一个组织的行为引起的共同问题，而他们本身已经意识到这种问题的存在时，他们在组织的视野中就成为了知晓公众。由于知晓公众已经知道了自己的处境，明确意识到自己面临的问题与特定的组织有关。因此，对于组织来说，应采取积极主动的公共关系姿态，主动控制舆论局势，及时沟通、主动传播，满足公众的知情权，使公众对组织产生依赖感。

（4）行动公众。行动公众是指当一定个人、群体和社会团体不仅意识到由组织行为引起问题，而且准备采取或已经采取行动以寻求问题的解决时，他们在组织的视野中就成了行动公众。行动公众是知晓公众发展的结果。行动公众对于面临的问题不仅表达意见，而且采取了实际行动，对组织构成了压力，迫使组织必须正面用行动去处理他们的问题，而不能停留在语言和文字上的处理方式。然而，良好的公共关系行动方案会使行动公众的压力转变为动力，转变为对组织发展有利的力量。

从非公众到潜在公众，再到知晓公众及行动公众，都是针对组织的一个问题形成相应的公众的发展阶段。在这个过程中，公共关系从业人员都可以用自身的专业使他们转变为非公众，这样就可以及时地化解组织的危机。

4.2 内部公众与内部公众关系

公众按照组织的内外对象进行划分可以分为内部公众和外部公众。基于此组织与公众关系也分为内部公众关系和外部公众关系。内部公众关系是组织与内部公众的关系，是各种内部公众关系的总称。处理好内部公共关系，有利于培养内部公众对组织的认同感、归属感，增强组织的向心力和凝聚力，创造和谐的人际关系环境。而组织内部的团结一致，会更容易取得外部公众的支持和合作。从总体上看，社会组织同内部公众之间的关系主要有两个方面：员工关系和股东关系。

4.2.1 员工关系

员工关系是指社会组织与其内部员工的关系。员工是社会组织的重要组成部分，社会组织的工作都是由员工来完成的。员工关系是组织中最重要的内部公众关系。因此处理好员工关系，是社会组织存在和发展的基础，也是建立内部良好公共关系的基础。

1. 建立好良好的员工关系的意义

（1）通过员工的认可和支持可以增强组织的内聚力。一个组织的存在价值和整体形象只有赢得了自己成员的认可才能取得社会的认可；组织的目标和任务在赢得社会的支持前，也需要赢得自己成员的配合和支持。因此良好的内部关系是公共关系的起点，组织内部的公关工作首先要增强内聚力，将全体成员组合成为一个有机的整体。所以良好的员工关系可以增强组织的内聚力。

（2）通过全员的公关可以提高组织的外张力。只有全体成员的努力与配合才能更好地提高组织的对外影响力。因此，每一个组织成员都是组织与外部公众接触的触角，都处在对外公共关系的第一线；组织的整体形象必须通过他们在各自工作岗位上的良好行为具体体现出来。组织只有善待和尊重自己的员工，努力培养他们对组织的认同感、归属感，才能增强他们对组织的向心力、凝聚力。

（3）良好的员工关系有利于调动员工的积极性。对于组织来说，员工的积极性是决定组织发展状况的关键因素。通过公共关系调动员工的积极性就是组织维持良好的员工关系的方法之一。通过公共关系能够有效地沟通组织与员工之间的信息，及时让全体员工了解组织的重要情况，使员工始终明确自己的工作方向和努力目标，并且可以让组织与员工之间相互信任、相互支持。

2. 建立良好的员工关系的方法

（1）了解员工，承认和尊重员工的个人价值。要想让员工自觉地将自己的利益与社会组织的利益融为一体，自觉地与社会组织共患难，就必须使员工的个人价值受到肯定和尊重。因为，每一个人都希望自己成为优势群体中的一员，又希望有自我表现的机会。只有对员工个人价值的承认和尊重才能使员工觉得在组织中受到了重视和尊重。

（2）使组织和员工之间保持畅通的沟通管道。使组织和员工之间的沟通管道保持畅通的一种体现是共同分享组织信息，让员工充分参与决策。组织在与员工分享信息的过程中，就使得员工自主地参与到组织的各类活动中，对组织的工作发表意见，这样他们才会关注组织的发展与命运。

（3）对员工进行多种能力培训，提高员工的综合实力。社会组织应该通过各种形式，培养员工的多种能力和综合素质，使员工更好地完成现在和将来可能面临的工作。这种培训不仅涉及专业性业务课程，也需要兼具提高员工综合能力的课程。并且可以采取内部与外部、脱产与不脱产等多种形式，以全面提高员工的素质，发挥员工工作的积极性。

（4）建立良好和谐的工作环境。创造良好的工作环境是使员工安心工作、乐于工作的重要保证。因此组织要做好员工各方面的协调沟通工作，特别是人际关系等的协调。也可以通过组织一些福利活动，如文艺演出、体育比赛、各种联谊活动等，加强组织内部的和谐氛围，维持良好的员工关系，建立良好和谐的工作环境。

4.2.2　股东关系

股东作为股份制企业的投资者，是企业组织中的内部公众。企业组织与股东的关系就是股东关系，它是企业重要的内部公众关系。是否能维持好企业与股东良好的关系，对企业的经营成败有巨大的影响。

1. 维持良好的股东关系的意义

（1）有利于稳定和扩大资金来源。资金是企业生存和发展的关键，由于股东是企业最大的资金支持者。因此，与股东关系的好坏直接影响了企业的资金来源。建立良好的股东关系，企业的资金来源就相对稳定，而且可以增强潜在性股东对企业的投资信心，进而扩大企业的资金来源。反之，与股东关系恶化，不仅会影响企业的股票价值，而且因为股东是企业的投资者，对企业的重大决策和人事任免有参与权和监督权，所以还会影响企业的稳定性及其在市场的形象。

（2）有利于树立企业形象、开阔市场。股东和企业的利益是连在一起的，企业越发展，盈利越多，股东的利益也就相应地越有保障。良好的股东关系可以使股东在物质上和精神上都得到满足，他们也乐于利用自身的社会关系扩大商品销售，主动向自己的关系网络宣传企业的产品和文化。这样有利于树立企业的良好形象，也能够为企业扩大销售管道，使企业的产品和服务占有更大的市场。

2. 处理好股东关系的方法

（1）尊重股东的特权意识。股东以投资的方式进入企业，他们自然产生一种“主人意识”，认为自己有权知晓企业的发展方向和经营状况，对企业各方面的信息也特别关注。因此，在处理股东关系时，要充分尊重股东的特权意识。企业要使他们通过一定的管道尽快了解组织的新决策、新变化、新信息，如新厂房的落成、新技术的开发、财务收支等。

（2）视股东为顾客和伙伴。企业组织的公共关系部门应该将股东当做第一顾客群和同舟共济的伙伴。组织应积极鼓励股东献计献策，并激发股东身体力行，利用股东广泛的社会关系扩大产品的销售网络，增强竞争力。使股东既是公司产品或服务的消费者，又是它的宣传者和推销者。

（3）收集并重视股东意见。企业组织与股东关系也与其他关系一样，处在不断的变化之中。维持良好的股东关系就必须密切关注股东队伍的发展变化，及时收集来自股东的信息并有针对性地采取处理措施。充分了解股东的信息动态对于企业领导制定决策、采取措施以巩固和发展同股东的关系具有重要价值。

（4）保证股东应有的经济利益。股东以投资的方式进入企业，其目的是为了盈利。因此处理好股东关系的首要因素是要保证股东应有的利益。企业应该及时地发放真实的股金红利或其他福利，并且切实地保障股东享有退还或转让股金的权利。

4.3 外部公众与外部公众关系

外部公众是指与作为公共关系主体的社会组织不具有隶属关系的其他组织、群体或个人。组织与外部公众的关系就是外部公共关系，如顾客关系、政府关系、社区关系、非政府组织关系、媒体关系等。建立良好的外部公共关系，能够争取外部公众的理解、支持，对于解决克服组织发展中的各种困难是一种很大的支持。因此，组织应建立良好的外部关系。

4.3.1 顾客关系

顾客是指接受社会组织的产品或服务的公众。顾客关系是指各企业与其产品的购买者、经销者之间的关系。凡是提供某种产品或服务供大众消费的组织，都拥有顾客关系。

1. 建立良好顾客关系的意义

（1）良好的顾客关系是组织生存与发展的基础。顾客是组织公共关系对象中利益关系最为直接的外部公众。组织为了取得最大的经济利益就要拥有广大的市场，而顾客就是组织的市场。要建立良好的顾客关系就要在组织和顾客公众之间加强沟通与交流，包括信息交流、感情交流等。

（2）良好的顾客关系是组织树立正面形象的前提。组织的形象与信誉来自于组织公众的印象和评价。而顾客公众是组织重要的外部公众，因此，只有拥有良好顾客关系的组织才可能使外部公众对组织有较高的评价，进而为组织树立良好的组织形象。

2. 处理顾客关系的方式

（1）提供优质的产品和服务。优质产品是指那些质量合格、性能优良的产品；优质服务是指尊重顾客、以顾客的需求为自己的行为标准，尽量满足顾客的合理需求。顾客关系就是由顾客购买组织的产品或接受组织的服务的消费行为而形成的，因此，提供优质产品和优良服务是处理好顾客关系的基础。如不能给顾客提供满意的产品和服务，就不可能维系良好的顾客关系。名牌企业的成功往往就在于他们的优质产品和优质服务。例如，日本企业家松下幸之助就认为，强烈的顾客导向是企业成功的关键。

（2）在顾客与组织之间建立顺畅的沟通管道。组织要通过各种途径向顾客及时传播组织的政策、产品信息等方面的内容；也要注意收集顾客的需求变化和对产品的反应。随着社会的急剧变化，顾客的消费期待、消费品位、消费品种等都会随之发生变化，组织就是要及时把握顾客的需求变化，对组织产品作出相应的变动使之适应顾客的需求。这就要求顾客与组织之间的沟通管道要保持顺畅的状态。

（3）及时妥善地处理顾客的投诉。顾客投诉表明对产品或服务有不满意的地方。不论这是误会或是实情组织都应该认真对待、以诚恳耐心的方式进行处理。首先，作为一个负责任的组织应该对顾客的投诉持欢迎的态度，把顾客的投诉看做是一种对产品或服务信息的回馈，组织能从投诉中了解相关信息。其次，在处理问题时应及时、诚恳。也就是说在发现顾客投诉时不能相互推诿，拖延时间；应该把投诉看做是一次树立组织形象的契机而不是毁灭。

4.3.2 政府关系

政府是国家权力的执行机关，是对社会进行统一管理的国家政权机构。政府公众是组织所有传播沟通对象中最具有社会权威性的对象。政府关系的涉及面很广，包括行政机构关系（计划、人事等）、财政金融关系（银行、税务等）和法律机构关系（法院、公安等）。组织的公共关系部门要与政府的有关职能机构和管理部门建立良好关系。

1. 建立良好的政府关系的意义

（1）政府的认可和支持是具有最高权威性和影响力的认可与支持。一个组织的政策、行为和产品如果能够得到政府官方的认可和支持，就能使组织的各种管道比较顺畅进而对社会各方面产生重大影响。这是源于政府掌握着制定政策、执行法律、管理社会的权力职能，具有强大的宏观调控能力，并且是唯一一个能够代表公众意志来协调社会关系的合法组织。因此组织应当把握一切有利时机，构建良好的政府关系，扩大本组织在政府部门中的信誉和影响。

（2）与政府建立良好关系能够为组织争取有利的政策、法律、管理条例。一个组织决策与活动的依据和基本规范是国家政策、法律、管理条例，组织的一切行为都必须保持在政策法令许可的范围之内。建立了良好的政府关系，组织才能够在政府制定对组织有关政策进入法律程序或管理程序之前参与意见，使之对组织的发展有利。另外，良好的政府关系使组织能够及时了解有关政策的变动，争取到政策性的优惠或支持。

2. 处理好政府关系的方法

（1）组织的公关部门要熟悉政府所颁布的各项政策法令、条例等，并进行分析研究，为组织决策提供依据。国家和政府的法律、法令、条例和政策无条件地约束着组织的行为。组织想要求得生存和发展，就必须遵纪守法，在政府和人民大众面前树立一个正面形象。遵纪守法的前提是组织要了解并熟悉有关的法律、法令、条例和政策，使自身的活动在政府的政策法令内进行，及时修改实际工作与相关政策的偏差部分，让组织得到更好更快速的发展。

（2）积极配合政府工作，自觉接受政府领导。社会组织要认真学习上级部门颁布的各项方针、政策，并深入贯彻落实。使组织的决策层及时、全面、准确地掌握政府的有关方针政策，让组织在决策上与政府保持一致。在利益关系上组织应以大局为重，以国家利益为重。

（3）主动与政府保持密切联系。组织应与政府主要部门人员保持密切的联系，主动向政府部门通报情况，提供信息，使政府对组织有充分的了解。政府发布的许多政策法规，都是根据各个社会组织的实际情况而制定的，信息不畅，情况不明，意见不通，是政策法规偏离实际的重要原因。任何一个组织想要争取有利于自身发展的政策法规，就要不断地、及时地将各种情况和信息上传到有关的政府主管部门。

4.3.3 社区关系

社区是组织生存和发展不可缺少的外部环境，是组织的根基，与组织的关系千丝万缕、难以分离。社区公众是指组织所在地的区域关系对象，包括当地的权力管理部门、当地的居民群众等。社区关系又可以称为区域关系、地方关系，是指组织机构与所在地社会团体、学校等组织之间的相互关系。良好的社区关系可以使小区公众对组织了解、支持，为组织创造一个稳固的生存环境；组织也可通过良好的社区关系扩大组织对小区公众的影响。

1. 建立良好小区关系的意义

（1）社区关系直接影响着组织的生存环境。良好的小区关系会给组织提供一个良好的生存环境。社区是组织的根基，社区公众是组织的“准自家人”。由于社区公众生活在特定的活动空间，区域性和空间性很强。所以，不论是地方性组织或者是跨区域性组织都要重视社区关系的建立。只有良好的社区关系才能为组织提供各种地方性的服务和支持，使不同的组织能够尽快进入角色，在不同的社区环境下生存。因此，为了创造良好的组织生存环境，组织必须努力与小区公众建立良好的关系。

（2）社区关系直接影响着组织的公众形象。处在同一个社区的公众对于同一个组织的评价和看法是极其容易相互传播和影响的，而同一个社区的社区公众往往涉及当地社会各个方面的工作人员和各种阶层，他们对组织的印象很容易产生区域性影响。因此，组织要提高维护自身在社区中的形象，主动承担必要的社会责任和义务，为社区建设发挥中坚力量，为社区公众多做贡献。

2. 处理社区关系的方式

（1）树立居民意识，正确处理社区利益与组织利益。社区是组织及其他社区公众共同使用的地方，因而组织活动必然对周围的环境产生影响。这种影响可以是积极的，也有可能是消极的。组织要树立居民意识，关心社区其他公众的利益，自觉遵守社区的各种规定，服从社区公约等。努力均衡小区利益与组织利益，不能为了自身暂时的利益不惜损害社区的利益，尽可能避免或减少自身活动对社区其他公众正常活动的影响，为自身树立一个有责任、有担当的社区成员形象。

（2）加强信息交流，增加相互了解。组织应当及时向社区公众宣传组织的宗旨、政策等，表达他们愿意为地方发展出力的愿望，以取得社区公众对组织的认可。并且组织的经济、文化等活动应努力立足本社区，尽可能地视当地公众为最基本、最直接的顾客，及时了解其需求变化，并及时跟进组织政策或产品上的变化。让社区公众与组织之间形成良好的沟通管道，加强两者的信息交流，增加相互之间的了解，更明白对方的需求与避讳，使两者关系更加融洽。

（3）积极承担社区内的公共事务，支持各类公益活动。组织作为社区居民的组成部分，要密切掌握社区的最新动态和小区内重大的活动信息，及时给社区活动以人力、财力、物力上的支持，如捐助公共设施、赞助文艺表演、提供义务性的专业服务等。这样不仅能惠及社区公众，还能建立良好的组织形象。

4.3.4 媒介关系

媒介关系是指社会组织与报社、杂志社、广播电台、电视台等大众传播机构的关系。大众传播机构往往拥有传递信息迅速、传播面广、可信度高等特点，在一定程度上影响力是巨大的。媒介是公共关系组织经常面对的工作对象，是组织外部的重要公众之一。

1. 媒介对组织的作用

媒介对组织的作用主要体现在两个方面：① 大众媒介是企业和社会公众之间沟通的桥梁，是组织开展公共关系活动不可缺少的手段，可以帮助组织发出或获得信息；② 大众媒介除了是桥梁之外还是特殊的公众，它对组织的评价和态度会直接影响其他公众对组织的评价。因此，与媒介建立良好的关系是组织的重要工作。

2. 处理媒介关系的方式

（1）了解、熟悉各种媒体、传播活动的特点和规律及其工作方式。了解他们的编辑方针、发刊周期、截稿时间等特点。使组织掌握发布信息的主动权，能不失时机地召开记者会等相关的沟通性会议，积极提供方便配合媒介人员的工作，争取媒介人员的支持。

（2）尊重媒介人员的职业尊严。与媒介人员交往要坦诚布公，以诚相待，不做私下交易。对媒介人员的工作不乱加干涉，给予暗示或压力。尊重媒介人员的职业尊严与职业道德。

（3）保证新闻真实性。社会组织向媒介人员提供的信息一定要客观公正，特别是在组织出现问题时，一定要提供真实信息，协助媒介人员做出客观的报道；以正确的态度对待新闻媒介关于组织的信息传播。面对媒介人员误解或不实际的报道，态度恳切、冷静客观、实事求是地把真实信息提供给媒介人员，以得到媒介人员的理解与支持。除此之外，公关人员还要在真实的基础上合理创造新闻，即把握新闻的特殊角度以引起人们的兴趣。

例如，美国纽约联合碳化钙公司当年正在筹划如何向社会介绍刚竣工的52层总部大楼时，忽然有人发现楼上一间房内有一大群鸽子。这本来可以轰走，而公关顾问却以此为一个契机，大做文章。先是关门闭户不让鸽子跑掉，然后通知动物保护协会前来处理保护动物的“大事”，动物保护协会的行动惊动了纽约新闻界，大批记者蜂拥而至，大肆宣传。总部大楼负责人借机也频频亮相，甚为风光。三天后事情结束，随着鸽子一一重上蓝天，总部大楼也传遍全美。①

（4）重视媒介交往，制订专门媒介交往计划。例如，常年保持与媒介关系的例行工作，规划好年度内需要媒介合作的重大项目等。对这些工作作出预先安排，为媒介人员提供充分的材料并提前告知。

4.3.5 其他公众关系

1. 国际公众关系

国际公众是指一个组织的产品、人员及其活动进入国际范围，对别国的公众产生影响，并需要了解和适应对象国的公众环境的时候，该组织所面对的不同国家、地区的公众对象。此时组织所面对的是不同社会和文化背景的公众。因此，国际公众关系的一大特点就是具有显著的跨文化特征。组织为了塑造良好的国际形象，创造良好的国际声誉就需要建立良好的国际关系，争取国际公众的理解与支持。

建立良好的国际公众关系具有非常重要的意义。一是为组织打开国门、走向世界开通管道。我国实行对外开放政策，企业发展外向型经济，参与国际经济竞争，因此，需要发展国际公众关系。建立良好的国际公众关系既能够使组织准确了解国际市场动态，了解国外公众的需求等信息；也可以向国外公众、舆论和市场传播自己的信息，树立自己的形象，介绍自己的产品和服务，进而提高自身在国际上的知名度。二是运用跨文化传播手段，促进组织

① 刘军．公共关系学．北京：机械工业出版社，2006.

形象的国际化。参与国际性活动的组织需要建立国际化的形象，即能够适应别国公众获得各国人民接受和欢迎的形象。由于国际公共关系是一种跨文化传播，要建立良好的国际化形象就需要深层次地了解别国公众的社会和文化差异，根据这些信息及时调整组织的各种公关政策。

2. 名流公众关系

名流公众是指那些对于公众舆论和社会具有显著影响力和号召力的社会名人，如政界、工商界的首脑人物，科学、教育、学术界的权威人士，文化、艺术、影视、歌坛和体育方面的明星，新闻出版界的舆论领袖等。这类关系对象的数量有限，但社会能量很大，对公众的影响力很强，能够在社会舆论中“聚焦”。通过社会名流进行公众传播工作，具有事半功倍的效果。和社会名流进行传播的目的在于借助社会名流的关系网络，通过他们良好的社会关系网络为组织扩大交往范围，提高组织的影响力；并可以利用社会名流的知识和专长，在与名流进行交往的过程中获得广泛的社会信息或专业信息，进而提高组织解决问题的能力。在利用名流做宣传时要注意名人的定位与组织形象定位的一致性，利用名流扩大影响而不是为名流做宣传。

3. 竞争者公众关系

竞争者公众是指组织所在行业的同类组织。同一种行业所面临的原料、市场、设备等情况基本相同，彼此之间有着密切相关的利害关系，相互之间很自然就会形成一种竞争关系。在我国市场经济不断发展完善的国情下，组织应该遵循一定的原则处理这种竞争关系。

组织应当把握正确的竞争目的。竞争者之间存在着大量的利益冲突，但是最终要寻求相互促进，才能共同发展。因此，在竞争中牢牢把握正确的目的，不能仅从本组织的利益出发，用不合法、损人不利己的方式搞垮同行。虽然同为竞争对手，但是由于彼此的根本利益及最终目的都是一致的，所以把竞争关系化为伙伴关系，在竞争的过程中不忘相互协助，相互交流技术成果与经验，共同抵御行业危机，提高竞争层次。

相关知识链接

CS 战 略

CS 是英文 Customer Satisfaction 的缩写，意为“顾客满意”。CS 的基本指导思想是：企业的整个经营活动要以顾客满意度为指针，要从顾客的角度、用顾客的观点而不是企业自身的利益和观点来分析考虑顾客的需求，尽可能全面尊重和维护顾客的利益。这里的“顾客”是一个相对广义的概念，它不仅指企业产品销售和服务的对象，而且指企业整个经营活动中不可缺少的合作伙伴。

CS 战略的内容包括以下几方面。

(1) 站在顾客的立场上研究和设计产品。尽可能地把顾客的“不满意”从产品体本身去除，并顺应顾客的需求趋势，预先在产品体本身上创造顾客的满意。

(2) 不断完善服务系统，包括提高服务速度、质量等方面。

(3) 十分重视顾客的意见。据美国的一项调查显示，成功的技术革新和民用新产品中有 60% ～ 80% 来自用户的建议。

(4) 千方百计留住老顾客，他们是最好的“推销员”。

(5) 建立以顾客为中心的相应机构。要求对顾客的需求和意见具有快速反应机制，养成鼓励创新的组织氛围，组织内部保持上下沟通的顺畅。

(6) 分级授权。这是及时完成令顾客满意服务的重要一环。如果执行工作的人员没有充分的处理决定权，什么问题都须等待上级命令，顾客满足是无法保证的。

案例点评

QQ 与 360 战役

QQ 与 360 软件大战是 2010 年的网络十大事件之一。此事件的起源是两个软件公司——腾讯公司和奇虎公司，对于杀毒软件的利益之争。此事件的发生从两个公司的技术战争，升级为两个公司的舆论战争，最后随着事件的不断升级，2010 年 11 月 3 日，拥有 6 亿多个使用用户的腾讯公司公共关系部给所有的 QQ 使用者发出如下公告。

致广大 QQ 用户的一封信

亲爱的 QQ 用户：

当您看到这封信的时候，我们刚刚作出了一个非常艰难的决定。在 360 公司停止对 QQ 进行外挂侵犯和恶意诋毁之前，我们决定将在装有 360 软件的计算机上停止运行 QQ 软件。我们深知这样会给您造成一定的不便，我们诚恳地向您致歉。同时也把作出这一决定的原因写在下面，盼望得到您的理解和支持。

……

在这之后中国所有同时使用这两种软件的公众都面临着 QQ 与 360 杀毒软件只能保留一个的选择。此举引发了业界震动，网友愤怒。业内认为，腾讯这个举动是逼迫用户作出二选一的选择。据奇虎公司 CEO 周鸿祎称被迫卸载的 360 软件用户达到 6 000 万。

晚上 9 点左右，奇虎公司对此发表回应“保证 360 和 QQ 同时运行”，随后奇虎公司“扣扣保镖”软件在其官网悄然下线。4 日奇虎公司发表公开信称：愿搁置争议，让网络恢复平静，360 扣扣保镖正式下线。在国家相关部门的强力干预下，QQ 已与 360 开始恢复兼容。4 日上午，奇虎公司发出弹窗公告宣布召回“扣扣保镖”，请求用户卸载。11 月 5 日，由于政府部门的介入，并用行政命令的方式要求双方不再纷争等。此事件在11月10日终于得到和平解决，奇虎公司于11月10日宣布QQ和360已经恢复兼容，并在官方网站发布名为《QQ和360已经恢复兼容 感谢有您！》的公告，感谢广大用户对360软件的支持，公布了有关部门的联系方式，提醒用户若发现二者软件出现冲突可向相关部门举报。

【点评】腾讯公司为了维护本公司的利益，强迫用户做二选一的选择。面对给广大用户造成的不便与损失，腾讯公司只采取了道歉、诉说苦衷等消极的办法应对公众。这给公众留下了深刻的不良印象。两家软件公司把利益之争的战火轻易地烧到公众的私人计算机的行为，是极度的轻率而不负责任的。他们仅把公众看做是获取利益的对象，为了自己的利益可以置公众利益于不顾。这极大地伤害了公众的感情，损害了两家公司在公众心目中的形象。

思考题

1. 什么是“公众”？公众具有哪些特征？
2. 如何根据公众的态度来划分不同的公众类别？
3. 如何理解公众是一个发展过程？
4. 为什么要建立良好的顾客关系？
5. 为什么要建立良好的政府关系？
6. 如何理解社区关系？
7. 如何处理媒介关系？
8. 联系我国对外开放的实际，分析国际公共关系的意义。

案例讨论题

海尔的顾客满意工程

海尔是以生产家电为主的特大型企业，从1984年建立至今已经成为我国家用电器行业的领军企业，在国际市场中也占有了一席之地。如此迅速的发展，除了有很好的外部环境支持和全体员工的辛勤拼搏外，最主要的就是海尔由始至终贯穿着“真诚到永远”的服务理念。

海尔的顾客满意工程主要包括三个方面。

（1）顾客永远是对的。1994年夏天，青岛市一位退休老人买了一台海尔空调器被出租车司机拉跑了。海尔从《青岛晚报》上知道了这个消息后，给老人送去了一台空调器。对于这件事情责任在于谁？海尔在职工中做了讨论，虽然社会舆论一致认为海尔是助人为乐，但企业自己认为，这件事情真正的责任还是在企业的身上。如果海尔把这台空调器送到顾客家，就不会出现这样的问题。因此，在这之后海尔就推出了无搬动服务。随后，又推出了上门设计、上门安装等服务举措。

(2) 不断去挖掘市场的潜在需求、新的顾客，使顾客达到更高层次的满意。市场处于永远不停止的变化当中，既然市场是有变化的，那企业就必须在变化中寻求顾客新的潜在需求。如何能满足顾客潜在的需求就是企业的市场向导。因此，海尔就在洗衣机销售的淡季成功推出了“小小神童洗衣机”以满足顾客夏天洗衣的需求。因为，夏天的衣服都比较单薄，而市面上的洗衣机的容量都偏大，所以不能够满足顾客夏天使用洗衣机的需求。当海尔了解到顾客这一方面的需求，开发了小容量的洗衣机，生产出了适合顾客夏天使用的“小小神童”小洗衣机。这就是根据顾客的需求开发潜在市场，创造了不仅在国内淡季市场上受欢迎，在世界市场上也广受欢迎的产品。

(3)“东方亮了再亮西方”的名牌延伸战略。海尔提出“东方亮了再亮西方”的观念，不是看做了多少产品，而是看做好多少产品。如果能力不足，做一个产品就要老老实实地把一个产品做好，等确实做好时再考虑延伸到其他的产品。否则就可能做了一大堆却没有成功的，最后都成为了自身的负担。这句话也就是告诉海尔的员工只有让一个顾客满意后，才考虑让一类顾客满意，最后让这一群顾客满意。要让每一个使用海尔的顾客都对海尔满意，而不能貌似拥有很大群体的顾客但对企业都不满意，这样会造成企业极大的阻碍，甚至会导致危机。

时时刻刻、真真实实让顾客感到满意，赢得顾客的心，才能为企业树立良好的形象打下坚实的基础。让顾客满意所引发的口碑效应能给企业带来巨大的经济效益和社会效益。因为，一个满意的客户会把满意感觉与状态至少告诉 7 ～ 12 个人。因口碑效应而购买的客户，是企业靠任何宣传和促销手段赢得的客户都无法比拟的。所以，赢得客户的心、让客户满意是扩大企业知名度和美誉度、树立企业形象的非常重要的一个途径。

在激烈市场竞争下，必须有对顾客的准确认识，不能把企业和顾客之间完全建立在钱和物的交换上：我生产这些产品，你掏钱来买，我们之间的交易完成就算结束了。仅仅停留在这样的阶段，是不会真正赢得顾客的长期支持的。真正该做的必须是把钱和物的交换变成人和人之间的情感交流。如果没有这一个理念去支持企业的行为，就不可能长久得到顾客的心。海尔通过无搬动服务、上门设计、上门安装等一系列的贴心服务，真正把顾客当成上帝一样去处理问题，使顾客满意工程切实地落在每一工作环节。因此，海尔成立 20 几年来赢得了顾客的信任。以顾客满意为宗旨满足顾客的各种需求，赢得了顾客的心，树立了良好的企业形象。

由此可见，作为企业的社会组织顾客就是它的公众，只有准确地定位公众群体，不断地挖掘潜在的公众，重视公众的力量，在日常的公共关系工作中把握公众的特点，搭建组织与公众之间良好的沟通桥梁，传播公众真正需要的信息，才能在公众中树立良好的组织形象，组织也才能得到公众的支持而永葆生命力。

【讨论题】

1. 案例中的公众包括哪些人和组织？
2. 海尔是怎么处理公众问题的？

第5章

公共关系的运行方式——传播

本章学习目标

通过本章学习，理解传播的含义及其特点，掌握传播的基本要素和传播的效果层次；掌握公共关系传播的原则；理解公共关系传播类型；掌握选择公共关系传播媒介的原则。

公共关系传播是公关活动的基本内容和手段，是联系公共关系主体与客体的桥梁和纽带。从本质上讲，公共关系就是组织与公众的信息交流过程，公共关系实质上是一种传播关系，这就决定了传播的重要性。公关活动效果的好坏，关键在于传播。

5.1 公共关系传播概述

5.1.1 传播的含义及特点

1. 传播的含义

传播就是信息的流动，是信息在时间或空间中的移动变化过程，是传播者与受播者之间信息的双向交流与共享的过程。换言之，传播是人类交流信息的一种社会行为，是个人之间、群体之间、组织之间，以及个人、群体、组织和社会之间通过有意义的符号所进行的信息传递、接受与反馈等行为的总和。其基本含义包括两个方面：① 传播是一个有计划的完整的行动。“有计划”，是因为整个传播活动必须按照传播主体的目标，有步骤地进行。“完整”是指传播过程必须完全符合传播学中的“5W模式”，即Who（谁）、Says What（说什么）、In Which Channel（通过何种渠道）、To Whom（对谁说的）、With What effects（产生什么效果）。② 传播是一种信息分享活动。传受双方是在传递、反馈、交流等一系列过程中，通过分享信息达到沟通，取得共识。“传务求通”是传播的另一层含义。

2. 传播的特点

（1）传播具有共享性。传播是一种分享信息的社会活动。通过传播将少部分人掌握的信息给更多的人分享，使信息共有化，让传受双方达成某种程度上的一致。即传播使信息得以交流、交换和扩散，达到了共享的目的。

（2）传播具有互动性。传播是一种双向交流活动，是在传播者与受播者之间进行的。一般来说，传播者处于主动地位，但受播者也可通过信息反馈来影响传播者。因此，纯单向的传播是不存在的，离开了任何一方，传播都难以达到预期的效果，并且传受双方的任何一方的行动都会给对方造成很大的影响。

（3）传播具有社会性。传播是社会性的表现，没有传播就形不成社会，传播是人类维持社会生活最常见、最主要的社会行为。而传播又是人类社会建立联系、维持社会生活正常进行的必要条件。通过传播无不反映出传受双方的社会角色和地位。

（4）传播具有符号性。传播是信息符号化和符号解读的过程。例如，语言、文字、形象、表情等符号都是信息的表现形式。传播的过程就是由传播者将信息译成符号传递出去，受播者在接收到符号后，对符号进行还原，使其了解信息内容。

3. 公共关系传播

公共关系传播是指公共关系主体利用一般的传播形式和方法与客体进行有效的双向信息交流，建立起相互理解、相互信任的良好关系的过程。

5.1.2 公共关系传播的过程及要素

1. 公共关系传播的过程

公共关系的传播过程就是信息的传播、交流和沟通过程。传播学关于传播过程的模式研究内容十分丰富，各种模式均力图勾画出传播活动中的主要因素、各因素之间的关系，以及这些关系所形成的过程。如果将复杂的传播过程加以简化，可以归纳成图 5－1 所示的模式。

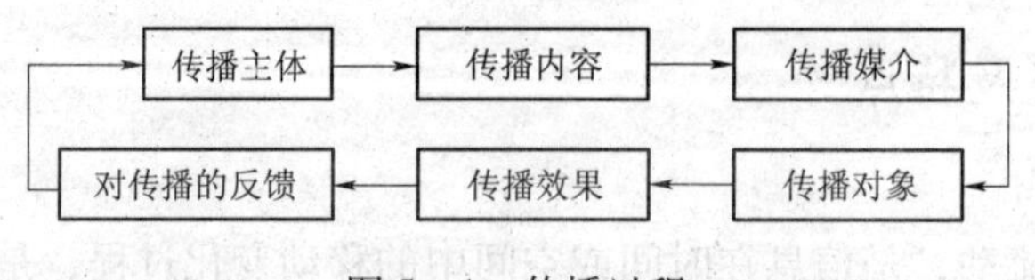

图 5－1 传播过程

不能说这个模式很准确地反映了现实的传播过程，但它包括了传播过程中最重要的因素，并揭示出传播要素之间最基本的顺序关系和因果关系：“传播主体”（如某公司公关部）制作出“传播内容”（如关于公司春节大酬宾的新闻稿），提供给“传播媒介”（如报纸和电视台）发表，告知和影响了“传播对象”（如消费者），引起了“传播效果”（如大大增加的顾客），再“反馈”给“传播主体”。在这里，缺了任何一个要素，都要影响传播过程的完整性：传播过程或者不能发生，或者通路受阻，或者达不到效果等。

2. 传播的要素

上面列出的传播模式，是在著名的美国传播学者拉斯威尔（Harold Lasswell）所提出的五 W 模式的基础上稍加修改而成的。五 W 模式是用一句话来表示的：Who says what in which channel to whom with what effects。意思是：谁通过何种渠道对谁说了什么而产生什么效果。用图5-2来表示。

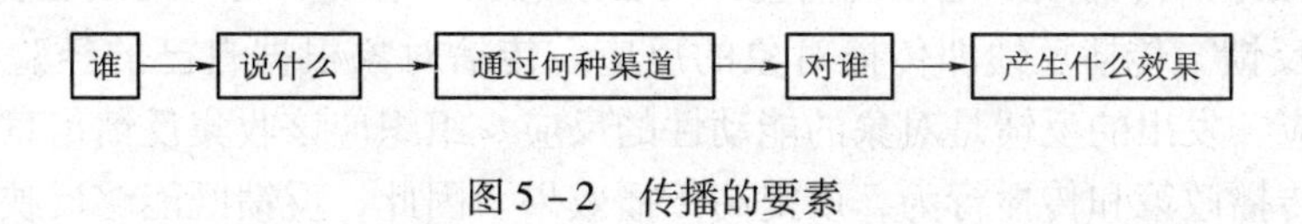

图5-2 传播的要素

拉斯威尔通过五W模式列举出传播的五项要素，从而得出传播研究的五大领域，列于表5-1中。

表5-1 传播研究的五大领域

传播的要素	研究的领域
谁（Who）	控制分析（control analysis）
说什么（Says What）	内容分析（content analysis）
通过何种渠道（In Which Channles）	媒介分析（media analysis）
对谁（To Whom）	阅听人分析（audience analysis）
产生什么效果（With What Effects）	效果分析（effect analysis）

图5-1所示的传播模式与五W模式基本上是一致的。只是增加了“反馈（Feedback）”一项。五W模式忽略了“反馈”，使该模式的走向成为单向的，而不是双向的。“双向交流”、“传务求通”这两层传播（Communication）的含义就难以充分体现了。所以，在五W的基础上增加了“反馈”一项，以求接通这个模式，从而概括出传播过程的六大要素，即传播主体、传播内容、传播媒介、传播对象、传播效果和传播反馈。

（1）传播主体。传播主体也被称为传播者，是信息的源头，是信息的发布者也是信息的传播者。他是在传播过程中实施传播行为的个人或集体。在公共关系活动中，传播者往往指的是组织，传播行为是组织有意识、有目的的行为。

（2）传播对象。传播对象也被称为受传者，是传播过程中的信息的归属和目的地。在公共关系中的传播对象一般指的是公众，可以是某个群体或某个社会组织。传播对象在得到信息后会根据自身的理解，产生相应的反应。

（3）传播内容。各种具体的意见、观点、消息等凡是人们需要表达、传递的意识和行动都是传播的内容。在公共关系中的传播信息是指公共关系主体传达给对象的各种具体意见，也包括公众向主体反馈的各种意见和建议。公关信息的内容多而繁杂，因此，公关传播要根据具体的需求选择适合的信息进行传播。

（4）传播媒介。任何用以记载和保存信息的痕迹并随后由其重现信息的媒介体或物质载体都可以称为媒介。传播媒介是指用来传播信息的物质手段，如报纸、杂志、电视、广播等。在公共关系传播中，各种媒介形式与一般传播没有多大的区别，但不同媒介对公关传播的效果有很大的影响。因此，作为公共关系从业人员要对各种媒介的特性有较深的了解，在此基础上才能选择最适合自身使用的传播媒介。

（5）传播效果。传播效果是指传播主体对公众意见、态度、行为的改变程度。

（6）传播反馈。传播反馈即传播对象的反应。传播对象根据自己的经验和理解后，会产生相应的反应，发出的反馈是对象的能动性的反应。组织应该收集反馈信息，根据反馈信息调整自己的传播政策和传播行为，以提高传播效果。因此，反馈既能够反映传播者的信息传播效果，又能影响传播者的态度和继续传播活动。

以上是传播的基本构成要素，也就是传播的“硬件”。此外，还有一些的隐含要素，也就是所谓的传播的“软件”。

（1）时空环境。时空环境包括时间和空间两个方面。从时间角度看，衡量传播效果的是单位时间内所传播的有效信息量及传播信息的有效性。因此，要选择在恰当的时间对传播对象进行传播活动；传播的信息总是在具体的空间环境之中进行，不同的环境会对信息有不同的感受，并产生不同的传播效果。例如，在光线昏暗、布置混乱的环境里进行传播活动的效果往往没有在光线适中、布置有序、色彩协调的环境中进行的传播活动效果好。

（2）心理因素。心理因素是指传播对象的感情状态。在不同的感情状态下，人们接受信息的效果是不一样的。在同一种活动中伴随着使人“愉悦”的情绪体验，能够使这种活动得到加强；反之，在“不满意”的情绪下，会使这种活动受到抑制。因此，传播行为的发生或延续都应该建立在双方愉悦的基础上，没有一个良好的心理环境作为基础，公共关系工作很难获得良好的效果。公共关系人员在实施传播时，一定要了解和把握公众的心理感受，才能获得理想的信息反馈，产生有利于组织的公众行为。

（3）文化背景。传播是一种文化现象。在传播过程中，传受双方的文化差异必然会对传播效果产生影响。不同的经济环境、风俗习惯、民族心理、性格特征、思维方式和价值观念等，使人们对同一信息内容可能产生不同的主观感受。因此，在跨文化传播中，务必了解和尊重传播对象的文化习惯，避免产生沟通障碍。

（4）信誉意识。信誉意识指的是信息要对传播对象有较高的使用价值。对传播对象而言，时刻面临着大量信息的选择，只有那些最有价值、最能满足其需求的信息才能引起他们的注意，才能产生满意的效果。因此，在传播过程中，信息内容的权威性越高，传播对象就对其组织越信服。传播者自身被广大公众所信赖，也会极大地提高信息传播的效果。所以，在信息传播过程中，组织的公共关系从业人员要有强烈的信誉意识，提高信息的可信度及传播者自身对传播对象的信赖程度。

5.1.3 公共关系传播的原则

1. 真实性原则

真实性是公关传播最重要的原则之一。一方面，在公关传播中公众希望了解组织的真实情况，以便作出相应的决策；另一方面，组织真实地向外传递信息，也体现了组织对自己工作的信心。如果组织的公关人员经常向公众传播夸张的、虚假的信息，就会引起公众对组织的反感，极大地损害组织的形象。

2. 有效沟通原则

有效沟通原则是指公共关系传播要取得预期的效果。任何一种沟通都可能存在有效、无效两种后果。公共关系传播追求的是有效沟通，即通过沟通使公众理解、喜爱、支持组织。这就是要求公共关系工作人员要根据不同的公众情况，采取不同的办法和对策，以达到最大的传播效果。例如，面对认知阶段的公众，要侧重在引起公众注意力上采取高强度的信息量的传播方式；面对情感共鸣阶段的公众，要注意培养和提高公众的兴趣，与公众进行感情的联络和维系等。面对不同阶段、不同情况的公众要采用不同的传播方式，使传播效果达到最大。

3. 双向沟通原则

双向沟通原则是指传播双方相互传递、相互理解的信息互助原则。在公关传播中，组织不仅应该把自己的政策和行动告诉公众，把组织对公众的希望广泛宣传出去，而且也应该收集公众对组织的意见、要求和愿望，听取公众对公关传播的反馈，以改进公关传播工作和组织的其他各项工作。

4. 传播的七个“C”原则

美国著名公共关系学者斯科特·卡特里普、阿伦·森特、格伦·布鲁姆的《有效公共关系》中提出了七个“C”原则。

（1）可信赖性（Credibility）。沟通应该从彼此信任的气氛中开始。这种气氛应该由作为沟通者的组织创造，这反映了他们是否具有真诚的满足被沟通者愿望的要求。被沟通者应该相信沟通者传递的信息，并相信沟通者在解决他们共同关系的问题上有足够的能力。

（2）一致性（Context）。沟通计划必须与组织的环境要求相一致，必须建立在对环境充分调查研究的基础上。

（3）内容（Content）。信息的内容必须对传播对象具有意义，必须与传播对象原有价值观念具有同质性，必须与接受者所处的环境相关。一般来说，人们只接受那些能给他们带来更大回赠的信息，信息的内容决定了公众的态度。

（4）明确性（Clarity）。信息必须用简明的语言表述，所用词汇对沟通者与被沟通者来说都代表同一含义。复杂的内容要列出标题或采用分类的方法，使其明确与简化。信息需要传递的环节越多，则越应该简单明了。一个组织对公众讲话的口径要保持一致，不能多种口径。

（5）持续性与连贯性（Continuity and consistency）。沟通是一个没有终点的过程，要达到渗透的日的必须对信息进行重复，但又必须在重复中不断补充新的内容，这一过程应该持续地坚持下去。

（6）渠道（Channels）。沟通者应该利用现实社会生活中已经存在的信息传送渠道，这些渠道多是被沟通者日常习惯使用的。要建立新的渠道是很困难的。在信息传播过程中，不同的渠道在不同阶段具有不同的影响。所以，应该有针对性地选用不同渠道，以达到向目标公众传递信息的作用。人们的社会地位和各自所处的背景不同，对各种渠道都有自己的评价和认识，这一点沟通者在选择渠道时应该牢记。

（7）被沟通者的接受能力（Capability of audience）。沟通必须考虑被沟通者的接受能力。当用来沟通的材料对被沟通者能力的要求越小，也就是沟通信息最容易为被沟通者所接受，沟通成功的可能性就越大。被沟通者的接受能力，主要包括他们接受信息的习惯、阅读能力与知识水平。

5.2 公共关系传播的类型

传播的具体方式多种多样。人们通过不同的方式，从不同的角度，以不同的规模传递着信息。传播学者对传播行为进行了各种各样的分类，最具代表性的是按信息传递的范围，把传播分为五种形式，包括人际传播、群体传播、组织传播、大众传播、网络传播，这五种传播形式也是现今公共关系活动中常用的传播形式。

5.2.1 人际传播

1. 人际传播的含义

人际传播是指个人与个人之间的信息传播活动，它是最常见、最广泛的一种传播模式。一般可以分为面对面的传播与借助某种有形媒介（如电话、信件等）的非面对面的传播。社会生活中人际传播是广泛建立社会关系的重要条件，也是公共关系工作中经常使用的传播方式。

2. 人际传播的特点

（1）传播的私密性。由于人际传播一般都仅限于两个个体之间的信息互动，因此，具有明显的个人性与私密性。这种传播模式有两种具体的模式：① 直接通过双方的语言、表情、动作等进行面对面的交流；② 通过私人的电话、信件等私密工具进行非面对面的信息传播。由于人际传播的私密性，这样的传播方式便于表达对交往对象的关注，与对方进行情感交流。因此，人际传播具有很强的感情色彩，容易受个人感情色彩的影响。

（2）传播符号的多样性。人际传播的交流手段丰富，传播符号也是多样化的。人际传播所使用的符号多样化，除了语言、文字、图像之外，还有表情、眼神、动作及服饰等特定的物品都可以传递信息，甚至特定的时间和空间也能成为一定信息符号。传播符号的多样性，能够使对方受到从感官到理智多方面的信息，使人际传播更具表现力。

（3）传播信息反馈的灵敏性。人际传播反馈快捷，基本上可以做到实时反馈。在人际交流中，能够及时作出反应来表达自己的情绪或意见，能够通过观察对方的反应及时调整自己的传播内容、方式或符号，及时提高双方达成一致的可能性。由于人际传播的反馈是在特定情境氛围中获得的，因此，比其他传播方式能得到更多、更精确的反馈信息。

（4）沟通的情感性。人际传播是感情色彩最浓的一种传播方式，通过人际传播，不仅可以进行信息的交流，而且可以达成情感的沟通，以达到以情动人、以情化通的效果。个人情感的沟通，一般随着对象的增加而递减。一般来说，在个人交往场合，比在公众场合进行感情沟通的效果更加明显。

（5）传播的主观制约明显。人际传播主要是在个人与个人之间进行，因此，容易受个人主观因素影响。个人主观因素对传播信息的影响表现在受个人活动能力的限制，传播面狭窄、传播信息慢等因素使信息的传递受到限制；受个人的素质、观念、情绪、语言等的影响，容易使信息在多次传播中失真，导致人为的传播障碍。

5.2.2　群体传播

1. 群体传播的含义

群体传播是指少数人直接面对多数人的传播，如报告演讲会、记者招待会、座谈会、视频会议等。由于群体传播在形成群体意识和群体结构方面起着重要的作用，而这种意识和结构一旦形成，又会成为制约个人态度和行为的群体活动框架，以维持群体的共同性。因此，群体传播对群体生存和发展有着至关重要的作用。

2. 群体传播的特点

（1）在特定的群体环境中进行。群体传播一般都在一些特定的群体环境中发生，环境界限一般比较明显，如学校班级中的情感沟通、科研团体的学术沟通、危机事件的处理情况沟通等环境。人们根据自身的需要、兴趣和能力选择不同的环境参与从而获得传播信息，以形成多方面不同的沟通行为。

（2）群体传播具有双向性。群体传播的传播者与传播对象都在同一个传播环境中。因此，可以及时了解传播对象对于传播信息的反应，传播者能够根据传播对象对信息的反应及时调整自身的传播方式与传播手段。在群体传播中，传播双方都能够及时了解对方对信息的反应，及时调整自身应对对方反应。

（3）沟通受从众心理的影响。群体中往往具有共同的目标，个人往往会受到群体的共同目标的影响。虽然传播是多向的、自由的，但是个人经常会不自觉地使自己与团体目标保持一致，因为在群体交流中形成的一致意见会产生一种群体性倾向，这种群体压力会导致改变群体中个别人的不同意见。

5.2.3　组织传播

1. 组织传播的含义

组织传播是指以特定的组织为主体，在组织内部或在组织影响的环境范围内所进行的传播，承担着组织内部、组织与其外部环境之间信息交流和沟通的任务。组织传播的功能是通过信息传递将组织的各部分联结成一个有机整体，以保障组织目标的实现和组织的生存和发展。

2. 组织传播的特点

（1）传播主体的特殊性。组织传播的主体往往是组织机构而不是个人。整个传播过程都处于组织的管理和控制之下，受组织目标和计划的制约，目的是为了保持组织的高效率。虽然在某些特定的时刻组织传播是以个人的名义进行的，但此时的个人传播活动并不代表个人本身而代表组织，是组织传播的一个组成部分。

（2）组织内部传播的双重性。组织内部传播同时存在着正式的组织沟通形式和非正式的组织沟通形式。正式的组织沟通形式是下行传播、上行传播或是同级别之间的横向传播，是按照一定的层级次序和规范进行传播的。这样的传播方式保证了组织系统运行的效率，但过多的或不合理的层级设置会导致信息的衰减和失真；非正式的组织沟通则是以感情和兴趣为纽带，是自由、灵活和富有弹性的人际沟通。这样的沟通方式能够弥补正式沟通的不足，在组织内部营造一个和谐的组织文化环境，增进员工的忠诚度。

（3）传播对象的公开性和广泛性。组织传播的对象比人际传播的对象更复杂和广泛。组织传播对象众多且构成复杂，有近距离的沟通，又有远距离的沟通；有内部沟通对象，又有外部沟通对象。因此，组织传播活动总是需要借助其他的传播方式进行传播信息。

（4）传播手段的综合性。组织传播对象的广泛性就表明了单一的传播方式无法胜任组织传播的任务，因此，要求组织采用各种手段进行信息的传播。

5.2.4 大众传播

1. 大众传播的含义

大众传播是指职业传播者通过现代大众传播媒介，将大量的信息经过复制传送给广大受众的过程和活动。常用的大众传播媒介包括报纸、杂志、电视、广播、电影、书籍等。随着现代科学技术，特别是电子技术的进步，大众传播速度不断加快，传播内容也便于大量复制，从而使大众传播的覆盖面更为广泛。

2. 大众传播的特点

（1）传播主体的专业化。大众传播的主体一般都是拥有现代化大众传播媒介的专业化的组织，它集中了大量经过专业训练的专业人员，如电视台编播人员、图书出版社编辑、报社的记者等。这些专业人员能够快速对采集的信息进行选择、过滤和加工，并按照传播者的意图和传播对象的需要提供传播。

（2）传播手段的技术化。大众传播借助现代印刷、摄影、电话、互联网、卫星通信等高技术化的工具对信息进行大量的复制，使信息能迅速大范围的传播，促使公关活动的顺利进行，其传播的速度、广度和海量的信息是普通的传播手段无法比拟的。

（3）传播对象的广泛性。大众传播面对的受众是大量的、各不相同的。传播者通过卫星通信、互联网等方式，能够使跨越地域、跨越民族和国家的传播对象都接收到传播信息。

（4）传播信息反馈滞后。大众传播过程中因为信息传递距离远、范围广，得到信息反馈有一定的困难，传播者收集反馈意见的成本比较高，难以得到较及时、准确的反馈。尽管能够通过读者来信、热线电话等方式对媒介信息进行反馈，但这种反馈过程比较长、比较滞后。此外，在反馈的过程中，由于缺少面对面的直观反应，极容易造成公众的误解。

5.2.5　网络传播

1. 网络传播的含义

网络传播是以计算机通信网络为基础，进行信息传递、交流和利用，从而达到其社会文化传播目的的传播形式。

2. 网络传播的特征

信息技术和互联网的发展与普及，为公共关系运作提供了新的传播方式。与传统传播相比，网络传播有以下几个特征。

（1）交互性。网络传播不像传统的媒体那样向受众单向传播信息，网络传播媒体作用于公众，公众也可以作用于媒体，公众可以对网络信息自行编辑、加工、删改。

（2）个性化。在网络世界，受众经历了从“push”（推）信息到“pull”（拉）信息的过程，人们完全凭自己的兴趣选择信息。

（3）多媒体。随着技术的发展，网络传播的方式“声色俱佳”，它还能根据用户需要将同一条信息从一种媒体形式流动为另一种媒体形式。

（4）容量无限。信息传输的即时性和全球性。由此可见，网络信息传播的方式是全新的，它已成为个人传播（如电子邮件）、组织传播（如网络论坛）和大众传播的统一体。

5.3　公共关系传播媒介与选择

5.3.1　公共关系传播媒介分析

公关工作是一种针对各类公众的全方位的沟通、说服工作，因此，它需要利用一切媒介来达到传播目的。公关人员对各种媒介也应有一个清楚的认识。

公关传播借助的媒介大体上可以分为两类：一类是大众传播媒介，在这类媒介中主要使用的是新闻媒介；一类是以人际传播为主的各类媒介。

1. 大众传播媒介

传统的大众传播媒介主要有报纸、刊物、书籍、广播、电视、电影。这是当今世界最有影响力的六大传统媒介，其最大的特点是传播的广泛性，是公共关系工作不可缺少的传播手段。随着网络传播的广泛使用，网络成为又一重要的大众传播媒介。

1）印刷类大众传播媒介

印刷类大众传播媒介主要是指以文字、图片等形式将信息印刷在纸张上进行传播的报纸、杂志和书籍。

印刷类大众传播媒介有以下优点。

① 信息容量大。印刷类媒介在版面、时间等方面的限制相对较宽松，能够充分容纳和处理信息内容，增强报道的广度和深度。在必要的时候可以灵活地使用增版、赠页、增刊等方式，提高信息传播量，或用连载、专访的形式加强传播的连续性。

② 传播对象有充分的选择余地。印刷媒介属于平面媒介，不受时间和接收顺序的限制。因此，传播对象可以按自己的需要掌握阅读的顺序、速度和方式，有主动的选择权和舍取权。另外，印刷类媒介便于保存和检索，方便传播对象剪贴、摘录和保存，以便日后的检索与重复使用。

③ 成本相对较低。印刷类媒介不需要特定的接收设备，普及性强，影响力大。

印刷类大众传播媒介有以下缺点。

① 传播速度相对较慢。虽然印刷类媒介不断地运用最新的技术传播信息，但是因为文字的出版有一个写作、编辑、印刷、传输的过程，所以不可能像广播、电视一样迅速及时地报道信息，更无法做到与事件发生同步。

② 传播范围偏狭窄。由于印刷类媒介采用的信息符号主要是文字、图画和色彩。因此，没有办法像电子类媒介一样直观、生动。它的传播信息符号的破译受读者文化水平和理解能力的限制，读者需要拥有一定的文化水平才能接受印刷类媒体的信息。所以，印刷类媒体的传播效果相对较弱，传播范围偏狭窄。

（1）报纸媒介。报纸作为印刷类媒体的主要代表，是以刊登新闻为主，面向公众发行的定期出版物。报纸的种类繁多，发行量大。

报纸有以下优点。① 传播面广。报纸的发行量大，传播范围广，而且由于报纸是可以传阅的，其传播对象数量往往超越了购买数量。② 可选择性。报纸可以让读者按照个人习惯和需要在诸多内容中随意进行选择。③ 文字表现能力强。报纸常常是文字大小不一、图文并茂、引人注目。④ 储存性好。报纸所刊登的信息易于保存、摘录，对于需要长期保存的信息还可以进行分门别类的整理，进行资料汇编，以供长期使用。

报纸有以下缺点。① 传播对象受一定的限制。由于传播对象的文化水平层次高低不同，某些群体可能缺乏从报纸获取信息的能力。② 时效短。报纸的新闻性比较强，人们在了解了自己需要的新闻后，往往不再阅读当日的新闻。③ 同步性差。因为编辑报纸需要一定的时间，不能像其他电子类媒体能够在事件发生第一时间就进行传播，导致同步性偏差。④ 传播内容缺乏生动性和感染力。报纸传播内容以文字为主，较少感情色彩和生动的画面，不能像电视那样集文字、声音、表情于一身地给以人真实的画面。

（2）杂志媒介。杂志也是一种文字媒介，是有一定的名称，定期或不定期成册连续出版的印刷品。按照内容可以将杂志划分为两大类：一类为以社会大众为传播对象的知识型、趣味性杂志；一类为以特定专业人士为传播对象的专业性杂志。

杂志有以下优点。① 时效长。杂志的有效阅读时间长，可以重复阅读，而且在一定时间内具有保留价值。② 针对性强。每一种杂志都有其特定的读者群，传播者可以面对明确的目标公众制定传播策略，使传播效果更好。③ 杂志的印刷一般都比报纸讲究，特别是封面与插图的插入，使杂志比报纸的表现力更强。④ 内容灵活，丰富，系统性强。杂志的篇幅一般较报纸多，报道内容受版面限制少，可以提供比较详细的介绍，使传播对象对于传播信息有一个系统完整的了解。

杂志有以下缺点。① 周期性较长。杂志的周期一般为一个月或半个月，有的甚至三个月、六个月为一期，由于它不能及时迅速地报道新闻事件，因此，不适合刊登时效性较强的公共关系信息。② 局限性大。杂志刊登的文章往往具有一定的深度，适合有一定文化基础的读者，相对于广播、电视的公众有一定的局限性。③ 不够生动活泼。杂志不如广播、电视一样生动活泼，表现手法上比较单一、呆板。

2）电子类传播媒介

电子类传播媒介是以电磁现象作为信息传播的物理基础，用电波的形式传播声音、文字、图像，运用专门的电器设备传播信息，包括广播、电视、电影、计算机网络等。电子类传播媒介的总体特征为：传播速度快，覆盖面广；生动、活泼、形象。

（1）广播。广播指的是通过无线电或导线的方式传送声音节目，供大众收听的传播工具。

广播有以下优点。① 传播迅速，传播面广。广播节目的制作过程较印刷类媒介与电视简单，传播速度快，并且使用短波频率可做远距离的无线传播，不受时间与空间的限制，覆盖面广。② 传播对象广泛，广播通过口语、音响传播，亲切随和、说服力与感染力强，并且听众不受文化程度的限制。③ 成本较低。广播节目的制作成本与运作成本都低于其他电子类媒介，并且在广播节目的过程中还能够及时地与公众进行沟通与交流，更贴近公众。

广播有以下缺点。① 广播的信息传播方式受电台编排的节目次序限制，听众只能按顺序接收，无法根据自己的需要灵活选择。② 广播效果难以把握，收听时不注意就容易丢失信息，并且由于广播信息不能重复、保存和记忆，导致信息无法追寻。③ 广播信息仅仅依靠语言和音响，没有文字与图画，这就限制了广播信息的表现力，公众对其的信息注意率也就不及印刷类媒介与电视了。

（2）电视。电视是大众传播媒介中比较有力的一种传播媒介，它通过电子技术把静止和活动的物体影像传播至公众，实现信息交流与文化传播。在传播的过程中，形象生动，现场感强，能够很好地激发人的兴趣并吸引人的注意力。

电视有以下优点。① 电视综合了文字、声音、图像、色彩，集人的听觉和视觉效果于一身，富于真实性、生动性、现场感，并且信息接收不受文化程度的影响，最能引起公众的兴趣，具有很强的普及性。② 电视传播信息速度快，除了在时间上的同步性很强外，在空间上的同位性也是其他传播媒介无法比拟的，因此，公众容易受到感染，权威性较强。③ 电视的娱乐性强，它集多种传播符号于一身，在娱乐性方面具有其他媒介难以相比的优势，成为现代家庭最主要的娱乐形式。

电视有以下缺点。① 电视的传播顺序也是受到了时间和节日顺序的限制，公众无法改变收视时间，只能被动地接受电视台安排的时间和节目。② 电视媒介的接收也受到了时间、空间、设备的限制。③ 电视媒介与广播媒介一样信息存储性差，保存成本比较高，不便于查找。④ 电视节目的制作、传送和接收成本都比较高，因此电视媒介的费用往往以“秒”来计算。

（3）互联网（因特网）。互联网是以一定的技术方式连接起来，能够相互交流信息的计算机系统。这个信息网络系统包含全世界范围内的巨大信息资源。它集现代通信技术、现代计算机技术于一身，是一种在计算机之间实现信息交流和共享的手段。互联网的出现标志着人类传播史上的一次重大的媒介革命，它的普及改变了人们的思维方式、工作方式。同时，也为现代公共关系提供了全新的策划思路和传播媒介。

互联网有以下优点。① 范围广。因特网是由很多其他的网络联结起来的世界性的信息传输网络，是“无边界媒体”。② 超时空。因特网的沟通是在电子空间中进行，因此，超越了现实空间的许多客观限制和障碍，全天候开放。③ 高度开放。互联网的系统，任何人都可以参与、互动、交流，任何人都可以利用网络平等地获取信息和传递信息，享有高度的自由。④ 双向互动。因特网成功地融合了大众媒体和人际传媒的优势，不仅可以接收大量的信息而且可以广泛传播信息，传播者的主动性、参与性很强，使传播沟通双向性大大加强。⑤ 个性化。在互联网上，无论信息内容的制作、媒体的运用和控制或是传播和接受信息的方式都具有鲜明的个性，符合信息消费个性化潮流。⑥ 表现形式多样化、超文本。因特网以超文本的形式，使文字、数据、声音、图像等信息均转化为数字信号进行传递，不同形式的信息可在同一网络上同时传送，综合体现了其他各种大众传媒的特征和优势。⑦ 成本低。相对于因特网巨大的功能而言，因特网的使用费是比较便宜的。

互联网有以下缺点。① 信息的选择困难。信息量巨大，甄别困难，不确定信息多。② 对虚假信息不能够很好地进行辨识，易误导读者。由于信息发布者可以采用假名，并且网络信息发布商和论坛非常多，对这些信息的阻截不会有太大成效，对流言和恶语无法有效地直接制止。③ 受设备与使用者科学文化水平的限制。④ 网页和栏目的制作、发送和反馈的接收均需要专业人员才能完成。

2. 人际传播媒介

1）口头语言媒介

口头语言是人类交流最基本的方式和重要的工具，也是现代公共关系管理沟通中的最基本手段之一，公共关系工作离不开语言的运用。但凡具备说话能力的人都能运用口语，但能说并不代表会说，能够熟练地运用口语进行有效传播是一件需要专业技巧的事。所以，口语表达能力是职业公关人员必备的能力素质。公共关系的传播者应该认真地学习语言学的相关知识，在运用语言进行信息传播的时候应该注意口语表达技巧。

2）非语言媒介

非语言媒介是指通过人的动作、表情、声调、服饰等来传递信息的载体。虽然有声语言是人际传播的最主要形式，但人们发现，非语言传播在人际交往中也占有十分重要的地位。在一些特殊的场合，非语言媒介在信息的传播中更真实、可靠。

（1）表情。人的面部表情是由人的五官肌肉运动组成的。人通过脸部肌肉运动构成的信息传播媒介，用于表达情感和思想。虽然人的表情是可以控制的，但是在很多情况下，属于自然的心理流露。例如，眉飞色舞、瞠目结舌等能够准确地反应传播者的内心世界。因此，通过面部肌肉的综合运用，就能够向对方传递自己丰富的心理活动。

（2）动作。动作可以作为独立的传播媒介进行信息的传播，也可以作为语言传播媒介的一种补充，用于强化所要表达的思想和情感。公关人员在进行公共关系工作时要注意对方的动作，以了解对方的内在心情和一些无意识中表露的细小的信息。但由于各个国家的文化背景不同，同一种动作或许会表达出不同意思，因此，公关人员要进一步了解各个国家的具体的动作语言。例如，西方人用耸肩表示“没有办法”、“无可奈何”，中国人则习惯用拍肩膀表示亲热；中国人用竖起大拇指表示赞叹，伸出小拇指表示不屑，西方人则把小拇指朝下表示“坏”、“很差”。

（3）服饰。最初服饰对于人类来说只有两个功能：一是遮盖，二是保暖。但随着人类历史的发展，服饰所拥有的含义越来越多，通过服饰能够表达出人的气质、时代风俗、文化特色及人的文化素质、社会地位等。服饰已成为重要的传播媒介，但它不能离开穿着者单独成为传播媒介，因为同一件服饰在不同的场合、不同的人身上穿着往往会表达出不同的信息。例如，运动服在运动的时候穿着非常得体，但是在参加宴会时穿着就有失礼仪。通过服饰也能够了解一些国家文化，例如，美国人的服饰颜色艳丽，款式变化多样，显示出美国人热情奔放、不拘小节的自由心态。因此，公共关系人员可以通过服饰了解许多的信息，并且在公共关系工作中要注意自身的衣着服饰与环境的协调，以增强认同感和亲切感。

（4）空间距离。空间距离是指社会场合中人与人身体之间所保持的距离间隔。人与人在交往过程中相互距离的远近，反映了他们的亲疏程度。交往双方所处的位置和距离，往往能够反映双方现在的关系状态和进一步发展的趋势。霍尔把人们的空间距离划分为四种：亲密空间（0～0.6m）、个人空间（0.6～1.5m）、社交空间（1.5～4m）、公共空间（4～8m）。由此可见，虽然空间距离是无声的，但是它表达出来的含义却对公关人员处理公共关系有着潜在的影响和作用。因此，公关人员在处理公共关系时，要注意观察公众的空间距离，并注意基本礼仪。

5.3.2　选择公共关系传播媒介的原则

1. 根据媒介自身特点进行选择

不同的媒介都拥有各自特点，适合不同的传播方式。例如，报纸、广播、书籍、杂志、电视等媒介适合大众传播，电话、信件、传真等适合人际传播，有线电视、内部刊物等适合组织传播，等等。因此，公共关系人员在选择传播媒介时应充分考虑媒介自身的特点。

2. 根据传播对象来选择

传播效果取决于传播对象接受信息的多少和对信息的理解程度。因此，要达到理想的传播效果，最根本就在于传播者的传播内容和传播方式是否满足了传播对象的选择。例如，仅仅限于组织内部进行传播的信息，可以利用内部报刊、有线广播、闭路电视等进行传播；传播对象人数多、范围广时，可利用大众传播媒介；面对文化水平较低的传播对象时，最适合采用的方式为广播、电视；对于青年人，可采用电视、网络作为媒介；等等。公共关系人员应当正确定位自己所要面对的传播对象类型，选择最适合的传播媒介。

3. 根据传播内容进行选择

选择传播媒介时，应当考虑需要传播的信息内容的特点。如果传播的信息内容较为复杂，就应当采取文字媒介（如报纸、期刊）；形象、浅显的内容，则可以采用电子类媒介；内容比较专业，则可以选择杂志、书籍；内容有一定的隐私或保密性，就要选择电话、书信、内部报刊；等等。

4. 根据经济条件进行选择

各种传播媒介的成本和使用费用相差较大。因此，组织在传播活动中还应该考虑到自身的公共关系预算、传播投资能力及各种传播媒介的成本，尽量做到“花最少的钱争取最大的传播效果”。例如，大众传播媒介的影响范围广泛，传播单位成本低廉，但总成本相对较高，没有足够经济实力的组织要慎重考虑使用大众传播媒介；人际传播媒介往往传播范围狭窄，但传播对象对此的信度较高，因此，争取传播对象对组织形象的口碑还是比较经济的一条传播途径。

5.3.3 公共关系日常应用的传播媒介

1. 文字材料

在组织内外沟通中，公关人员需撰写、印制种类繁多的文字材料，在特定场合散发出去，以进行组织自我宣传。

文字材料主要有向新闻界散发的新闻稿件、来往信函、工作总结、工作计划等。这些材料的写作需要遵循新闻写作与公文写作的原则。

2. 印刷品

印刷品一般是由需求量较大的文字材料印制而成。印刷品多用于公开散发，是直接面对内外公众的自行发行物，有以下几类。

（1）宣传手册。内容包括：主题理念展示；组织简介；总裁寄语，总裁像，各级领导的参观照片、题词；组织机构图；国内销售图（地图）、驻外办事处及销售公司；历史荣誉、获国际国内大奖介绍（奖状、奖杯、文字记录）；产品类型展示；生产流程展示；拳头产品展示；拳头产品介绍及广告语；系列产品展示；厂房设备展示；组织文化；公关活动、促销活动展示；组织标志及释义。以上是日常宣传和公司上市必不可少的最基本的宣传工具。切记不要只反复宣传产品，而忽视其他方面。宣传手册应贯彻 CIS 设计与组织文化理念，并配有相应的照片、图示，标明组织的地址、联络信息等。

（2）产品介绍、使用说明书。这种材料应尽可能图文并茂，其内容是集中介绍产品的性能、特点、原理、使用方法及其注意事项等。

以上两类材料文字应流畅，设计印刷应较精美，风格清新，使传播对象乐于阅读，便于阅读。

（3）组织内部印刷品。如操作规程、岗位公约、质量手册、职工手册、组织报纸、内部通讯等。

① 组织报纸是面向全体员工定期出版的印刷品。它的主要内容是组织的动态性信息。它要反映出国家、行业、本组织的有关方针、政策、指示、意见，以及职工工作的情况、意见、要求，还要有一些员工写作的有关文化娱乐内容的稿件。

② 职工手册是组织文化建设的基本文件。内容主要为：组织历史、组织结构、技术生产条件、组织发展目标、组织的主要产品介绍、组织的各项规章制度介绍等。职工手册要分发到每个员工手中，使员工掌握组织的基本信息及对自身的基本要求。

3. 电子媒介

（1）组织广播站。广播站是组织沟通最迅速的系统。广播内容有新闻、经验交流、问题探讨等，还可以展开领导与员工的热线交流，这一做法在大型组织中更为有效。还可以播出一些音乐、娱乐内容的节目，调剂员工精神。国外一些组织还根据工作性质，在上班时间播出特制的背景音乐，以提高工作效率，缓解员工工作中的紧张感。

（2）组织电视台。组织电视台均为闭路有线系统，自制节目大多为新闻类的消息报道与专题片。这些节目除定期或不定期播放外，还可以留做组织的声像历史资料或提供给社会电视台播出。

4. 户外图文媒介

（1）路牌、招贴。路牌、招贴有的是单纯的标语口号，有的图文并用，内容有宣传口号、广告活动通告。它们可悬挂、固定在街道旁、建筑物上、公共交通工具场站、墙壁上等。这类媒介形式醒目、制作费用较低，如果文字、画面等表达形式设计得好，可以吸引路人，取得较好的宣传效果。

（2）宣传栏。宣传栏一般置于组织门外或组织内主干道旁，对外介绍组织、产品情况，对内则是集中宣传组织活动、组织及员工评奖情况公布，以及其他有关宣传内容，如宣传产品质量法、党和国家的重要会议、活动等，还可以展出职工书画作品及其他作品等。宣传栏的展出内容要常换常新，以保持其对人们的吸引力，发挥它的作用。

5. 公关人员要参与或组织的各种会议

如各专业部门会议、职工会议等，其中较重要并具有挑战性的主要有三种会议：展览（销）会、新闻发布会、内部沟通会议。

除去各类必要的会议外，组织还应定期召开内部沟通会议，参加者或为全体员工（中小型组织），或为职工代表（大型组织）。这种会议可以采取正式会议方式，也可以采用非正式的联欢等方式举行。内部沟通会议的主要目的是向全体员工通报组织经营情况、组织面临的内外部环境的特点，了解职工的意见要求，使领导与员工相互增进理解，加深感情，建立融洽的干群关系，增强组织的凝聚力和管理的透明度。一个组织内部沟通会议的召开次数在一定程度上能反映出组织民主管理的水平，可以看出组织发展后劲的大小、组织凝聚力的强弱，所以它对组织是非常重要的，也是很多组织直到目前仍没有重视到的薄弱环节。

5.4 公共关系传播效果及其制约条件

5.4.1 公共关系传播的效果层次

传播效果是指传播者通过传播媒介对信息接受者心理、行为、态度和观念等所产生的影响程度。公共关系是社会组织与公众之间的信息交流过程，它的传播效果受公众与组织的关系密切程度的影响。因此，在公共关系学上，把传播对传播对象的影响分为四个层次，即信息层次、情感层次、态度层次和行为层次。

1. 信息层次

信息层次是指将所要传递的信息传到传播对象上，并且使之完整、清晰地接收到，也就是说公众获得的信息越多、越准确、越全面，传播效果就越好。信息层次是公共关系传播效果的最低层次，是任何传播行为首先应该达到的效果层次。只有在这一层次获得了效果，才可能向更高层次发展，因此，公共关系工作必须重视信息层次传播工作的效果。

2. 情感层次

情感层次是指传出的信息从传播对象知晓到进而触动其情感，使之产生与传播内容上的共鸣，引起对传播内容的兴趣，进而达到良好的传播效果。因此，联络公众的情感是公共关系工作的重要任务。经常性的联络感情的工作是通过包括专职的公共关系从业人员在内的所有组织成员来进行的。要真正引起公众对传播内容的认同就要求从组织的领导人到公共关系部的职员都要尊重人的价值，而不能把公众看做可操作利用的工具。并且要注意情感的传播效果有正面的也有负面的，只有正面的效果才是公共关系工作需要的，负面的效果则很有可能会转化为公关危机，因此要及时避免这种情况的出现。

3. 态度层次

态度层次是指组织通过公共关系传播活动使公众形成对组织的正面态度，消除对组织的负面态度。进入态度层次的公众表示他们对于组织的认识已经从感性层面进入理性层面，并且这种理性层面是在感性认识基础上经过分析判断、思考而产生的。态度层次是公众行为层次的基础，公众是支持组织，还是与组织对立，都是由公众态度所决定。因此，组织的公共关系人员要通过科学调查的方法，获得有关公众态度的信息，并通过公共关系工作对公众的正面态度加以强化，或是消除公众对组织的负面态度。

4. 行为层次

行为层次效果是指社会组织通过公共关系活动引起公众的相应行为，并且是组织希望公众产生的行为。例如，一个生产性组织的最终目的是希望公众购买自身的产品；一个服务性组织是希望公众消费它的服务。这些都是组织通过公共关系工作希望公众产生的具体行为。

因此，行为层次效果是公共关系传播活动的最佳效果，但这一层次的实现是需要以上三个层次作为基础的。

5.4.2　影响公共关系传播效果的主要因素

在传播过程中，有很多因素同时作用于受播者，并对受播者产生程度不同的影响。了解主要的影响因素，并有针对性地加以引导和应用，会使传播效果得到改善、提高。研究证明，影响传播效果的因素主要有四个。

1. 传播媒介

公众对传播媒介的要求，一是要使用简便，易于掌握，易于得到；二是比较有效，即它的使用效果受到普遍的重视与承认。当某种传播媒介特别有效时，即使在使用、驾驭上有一定难度，人们也会努力去得到或掌握它。

公众对媒介选择的这两个因素可以概括为一个公式：

$$\text{选择或然率} = \frac{\text{报偿的保证}}{\text{费力保证}}$$

从这个公式可以看出，选择或然率与报偿的保证成正比，而与费力程度成反比。所以，公关人员要注意选择适当的媒介传播信息，如果选择不当就有可能使公众接收不到信息或者对公众没有影响力。

2. 信息的内容与表现方式

信息的内容，即传播者传播的信息，是否为受播者所关心、感兴趣，是否重要、新鲜，是否可靠、可信，这一点是受播者价值判断的中心点，也是决定传播效果的关键所在。公关人员在传播信息时要注意内容的趣味性、与受播者的相关性、信息来源的可靠性、内容的真实性，以及观点的客观性、科学性。

除去内容自身的要求外，内容的表现方式也非常重要。形式、方法不当，再好的内容也难以传播出去，可能还会引起误解甚至反感。内容的表现方式包括：传播者的声誉和形象，即传播者具备权威性、客观性、亲密性的特点；传播内容的结构、节奏、变化；遣词造句的方法、语气、语调等各个方面。

3. 信息的重复

一个人接触某一信息的次数越多，越容易接受它。同样的信息多次发出，受播者会逐渐由生疏到熟悉、由漠然到亲切，甚至在长期接触后，会把这一特定的内容形式融入自己的生活。所以，同样的信息在相当长的时间里重复出现，是取得以至增强传播效果的重要因素。

4. 受播者接收信息的条件

时间、空间对受播者接收是否有利，对传播效果也有相当大的影响。受播者接收环境存在各种干扰或没有足够的时间接收，这些因素都会影响受播者投入接收，会使效果大打折扣。

从传播类型来说，不同种类的传播媒介，其效果也不相同。个人传播在各类传播形式中的传播效果最好，传通率最高，其他传播形式的传播效果都不及它，但个人传播的影响非常有限。随着传播群体的增大，传播内容的针对性、具体性下降，反馈的质量、数量下降，群体传播与大众传播的效果就比较模糊、不太明显了。因而传播学家提出这两类传播只是有"适度效果"，即一次具体的传播活动对某一个受播者来说，效果是有限的。其中的影响因素有两个：一是受播者本人的思维定式，二是受播者周围团体、个人的影响。

5.4.3 传播效果的评价方法

传播效果是指传播者所发出的信息对传播对象的影响和传播对象对传播内容的反应，而传播效果的评价就是指对传播对象影响的范围和程度进行分析与衡量。

对传播效果的评价可采取两种方法来进行。

（1）传播前评价法。这种方法是在传播前进行的一种事先评价法。公关传播都有一个特定的目标。传播前，可根据这个既定的传播目标进行直接评价，即邀请部分受播者对备好的几种传播方案（包括传播方式、媒体选择、传播内容、传播时间等）进行直接评价，比较哪一种传播方案与传播目标最为接近。各种传播方案的差距有多大，据此改进，最后确定实施最佳传播方案。

（2）传播后评价法。具体做法有两种：一是收集反馈意见，检查传播对象的接受程度，以评价传播效果；二是认识程度测试，抽样调查传播对象，让他们回忆信息的中心内容，以测定传播对象对公共关系信息的认识程度，找出传播目标的形象与公众认识形象的差距，以此来评价传播效果。

传播效果在很大程度上受到传播要素的影响制约，任何一个传播要素不能发挥正常功能都会导致传播效果的失衡。因此，在评价传播效果时，应对传播诸要素的功能正常程度进行检测并做出综合性分析，以提高传播效果。

相关知识链接

里维特的人际传播网络

人际传播网络是指在一定的群体或场合中人们之间相互交流信息的状况。个人之间的传播关系总是错综复杂的，一个人可以保持和其他许多人进行传播。在某一群体或场合中，各个成员之间所构成的传播网络也是多种多样的。里维特为了测定群体成员之间的传播关系对于群体解决某个问题的影响，把在人群中的传播网络分为四种类型——环形、链形、Y形和轮形，分别如图5－3（a）、（b）、（c）、（d）所示。

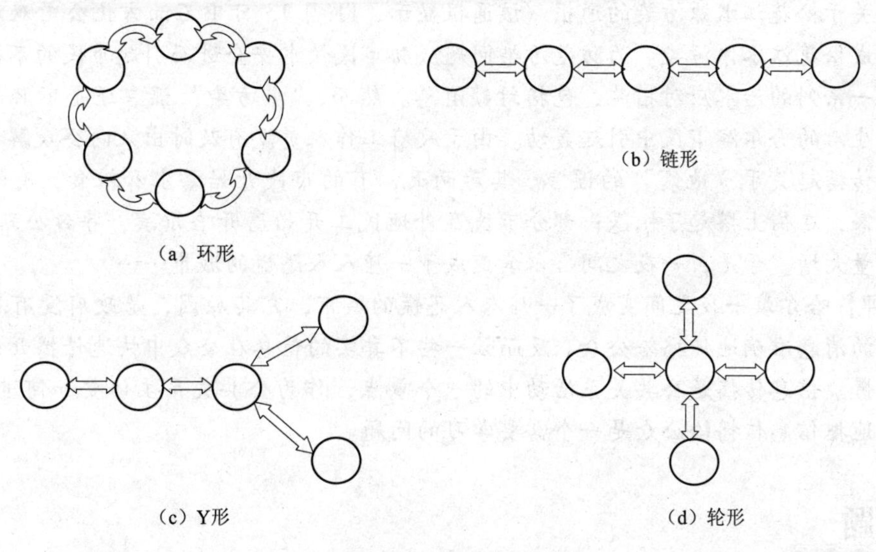

图5－3 传播网络类型

图中的小圆圈代表参与传播活动的群体成员，双箭头表示成员之间的双向传播关系。从这四种传播网络中可以看出，每个群体成员在传播活动中都扮演着独特的角色。按照里维特的分析，这四种网络对于群体解决问题具有不同的效应。在环形网络中，群体成员地位是平等的。这种网络传播关系有利于调动群体成员的积极性，适合解决复杂的问题，但解决问题的效率不高。在其余的三种网络中，群体成员之间的地位并不平等。例如，链形网络中间的那个人、轮形网络中心的那个人，以及Y形网络中的第三个成员，都比同一个网络中其他人享有较有利位置。因此，这三种网络不利于提高全体成员的士气，他们的优点分别在于：链形网络传递信息的速度快，解决简单问题效率高；轮形网络传递信息准确迅速，解决简单问题效率高；Y形网络能提高解决问题的速度。

案例点评

一座城市的“水荒”到“水慌”[①]

哈尔滨作为黑龙江省的省会，拥有300多万人口，无论在东北还是在全国都算得上是一座大城市，其居民每天生活用水量大约为32万吨。它地处三座大型水库和一座石化城市的

① 赵麒斌．危机公关：上．北京：北京大学出版社，2010.

下游，城市用水的最主要来源是流经城市的松花江。2005 年 11 月 18 日，黑龙江省政府收到吉林省关于松花江水源污染的通报。该通报显示，11 月 13 日中石油吉化公司双苯厂爆炸后可能造成松花江水体污染。为防范污染问题威胁市民饮水安全进而引起市民的不安，政府开始采取一系列的治水应对措施，包括封锁消息。然而，“水污染”谣言还是不胫而走，在原本正常生活的哈尔滨市民中引起轰动。由于政府工作人员没有及时出来向公众解释，人群中又开始传播起关于“地震”的谣言。其后两天，有的市民开始蓄水和粮食；有的人不顾夜间的严寒，在街上搭起了帐篷；部分市民及外地民工开始离开哈尔滨，导致公路、民航、铁路客流量大增。于是，一夜之间哈尔滨变成了一座人人恐慌的城市……

【点评】哈尔滨一夜之间变成了一座人人恐慌的城市，究其原因，是政府没有在第一时间把真实的消息准确地传播给公众，反而让一些不真实的信息在公众中快速传播开来，造成公众的恐慌。信息传播是公共关系活动中的一个重点，作为公共关系主体要如何进行传播，如何准确地把信息传播给公众是一个需要学习的问题。

思考题

1. 公共关系传播的特点是什么？
2. 怎样根据不同媒介的特点进行媒介选择？
3. 在实际操作中怎样根据公共关系传播的规律进行信息传播？
4. 在公共关系传播中要注意哪些问题？
5. 试分析影响传播效果的主要因素。
6. 简述选择公共关系传播媒介的原则。

案例讨论题

广州市科技进步基金会公关传播①

1992 年 6 月 28 日，广州成立了全国第一个科技进步基金会，并一跃成为当时全中国拥有基金数量最大的基金会。这一成功固然是一项综合协调的系统工程，离不开各级领导的正确决策和海内外善长仁翁的慷慨解囊，但关键是得益于“总体公关传播计划”的实行。这是一个大型的、系列的、综合的总体传播计划，始于 1992 年 3 月，止于 1993 年 6 月，历时一年多，其间大小活动十余项，但都贯穿一条明确的主线，即“公众的科技发动公众来扶

① 陈一收．大型活动公关．北京：北京大学出版社，2010.

持。”正是这样的公关思想的支撑，使得这一公关传播系列计划为广州市科技进步基金会塑造了良好的组织形象，引起了广大民众的关注与支持，为募捐奠定了良好的基础，取得了巨大的成功。

首先，明确定位，科学决策。面对广州市各种基金组织开展的林林总总的募捐活动，突破市民的“心理疲劳”，形成特色的宣传公关计划来打造声势是一个具有挑战性的高难度课题。基金会筹委会负责人能够清醒地认识到当时的公关困境，明确定位活动要以特色产生轰动效应，并积极为策划出一个有效的公关传播计划做好准备。策划人员更是分头反复地作调查研究，采取了一系列有针对性的、明确的调研措施，例如，对在广州、香港、澳门等地区类似的活动逐一排列，分别分析其合理的因素，对科技进步基金会的优势与劣势反复分析，从而研究对策，谋划着扬长避短。

其次，贯彻主题，广泛发动。为了真正地体现“公众的科技发动公众来扶持”这一主题，召开一个各方人士参加的咨询会，邀请新闻界、专业公关界、社科研究部门及市委、市政府有关负责公共联络部门的专家出席，广泛听取他们的意见，请他们出谋划策，议论这一课题，并借咨询会造势，通过新闻发布会宣传推广，全面覆盖广大市民。在征集基金会会徽等基金会相关活动时，采用了专家与群众共同参加设计“两条腿”走路的做法，从一般市民、商贾大亨，到政府官员，从小学生到专家都被策划者“盯”着，并被动员到相关活动的参与中。这样做不仅调动了公众的积极性，还造成了良好的宣传效果。

再次，匠心独运，加强宣传效果。为了提升公关层次和力度，精心组织了成立大会和隆重的开幕式，邀请市长讲话，隆重的气氛和高层次的规格加重了基金会在公众心理的地位和传播效应。为制造轰动效应的目标，还围绕着“科技”这一关键词大做文章，专门组织了“世纪之光”大型电视直播文艺晚会。晚会最大的特点是几乎全部节目，包括创作歌曲、相声、小品、舞蹈都是围绕科技做文章，突出科技这一主题。许多人都为科技主题如此鲜明的电视直播晚会所深深吸引，体现出十足特色。在取得了一定效果的同时，进一步召开“科技之春——百名书画家大挥毫”活动和新闻发布会等，提高见报率，不仅得到了广东省公众的大力支持，还使得港、澳地区知名人士慷慨解囊，如李嘉诚、李肇基、何鸿燊、林百欣、郑裕彤、胡应湘、郭炳湘等七位向基金会捐赠达千万元。

最后，回报民众，提升宣传效果。策划者为了使活动获得完美的效果，在活动的尾声也进行了精心的策划，以使基金会在民众心里扎住根，取得长期的公关效应。编印科技基金会的大型画册，这本画册是基金会的工作册、宣传册、鸣谢册，既是对公关互动的总结，进一步宣传基金会的宗旨，又提升公民的科技意识，回报热心支持基金会的人士。

纵观广州科技进步基金会大型活动公关成功的始末，活动由始至终都在大造声势，吸引民心。例如，为了提高活动的可信度，特意请政府做证人，通过媒体广泛征集群众的意见；为提升活动品位，拓展活动范围，请著名画家作画，并对专家、群众，港、澳知名企业家，大人、小孩等进行“全民总动员”，这些都是活动取得成功的关键。此外，广州市科技进步基金会公关传播案例的成功是与对民意的重视分不开的，无论是“请政府作证”、“全民总动员”，还是大型画册回报参与的民众，都是以民众的认可为着力点，也正因为如此，活动才能在民众的广泛参与中赢得好评。

【讨论题】

1. 试述广州科技进步基金会公关传播的亮点。
2. 在此次公关传播中使用了哪几种媒介？

公共关系调查

本章学习目标

通过本章学习，主要了解公共关系调查的含义、特点和意义，熟悉公共关系调查的内容和过程，掌握公共关系调查的具体方法，能够撰写公共关系调查报告。

在现代社会中，人们要有效地开展公共关系工作，就必须准确地把握社会组织的公共关系状态，进而有效地掌握与之相关的公众关系信息，这自然少不了开展公共关系调查。公关调查是整个公共关系活动程序的第一步。

6.1 公共关系调查的内涵

6.1.1 公共关系调查的含义

公共关系调查，简称公关调查。它是公共关系工作规范化和科学化的过程中出现的一种社会调查类型。它指公共关系人员运用科学的方法，有步骤地去考察、了解、分析、研究组织的公共关系状态，收集必要信息，分析各种问题及其相互关系，以达到解决实际问题的目的的一种公共关系实践活动。

6.1.2 公共关系调查的特点

公共关系调查具有一般社会调查的特点，它需要借助社会调查的许多科学方法、手段，要求调查结果具有真实性、可靠性、准确性和系统性。同样，公共关系调查也是一项艰苦细致的实践活动，强调实地工作，要求调查者到一线直接向调查对象收集材料，还要对收集到的资料进行科学的分析、综合、判断、推埋和验证，这也是一项复杂的脑力劳动过程。但公共关系调查相对一般社会调查有其白身的特点。

（1）公共关系调查前需要做好调查的宏观预测。在公共关系调查前必须要对组织的公共关系现状有一定的估计和分析，初步判断组织在哪些方面有需要解决的公共关系问题，以及引起这些问题的大概原因，并从验证和解决这些问题的角度出发，确定调查的目的、任务、范围和方法。

（2）公共关系调查对公共关系调查人员的要求较高。公共关系调查需要公关人员具有较强的调研能力和实际经验，能在尽量短的时间内以较低的成本、较高的质量、较快的速度及时获取所需要的信息，并对其进行归纳和分析。同时，也要求公关人员具有较强的信息意识，善于进行信息的积累、管理和使用，能够在日常工作和多次调研的基础上建立分类合理、内容丰富、便于检索和使用的档案与信息库。考虑到公共关系调查的特殊性，公关人员还应该养成对信息的职业敏感性，在调研中既善于收集计划内的信息，也善于捕捉计划外的各种有用信息，强化和扩大调研的效果；还要善于在调研活动之外发现和收集那些鲜为人知或不为人所注意的各类相关信息。

（3）公共关系调查具有系统性和连续性。公共关系调查不仅是整个公共关系活动的开始，也是公共关系策划、公共关系实施和公共关系评估的基础，而且它会贯穿于整个公共关系活动的每个环节。因为公共关系活动的每个环节随时需要通过公共关系调查提供最新、最快的信息，来满足其变化的需要。在确定每一次调查任务时，要考虑它与之前已进行的调查工作、获得的资料和数据之间的联系及前后的可比性。

（4）公共关系调查规模较小。因为公共关系调查有着明确和具体的主题、对象、目的和任务，所以其规模一般不会太大，投入不会太多。但在准确性、效率、时效性和敏感性方面要求较高。

6.1.3 公共关系调查的意义

作为公共关系工作的第一步，公关调查是其他步骤的基础。只有了解清楚组织公共关系的现状及组织所面临的公共关系方面的问题，才有可能制订出有针对性的计划，才能找到实现公共关系目标的最佳途径和方法，并客观、准确地评价出整个公关活动的效果。具体而言，公共关系调查的意义主要体现在以下几方面。

1. 帮助组织准确地进行形象定位

公共关系调查可以使组织准确地了解其在公众中的形象定位。组织的形象定位是指组织在其公众中形象的定量化描述。通过形象定位，可以测量出组织自我期望的形象与其在公众中实际形象的差距。组织可针对这个差距筹划有效的公共关系活动方案，由此也可以大大加强策划的目的性。对于一个组织来说，准确形象定位的作用是很大的，它能提高该组织在社会中的知名度和美誉度，使公众对该组织产生信心和依赖，并给公众留下难以磨灭的印象。

2. 帮助组织科学决策

毛泽东同志指出："要了解情况，唯一的方法是向社会作调查。"要保证组织的决策正确，也得向社会调查。因为只有通过调查，才能使组织了解公众的要求和愿望，从而作出符合公众要求和愿望的决策并认真实施，使组织在公众的心中树立起良好的形象。

3. 提升组织对环境的掌控力

在今天这样一个信息化、全球化的时代，任何组织都要时刻面对瞬息万变的环境，谁能在第一时间掌握最准确、最全面的信息，谁就能赢得竞争的胜利。面对着越来越成熟、理智的公众和各项完善、规范的法律法规，在变化的大环境下需要组织作出更为理智的判断和清晰的权衡，任何头脑发热的决策都会使组织陷入困境。公共关系调查对环境的准确把握和预警，可以大大提升组织对环境的掌控能力，使组织对所生存的环境有一个清晰的认识。

4. 公共关系调查本身具有公共关系效应

公共关系调查是反映公众意见、希望和要求的过程，也是调查人员向公众介绍组织情况，使公众进一步了解组织的过程。通过调查人员与公众的广泛接触，直接地向公众传播组织信息，有利于塑造组织可亲可敬的形象。而无论调查所得到的信息如何，调查活动本身都能起到一定的公共关系效应。正面的信息对组织内部公众起到激励的作用，对外部公众有树立良好形象的作用；负面的信息对内部公众起到预警的作用，是组织上下齐心协力扭转组织形象的动力。对外部公众而言，则易于反衬出即将开展的公共关系活动的良好效果，变坏事为好事。

6.2　公共关系调查的内容和过程

6.2.1　公共关系调查的内容

有一家宾馆新设了公共关系部，开办伊始，该部就配备了豪华的办公室、现代化的通信设备、漂亮迷人的公关小姐……但该部部长却发现无事可做。后来，这个部长请来了一位公共关系顾问，向他请教“怎么办”。于是这位顾问一连问了几个问题：“该地共有多少宾馆？总铺位有多少？”“旅游旺季时，本地的外国游客每月有多少，港澳游客有多少，内地的外地游客有多少？”“贵宾馆的‘知名度’如何？在过去3年中花在宣传上的经费共多少？”“贵宾馆最大的竞争对手是谁，贵宾馆潜在的竞争对手是谁？”“过去一年中因服务不周引起房客不满的事件有多少起？服务不周的症结何在？”对这样一些极为普通而又极为重要的问题，这位公共关系部部长竟张口结舌，无以对答。于是，那位公共关系顾问这样说道：“先搞清楚这些问题，然后开始你们的公共关系工作。”从这一例子可知，公共关系工作首先从调查开始，而公共关系调查的内容范围十分广泛，它涉及社会组织公共关系状态的种种影响因素。根据公共关系状态的影响因素，大致可将公共关系调查的内容范围区分为以下五大方面。

1. 组织自身状况调查

上面所引例子中公关专家问的几个问题，主要是考察一下公关部经理对组织自身情况的了解情况。因为“知己知彼，百战不殆”。社会组织要想取得公共关系工作的成功，“知己”乃是第一要事。

（1）组织基本情况调查。任何公共关系活动的开展都不能脱离社会组织的实际情况，因而也都离不开对组织自身基本情况的掌握。组织基本情况调查的内容，依据公共关系工作的需要，主要可确定为以下几个方面：① 组织总体情况，如组织的性质、任务、类型与规模，组织的管理体制、机构设置、主管部门等；② 组织经营情况，如组织经营发展目标、经营方针、经营战略，组织对社会提供的产品和服务及其特色等；③ 组织荣誉情况，如组织的光荣历史、组织发展史上的重大事件及影响、组织对社会的贡献、组织获得的各种奖励与殊荣的情况；④ 组织文化情况，如组织信念、组织精神、组织的信条、组织的道德规范、组织的文化传统及组织的名称和各种识别标志等的文化含义等。

（2）组织实力情况调查。组织实力情况一般是指组织自身的物质基础和技术力量方面的情况。具体应当调查的有：① 组织的物质基础情况，如组织拥有的空间、组织拥有的先进设备和设施的情况、组织拥有的现代办公手段的情况、组织的各种附属设施的情况等；② 组织的技术实力情况，如组织拥有的技术人员的数量和知识构成情况、组织拥有的科研器材和实验手段情况、组织技术和领先程度等；③ 组织的财务实力情况，如组织的固定资产总额、流动资金总额、人均利润率等；④ 组织成员的待遇情况，如组织成员的工资水平、奖金数额、津贴标准、住房面积、劳动保护情况等。

2. 相关公众状况调查

在公共关系工作中，要想获得公共关系工作的成功，除必要的“知己”外，关键的问题在于“知彼”。因此，公共关系调查必须将相关公众状况作为其工作重点。具体的调查内容主要有以下几方面。

（1）公众构成情况调查。任何一种公共关系活动都很难全面地影响所有的公众。公众构成情况的调查内容主要包括两个方面。① 内部公众构成情况，如组织成员的数量构成、专业构成、年龄构成、性别构成、角色构成、能力构成、文化程度构成、职务职称构成、需求层次构成、劳动态度构成、思想素质构成等；② 外部公众构成情况，如外部公众的数量构成、空间构成、特征构成、需求构成、观念构成、与组织的联系状态构成、对组织的重要性构成、对组织的依赖性构成等。

（2）公众评价情况调查。任何公共关系工作的开展，必须基于对组织实际社会形象的清楚认识。所谓组织形象，实际上是公众对社会组织各种评价的综合。因而，社会组织开展公共关系调查，必须着重收集公众对组织的评价性信息。公众对组织的评价主要有：① 对组织产品的评价，如对产品的内在质量的评价、对产品外形的评价、对产品价值的评价等；② 对组织服务质量的评价，如公众对组织服务项目、服务方式、服务措施、服务水平的评价等；③ 对组织管理水平的评价，如公众对组织管理机构及其办事效率的评价、对组织经营创新和管理革新的评价、对组织管理效益的评价等；④ 对组织人员素质的评价，如公众对组织领导人、中层管理人员、专业技术人员、一般员工、公共关系人员及特殊人物的评价等；⑤ 对组织外向活动的评价，如公众对组织外向宣传活动、社会公益活动的评价等。

（3）组织的产品或服务的形象调查。产品形象是较直观的形象，易于影响公众，良好的产品形象是组织获得公众的信任与好感、在公众中树立最佳形象的重要途径，因此，对产品形象的调查是组织的一项重要调查任务。目前，中国许多企业已经很重视对其产品和服务的形象调查，例如，顾客在购买某公司产品和服务时经常会被要求填一份调查表。

3. 传播媒介状况调查

传播媒介状况调查的主要范围是对大众传播媒介情况进行调查。对大众传播媒介情况进行调查的基本内容和范围是：① 大众传播媒介的分布情况，如地域分布情况、行业分布情况、类型分布情况、数量分布情况；② 大众传播媒介的功能作用情况，如涉及大众传播媒介功能作用的传播范围、传播内容、传播特色、传播效果、传播者的威信等方面的情况；③ 大众传播媒介所需信息的情况，如一定时期内大众传播媒介的报道中心、新栏目的开辟、编辑和记者需要的内容等方面的现实状况。

4. 社会环境状况调查

社会环境是指社会组织生存和发展相关联的外部社会条件的总和，包括基本社会环境调查、具体市场环境调查、所属行业环境状况调查等。

（1）基本社会环境状况调查。基本社会环境一般是指与社会组织所处的一个国家或地区的政治、经济、文化等因素构成的宏观社会环境系统。① 政治状况，如国家或地区的政治体制及其改革情况，国家或地区的方针政策和法令条规的提出、制定、颁布、实施等方面的情况，以及其他方面的政治性因素存在与变化的情况等；② 经济环境状况，如国家或地区的经济体制及其经济政策情况，国家或地区的产业结构、分配结构、交换结构、消费结构、技术结构及其调整变化情况，国家或地区的经济发展情况及相应的战略与策略的情况等；③ 文化环境状况，如国家或地区的民族特征、文化传统、宗教信仰、教育水平、社会结构、风俗习惯、价值观念、生活方式、社会道德规范与精神文明建设等方面的情况。当前，许多跨国公司进入中国或中国的企业进入外国，都需要进行“本土化”的过程，即要熟悉当地的政治、经济和文化的背景和政策法律规章制度等，以减少阻力，加快进程。

（2）具体市场环境状况调查。在现代市场经济条件下，对具体市场环境状况进行调查，是社会组织特别是企业组织环境状况调查的一项重要课题。具体市场环境状况调查的主要内容有：① 市场需求状况调查，如市场容量、社会的购买力、居民的消费结构与消费水平、现有的和潜在的购买人数、银行是否贷款支持某类消费等；② 消费者状况调查，如消费者的总体销量、消费者的构成情况、消费者的消费欲望与购买动机、消费者的偏好及造成消费者偏好的原因等方面的情况；③ 市场竞争状况调查，如市场是否形成竞争态势、竞争对手的生产能力、产品特色、销售政策、服务措施、在消费者中的印象、与中间商和消费者的关系、广告宣传的力度、公关促销的措施等方面的情况。在前述案例中，公关顾问向公关部部长问的几个重要问题就是，“本地共有多少宾馆？总铺位多少？”“旅游旺季时，本地的外国游客每月有多少，港澳游客有多少，内地的外地游客有多少？”这是对市场需求状况的调查；“贵宾馆的‘知名度’如何？”这是对组织形象的调查；“过去一年中因服务不周引起房客不满的事件有多少起？服务不周的症结何在？”这是对组织服务形象的调查；“贵宾馆最大的竞争对手是谁，贵宾馆潜在的竞争对手是谁?”“在过去三年中花在宣传上的经费共多少?”这是对市场竞争情况的调查。

5. 社会组织与公众关系现状调查

社会组织与公众关系的现状，实质上就是社会组织公共关系的现有状态，它是社会组织公共关系调查的重要内容。如果说前述有关公共关系状态的四大影响因素的调查是一种分立项目调查的话，那么这里所讲的社会组织与公众关系现状调查则是一种综合项目的调查。社会组织与公众关系现状调查的具体内容，可根据公众关系的三大指标项目确定为三个方面。

（1）知名度调查。知名度是衡量社会组织与公众关系现状的一个重要指标。它表明一个社会组织在社会公众中的影响大小，说明一个社会组织为社会公众关注的程度。知名度由两大维度构成：一是知晓度，即一个社会组织为社会公众知晓度的广度；二是熟悉度，即一个社会组织为社会公众知晓的深度。

（2）美誉度调查。美誉度是衡量社会组织与公众关系一个具有决定性意义的关键指标。它表明一个组织获得公众欢迎、接纳、信任的程度。一般来讲，一个社会组织要获得社会公众的赞誉，必须具有符合社会公众需要的优良的组织行为及行为结果，否则就不可能获得社会公众的赞誉。因而一个组织获得公众赞誉的程度，实际上就决定了一个社会组织与公众关系现状的性质。美誉度从某种意义上讲，它是社会公众对社会组织的行为及行为结果的一个评价性指标，因此，对美誉度的调查一般要通过态度测量方式来进行，且往往同知名度的调查和测度结伴而行。可以这样认为，美誉度即指对社会组织具有一定认知度的公众中，对社会组织持好感、信任、欢迎、赞赏态度人数的百分比。美誉度调查也可以区分为不同的具体内容，一般来讲有以下几个方面：① 公众对组织理念的赞誉程度，如对组织经营宗旨、经营价值观、经营哲学的赞誉程度等；② 公众对组织行为的赞誉程度，如对组织的行为机制、行为规则、行为模式、行为过程、行为结果的赞誉程度等；③ 公众对组织视听标识的赞誉程度，如对组织名称、组织标志、组织标准色、组织标准字、组织广告、组织特定歌曲和音乐的赞誉程度等；④ 公众对组织产品的赞誉程度，如对组织服务方式、组织服务保障体系、组织服务的完备性和方便性、组织服务的环境、组织服务的态度、组织服务效果的赞誉程度等。

（3）和谐度调查。和谐度也称协调度，它是衡量社会组织与目标公众关系现状的一个重要指标。和谐度是指一个社会组织在发展运行过程中，获得目标公众态度认可、情感亲和、言语宣传、行为合作的程度；是组织从目标公众出发，开展公共关系工作获得回报的指标。和谐度调查一般涉及利益协调、目标协调、态度协调、行为协调等多种内容，并且涉及社会组织与公众之间的“交互式”调查问题，这就决定了其调查内容的复杂性。

就公众对社会组织的取向来讲，具体调查内容可分为：① 公众对社会组织态度赞同的情况，如公众中对社会组织经营观念、经营政策、经营措施、经营发展目标等持支持、中立、反对态度在公众中的比率等；② 公众与社会组织情感亲和的情况，如公众对社会组织的好感程度，公众对社会组织存在的冷漠、敌视、怨恨等情感障碍的情况等；③ 公众对社会组织做言语宣传的情况，包括宣传的次数、宣传的性质、宣传的力度等；④ 公众与社会组织行为合作的情况，如公众对社会组织融资的合作情况、公众对社会组织产供销和技术合作的情况、公众对社会组织产品与服务的接纳情况，以及公众对社会组织采取其他特殊行动的情况等。

就社会组织对公众的取向而言，具体调查内容则包括：① 社会组织对公众合理需要的认知情况；② 社会组织对公众合理需求的满足情况；③ 社会组织对公众意见和合理化建议的接受采纳情况；④ 社会组织与公众情感沟通的情况；⑤ 社会组织对公众或公益事业给予支持和赞助的情况等。

在公共关系调查中，和谐度的调查要将行为记录、事实调查和态度测量三者结合起来进行，方能有效把握社会组织与公众关系的协调状况。

"三度"的调查，能把握社会组织与公众关系的状态，即组织形象的级别，这就为公共关系活动提供了依据。

6.2.2　公共关系调查的过程

公共关系调查的过程通常是指某项公共关系调查活动，从调查准备阶段开始到调查结束全过程的先后次序和具体步骤。公共关系的调查过程一般由三个基本步骤组成。

1. 公共关系调查的准备阶段

（1）确定公共关系调查目标。这是公共关系调查的首要任务，主要是要明确公共关系调查的目的，解决"调查什么"的问题。根据公共关系调查的深度，调查目标一般分为叙述性选题、因果性选题和预测性选题。① 叙述性选题是以了解组织公共关系实际状态为宗旨，通过直接叙述的方式回答"是什么"或"怎么样"之类的描述性问题。资料来源比较广泛，易于进行调查和进行总结。② 因果性选题是指组织内部开展的两种或两种以上公共关系活动之间的因果关系的选题，通常回答"为什么"和"怎么办"之类的措施性问题。调查结果经过分析，较为深刻，具有一定的指导意义。③ 预测性选题是指从组织公共关系现实情况出发，进一步推测组织发展趋势的调查。此类选题立足于对组织的现状进行判断、推理，其预测的结论更为深刻。

（2）设计调查方案。在明确了调查目标以后，调查者就要根据调查目标设计具体的实施计划。调查方案的内容包括：调查目的和内容、调查的具体对象和范围、取得调查资料的途径和方法，以及调查表格等。

（3）公共关系调查人员的组织。公共关系调查在进入实施阶段前，还要组织一支精干高效的公共关系调查队伍。这里就涉及对相关人员的选择、培训和组织的问题。

2. 公共关系调查的实施阶段

这一阶段的主要任务就是以调查目标为导向，依据实施计划，通过各种调查方法和手段的运用，广泛收集相关资料。具体工作包括以下两个方面。

1）做好各种关系的协调工作，争取多方支持

公共关系调查实施阶段是调查者与被调查者直接接触的阶段，能否得到其他社会组织和组织内部其他部门的支持及公众的配合，将直接影响到调查的效果。因此，调查者在调查的过程中要做好外部协调和内部协调工作。

（1）协调好与社会组织的关系。调查者与被调查的组织之间是对立统一的关系，既存在着矛盾也存在着联系与合作。如果调查者与被调查的社会组织之间关系紧张，或因误会产生对立和冲突，势必会影响调查任务的顺利开展。因此，调查者要以主动、诚恳的姿态，协调好与被调查组织的关系，合理安排公共关系调查的任务和进程，尽量得到这些组织的支持和帮助。

（2）协调好与公众的关系，努力争取公众的理解与合作。公共关系调查的选题大多数与公众的切身利益相关，公众在接受调查时往往会受到自身情绪和好恶的影响，带有较浓厚的主观感情色彩。因此，调查人员要考虑到这些影响公众调查效果的因素，放下架子，广泛接触公众，尽可能地与公众交朋友，争取公众的默契配合。

2）做好资料的收集工作

公共关系调查资料的收集途径有很多种，在实施的过程中应择优选择。

（1）通过查阅文献收集资料。文献资料的特点具有间接性，大部分是属于别人整理过的二手资料，反映的是过去的情况。因此，要求调查者在翻阅文献资料时要有目的、有选择地进行。通过文献收集资料的最大优点在于省时、省力、经济，往往对资料收集可作较大的补充。但也存在缺乏直观性和现实性的不足。

（2）通过访问收集资料。访问法是直接与被访问者面对面收集资料的一种方法，信息来源鲜活、真实。通过访问者与被访问者的直接交流，访问者可“察言观色”，根据被访问者面部表情和肢体的变化推断出其心理的变化，从而适时地提出问题。访问法的优点在于其直观性和数据的鲜活性；而不足在于调查资料由于标准难以统一，不易做定量分析，质量难以把关。加上调查人员面对面的访问，较为费时费力，不易做大面积的调查。因此，访问法的有效实施与访问者自身的素质和前期的充分准备直接相关。

3. 公共关系调查报告的撰写阶段

公共关系调查作为一项实践活动，其活动成果必须借助于一定的文字载体体现出来，这就是公共关系调查报告。换言之，公共关系调查报告就是公共关系调查者根据对某个组织的公共关系现状或事件进行调查所获得的结果而写成的文字性（包括数据）的报告。①

1）公共关系调查报告的内容及分类

（1）公共关系调查报告的内容。公共关系调查报告的内容是对调查所得的情况的总结，主要根据公共关系调查的内容确认“为什么”、“是什么”的问题，然后以这些问题的回答作为报告的内容。

---

① 邱伟光．公共关系调查．上海：复旦大学出版社，1992：181.

（2）公共关系调查报告的分类。

第一类，关于公共关系一般情况的调查报告。它着重揭示和反映某一地区、某一阶段社会组织进行公共关系活动的基本情况，涉及范围广、内容多，常常采用多种调查形式来完成。例如，美国通用电话子公司曾就自己公司的决策和工作的需要对公众舆论作过一次大规模调查，给总公司及子公司经理人员提交了《政策和实践——公众舆论调查》的报告，[①] 便属于此类。

第二类，研究公共关系活动典型事例的调查报告。这是总结经验教训的报告，它是通过对典型事例（成功的事例、失败的事例）的周密调查和详尽的分析，得出经验和教训等带有启示性的结论的一种调查报告形式。这样的调查报告事例的选择是其重点，一般选择典型的、有代表性、深刻的案例。

第三类，公共关系流程各层面的解剖分析报告。这是专业性比较强、文字要求较为规范、具有一定研究性质的专题调查报告。它大多由专业技术人员撰写。通过对具体情况的调查、分析和研究所得出的结论，再去比照相对抽象的理论本身，要求理论和实践的紧密衔接，力求在理论上得到突破，使理论更具超前性和指导性。[②]

2）公共关系调查报告的文体格式

公共关系调查报告是公共关系文书的一种，是一般调查报告的特殊表现形式。公共关系调查报告的文体格式基本包括以下几个部分。

（1）标题。标题是公共关系调查报告的眼睛，一般醒目、精练、新颖、能够一语点破全文主题的标题，会对读者留下深刻的印象。

（2）序言。主要说明此次调查的基本情况，包括执行此次调查活动的机构名称、调查项目的负责人与所属机构、报告完成日期及目录或索引等。

（3）摘要。概括说明此次调查活动所获得的主要成果。调查报告的摘要应简短，一般不超过报告内容的1/5。

（4）正文部分。正文是对调查方法、调查过程、调查结果及所得结论和建议做详细的阐述。调查报告的正文部分必须包括调查的全部事实，从调查方法的确定到结论的形成及其论证等一系列步骤都要包括进去。但是，无关紧要的或不可靠的材料一定要删除掉。

（5）署名。署名要简单、明确，一种是标在标题下方，一种是署在正文后。

（6）附件及特殊材料的增设和选用。呈现与正文有关的资料，以备参阅。在附件中出现的材料一般包括：调查问卷、抽样有关细节的补充说明、原始资料的来源、调查获得的原始数据图表等。

3）公共关系调查报告撰写的基本要求

一份优秀的公共关系调查报告应该具备下列条件。

---

① CUTLIP S M，CENTER A H. Effective Public Relations. Prentice-Hall，1982：9－14.

② 邱伟光. 公共关系调查. 上海：复旦大学出版社，1992：183.

（1）报告语言要精练、有说服力，词汇的使用尽量非专门化。因为阅读报告的人可能并非该项领域的专业人士，也不一定有耐心阅读烦琐、生涩的报告。

（2）报告必须以严谨的结构、简洁的体裁将调查过程中各个阶段收集的全部相关资料汇集在一起，既不能遗漏重要的资料，也不能将一些无关紧要的资料写入报告之中。

（3）调查报告应该对调查活动所要解决的问题提出明确的结论和建议。

（4）调查报告应该让读者了解调查过程的全貌。

至此，公共关系调查活动可以告一段落。然而，公关人员却不应有丝毫的松懈，因为调查只是发现问题、了解情况，而公关活动的主要目的在于解决问题，改善情况。调查活动结束后，公关人员要尽快将调查报告及调查中获得的资料、信息送交组织各有关部门，促使他们及时做出反应和应对。

6.3 公共关系调查的方法

公共关系调查研究的方法很多，常用的方法有以下几种。

6.3.1 抽样调查法

抽样调查法就是依据概率原理从调查对象总体中抽取一部分作为样本进行调查，以样本调查结果推断总体结果情况的方法。它的优点是省时、省力、时效性强。抽样调查又可以分为随机抽样调查和非随机抽样调查两大类，每一大类中又可以分出具体的几种方法。

抽样调查法需要注意抽样的科学性。选取的代表，不能是公众中的一小部分特殊人物，也不能是若干类公众中的某一类，而必须是能够反映公众中各类、各层次、各种背景的人的意见的人。如果不是这样，调查的结论就只能适用于某些类型的公众，并不能反映出全体公众的情况。

在公关活动中运用抽样调查法，经常使用的具体方法是典型调查法。典型调查法就是根据调查的目的和要求，有意识地选择少数有代表性的公众对象，进行比较全面细致的调查，通过深入调查这部分公众的意愿，对总体进行判断分析。例如，通过深入调查某一部分社区公众对组织的看法，了解组织与社区的关系状态。运用抽样调查法要注意：选取的公众要有代表性、要恰当。如不恰当，将影响结果的可靠性。一般来说，选取“意见领袖”为公众的代表最恰当、最合适。

社会学研究发现，任何群体中总是有少数人比其他人更有影响力，他们的意见、行为得到这个群体中其他人自觉或不自觉的效法，社会学家称这些人为群体中的“意见领袖”。这些意见领袖往往表现为“消息灵通人士”或“神机妙算式”的人物或某方面的权威，有的在一个方面有影响力，也有的在多方面具有影响力。选择“意见领袖”作典型调查，有着两方面作用：一方面，“意见领袖”们消息灵通，别人较易听信他们的话。所以，他们的意见或态度经常影响他所在群体中大多数人的意见或态度。因此，通过了解“意见领袖”们的意见或态度，可以间接地了解各类公众的意见或态度。另一方面，正因为“意见领袖”们对其他人具有影响力，所以分析研究他们意见或态度改变的可能性，对确定公关方法有重要的参考价值。通过影响他们来达到影响改变公众的目的。

6.3.2　访问法

访问法也称访谈法，是指调查人员与被调查人员直接接触，通过有目的提问和谈话来收集资料的一种方法。访谈法是一种最古老、最普遍的收集资料的方法，也是调查中最重要和有效的调查方法之一。有时为了了解公众深层心理活动情况，公关人员还要选择一些对象进行深度访问。这种方法与记者采访新闻人物颇为相似。公关人员在访问前应做好充分准备，对访问时先问什么、后问什么、如何提问等必须心中有数，只有这样才能获得深层次的信息。这种深度访问也可借助通讯访问、电话访问等形式进行。

6.3.3　问卷调查法

问卷调查法是访问法中的一种，指调查者根据调研的课题和方案，请调查对象回答或填写预先设计和印制好的问题表来收集信息的调查方法。[①] 问卷调查法是现代公共关系调查中最常用、最科学、最准确，也是较难掌握的资料收集方法。这种方法被各种组织广泛采用，也是其他调查研究方法的基础。需指出的是，要使问卷调查法收到实效，非常重要的一点是要科学地设计问卷。下面简要讲一讲问卷的设计。

1. 提问技术

提问技术主要考虑两点：

1）提问类型

根据问题提出的方式和要求对方回答的范围规定来考虑提问类型，常用的有以下几种。

（1）二项选择题（是非题）。只有“是—否”、“有—无”、“好—坏”两种答案，别无其他选择。例如，你家有空调吗？答案为“有—无”；你喜欢用飘柔吗？答案为“是—否”。这种题型的优点是答案简单、明确，便于整理资料。缺点是结果不够精确，不能表示意见程度上的差别。若要求被调查的对象明确表态时可以采用。

（2）多项选择题。就是事先对所要提出的问题拟定若干个答案，供被调查者从中选择一个。例如，您想买多大的彩色电视机？答案为“12英寸，14英寸，18英寸，27英寸，33英寸……”我厂的“金鱼”牌洗涤灵如何？答案为“很好，较好，一般，较差，差”。这种题型的优点是答案范围大，能体现意见程度的差别。缺点是备选答案过多时，不便于归类整理。

（3）自由回答题（开放式）。不拟定答案，由被调查者自由回答。如你准备什么时候买空调？你单位今年准备购置哪些办公设备？你喜欢什么体育运动？自由回答的优点是被调查

---

① 张克非．公共关系学．北京：高等教育出版社，2007：185.

者意见不受任何约束，回答充分，灵活性大，有可能获得许多意外收获；缺点是整理资料困难，不易统计，一般适用于深度调查。

（4）顺位题。就是由被调查者根据自己的认识，对答案定出先后顺序。顺位题又可分为两种：一种是调查人员预先拟定好答案，由被调查者标出答案顺序；另一种是不拟定答案，由被调查者自己去填写。例如，你选购彩色电视机时，考虑的因素顺序是怎样？拟定答案：图像；音响；屏幕大小；价格高低；生产厂家；等等。它的优点是可以获得被调查者对问题的全部意见，便于进一步分析研究。需注意的是，决定顺序的数目不宜过多。

2）如何恰当提问

（1）不必要的问题不要提出。即所拟的问题应该都是必要的，无关的问题不要列入，可问可不问的不要列入。

（2）注意问题的可答性。即所提问题是被调查者力所能及的，能够比较方便地做出答复。

（3）注意问题的明确性。即所提出的问题要具体、明确，不使用大概、经常、一般等笼统的词。例如，你对解放牌汽车是否满意？是外观？还是质量？被调查者不明确，会有多种理解。

（4）避免问一些被调查者不愿回答的问题。例如，你有多少存款？

2. 问卷结构

一份完整的问卷由四部分组成。

（1）标题。标题是问卷的总题目，它反映了本次调查的基本目的，如彩电消费需求调查表、家庭背景资料调查表等。

（2）被调查者项目。此栏内容可多可少，一般包括被调查者的姓名、性别、年龄、职业、工作单位、家庭住址等。

（3）调查项目。这是调查表的主要部分，包括所提问题、可选答案、有关说明和注释。

（4）调查者项目。包括调查者姓名、工作单位、调查日期等。

6.3.4 文献调查法

文献调查法亦称“引证分析法”，是公共关系人员利用文献资料来收集、考察、分析和研究公共关系现象和状态的调查方法，是一种间接调查的方法。它是利用社会组织内部和外部现有的各种文字信息、情报资料、媒体的宣传报道和历史资料，对公共关系现象和状态进行分析研究的一种调查方法。

文献调查法的最大特点是不直接面对面地与现实社会的具体人进行交往，而是在与各类文字材料的接触中找到有价值的信息，通过一系列的分析形成对组织公共关系问题的认识。文献调查法不再像实地调查那样受时间和空间的限制，既可以察看现实资料，也可以调查以前的历史资料，回顾过去的历史；既可以了解组织在本地的活动资料，也可以调查在外地的活动资料和同类组织在外地的资料。

文献调查法的优点主要是：获取资料比较方便，是比较经济的调查方法。它可以作为实地调查的重要辅助方法。其局限性主要是：各类文献资料不可能都十分齐全；有些资料也会因为当时撰稿人或记录者的倾向性使文字材料不真实。

6.3.5　网络调查法

网络调查法是利用互联网和当前国内外各种有关的网站，查询、获取有关信息的调查方法。国内主要的网络调查系统包括第一调查网、横智网络调查、易调网、集思网、盖洛特市场研究有限公司、数字100市场研究公司、英德知网络调查、Insightcn（51POINT）、积沙调查、新秦调查 、AC尼尔森、mySurveyASIA等。

利用互联网进行调查的确具有很多优点，比如快速、方便、费用低、不受时间和地理区域限制等。公众只要对公布在网上的调查问题感兴趣，填写相关的调查问卷，很快就会把填好的问卷通过网络直接传输到调查者的计算机中。另外，由于不需要和用户进行面对面的交流，也避免了当面访谈可能造成的主持人倾向误导，或者被访问者顾及对方面子而不好意思选择不利于企业的问题。因此，当前网络调查已经成为公关工作最为便捷、最具广泛性的调查手段，而且成为企业或组织联系和影响公众、进行双向沟通的主要渠道。有效地运用网络技术收集资料和相关信息，对公共关系调查来说无异于一次革命性的飞跃。当然网络调查的缺点也是很明显的，主要表现在信息的可靠性和真实性方面，因此，公共关系调查要综合运用多种调查手段来开展。

相关知识链接

组织形象地位四象限图

组织形象地位四象限图是测量组织形象地位的工具之一。图区分为四个象限。

象限Ⅰ为高知名度/高美誉度。组织处于这种形象地位，属于最佳的公共关系状态。但同时要注意，知名度越高，美誉度的压力就越大。因为在公众高度注目的情况下，公众对组织美誉度的要求会变得更加严格和苛刻，美誉度方面即使发生微小失误，都有可能造成较大的负面影响。因此，组织处于这种公共关系状态绝不是高枕无忧、万事大吉。如果知名度超过了美誉度，就更应该警觉，以防美誉度跟不上而造成知名度方面的负面压力。

象限Ⅱ为高美誉度/低知名度。组织处于这种形象地位，属于较为稳定、安全的一种公共关系状态，其美誉度高于50点，知名度则低于50点。由于美誉度是形象的客观基础，因此，这种状态具有良好的形象推广基础。其缺陷是知名度偏低，美誉度的社会价值得不到应有的体现，因此，公共关系工作的重点是在维持美誉度的基础上提高知名度，扩大其美誉度

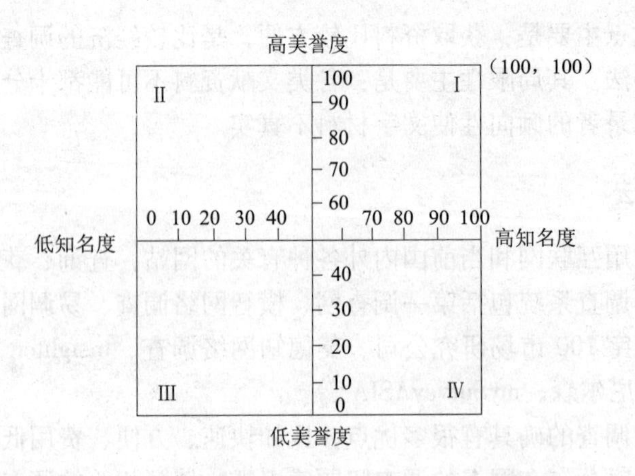

的社会影响面。

象限Ⅲ为低知名度/低美誉度。组织处于这种形象地位，说明其公共关系状态是不良，知名度和美誉度都处于50点以下，既没有名气，公众评价也不好。但因为其知名度低，公众不良印象和评价的影响面也比较窄，负面作用相对比较小。在这种情况下，公共关系传播工作应该保持低姿态，甚至从“零”开始，首先努力完善自己的素质和信誉，争取改善组织的美誉度，然后再考虑提高知名度的问题；或者通过良好的传播控制，使组织的知名度和美誉度协调发展。如果在这种情况下片面地扩大知名度，便会使组织的形象地位，滑至象限Ⅳ的恶劣状态。

象限Ⅳ为低美誉度/高知名度。处在这种形象地位，组织的公共关系处于“臭名远扬”的恶劣状态：不仅信誉差，而且知之者甚众。在这种情况下，首先应该设法降低已经享有的负面知名度，向象限Ⅲ转移；再努力挽救信誉，为重塑形象打基础。或者在特殊的情况下，利用已享有的公众知名度，大刀阔斧地改善信誉，将坏名声迅速转变为好名声，直接向象限Ⅰ跳跃。这样的成功例子也不是没有的。

案例点评

第一份民意测验报告[①]

半个世纪前的一天傍晚，乔治·盖洛普博士接到美国白宫打来的电话，内容是总统想知道社会舆论对政府某一外交政策的看法。由于国际事务的重要，这份报告必须在13小时之内交给总统。

① 边一民．公共关系案例评析．杭州：浙江大学出版社，2004：3.

短短的13小时，找谁收集、怎样收集公众舆论呢？盖洛普博士突发奇想，并立即行动起来。他先找来6个助手，让他们以最快的速度拟出与那项外交政策相关的题目。然后分头去电话给6位不同地区的新闻记者，请他们即刻分别采访10位不同文化层次的公众。被采访者对那些题目发表了意见，概括这些意见，便形成了社会人士对该项外交政策的看法。盖普洛博士列出表格，把人们的意见反映在上面，并写出报告。在规定时间的前两个小时，报告出现在美国总统的办公桌上，成为美国总统处理这一重要外交事务的公众舆论依据。乔治·盖普洛博士在11小时之内完成了民意测验。

这就是历史上第一份民意测验报告，乔治·盖普洛因此成为民意测验的创始人。

【点评】民意对于政府机构或社会组织，就像空气对于人一样重要。政策或措施一旦违背了公众的意愿和失去了舆论的支持，就不可能贯彻始终和收到预期的效果。美国总统林肯曾经说过，“民意就是一切。得到民意的支持，任何事情都不会失败；得不到民意的支持，任何事情都不能成功”。可见，了解和掌握民意，对于制定和实施实际的政策或措施，具有极为重要的意义，它是决策的基石。要了解和掌握民意，就需要开展公共关系调查。

思考题

1. 简述公共关系调查及其特点。
2. 进行公共关系调查对公共关系活动的意义如何？
3. 公共关系调查的内容包括哪些？
4. 简述公共关系调查的过程。
5. 举例说明公共关系调查都有哪些方法。

案例讨论题

《天津市空间发展战略规划》、《天津市文化中心规划设计方案》公示活动①

2009年6月12日天津全市人民瞩目的《天津市空间发展战略规划》、《天津市文化中心规划设计方案》公示活动落下了帷幕。此次公示活动是由天津市委、市政府举办的。天津市委、市政府决定面向全市征求对《大津市空间发展战略规划》和《天津市文化中心规划

① 陈一收．大型活动公关．北京：北京大学出版社，2010：25.

设计方案的意见》的建议后，6月3日，《天津日报》、《今晚报》、天津人民广播电台、天津电视台北方网等全市各主要媒体开设专题、专版、专栏，天津市规划展览馆同时开辟专门展厅，详细介绍两个规划，得到广大市民的积极响应。连日来，广大市民热议两个规划、建言献策，特别对市委、市政府面向全市广泛征求意见的重大举措和以人为本、科学决策的执政理念给予充分肯定。

许多天津市民说，如此详细地向全社会介绍规划，向天津全市人民征求城市规划设计方案的意见，是天津市委、市政府坚持"以人为本、以民为先"执政理念，充分尊重和保障群众知情权、建议权和参与权的具体体现，是发扬民主、集中民智、凝聚民心的具体举措，这大大激发了天津全市人民积极参与规划公示建言献策的积极性。据介绍，规划公示期间，规划展览馆一楼公示区每天都是人潮涌动，前来参观的天津市民或驻足在展牌前仔细观看，或围在规划模型前品评交流，电话热线此起彼伏、接连不断，咨询台前不少天津市民与工作人员咨询交流，认真填写意见建议表、数据。预计参观规划人流平均每天都在两三千人，许多天津市民在留言中说，"天津市委、市政府这么信任咱老百姓，咱一定把心里话都说出来"。

《天津市空间发展战略规划》和《天津市文化中心规划设计方案》公布后，一幅幅美好的宏伟蓝图立刻吸引了全社会的眼球，广大天津市民群众先是通过报纸、电视、广播等媒体了解天津未来发展的宏伟蓝图，进而又通过规划展馆立体而全方位地展示《天津市空间发展战略规划》和《天津市文化中心规划设计方案》。为了让普通市民群众都能看得懂、听得明白，天津市规划局在规划展馆专门配备了讲解员为参观群众讲解规划，并回答群众提出的问题。遇到深层问题，专家亲自上阵深入浅出解答群众提问，增强了规划公示活动的影响力、感染力。天津本市一些大学，各区、街及居委会、企事业单位等纷纷自发组织座谈会，热议两规划，提出了许多好的意见和建议。

据统计，这些天来自各方面的建议和意见有上千条，天津市规划局有关领导说，许多建议非常有价值，对下一步修改两规划必将起到积极作用。面向全社会征求对城市规划设计方案的意见和建议之举，引起了海内外媒体的广泛关注。据不完全统计，近十天以来，德国《法兰克福日报》、法国《加莱大区报》、新加坡《联合早报》、日本《千叶日报》、荷兰《恩舍德每日电讯》，以及香港《经济日报》、台湾《中时电子报》和新华网、人民网、新浪、网易、搜狐、凤凰网等数十家国内外媒体，城市规划网、景观网、中国风景园林网等规划行业网站，都从不同角度报道了此事，或发布了相关信息，普遍对天津这一举动给予肯定。天津本市主要新闻媒体连续十天利用重要版面、黄金时段进行了全方位的宣传报道，如此声势的宣传在海内外产生了巨大的影响力，在为期十天的规划公示活动中，广大市民群众表现出了极大的热情和高度的责任感，通过各种方式积极参与征求意见建议活动。据统计，10天时间，规划展览馆共接待市民群众3万余人，现场留言1 836条，接听电话2 306个，接收电子邮件、信件2 521封，此次规划公示活动受到社会各界广泛赞扬，公示效果良好。

【讨论题】

1. 《天津市空间发展战略规划》和《天津市文化中心规划设计方案》的公示活动体现了公共关系调查的哪些特点?

2. 《天津市空间发展战略规划》和《天津市文化中心规划设计方案》的公示活动运用了哪些公共关系调查的方法?

公共关系策划

本章学习目标

> 通过本章的学习，主要了解公共关系策划的含义、特点和分类，理解并掌握科学有效的公共关系策划程序，能够撰写公共关系策划书。

公共关系工作的第二步是根据组织公共关系存在的主要问题，确定组织的公共关系目标，制定公共关系工作规划和实施方案，寻求解决问题的方法和途径，使公共关系工作建立在科学计划的基础上。

7.1　公共关系策划的内涵

7.1.1　公共关系策划的含义及特点

1. 公共关系策划的含义

公共关系策划是公共关系人员为了实现组织目标，在进行了充分调查和分析的基础上，根据现实中组织所处的公共关系状态和发展趋势，借助科学的公共关系策划方法，对总体公关战略及具体公关活动所进行的谋划、计划和设计过程。

2. 公共关系策划的特点

（1）公共关系策划具有前导性。公共关系策划的前导性是指公共关系决策的制定和公共关系计划的实施都需要以公共关系策划为前提。从公共关系策划的实践活动来看，决策制定的理性化、科学化，管理活动的规范化、目标化，方案实施的程序化、条理化，都取决于事先进行的科学、严谨的策划。

（2）公共关系策划具有创造性。创造性思维是一种复杂的辩证思维过程，具有不同于其他思维的特征，主要体现为：积极的求异性、敏锐的洞察力、创造性的想象、独特的知识结构和活跃的灵感。可以说，公共关系策划的过程就是发挥创造性思维的过程，创造性思维是策划的生命源泉，贯穿于策划活动的始终。

（3）公共关系策划具有目的性。任何种类的策划活动都有着某种特别的目的，在公共关系策划过程中，公关目标已明确提出，一系列的活动也都紧紧围绕目标展开，因此，公共关系策划具有极其明显的目的性。策划一旦偏离了既定目标，策划方案的实施就会流于形式，而无法解决实际问题。

（4）公共关系策划具有系统性。公共关系策划与其要素、目标、程序、原则、方法之间就是系统与子系统的关系。在策划的过程中必须要充分考虑各子系统的影响，统筹子系统与策划总体之间的关系。格式塔心理学认为，整体大于部分之和，即如果把整体作为一个系统去考虑，其收效远远大于单独考虑的各部分。因此，在公共关系策划的过程中要重视和保持策划总系统各要素的优化组合，公关活动要环环相扣、紧密连接，充分体现公共关系策划的系统性。

（5）公共关系策划具有可行性。策划活动是一种具有创造性的活动，但再独特的创造脱离了现实都是不可行的。任何策划方案的提出都是以现实的可行性为前提和基础的。例如，美国癌症协会（ACS）为了预防皮肤癌，策划了一个推广使用防晒系数（SPF）15 的防晒油的消费者教育运动。因为美国每年有 10 万人患皮肤癌，其中 8 800 人死亡。最初传播部门想出了一个承诺：“使用 SPF15 防晒油，可以救你一命！”很有震撼力。但对潜在使用者（12～18 岁的少男少女）的调查表明，他们认为他们是不会死的，“救命”对青春年华而言实在太玄乎了。他们喜欢晒成古铜色的皮肤，对异性更有吸引力。倾听消费者的心声，使 ACS 放弃了想当然的吓人的“救命”方案而确立了“使用 SPF15 防晒油能使你在阳光下晒得更久，对异性更具吸引力”这一运动主张。进而把它转化成朗朗上口的广告语——“就是 15 分美丽”，一语双关。

7.1.2　公共关系策划的意义

公共关系策划作为公关活动的一个步骤，是公关的核心，也是顺利实现公关目标的前提。它要回答公关“应该怎样做”的问题，它不仅是公共关系活动行为的指南，而且直接影响到公共关系行为的效果。因此，公关策划在整个公关活动中起着关键性的作用。

1. 增强组织形象管理的有效性

随着经济的发展和社会的进步，社会组织之间的协作在加强，同时竞争也日趋激烈。组织的环境和公众的态度处在不断的变化中，组织在公众中的形象也会因此而不断变化。所以，组织要做到自下而上的发展，就必须开展各种公共关系活动。

公共关系策划的思想和方法，可帮助组织科学地设计、选择公共关系活动方案，提高组织开展公共关系活动的成功率，从而增强组织形象管理的有效性。

2. 增强组织形象管理的计划性

组织塑造或完善自身的形象，贯穿在组织经营、运作的全部过程中，并且组织处在不同的发展阶段可选择不同的公共关系活动。所以，组织应根据不同发展时期的情况，对自身的形象管理制订出完整的计划。此外，组织在开展某一特定公共关系活动之前，也应就开展活动的各方条件进行通盘考虑。在策划过程中，公共关系人员不仅要考虑组织近期的形象目标要求，还要考虑组织长远的形象目标要求，这大大增强了组织形象管理的计划性。

3. 增强组织形象管理的目的性

组织形象管理的目的就是要不断地完善组织的形象和提高组织的形象地位，公共关系策划是实现这一目的的重要一环。无论是处于顺境还是逆境，组织都要开展一些公共关系活动。组织选择什么样的公共关系活动才能实现目标、达到目的，是在公共关系策划中必须要解决的。好的策划，不仅可以使组织走出困境，还可以达到进一步完善组织形象的目的。所以，公共关系策划可以使组织开展的公共关系活动更有效地达到组织形象管理的目的。

7.1.3 公共关系策划的类型

1. 总体策划

总体策划也可以叫做公共关系的战略策划，指一个组织围绕建立良好的公共关系、树立良好的形象这一核心，以未来为导向，策划制定的长期性、整体性的对策和谋略，包括组织环境策划、组织行为策划和组织形象策划。

1）组织环境策划

任何一个社会组织都是在特定的外部和内部环境中生存的，环境的好坏及其变化与组织的生存发展关系密切。以组织的外部环境为例，组织的外部环境包括政治环境、法律环境、经济环境、技术环境、社会文化环境、行业的性质、竞争状况、顾客、供应商、中间商和其他社会公众等。组织面对的最重要的环境就是公众，公众的态度会直接影响到组织自身的存亡。

2）组织行为策划

组织是公共关系工作的主体，组织与公众的关系取决于组织自身的行为。组织行为的多样性使得这方面的公共关系策划包含了许多内容，主要有生产行为策划、营销行为策划、人力资源策划。

3）组织形象策划

随着市场经济迅猛发展，竞争更加体现在“高、精、尖”领域，如果企业要在竞争中取胜，除了拥有质优价廉的商品和高超的技术外，更重要的在于企业能否独具慧眼地塑造个性鲜明、信誉良好的企业形象。“酒香不怕巷子深”的年代早已成为历史，企业要赢得消费者青睐，必须独树一帜，突出个性化的外部形象。

2. 专题活动策划

公共关系专题活动策划是指服务于组织整体公共关系目标的各项专门主题活动的策划与设计。这样的策划具有主动性、积极性、创新性和开拓性的特点，是公共关系策划者展现聪明才智的用武之地，也是一个组织进行理想的、科学的公共关系工作的重要内容。常见的公共关系专题活动策划包括：公共关系新闻策划、公共关系广告策划、公共关系营销策划、公共关系谈判策划、公共关系危机处理策划等。本书将着重介绍公共关系新闻策划和公共关系广告策划两部分内容。

1）公共关系新闻策划

公共关系新闻，就是指有利于一个社会组织建立、维持、发展和完善其形象的，并受到新闻媒介重视报道的新近发生的事实。公共关系新闻可以帮助组织拉近与公众的关系，促进彼此的沟通与理解，纠正组织在公众心里不利、片面、虚假的印象，维护和完善组织的整体形象。公共关系新闻策划是指在服务于组织公共关系总目标的原则下，对以事实为根据、以最新为特点的信息的制造、选择、加工、编辑、传播、反馈等一系列活动的运筹谋划过程。就是通过“制造新闻”达到宣传组织、塑造组织形象的效果。

公共关系新闻策划分为常规性公共关系新闻策划和创造性公共关系新闻策划两类。前者是指公共关系事实本身并无多大的创新性和独特性，只是由于其所传播的内容具有了新闻的价值而成为公共关系新闻，包括庆典仪式、社会赞助、新闻发布、形象展览和娱乐联欢。而创造性公共关系新闻策划是以创新性思维为指导，筹划、组织、举办具有新闻价值的活动或事件，以吸引新闻传播媒介与公众的关注和兴趣，创造报道传播的事实前提，并使组织成为新闻报道中的主角，以达到提高组织认知度、美誉度和和谐度的目的。这也是人们说的“制造新闻”，它是公共关系策划者施展才能的主要舞台。

【实例7-1】2000年10月8日，一家名为富亚的涂料公司在《北京晚报》上打出一则通栏广告：10月10日上午，在北京市建筑展览馆门前开展“真猫真狗喝涂料”活动，以证明该公司生产的涂料无毒无害。由于这一活动的新奇性，加上近年来“动物保护”意识已深入人心，因此广告一刊出，即在社会上引起轩然大波。10月10日上午，北京建筑展览馆门前挂起了“真猫真狗喝涂料　富亚涂料安全大检验”的横幅，一猫三狗准备就绪，富亚公司请来的崇文区公证处公证员也已到位。而展台前则拥满了观众，其中几位愤怒的动物保护协会成员发誓要阻挠此事，另外还有不少跑来“抢新闻”的媒体记者。上午9时，富亚公司总经理蒋和平开始向围观者宣传：1998年，中国预防医学科学院就用小白鼠为富亚牌涂料做过无毒实验，结论是：“实际无毒级。”开展这次活动，是请大家亲眼见识一下，毕竟“耳听为虚，眼见为实”嘛。他的解释没能说服特意赶到现场来制止这一事件的动物保护主义者。北京市海淀区环保协会动物救助分会会长吴天玉向在场的观众和媒体发表了自己的看法：“我认为这种做法是错误的，伤害了人类的朋友——动物。”她认为，涂料一定会损伤动物的肠胃功能。北京市保护小动物协会副秘书长赵羽和国际爱护动物基金会的吴晓京也是反应激烈，他们与同伴一起在现场举起标语“请不要虐待动物，孩子们看了怎样想?”要求立即停止动物喝涂料的实验，并几次强行要把正准备喝涂料的小动物带走。

现场秩序很乱，围观者越聚越多，眼见“真猫真狗喝涂料”活动就要泡汤。这时蒋和平摆出一副豁出去的架势，大义凛然地宣布：考虑到群众情绪，决定不让猫狗喝，改为人喝涂料，他亲自喝。话音刚落，场内顿时鸦雀无声。在两名公证员的监督下，蒋和平打开一桶涂料，倒了半杯，又兑了点矿泉水，举在眼前顿了顿。在四周观众直勾勾的注视下，蒋和平咕咚咕咚喝下手中一大杯。喝完后一擦嘴，还面带笑容。

蒋和平这一"悲壮"的行为赢得了极大的新闻效应。当时，新华社播发了一篇700字的通稿《为做无毒广告，经理竟喝涂料》，此后媒体纷纷跟风，"老板喝涂料"的离奇新闻开始像野火一样蔓延。不仅北京市的各大媒体竞相报道，全国各地的媒体也纷纷转载。当时有个细节可说明这一事件的影响力：北京电视台评选的10月份十大经济新闻，"老板喝涂料"赫然跻身其中，与"悉尼奥运会"等同列。事后有人做过一个统计，全国至少有200多家媒体报道或转载了这则消息。就在这样高密度的报道过程中，富亚的知名度越来越高。

【分析】这真的是一个突发的经济新闻吗？非也，这是一次精心的策划。事后，蒋和平在接受媒体采访时表示，在激烈的涂料市场上要想与国外大品牌抗衡，就必须要打响自己的品牌，但他们根本没有打广告的钱，于是在北京一个著名策划人的帮助下，想出了"老板喝涂料"这一怪招。用人喝的方式来"鉴定"涂料的环保与无毒，确实是一个大胆而富有创造力的策划。其最大成功之处在于：新闻"制造"得不留痕迹，因为事件本身的离奇性已经足够构成一个新闻题材。

2）公共关系广告策划

现代社会，不管你喜不喜欢、愿不愿意、接不接受，你都无法摆脱广告对你的影响，无法抵挡媒介射向你的广告"子弹"。正如，可口可乐的广告所言，"挡不住的诱惑!"美国历史学家大卫·波特指出："现在广告的社会影响力可以与具有悠久传统的教会及学校相匹敌。"中国的广告业市场更是突飞猛进的发展，以央视为例，2006年黄金资源广告招标总额为58.69亿元，而2011年广告招标总额就达到了126亿元，创17年来的新高。

公共关系广告不同于一般广告，有学者精辟地概括为，"一般的广告是推销商品，而公共关系广告推销的是公司"。可见，公共关系广告并不是直接劝说人们购买某种特定的商品，它的目的在于唤起人们对包括企业在内的各类组织的注意、兴趣、信赖、好感及合作。对于组织的公共关系人员来说，担负公共关系广告的策划自然是责无旁贷。

公共关系广告策划应遵循以下原则。

（1）合法性原则。广告的策划必须符合法律的规定，我国已颁布了《中华人民共和国广告法》，对广告活动中的基本道德进行约束和规范。例如，不得发布虚假广告；不得违反国家政策法令；不得有损国家民族的尊严；不得有反动、淫秽、丑恶、迷信、残暴的内容；不得有意攻击或贬低他人；等等。对于公共关系广告来说，由于主要用于树立组织良好的社会形象，因此，遵守法律规定是基本的要求，没有人会对违法的组织产生好感的。

（2）系统性原则。公共关系广告的系统性原则，要求从系统工程的观点出发进行公共关系广告的策划，即把广告策划作为一个有机的整体来考虑。包括：公共关系广告要与产品广告相统一；公共关系广告要与公共关系活动相统一；公共关系广告要与组织的重大举措相统一；公共关系广告要与外部环境相统一。通过同组织活动的其他方面相统一，在整体与部分的相互依赖和相互制约中，实现广告的最佳效果。

（3）创新性原则。创新性原则是公共关系广告策划的生命点，没有创新就不会吸引公众的注意，就不会在公众心里引起震动并留下印象。在广告铺天盖地的情况下，唯有创新，使自己的广告别具一格，才能达到广告的目的。就像每四年一次的奥运会开幕式一样，最激动人心的是火炬点火仪式，如果没有创新就会使整场开幕式黯然失色。

（4）煽情性原则。能否使广告内容在公众心里留下深刻的印象，煽情也是一个制胜的法宝。将感情元素融入广告，沟通企业与公众的心理，用感性的手法使公众在感情上首先接受企业的理念和商品。例如，韩国现代集团就曾做过这样一个公共关系广告："什么是'现代'？你可以想象出，'现代'是一个你可以买得起的高质量汽车的生产厂家。这种想法并不错，但不完全……其实，在先进的工程项目、石油化学、机器人和卫星通信系统，以及各种令人兴奋的工业中，你都能发现'现代'的名字。'现代'，在韩国已经成为国家经济发展的一种象征。所以，请千万注意，在记住现代汽车的同时，不要忘记了'现代'的庞大的规模。"这则广告直接将"现代"事业与国家的自豪感联系起来，令人信服地煽起公众对"现代"——国家的热爱之情。

7.2 公共关系策划的过程

公共关系策划过程分三个阶段。

1. 公共关系策划的准备阶段

1）分析已有信息，审核所需资料

要求公共关系人员在进行公关策划之前，对策划所依据的调查材料再次进行分析、审定。调查材料必须真实可靠。否则，再好的策划也无济于事。

2）确立公共关系目标

公共关系目标是指组织通过公关活动希望达到的状态和标准。确立公关目标，即根据公关调查发现的问题确定公关目标，为接下来的公关活动实施做准备。

（1）公共关系目标的分类。组织的公共关系目标总是与组织的总目标、总任务联系在一起的。由于不同时期的条件不同，不同类型组织的总目标、总任务不同，存在的问题不同等，组织的公共关系目标会表现为不同的内容与类型。任何组织的公关目标都可分为四类：传播信息、联络感情、改变态度、引起行为。

① 传播信息。这是最基本的公关目标，不少组织在一段时期内，特别是在组织初创时期，大量的公关工作都是以传播信息为自己的目标。

② 联络感情。情感投资既是一个组织公关活动的长期目标，也是可在短时期内达到的目标。因此，一方面要细水长流，努力建立起公众对组织较为牢固的情感基础；另一方面要制定近期的工作目标，以便在短期内达到联络组织与公众感情的具体效果。

③ 改变态度。在一定时期内，开展公关活动是为了使公众对组织的整体形象或形象的某些方面的认识和态度发生转变，这是公关活动的主要目标。公众的何种态度需要转变，应以调查研究所得的公众态度资料为依据。

④ 引起行为。公关活动的最终目的是在取得公众理解、信任和支持的基础上，促使公众产生某种组织所期望的行为。例如，促使顾客多购买本企业的产品，支持企业的新政策。需要促使公众产生什么样的行为，要以调查得到的公众行为资料为依据。

（2）确定策划目标应注意的问题。公关目标是组织在一定时期内所要完成任务的标准和努力的方向，也是检验公关工作是否有成效的尺度。公共关系策划所依据的目标要明确、具体，并应具有可行性和可控性。

① 策划目标应与组织的整体目标相一致。公关人员在策划时要全盘考虑，使该策划有助于实现组织经营的整体目标，有助于树立组织的整体形象。任何游离于组织总目标之外的公共关系活动只能是画蛇添足。

② 策划目标要兼顾社会利益、组织利益和公众利益。互利互惠是一切公共关系活动的基本原则。

③ 策划目标应该按重要程度和执行的先后顺序排列。将目标顺次分为迫切目标、近期目标和长期目标，按轻重缓急分别实施。

④ 策划目标在保持相对稳定的前提下，也要有一定的灵活性。目标应随着组织内部及环境的变化而变化。

⑤ 策划目标实现的难易程度要适中，太易，唾手可得；太难，又高不可攀，都不能激发公关人员的积极性。所谓适中，是指经过公关人员的努力，目标基本上能够实现。

⑥ 策划目标要具体和明确。这样既有利于实施，又便于日后检验。一个特定组织的公关目标总是具体的，传播信息总是传播具体的信息，联络感情总是联络在一定阶段需要加强的感情，改变态度总是改变特定公众群体的态度，引起行为总是引起与公关目标相一致的具体行为。如果目标不具体，就等于没有目标。所以，在具体的公关活动中，一般总是在总目标下列出若干分目标，或者采取多种目标的形式。

⑦ 策划目标要有时间限制。组织公共关系活动实现的目标必须是在规定的时间里达到的结果，不应远不可及、遥遥无期。

2. 公共关系策划的实际策划阶段

1）设计主题

公共关系活动主题是对公共关系活动内容的高度概括，它对整个公共关系活动起着指导作用：它既能指导公共关系活动实施者按照统一的活动宗旨开展各项活动，积累公共关系活动效果，又能引导公众正确理解各项公关活动的意义，领悟组织开展公关活动的目的。

公共关系活动主题是公关活动的总纲，公关活动中的每一项具体活动乃至演讲稿、宣传画、包装袋、广告等都要体现这一主题。能否提炼出鲜明的公关活动主题，公关活动主题能否吸引公众、抓住人心，乃是公共关系策划成败的一个重要标志。

（1）公关活动主题的表现形式多种多样，它可以是一句鲜明的口号（如北京申办奥运会活动的主题“绿色奥运、科技奥运、人文奥运”），可以是一个寓意深刻的警句（如四川泸州老窖的金奖宣传活动主题“四百年泸州老窖飘香，七十年国际金牌不倒”），也可以是一种简洁的陈述（如青岛东方明珠美食娱乐城的公关营销活动主题“助推岛城新闻业”）。不论何种形式，公关活动主题一般由公关目标、信息个性和公众心理及审美情趣等要素构成。用公式表示为：

公关主题 = 公关目标 + 公众心理 + 信息个性 + 审美情趣

① 公关目标，是指公关主题必须与公关目标统一起来，并能充分表现目标。例如，为迎接奥运会，中国政府的筹款宣传活动主题是“迎奥运，献爱心”；北京王府井百货大楼庆典活动的主题是“40 年真情不变”。

② 公众心理，是指公关主题要适应公众心理的需要。主题要形象化，富于激情，又要有人情味，使人既能产生积极奋发的情绪，又觉得可亲可信。例如，广州市开展“住房改革千家谈”的大型公关活动，其主题是“让政府了解您，让您了解政府，住房是您生存的条件，参与是您神圣的权利”。

③ 信息个性，是指主题要独特新颖，有鲜明的个性，表述要有新意，还要有多种选择方案，避免雷同。例如，北京贵宾楼饭店紧挨着故宫，在举办“世界一流酒店年会”时，就利用自己饭店的特色，举办了“帝王之梦”欢迎晚会。

④ 审美情趣，是指公关主题应使人见到、听到后感到有兴趣、回味无穷、印象深刻。

（2）设计公关主题的注意事项

① 要与公关目标相一致，并能充分表现目标。

② 在内容上，主题必须含意清楚，独特新颖，有鲜明的个性，词句能打动人心，具有感召力。

③ 要贴切朴实，不能华而不实，要符合公众心理的需要。一个理想的主题词既富有激情，又贴切朴素；既奋发向上，又可信可亲；既符合客观实际，又切中公众心愿。

④ 要简明扼要，易记易传。应力求做到简洁明了、形象生动、亲切感人、新颖别致和语句流畅。如果词句过长、晦涩难懂，不仅不易传播、难以记忆，还可能使人厌烦或产生歧义。

2）确定目标公众

目标公众即开展公共关系工作的具体对象。任何一个组织都有其特定的公众，公关工作是以不同的方式针对不同的公众展开的。

确定目标公众至少要做以下几方面的分析。

（1）对象公众分属于哪些不同的社会组织？这些社会组织属于什么性质？

（2）对象公众的共同利益和要求与特殊利益和要求是什么？

（3）对象公众居住在何种地方？他们当中谁是领袖？习惯读什么书刊？喜欢哪些电视节目？收听哪些广播节目？

（4）对象公众对组织的看法如何？对本组织感兴趣的原因是什么？

（5）对象公众与本组织的关系如何？这种关系是如何造成的？等等。

对这些问题分析得越透彻，公关目标的针对性就越强，计划就越可行。

概括地说，确定目标公众要分两个步骤。

（1）公共关系人员要根据公共关系目标从组织的公众中划分出目标公众，这就要求必须明确公众的权利要求，将其作为策划的依据之一。

（2）对公众对象的各种权利要求进行分析，找出各类公众权利要求中的共同点，把满足各类公众的共同权利要求作为组织总体形象设计的基础。再分析各类公众的特殊要求，那些带有个性的问题，是设计组织特殊形象的基础。应注意的是，将不同的权利要求分出轻重缓急，一般选择与组织的观念和发展利益相同、相近或利益关系特别紧密的公众，作为工作的主要对象。例如，一家五星级宾馆确立的公关目标是吸引外国游客，公关人员就在宾馆的所有公众中选择出外国游客及涉外旅行社、导游作为目标公众，并研究相应的公共关系内容。

3）选择传播媒介

公共关系活动的目标、主题、目标公众一经确定，就要针对目标公众的特点选择适当的传播媒介。一般来说，在选择传播媒介时，应遵循几个原则：① 联系目标原则；② 适应对象原则；③ 区别内容原则；④ 合乎经济原则。具体内容在第5章中已有详述。

4）选定公关模式

所谓公关模式，是指公关工作的方法系统。它是由一定的公关目标、任务及由这种目标和任务所决定的各种具体方式方法和技巧所构成的一个有机系统。公关活动模式有明显的针对性，一种模式往往只适用于特定的目标和任务。在公共关系策划中，选择公关活动模式时，绝不能生搬硬套，而应该根据组织的特点和特定要素科学地选择。企业常用的公关模式分为两类，即战略型公共关系活动模式和战术型公共关系活动模式。具体内容将在第10章单独予以阐述。

5）编制预算

编制预算是将人力、物力、财力等因素按一定的方式合理配置，其目的是为了做到心中有数，避免浪费和超支，避免因为经费不足而使计划不能顺利进行，从而保证公共关系活动的正常开展。

（1）人员预算。人员预算是指实施计划作业所需的人数预算，它是通过对工作人员工作量的测算与评估来进行的。对公关人员工作量的测算，依据公关活动的难易程度而有所不同，因而它没有一定之规，但这种预算必须符合公关部门事先对每个公关从业人员岗位责任和职责的规定，并且体现“少用人、多办事”的原则。

（2）经费预算。

① 人力酬金，包括公关部门的主管、员工、编辑、摄影师、秘书等人员的劳务报酬。

② 行政办公费，包括房租、水电费、办公费、家具费、电话费等。

③ 器材费，包括支付在制作各种印刷品、纪念品，摄影设备和材料，美工器材，广播器材，电视录像设备，展览设施及用品等上的费用。

④ 传播媒介费，包括支付在报纸、杂志、广播、电视上的费用。

⑤ 实际活动费，包括举办记者招待会，召开座谈会，组织展览、参观、游玩及其他接待应酬的费用；公关赞助费；公关人员的活动费，如交通费、旅馆费、交际费等。

(3) 时间预算。时间预算是对完成一项公共活动的具体时间进程进行的预算。时间预算中的时间计量单位依具体的公关活动的规模而不同，即可用年、季度、月等单位，也可用天、小时等单位。

6) 制定日程表

在策划方案确定后，还要对时间作出安排，制定公关活动的日程表，以保证整个公共关系活动的有序进行。制定公关活动日程表时，应注意以下几个问题。

(1) 根据各项工作的重要性、难度确定所需时间，大体上规定什么时间做什么事，将这些安排在时间表上。

(2) 各部门工作要协调进行，人员要进行合理配置。

(3) 各部门要有明确的工作量和负责人。

(4) 对没有按期完成工作的部门要有督促的方法，不能按期完成工作要有补救措施。

(5) 对于长期的公关活动要分阶段来安排，对于时间较短的公关活动要逐日来安排，对于一天之内须完成的公关活动要按小时来安排。

(6) 对时间的安排要有一定的弹性，对一些费时的工作，如去工厂访问、筹办讲演会等，要留出预留时间，以使计划可以按时完成。

3. 公共关系策划书的撰写阶段

职业化的公关工作必须建立自己完整的文书档案系统。每一项具体的公关计划都要以文字的形式写出来，这不仅便于日后的回顾和检验，而且能够以此向组织的决策层报告。

公共关系策划书是一份完整的公共关系策划方案的书面报告。制定公共关系策划书，是对整个公共关系的任务和过程作出的一种主动设计和安排，是经过选择的最优方案和最佳途径所形成的书面材料，它为公共关系工作的展开提供了一个蓝本和标准，以确保时间的安排、人力的配置、资金的使用等，从而纳入良性的轨道。

1) 策划书的内容

下面以“金陵啤酒·音乐节”活动策划书为例，来阐释公共关系策划书的内容。

“金陵啤酒·音乐节”活动策划书

(1) 活动主题。让音乐台有音乐，并通过“鲜花、美酒、音乐”的主格调体现活动的水准和风格。

(2) 活动目的。通过在与音乐久违的中山陵音乐台举办全天候的“金陵啤酒·音乐节”，提高南京市民的审美能力，丰富年轻朋友的文化精神生活，并促进海内外人士对南京和中山陵的了解；同时，通过对社会事务的积极参与，提高金陵啤酒的知名度和美誉度。

(3) 活动地点与时间。暂定为2011年5月16日在中山陵音乐台举办。时间为当日上午9:00到下午4:00，中午休息30分钟。

（4）“金陵啤酒·音乐节”的主要内容。

① 金陵啤酒公司邓乃淳总经理、中山陵管理处领导及特邀来宾代表讲话，时间不超过30分钟。

② 音乐会以演奏古典音乐为主，乐队主体由江苏歌舞剧院管弦乐队组成，演奏时间6小时（上午9:30—12:30，下午1:00—4:00）。

③ 聘请国内著名演奏家一位，于该日上、下午各演奏中国古典名曲一次。

④“金陵啤酒·音乐节”期间在中山陵设扎啤机5～6处，并使用音乐节特制纸杯，啤酒优惠供应，并销售面包等其他食品。

（5）“金陵啤酒·音乐节”宣传方案。

① 在音乐节前两周的每周六的《扬子晚报》上发通告栏广告，预告、宣传，并邀请市民自由前往。

② 音乐节的前一天在鼓楼、新街口等繁华地区悬放气球广告。

③ 向新华社江苏分社及省内所有媒体记者发出邀请信，并向来宾介绍主要情况。

④ 拍摄音乐节专题片一部，并据此拍摄30秒和15秒影视广告片各一条。

⑤ 自中山门至中山陵沿途悬挂横幅10条。

（6）经费预算。

① 乐队：6 000～10 000元。

② 场租：10 000～20 000元。

③ 邀请著名音乐家一位：20 000～50 000元。

④ 印制纸杯及宣传品：100 000元。

共计：约250 000元。

总策划：周某

2010年12月

通过以上案例可以看出，一份完整的公共关系策划书应该包括以下几方面。

（1）标题。一份完整的公关策划书，必须有一个醒目的标题，使人一读就明白这是份活动策划书而不是一份工作小结或评估报告。标题可以直接写成“××公司××活动策划书”，也可以采用点明某一活动主题的词语作为主标题，而将“××公司××活动策划书”作为副标题列在其下。

（2）主题创意。主题创意即用简洁的语言概括公共关系活动的创意内容。例如，让音乐台有音乐，并通过“鲜花、美酒、音乐”的主格调体现活动的水准和风格。

（3）活动目标。活动目标是指用精练的语言表明此次活动所要达到的具体目的。

（4）活动方式和实施步骤。实施步骤一般分为准备阶段、实施阶段和传播阶段。在每一阶段均要写明活动的地点、时间、人员、活动方式、物品、调度和经费使用等。

（5）传播计划。用简明的语言、条文式地写出所选择的媒介。

（6）经费预算。经费预算要将每一项开支详细列出，最后计算支出总额。正确的经费预算是实施活动的保证，经费预算要合理、全面、留有余地。

（7）署名和日期。文案最后需写明：① 策划者名，公关公司、公关部名称或策划人员名称；② 策划书写作时间，×年×月×日。

2）*策划书的编写要求和应注意的问题*

公共关系项目策划书的写作不同于一般的文学创作，作为一种特殊的应用文，需要遵循以下要求。

（1）文字精练。公共关系项目策划书的文字叙述要力求简洁、明确、朴实无华。

（2）表述真实。运用简洁的文字，表述复杂的计划内容，是编写公共关系项目策划书的重要技巧之一。在具体写作中，对结果的表达和资料的引用一定要做到实事求是，而不能夸大其词。另外，内容表述一定要完整，即使是细节性内容，也应有专门项目加以表述。

（3）结构条理清晰。策划书实际上是一种工作指南，是公共关系实施的依据，要便于公共关系人员理解和操作。所以，必须强调条理性。其结构方式有三种：一是根据策划内容的逻辑关系安排写作结构；二是按照工作内容的先后顺序安排写作结构；三是借助数字序列分层次、分步骤安排写作结构，如先用（一）、（二）、（三），然后每个条目下又用1、2、3……之类的数字，标识出公共关系项目策划书的内容顺序。

（4）计划周密。这是对策划书内容的基本要求。公共关系策划书涉及多方面的操作性内容，一定要注意计划的周密、严谨，确保公共关系工作的顺利进行。

7.3　公共关系策划的方法

7.3.1　集思广益法

1. 头脑风暴法

头脑风暴原是精神病理学上的用语，指精神病患者头脑不受控制的状态，后来被引入创造学，意为不受任何拘束的自由漫谈。但它与自由闲聊不同，有科学的规则，其核心是高度自由地联想。头脑风暴的特点是让与会者敞开思想，使各种设想在相互碰撞中激起脑海的创造型风暴。

2. 发展型自由讨论法

国外称“哥顿法”。其做法前半部分与头脑风暴法一样，让大家就某一方面的问题尽情漫谈；经过一段时间，主持人认为时机成熟，就将会议的目的、意图和盘托出，使问题具体化、明确化，作进一步的探讨。这种方法通常需要3小时，对于扩展自由联想的成果是行之有效的。这种方法对于确定方案、修正方案很有用。

3. 对演法

亦称“逆头脑风暴法”。头脑风暴法提倡高度自由联想，禁止批评；对演法则是靠相互批评激发创造性。其做法是分两组制定出目的方案，通过唱对台戏的方法进行辩论，攻对方所短，充分揭露矛盾；也可拿出一个方案，人为设置对立面去批评、挑剔、反驳，以期使一些潜在的危险性问题得到较充分、彻底的揭露，使新见解更加成熟、完善。这种方法对于准备报告上级或方案交付客户前的自我审查非常适用。

7.3.2 默写法

公共关系工作中常常会为选择一个理想的契机、一个新颖的主题、一个恰当的宣传口号而伤脑筋。默写法可以激发我们的创造灵感，在较短的时间里有效地发挥集体智慧，提出创造构想。

默写法亦称“635”法，其做法是：由6个人参加，在5分钟内每个人提出3个设想。按照“635”法则，会议主持人先宣布课题，讲清发明创造或策划的目的、要求，发给每人几种卡片，编上号，填写时字迹必须清楚，注意在两个设想之间留有一定的间隙，供他人填写新设想。在第一个5分钟内，每人针对课题在卡片上填写3个设想，然后将卡片向右（或左）按次传给邻座。在第二个5分钟内，每人从别人的3个设想中得到新的启发，在传过来的卡片上再填3个新设想，然后再依次传下去。这样，半小时内可以传递6次，共计可产生108个设想。

默写法的优点是可以让每个人充分地独立思考，避免一些可能产生的压抑因素或因无法及时发言而使设想遗漏，时间短、效率高。需要注意的是，出席的人应具备一定的见解，否则要在5分钟内提出3个设想是困难的。

7.3.3 匿名咨询法

匿名咨询法是一种比较先进的调查研究和科学预测方法。一般的策划研讨会在讨论时往往仁者见仁，智者见智，争论不休，结果也往往受到与会者心理及开会时间、环境等因素的干扰。而匿名咨询法采用许多专家背对背多次咨询的办法征求意见。领导小组对每一轮意见都进行汇总整理，作为资料再发给每位专家，请他们分析论证，提出新设想。由于它采取匿名方式，应聘专家互不了解，完全消除了心理因素的影响，专家们可以参照前一轮的成果修改自己的方案而无须公开说明，无损自己的威信，效率又高。这样反复几次，专家的意见趋于一致，方案的可靠性也就逐渐增强。

7.3.4 排列法

排列法指创造过程中对事物的特性一一列举，然后进行排列，分清主次，引起联想设计。它是进行组织“诊断”、理清思路的好方法。排列法可分为特性排列法、缺点排列法和希望点排列法。

（1）特性排列法。是把创造对象的特性一一列出，然后围绕特性进行创造。这种方法是从对象的“词”来排列特性，如对一个饭店进行企业诊断，思路可这样展开：

① 名词特性（饭店的名称、类型、地位、设施、部门、服务项目等）；

② 动词特性（以上内容的作用、功能、效益等逐一对照）；

③ 形容词特性（饭店的状态、环境、颜色、整洁等）。

排列完从中找出不妥之处，根据市场与公众的需要对主要特性进行改进或创新。

（2）缺点排列法。是改进旧事物、老组织的一种常用方法。其做法就是把存在的缺点一个个找出来加以排列，从中找到主要问题加以解决。这种方法比特性排列法简便一些，但对研究者的水平有较高要求，否则就易吹毛求疵，抓不住主要矛盾。

（3）希望点排列法。一般是在缺点排列法运用的基础上，针对现存缺点提出希望而采取的创造技法。缺点排列法也称“被动发明创造法”，希望点排列法也称“主动发明创造法”。在发明创造过程与公关策划过程中这两种方法是相辅相成的。运用希望点创造法需要较强的想象力，提出希望达到的目的，设计出理想的组织形象。

在策划时往往先用缺点排列法找到问题、症结，再用希望点排列法找到思路，明确要达到什么目标、组织领导人的期望值是什么。

7.3.5 检核表法

检核表法是先根据策划需要列出有关问题，然后一个个来核对，展开思路。它几乎可以用于任何策划活动，有“创造技法之母”之称。其主要做法是列出以下问题，然后加以改进创造。

（1）改变。有什么能变化？变成什么样？

（2）加大。能添些什么？次数？时间？力度？

（3）缩小。能减去什么？更小？更省时？省经费？简明？

（4）代替。换什么人？什么形式？其他程序？其他来源？

（5）重新排列。时间？顺序？形式？成分？

（6）颠倒。调换因果？角色？逆向思维？

（7）组合。混合？集锦？结盟？并网？

一系列问题都考虑周详，策划方案就一定会出新意。

7.3.6 模拟策划思路

公共关系策划就其本质来讲，是进行科学思维的过程，是创造的过程；就其现象来看，是时间、空间与招数组合和运演的过程。因此有人称时（时机）、势（空间）、术（招数）为公关策划的金三角。换句话讲，公关的策划就是驾时、运势和使术的综合过程。采取不同的思维方法或者不同的时间、空间、招数的运演会形成不同的策划思路或者策划方法。

1. 直接效仿法

直接效仿法就是借别人成功的招法为我所用，是一种模仿或者借鉴之法。模仿是人类的天性，人的学习过程很大程度上就是模仿的过程。对于公共关系策划的新手来说，模仿他人的策划手段和方法，不能不说是一种比较实际的办法。事实上，初涉公共关系之河的人，通常以此种方法进行公共关系策划；对于公共关系策划的行家来说，适时应用他人成功的策划招数，往往也能产生很好的效果。所以，从某种意义上讲，根据组织自身现实条件，适时恰当地直接仿效，也是一种创造。

遵循这种思路进行活动的策划应注意以下两点：① 要进行仿效，原则上应有相似条件；② 仿效不等于照搬，应该是在借鉴的基础上进行创造性的发挥。

2. 目标延伸法

目标延伸法是根据组织的具体公共关系目标来延伸推导，寻求实现目标的最佳途径的公共关系策划方法。这是一种顺向的发散性思维过程，思维顺序是：组织目标—影响实现目标的主要因素或条件—创意。

运用目标延伸法的关键是使目标和手段相适应，手段要确实能够推进目标的实现，也需注意公共关系活动的目标和实现目标的手段都要具有可操作性。

3. 借名播誉法

借名播誉法是借助社会名流的知名度和美誉度来提高组织知名度和美誉度的方法，是一种借势之法。这里的社会名流主要是指社会各界的权威人士、知名人士。利用社会名流的知名度和美誉度来策划公共关系活动，本身就具有新闻性，即产生通常所称的“名人效应”，因为社会名流往往是新闻界追踪的对象、社会公众关注的焦点。利用名人效应有益于组织的知名度和美誉度的宣传和提高。

4. 借题发挥法

借题发挥法是利用某种时机、某种态势，因势利导地进行公共关系策划的方法，也是一种借势之法。这里的“题”是指特定的时机、场合和事件。

借题发挥法在应用时要注意以下几点：① 要善于识别机会、把握机会、利用机会；② 一般来讲，所发挥的内容应同“题”相符；③ 要有独创性。

5. 巧合主旨法

巧合主旨法是借题发挥法的一种特殊形式，是借题发挥法的延伸。所谓巧合主旨法，就是采用相同的字眼、不同的概念来制造戏剧性效果，突出公关活动宣传主题的方法。这种思路的关键是在“巧合”二字上做文章，巧合要达到巧妙、自然、和谐、有趣。利用巧合主旨宣传方法的共鸣性和效果的戏剧性可增强宣传的效力，增强活动对公众的吸引力，因此，可以增强公共关系活动的影响力和有效性。

6. 制造新闻法

制造新闻法是通过公关人员精心策划出具有轰动效应的事件来吸引新闻界及公众注意的方法，是一种同中求异的思路，一种造势之法。此种思路在应用过程中的关键是具有轰动性效应的事件的制造，这也是此法的根本价值所在。制造轰动效应事件就是要利用创造性思维，借机造势，或者借势造势，就是要创新、立异、出奇、争特，但切忌无中生有和过度离奇。

7. 变害为利法

变害为利法就是变组织发展不利因素为有利因素的方法。任何事物都具有双重属性，有好的一面，同时也有不好的一面；任何事物都处在发展变化之中，现在看来不好的东西，不等于将来还是不好，这就是此种策划思路的依据。害，即不利因素，对于组织来讲，通过适时适度地向内部员工公告，能够产生凝聚力，增强组织克服困难、战胜困难的力量；通过适时适度向外部公众公告，会增强组织的透明度，以诚换诚，赢得社会公众的关心和支持。此种策划思路的关键是深刻分析“害”的表现及原因，通过有效的公关手段促进“害”向利的方面转化。例如，策划组织揭家丑、提建议的内部公关活动；有意识地对自身的不足和缺点进行宣传等。这种方法多用于防御型、危机型公共关系活动之中。

8. 发挥优势法

发挥优势法又称扬长避短法，是针对本组织的优势进行公共关系策划的方法。任何组织都有自身的优势，如领导优势、员工优势、产品优势和整体优势等，在公共关系策划时加以利用，就会产生特殊效果。利用发挥优势法的关键：一要准确辨别组织的优势；二要有效利用其优势。

综上所述，了解了公共关系策划的主要思路和方法，在进行策划时，公共关系策划者还应注意以下问题。

① 策划的相关性。以上各种方法或思路要么是相互重叠，要么是突出某点，操作时应综合利用。

② 策划的局限性。严格来讲，公共关系策划并没有固定的模式，以上方法或思路仅具有参考价值，操作时应勇于探索。

相关知识链接

CI企业形象识别系统

CI是英文 Corporate Identity 的缩写，有些文献中也称 CIS，是英文 Corporate Identity System 的缩写，直译为企业形象识别系统，意译为企业形象设计。CI是指企业有意识、有计划地将自己企业的各种特征向企业形象识别系统社会公众主动地展示与传播，使公众在市场环境中对某一个特定的企业有一个标准化、差别化的印象和认识，以便更好地识别并留下良好的印象。

CI一般分为三个方面，即企业的理念识别——Mind Identity（MI）、行为识别——Behavior Identity（BI）和视觉识别——Visual Identity（VI）。企业理念，是指企业在长期生产经营过程中所形成的企业共同认可和遵守的价值准则和文化观念，以及由企业价值准则和文化观念决定的企业经营方向、经营思想和经营战略目标。企业行为识别是企业理念的行为表现，包括在理念指导下的企业员工对内和对外的各种行为，以及企业的各种生产经营行为。企业视觉识别是企业理念的视觉化，通过企业形象广告、标识、商标、品牌、产品包装、企业内部环境布局和厂容厂貌等媒体及方式向大众表现、传达企业理念。CI的核心目的是通过企业行为识别和企业视觉识别传达企业理念，树立企业形象。

1. CI的历史发展

CI的早期实践可以追溯到1914年德国的AEG电器公司首创CI。AEG在其系列电器产品上，首次采用彼德·贝汉斯所设计的商标，成为CI中统一视觉形象的雏形。紧接着，1932年至1940年之间，英国实施伦敦地下铁路工程，该工程由英国工业设计协会会长佛兰克·毕克负责，被称为“设计政策”的经典之作。

第二次世界大战以后，国际经济复苏，企业经营者感到建立统一的识别系统与塑造独特经营观念的重要性。自1950年，欧美各大企业纷纷导入CI。1956年，美国国际商用计算机公司以公司文化和企业形象为出发点，突出表现制造尖端科技产品的精神，将公司的全称“International Business Machines”设计为蓝色的富有品质感和时代感的造型“IBM”。这八条纹的标准字在其后四十几年中成为“蓝色巨人”的形象代表，即“前卫、科技、智慧”的代名词；也是CI正式诞生的重要标志。20世纪60年代以后，欧美国家的企业CI导入出现了潮流般的趋势。60年代的代表作是由无线电业扩展到情报、娱乐等8种领域的RCA；70年代的代表作是以强烈震撼的红色、独特的瓶形、律动的条纹所构成的Coca-Cola标志。总之，60年代到80年代，是欧美CI的全盛时期。日本企业在70年代以后，我国企业在90年代以后也开始创造自己的CI，从而使之发展成为一个世界性的趋势。

2. CI的作用

CI作为企业形象一体化的设计系统，是一种建立和传达企业形象的完整和理想的方法。企业可通过CI设计对其办公系统、生产系统、管理系统，以及经营、包装、广告等系统形成规范化设计和规范化管理，由此来调动企业每个职员的积极性和参与企业的发展战略。通过一体化的符号形式来划分企业的责任和义务，使企业经营在各职能部门中能有效地运作，建立起企业与众不同的个性形象，使企业产品与其他同类产品区别开来，在同行中脱颖而出，迅速有效地帮助企业创造出品牌效应，占有市场。

CI系统的实施，对企业内部，可使企业的经营管理走向科学化和条理化，趋向符号化，根据市场和企业的发展有目的地制定经营理念，制定一套能够贯彻的管理原则和管理规范，以符号的形式参照执行，使企业的生产过程和市场流通流程化，以降低成本和损耗，有效地提高产品质量。对外传播形式，则是利用各种媒体作为统一性的推出，使社会大众大量地接受企业传播信息，建立起良好的企业形象来提高企业及产品的知名度，增强社会大众对企业形象的记忆和对企业产品的认购率，使企业产品更为畅销，为企业带来更好的社会效益和经营效益。

案例点评

"傻子"致信邓小平①

由于1992年年初邓小平同志南巡讲话中提到安徽的傻子瓜子，"傻子"品牌的知名度急剧上升。但"傻子"年广久却很苦恼，因为报刊上炒作的多是他的绯闻和官司，人们对他的看法仍有偏见，业务也难以顺利开展。于是，他采纳了公关专家的建议，决定在元旦之际给邓小平同志寄上几斤瓜子，以表达自己的感激之情。他亲手炒制了几斤瓜子，并委托专家代笔给邓小平同志写了一封信。信中写道：

敬爱的邓小平同志：您好！

我们是安徽芜湖"傻子瓜子"的经营者。今年年初，您在南巡中讲到了我们"傻子瓜子"，我们感到好温暖、好激动。您是对全国人民讲的，但对我们是极大鼓舞。光是今年下半年，我们"傻子瓜子"就新建了13家分厂，生产了1400多万斤瓜子。从经营"傻子瓜子"以来我们已经向国家缴纳了200多万元的税，向社会提供了40多万元的捐赠。这都是您的政策好啊！但我们还要兢兢业业地继续做"傻子"，为顾客提供更多美味可口、价钱公道的瓜子；我们还计划更快地扩大经营规模，把"傻子瓜子"打到国际市场上去，为国家多做贡献。

……

为了避免记者采访，产生不必要的误会，"傻子"悄悄到邮局寄出了瓜子包裹和信件。不久，某报记者得到中央有关部门的电话，说瓜子与信已转交给了邓小平同志，便首先进行了报道。在此之后的两年中，转载该信息的媒体达200余家。"傻子瓜子"的美誉度与和谐度大幅上升，"傻子"的事业进入了第二次顺利发展时期。

【点评】"傻子"不傻。公共关系活动的目的就在于不断地提升组织在社会中的美誉度、知名度与和谐度，"傻子瓜子"通过此次公共关系策划，以一封信的形式，很好地向中央领导和社会公众宣传了自己的业绩和对社会做出的贡献，大大提升了自身形象。

思考题

1. 如何理解公共关系策划的含义？
2. 举例说明公共关系策划包括哪些类型。
3. 公共关系策划具有哪些特点？
4. 简要阐述公共关系策划过程。

---

① 卞权．公关策划艺术．上海：同济大学出版社，2005：68.

5. 模拟某组织的公共关系活动，设计一份公共关系策划书。

案例讨论题

高露洁的西部公关“微笑工程”

自高露洁100多年前率先创制首支牙膏以来，其口腔护理产品已行销20多个国家和地区，使用者超过10亿人。作为世界卓著的“口腔护理专家”，高露洁公司除了不断地提供优质口腔护理产品以外，还致力于在全球范围内促进口腔健康事业的发展。

1. 项目背景

2001年，高露洁公司迎来进入中国的10周年，在中国将加入世贸组织、广大城市及偏远地区居民生活水平不断提高的同时更需要提高自我保健意识，同时国内口腔护理产品市场竞争也越演越烈的形势下，成功的形象推广将对企业的发展起到巨大的推动作用。

2. 项目策划

（1）公共目标。推广公司形象。高露洁是全球知名卓著的“口腔护理专家”，坚持不懈地帮助中国政府提高国人的健康意识和水平。高露洁是“口腔保健微笑工程——2001西部行”的先行者和推动者，与中国共同携手发展西部。

（2）目标公众。中央及西部地区有关省、市卫生组织，卫生部及西部各卫生厅，西部广大现有及潜在消费者。

（3）实施方案。高露洁与中华预防医学会、全国牙防组织、中国口腔医学会三大权威专业组织组建一支宣传队伍，于2001年5—9月远赴中国西部甘肃、云南、陕西、四川、贵州5省29个偏远市县，首先在以上地区开展口腔健康的宣传活动。确定将“口腔保健微笑工程——2001西部行”作为此次活动的宣传口号。

① 公关活动策划：“西部公关三部曲，演绎甜美的微笑”。

公关策划第一部曲：在北京卫生部礼堂举行首发仪式，高露洁露出“微笑”。

公关策划第二部曲：西行路漫漫，一路欢笑一路情。分别在西部5省举行启动仪式。

公关策划第三部曲：胜利凯旋，将微笑与健康带入新世纪。在北京卫生部礼堂召开凯旋庆典仪式。

② 新闻宣传策划：协调新华社为本次活动的主要文字和图片宣传媒体，分别在北京启动仪式、各省启动仪式、北京凯旋庆典仪式后通过新华社总社向全国范围播发文字和图片通稿。

协调中央电视台为本次活动的主要电视宣传媒体，公关策划组安排中央电视台一套的健康栏目“健康之路”全程跟踪采访，在“9·20”全国爱牙日当天播出15分钟的有关“西部行”活动的专题片，并安排中央电视台一套整点新闻中播发启动仪式和凯旋庆典的新闻。协调5省的主要媒体对所在省的本次活动深入全面报道。安排北京近40家媒体对启动仪式和北京凯旋庆典仪式作广泛的报道。

【讨论题】

1. 高露洁公司西部公关的成功之处在哪里？
2. 高露洁公司西部公关“微笑工程”策划有哪些特色？

第8章

公共关系实施

本章学习目标

通过本章的学习，理解公共关系实施的定义和特点；了解公共关系实施的障碍及消除方法；掌握公共关系实施中的过程控制法。

公共关系实施是继公共关系策划之后，公共关系活动的第三个阶段，也是将“梦想(策划)”照进“现实”的重要过程。公共关系实施的过程是解决公共关系问题，实现公共关系目标的关键性环节。

8.1 公共关系实施的内涵

8.1.1 公共关系实施的含义

公共关系实施是整个公共关系活动的中心环节，是运用各种传播手段，把预制的信息传达给对象公众，联络公众的情感，改变公众对组织的态度和行为，从而创造出对组织有利的舆论环境的过程。因此，公共关系实施的过程实质上就是信息传播的过程。

8.1.2 公共关系实施的特点

1. 公共关系实施过程具有动态性

公共关系策划实施的动态性表现在整个公共关系策划方案的实施过程是一个不断变化与调整的过程。从理论上说，实施的过程应该是比较顺利的，因为策划的制定是经过充分、周密地调查研究的结果。但从实际操作过程来看，实施的过程却不可能是对策划方案机械式地、一成不变地照搬照抄。公共关系实施需要对原来的策划内容进行不断的调整，具有极强的动态性。

这种动态性由两方面原因决定：一方面，一项公共关系策划无论制定得多么周密、具体和细致，在现实的执行过程中免不了遇到突发情况，受到各种外在因素的影响。例如，天气的骤变、社会上某个重大事件的突然发生等，都会对活动的进行与结果产生非常大的影响。

另一方面，从时间的先后来看，必定是计划在先，实施在后。随着时间的推移、实施的进展、环境的变化，实施过程中会遇到一些制订计划时没有考虑到的新情况和新问题。因此，需要适时地调整原有的实施方案、程序、方法和策略等。

在公共关系实施过程中，一般会遇到以下三种情况：① 公共关系实施的状况基本上同策划时考虑的方向、途径相一致，只是局部或者个别问题上有偏差，不妨碍整体目标的实现。面对这种情况，组织要采用局部调整的方式弥补不足、纠正偏差，使实施计划得以顺利进行。② 由于在制订实施计划时没有掌握或者没有完全掌握某些重要信息，实施计划存在严重的不足和问题，在具体的执行中暴露无遗。这时，如果仍然坚持原来的实施计划，就有可能造成不良后果。面对这样的情况，组织必须根据现有情况，停止原有计划的实施，并迅速地对原有实施方案进行重大修正，制订出能实现原有目标的新的实施方案。③ 在实施计划的过程中出现了意想不到而主观力量又不能控制的重大事件，使实施计划不能继续执行。面对这样的情况，组织必须立即终止原有计划的实施，并及时根据新的情况、新的问题，重新制订目标和计划，实施符合新情况的计划，实现重新制定的公关目标。

2. 公共关系实施主体的创造性

公共关系实施主体的创造性源于实施过程的动态性。公共关系策划本身是一个富有创新性的过程，不断变化和需要调整的动态环境决定了公共关系策划实施的过程也绝不是一个简单的照章办事的过程，而是一个由一系列不同层次的实施主体发挥主观能动性的过程。可以说，公关策划方案的实施就是对公关策划方案的再创造过程。所以，在实施阶段，作为实施的主体，公关人员和组织必须充分发挥主观能动性和创造性。一方面，根据活动中公众的态度、反应和具体情况的变化及时制定对策、修正计划，临时增添新的内容和项目，调整原来确定的活动顺序、时间、方式和信息；另一方面，要尽快调配力量，做好各项工作，使整个活动的进行忙而不乱、活而不散。这对组织公共关系人员的创新能力、应变和协调能力，对组织各个部门的全局意识和协同合作能力，都提出了相当高的要求。

3. 公共关系实施影响的广泛性

公共关系策划方案在制订的过程中会涉及众多的因素和变量，而策划方案的实施则可能对各类公众甚至社会产生深刻和广泛的影响。这种影响具体表现为两个方面。

（1）公共关系活动的实施对组织内部和外部的公众会产生深远影响。对于组织来说，一次成功的公共关系活动可以赢得广大内部公众的支持和参与，振奋员工的精神，增强组织的凝聚力，使组织文化得到更深入的宣传和充实。同时，可以密切组织与外部公众的关系，尤其是对目标公众来说，可以大大增强他们对该组织的了解，使他们在一定程度上转变自己的态度与看法，从组织的逆意公众转变为独立公众，再从独立公众转变为顺意公众，从而接受组织的产品和服务。

（2）公共关系活动的实施可能会对整个社会产生深刻而广泛的影响。公共关系活动的实施虽然是某一社会组织的行为，但其所传递的信息、新颖的活动方式、从中所体现和倡导的文化内涵等，都会较长时间地保留在人们的记忆之中，从而对社会整体产生潜移默化的作用。例如，1971 年，美国的汉堡包在一项公共关系计划的实施中远涉重洋，“登陆”日本。

这一成功的公共关系实施，不仅使日本人2000多年来以大米、鱼类为主食的习惯发生了变化，而且使日本人进餐的方式也有了改变。以往日本人习惯于端坐在桌旁用筷子吃饭，现在吃汉堡包却可以用手抓着吃，可以边走边吃，忙碌时甚至可以边工作边吃。这一进餐方式的变革由于适应了日本民族快节奏的现代生活方式而为日本人民所普遍接受。由此可见，一项公共关系计划的实施所产生的影响和作用往往不局限于实施本身所制定的目标，同时也可能对整个社会的文明和进步产生推动作用。[①]

8.1.3 公共关系实施的障碍

公共关系实施虽然是建立在科学的调查和严谨的策划基础之上，但由于实施主体、客体和实施环境存在着诸多意想不到的情况，导致公共关系实施不能按原有计划顺利完成。把在公共关系实施过程中所有可能导致实施受阻的因素均称为公共关系实施的障碍。一般来说包括三种类型：实施主体障碍、实施过程的沟通障碍和实施环境障碍。

1. 实施主体障碍

实施主体障碍来自公共关系主体自身，公共关系主体主要包括公共关系活动的调查者、策划者、组织者和实施者。产生这种障碍的主要原因在于公共关系主体自身素质、管理水平等存在问题和失误。具体表现在以下方面。

（1）公共关系调查的信息障碍。公共关系调查是公共关系活动的第一步，也是整个公共关系活动成败的基石。通过调查获得的信息是否有效、真实，直接影响到公共关系策划的有效性和公共关系实施的可行性。公共关系调查的信息障碍主要包括：由于调查人员调查方法使用得不得当，导致所获得的信息缺乏广泛性；由于调查人员自身存在调查态度不诚恳等问题，导致目标公众在调查的过程中不配合，甚至提供虚假信息；由于调查人员自身能力有限，导致调查问卷的设计不合理；由于调查工具和数据处理工具不够先进，导致不能及时收集到第一手的资料，对数据的分析不够科学和彻底。

（2）公共关系策划的目标障碍。公共关系策划目标是进行公共关系策划的方向标，是公共关系具体实施的依据，目标过高或过低都会直接影响到实施的效果。公共关系策划的目标障碍主要表现在：目标含糊、不具体、不明确；目标脱离实际实施的条件，过高或过低；目标过多考虑组织自身利益，忽视公众和社会利益需求，甚至影响到社会利益；总目标与子目标之间，或各子目标之间相互矛盾；公共关系策划目标没有服从公共关系活动的总目标；公共关系策划目标与组织其他活动的目标相冲突。

（3）公共关系策划的创意障碍。创意是公共关系策划的灵魂，没有创意和个性的策划就意味着失败。好的创意是策划的点睛之笔，推动公共关系实施的顺利进行。公共关系创意的障碍主要表现在：创意不符合公共关系活动的总目标；创意脱离组织实际，组织在资金和其他资源上无法辅助创意的实施；创意脱离社会实际，没有良好的社会环境为创意的实施做

---

① 蒋春堂．公共关系学教程．武汉：武汉大学出版社，2004：404.

铺垫；创意的感染力、传播力、冲击力和吸引力不足，难以打动目标公众，难以在社会上产生轰动的效应。

（4）实施人员障碍。再好的策划如果没有得到有效的执行都只能是一纸空谈，公共关系实施人员的素质和能力是影响公共关系实施最直接的因素。实施人员障碍主要表现在：实施人员自身能力不足，无法将公共关系策划方案有效实施；公共关系实施人员在变动的环境中，不能及时把握环境的变化，调整策划方案；公共关系实施人员在策划实施过程中受到自身心理因素和身体状况的影响；实施人员之间关系不协调，导致工作不协调，缺乏合作；公共关系实施人员职业素质有问题，缺乏认真负责的工作态度。

（5）公共关系策划的预算障碍。资金是保证公共关系活动顺利进行最基本的保障，再好的策划如果缺少了资金的支持都只能是纸上谈兵。资金障碍主要表现在：经费预算不足，导致实施过程中断；资金利用不科学，导致资金浪费；资金使用不规范。

（6）公共关系实施方案障碍。公共关系实施方案是在公共关系策划之后对公共关系实施具体活动和细节进行的计划，是公共关系实施的主要依据和指南。实施方案的障碍主要表现在：对实施内容和方法的计划不正确；对各项工作之间的协调缺乏事先的约定，工作责任的落实不明确；公共关系计划实施的时机决策失误；工作进度安排不科学，人员分配不合理；预算资金分配不合理；公共关系计划实施制度不健全、不完善、不具体。

2. 实施过程的沟通障碍

公共关系实施的过程实际上就是主客体之间信息沟通的过程。它通过语言、文字或其他方式进行相互交流，将信息有效地传递给目标公众，引起公众的注意，并发生思想或态度的转变。但是，公共关系实施过程中的沟通并不是一帆风顺的，常常会受到来自客体、环境等多种因素的影响，从而形成沟通障碍。常见的沟通障碍包括以下几个方面。

（1）语言文字障碍。语言是人类交流的工具，是人与人沟通的直接桥梁。语言是与思维相联系的，是思维的具体反映。人类只有借助语言才能更方便地表达自己的想法、观点和感情，通过语言进行沟通、交流思想、协调人与人之间的关系。然而语言并非仅仅是文字的简单堆积，它是门讲究方法和技巧的艺术。在技巧的运用上，比如修辞、比喻、拟人，说话的语调和声音的运用，都会因为使用技巧的不同造成语言方面的沟通障碍。孔子说："言不顺，则事不成。"例如，通用汽车在拉丁美洲推销"Nova"牌汽车。"Nova"在美国本来是很响亮的品牌名，但在当地却闹出了笑话，因为当地使用西班牙语，"Nova"是"不走"的意思。幸亏及时发现这一沟通障碍，在拉美推销该车时改名为"Savge"（猛烈的意思）才扭转时局。又如，河南有一著名的大象出版社，如果读过《老子》的人，一定会联想到"大方无隅，大器晚成，大音希声，大象无形"这样的名句，从而认同和赞赏该出版社社名中蕴涵的浓厚文化意蕴。可是，对于没有读过《老子》的人来说，看到"大象"二字，可能首先想到的是那种长着长鼻子的庞然大物。所以，在向公众传播信息时，一定要注意消除可能产生的语言障碍，尽可能考虑目标公众的文化品位和理解能力，多用通俗易懂、准确无误的语言，以免使相同的信息在不同的公众中因理解上的差异而产生歧义。

在公共关系实施过程中，实施人员与公众的交流也会受到肢体语言的影响。实施人员不仅要掌握此次公共关系活动实施的目的和具体内容，更重要的是要将其转化为自己的语言表达给目标公众，并且要注意表达的时机和用语的礼貌。肢体语言的合理运用在某种程度上会对沟通效果起到锦上添花的作用。

（2）风俗习惯障碍。风俗习惯指个人或集体的传统风尚、礼节、习性，是特定社会文化区域内历代人们共同遵守的行为模式或规范。风俗由于是历史形成的，它对社会成员有一种非常强烈的行为制约作用，迫使人们要入乡随俗。在公共关系实施过程中，因为忽视风俗习惯的影响导致沟通失败的例子不计其数。例如，西方人认为13是不吉利的数字，如果为西方来宾安排13号房间，便会引起不满。而在日本点头微笑是礼貌的表示，而非同意的表示，因此，如果你在谈判时看到日本人对你点头微笑就认为对方同意了你的建议，就大错特错了。所以，在公共关系实施之前要对当地的风俗习惯有充分的了解，在具体的实施过程中才不会因为小细节的忽视而导致大计划的破产，这也是对实施人员自身素质的很好体现，尊重当地风俗习惯能够使组织在公共关系活动结束后及时地融入当地，使自身的认可度和美誉度得到提高。

（3）心理障碍。心理障碍是在特定情境和特定时段由不良刺激引起的心理异常现象，属于正常心理活动中暂时性的局部异常状态。当沟通对象认为公共关系实施者不重视自己的存在，对自己轻视、不信任或者紧张、恐惧时，就会拒绝对方信息的输出和说服，从而影响沟通。比如，因为公关人员没有说明事实真相而造成公众的误解甚至曲解；遇事头脑不冷静、态度欠佳或者情感失控造成沟通障碍；做广告没有抓住公众的心理，就不会引起他们的注意，甚至会造成逆反心理。因此，在传播沟通中，要消除心理障碍就要研究和把握公众的个性心理特征及心理活动过程。比如，有些人会不习惯与陌生人讲话，或者不习惯陌生人对自己侃侃而谈，更喜欢独自去观察和鉴别。对于有这样心理的对象，在做完简单的介绍和招呼之后，要留出适度的空间让其自己去认识和判断，滔滔不绝只会适得其反。

（4）观念障碍。观念是人们在实践当中形成的各种认识的集合体。人们会根据自身形成的观念进行各种活动，利用观念系统对事物进行决策、计划、实践、总结等活动，从而不断丰富生活和提高生产实践水平。观念具有主观性、实践性、历史性，发展性等特点，不同的人在成长过程中对同一事物会形成不同的观念。观念对沟通的影响极大，有的观念会促进沟通的顺利进行，有的则会阻碍沟通。比如，对于视财如命、自私自利的人来讲，向其宣传希望工程就是对牛弹琴。

（5）年龄障碍。不同年龄的人由于不同的生活阅历导致其有着不同的内心世界、不同的价值观、审美观和不同的要求。年轻人更容易接受新事物，喜欢赶时髦；而老年人对有关传统的事情更乐于接受。人们总是乐于接受跟自己的内心和阅历相近的信息，而回避和拒绝与其原有认识和态度相矛盾的信息。比如，经历了“文化大革命”和上山下乡的人，这段经历在其内心深处会打下深深的烙印，使其产生某种情怀。再比如，在移动缴费时，大多数老年人会拒绝使用计算机通过互联网进行缴费。因此，考虑到老年人的实际情况，公司应主动安排老年人进行人工缴费。可见，在公共关系实施过程中要根据具体的公关内容选择目标群体，选用合适的工具进行沟通。

3. 实施环境障碍

公共关系活动的开展是在各种复杂的环境下进行的，包括政治环境、经济环境、社会环境、科技环境、自然环境、国际环境及行业内和行业之间的竞争环境等。环境的复杂性、突发性和不可控制性直接决定了公共关系实施过程的动态性，同样也会对公共关系实施造成障碍。

（1）政治环境。政治环境是一个国家或地区在一定时期内的政治大背景，比如政策是否经常变动等。政府的有关政策、法规及政治形势的变化都会直接或间接地影响到组织公共关系的实施。政治环境稳定，民主程度高，政策有利于组织的发展，则会大大促进公共关系活动的实施，反之，则成为阻碍实施的因素。

（2）经济环境。主要是指一个国家或地区的社会经济制度、经济发展水平、产业结构、劳动力结构、物质资源状况、消费水平、消费结构及国际经济发展动态等，是制约企业发展的重要因素。比如，面对2010年下半年物价的飞速上涨，通货膨胀压力不断加大，国家如果实行适度紧缩的金融政策，提高银行存款准备金率，则会对组织的流动资金产生直接的影响，从而影响到公共关系活动实施的规模和水平。

（3）社会环境。社会环境是指人类生存及活动范围内的社会物质、精神条件的总和。广义包括整个社会经济文化体系，如生产力、生产关系、社会制度、社会意识和社会文化。狭义仅指人类生活的直接环境，如家庭、劳动组织、学习条件和其他集体性社团等。在社会环境中，社会文化直接影响着公共关系活动的实施，传统的民族文化、区域文化、宗教文化及各种现代文化相互交织，只有符合各种文化的公关策划，才能得到顺利地实施。

（4）科技环境。几千年来，劳动人民在与自然搏击的漫长过程中，发现、掌握了无数的知识与规律，发明了如指南针、造纸术、火药等先进技术。这些发明创造无疑是推动社会进步的重要力量。进入21世纪，新知识、新技术、新工具、新材料、新产品、新能源的出现更是与日俱增，能否有效地利用这些先进的科技产品和技术，会直接影响到公共关系实施的效果。比如，目前很多大型宣传活动都运用了激光技术，使得其现场的宣传效果更加迷人。

（5）自然环境。自然环境，如地理条件、气候条件和生态条件等，虽然没有其他因素对组织公共关系实施的影响直接，但处理不好仍然会成为阻碍公共关系实施顺利进行的因素。比如，突发的自然灾害会直接导致某些活动的终止。

（6）竞争环境。企业的竞争环境，是指企业所在行业及其竞争者的参与、竞争程度，它代表了企业市场成本及进入壁垒的高低。竞争环境是企业生存与发展的外部环境，对企业的发展至关重要。竞争环境的变化不断产生威胁，也不断产生机会。对企业来说，如何检测竞争环境的变化、规避威胁、抓住机会就成为休戚相关的重大问题。目前，在中国加快融入国际经济的背景下，中国企业的竞争环境出现了急剧变化，行业结构、竞争格局、消费者需求、技术发展等都发生了急剧变化，不确定性增强。任何企业都必须时刻关注环境的变化，才能趋利避害。任何对环境变化的迟钝与疏忽都会对企业造成严重的甚至是决定性的打击。竞争环境的存在和变化也同样影响到组织每一次公关活动的实施，从某种意义上来讲，公共关系实施的目的就在于最大限度地赢得美誉度、认知度和信任度，从而赢得竞争。

8.2 公共关系实施的主要环节及其工作

公共关系计划实施是一个完整而复杂的过程，它包括公共关系实施的准备阶段、执行阶段和结束阶段，每一阶段又包含许多细节性的工作。只有在实施的过程中协调好各种因素之间的关系，做好各个环节的工作，才能保证公共关系策划方案的顺利落实和预期效果的实现。

8.2.1 公共关系实施前的准备阶段

有备才能无患。认真、细致的准备工作是公共关系实施阶段顺利进行的保证。在通常情况下，实施前的准备工作主要有以下几项。

1. 协调与组织有关部门的关系

公共关系活动是组织工作的重要组成部分，它是以实现组织战略目标为目的和指导的。因此，公共关系活动的实施绝不是孤立存在的，从公共关系策划到实施中大事小情的安排，都需要得到组织领导的批准和支持，需要组织其他部门的紧密配合，只有这样才能把事情办好。可见，公共关系实施是众人合作的结果，而非自己的“独角戏”。

所以，公共关系人员首先应协调好与组织有关部门的关系，使即将进行的公共关系活动能取得他们的认同、支持和积极配合，为公共关系活动的成功创造良好的内部条件。

2. 组织公关人员培训，为公共关系实施提供优秀的人力资源

公关人员虽然具备公关活动的专业素质，但是由于每一项公关策划方案的内容都不同，需要的技能也不同，所以在实施公关策划方案之前要对实施人员的实施技能和方法进行培训。培训，就是希望通过对公关策划实施过程中所用的技能与方法的学习，来提高公关策划实施的效率。培训内容大致包括三个方面。

（1）对此次公共关系实施具体业务的培训。不同的公共关系活动有不同的活动内容和活动目的，通过培训使公关人员明确此次活动的意义、作用、目标和要求，根据活动要求对每个人的仪表、服装、语言、举止、工作态度等提出明确、具体的要求，并且使其掌握此次活动中需要使用的工具和器材等。

一项公关策划活动的成功不仅需要有一个好的策划，还需要策划人员与实施人员之间达成统一、形成默契，实现“思想”与“行动”的完美配合。如果公共关系实施者无法充分理解策划者的意图，那么即使公关策划的方案再优秀，也无法取得预期的效果。要想使实施人员充分理解策划人员的意图，就需要双方坐下来进行沟通，沟通是理解的桥梁，这也是培训的一个初衷。

(2) 对公共关系实施职业态度的培训。能否有良好的职业态度是每次公共关系活动实施前都必须要强调的，因为公关人员直接与目标公众和社会接触，其职业态度的好坏直接影响到此次活动的效果和组织在社会上的美誉度。因此，通过培训强化公关人员一丝不苟的作风、吃苦耐劳的精神和克服困难、完成任务的毅力与本领，同时还应颁布相应的工作纪律、考核标准和奖罚办法，力求使每个人经过培训都能在思想上认同，心理上到位，任务上明确，技能上娴熟。

(3) 对公关人员的心理培训。实施公共关系策划方案，需要实施人员具有良好的心理素质。在公共关系策划方案实施的过程中，公关策划的实施人员会面临许多意想不到的情况，正确面对问题和及时解决问题，要求实施人员具备较好的心理素质。在实施公关策划方案的过程中，实施人员要面对公众多变的特质、社会复杂的特点及问题会随时出现的状况，如果没有预先进行心理培训，就可能会出现措手不及的尴尬。现在许多单位都对自己的员工进行拓展训练，培养员工之间相互配合、彼此信任的信念，也帮助员工在面对新事物、面对困难时树立起信心。

3. 明确分工，落实责任和工作

统筹学上有一个经典的案例：泡茶是有一定的步骤的——洗茶壶和茶杯、取茶叶、烧水、泡茶。泡茶这个问题的解决很简单，在烧水的过程中，取茶叶和洗茶壶、茶杯，然后再泡茶，这些就是分配任务的过程。当每一步任务落实之后，更重要的是行动起来，否则茶叶永远是茶叶，水永远是水，是无法变出茶水的。公共关系实施同样是一个有序的过程，在实施之前需要对公共关系策划方案的内容进行分工和责任落实。公共关系策划方案的内容是由许多部分组成的，想要完成它也需要许多步骤，这些不同的内容要由不同的实施人员在不同的时间来完成，所以合理的分工会提高办事的效率。

分工使每个实施人员明确了自己的职责，之后关键是要将所肩负的责任落到实处，要求实施人员能尽职尽责。茶壶、茶叶和热水的分工和职责都很明确，但如果只是知道和理解自己的责任，却不把准备好的茶叶放入烫好的茶壶并用烧好的开水冲泡，那么一切都只是空想。因此，公共关系实施人员在明确自己的责任之后要立即行动起来，完成自己的使命。

4. 与新闻界等外部公众进行联系

预先确定要邀请的新闻界及其他外部公众的代表，作为活动的嘉宾；将活动安排及广告宣传计划告知各新闻单位，求得它们的支持与合作，并提前联系刊登、播放广告和邀请记者在活动中采访、报道等事宜。如果是大型的露天活动，还须提前与交通管理、市容监察等有关部门联系，取得它们的批准，并提供一定的方便；亦应与气象部门联系，提前了解预定活动日期的天气状况。

5. 准备所需的物品和材料

根据需要，租借或添置各种扩音、录音、照相、摄像设备等，准备运输车辆及其他各类物品，如服装、花卉、台布、旗帜、标语、横幅、标识、小礼品、展板、模型等，还须印制各类请柬、广告、宣传材料等。

6. 布置活动现场

活动开始前要按照策划方案的要求，派专人对活动现场进行装饰、布置，以创造活动所特有的气氛和环境。现场布置应隆重、别致，但不铺张；和谐、整洁，而不呆板；注意色彩的合理搭配，保持视觉上和摄影、摄像的艺术效果，能使在场的公众受到一定的感染，留下深刻的印象。活动现场在格局上应具有平等、融洽、便于交往、轻松舒适和不感到拘束、压抑、沉闷等特点。各种相应的设备也要提前到位，进行仔细的安装、调试，确保万无一失。活动开始之前，工作人员也应全部进入现场，各就各位，以饱满的精神状态，热情真诚地迎接前来参加活动的每一位公众。

8.2.2 公共关系实施的执行阶段

1. 对活动进程的管理

公共关系活动的实施是按照公共关系策划制定的总体目标、各项分目标和相应的指标开展的，具有很强的计划性和系统性，一般通过制定活动进程表安排每天的具体工作。但是由于公共关系活动的实施具有非常强的动态性，无论策划得多么周密和详细，在公共关系策划实施的过程中都会遇到始料不及的状况。因此，公关人员在实施具体的策划时，一方面要严格按照原有计划安排的日程和步骤开展活动；另一方面，又不能完全机械地按图索骥，或被动地守株待兔，而是要以积极的态度面对变化的环境，变不利为有利，变被动为主动。在对公共关系活动进程的管理中一般采用两种方法：目标导向法和进度控制法。

（1）目标导向法。在公共关系实施中采用目标导向法，就是按照公共关系策划和具体计划制定的总体目标和各种分目标开展公共关系活动。目标本身就像拉着风筝的线，不论风筝怎么飞，都不能脱离线的控制。公共关系策划在没有付诸实施前依然是纸上谈兵，公共关系活动开始后，应及时根据实施的具体环境对公共关系实施进程，即每天所做的事情、要取得效果和进展等，进行检测和总结，看其是否达到预期的目标或是超过预期目标。如果尚未达到预期目标，就要从目标本身是否可行、制定是否科学、实施条件是否完备、实施环境有无变化、有关实施人员是否尽心尽力等方面考虑产生问题的原因，从而根据分析结果要么调整目标，要么改善实施的其他因素。如果超过预期目标，则要重点考虑目标本身是否制定得过于保守，或是出现了哪些有利的实施条件，这些有利条件是暂时的还是长期的，从而调整目标或是保持不变。因为公共关系策划一旦实施就应该是一个连续的过程，除非遇到重大的变故。因此，一般情况下，在发现问题后的第二天或下一个项目开展时就应该做相应的调整，提出新的要求和安排，并向实施人员做必要的说明。在活动进程中，如果各项预先制定的分目标都能如期实现，活动的总体目标、整体效果和日程安排也就有了可靠的保证。

（2）进度控制法。进度控制法是采用科学的方法确定进度目标，编制进度计划与资源供应计划，进行进度控制，在与实施效果、费用、环境协调的基础上，实现公共关系实施目标。由于公共关系实施过程中目标明确，而资源有限，不确定因素多，干扰因素多，这些因素有客观的、主观的，随着主客观条件的不断变化，计划也在改变，因此，在公共关系实施过程中必须不断掌握计划的实施状况，并将实际情况与计划进行对比分析，必要时采取有效措施，使项目进度按预定的目标进行，确保目标的实现。进度控制法是动态的、全过程的管理，其主要方法是规划、控制、协调。

在公共关系实施的过程中运用进度控制法，首先，要分析、比较实际情况与原来计划是否一致，有无变化，变化不大应做局部的调整，否则就需要重新调整原来的计划安排；其次，要根据进度和日程安排，对每天、每项工作的实际进度进行及时的检查，随时发现问题，解决问题；最后，根据整体协调原则，在横向上控制不同小组、不同方面和环节的工作进度，使各部分与整体保持一致；最后，要注意控制活动进程中的不同节奏、高潮和收尾，每天都应该有自己的活动重点和小的高潮。等到整个活动达到高潮后，就应该及时收尾，见好就收，以免因拖拉造成效果的递减。

2. 对信息传播的管理

公共关系活动本身就是一个信息双向流动的过程。组织通过信息传播渠道向公众和社会传递信息，公众接收到信息，并在大脑中进行编码和分析，从而产生新的信息反馈给组织。组织公共关系活动的目的就是要通过信息的有效传递，实现组织美誉度、认同度和信任度的提升。因此，能否及时、有效、迅速、准确地将组织的信息传递给公众，将直接影响到公共关系实施的效果，对信息传播的管理也成为公共关系实施过程中的重要工作。根据管理信息的内容，对信息传播的管理主要包括以下两个方面。

（1）对变化的信息进行管理。组织处在变化的环境当中，在对信息进行管理的过程中，要时刻注意周围环境的变化，抓住有利时机就能使公共关系活动的开展收到意想不到的效果。同样，变化的信息也促使组织对公共关系活动的目标进行及时的调整。

（2）对公众接收到的信息进行管理。组织开展公共关系活动的过程就是公众对信息消化、吸收的过程，在其中起到关键性作用的有传播媒介、传播时机和传播内容、态度、方法的选择。公关人员在信息传播时要通过自身的努力，消除与目标公众间可能存在和出现的各种沟通障碍，实现双方之间信息交流的畅通无阻。消除沟通障碍的最好办法就是站在公众的立场去考虑问题。在现代社会中，人们自己去做什么或不做什么，很大程度上是为了满足自身的利益和需要。在公共关系活动中，组织不能强迫公众去接受自己所传播的信息，而只有当公众真正感受到这种信息对自己有利，有助于实现自己的利益、满足自己的某种切身需要时，他们才会比较积极、主动地欢迎并接受这种信息。例如，以往在农村宣传科学知识，当这些知识不能对农民改善自身状况有所帮助的时候，是很难引起农民们的关注的。可是，近年来的科技下乡活动，由于向农民们提供的是能够帮助他们脱贫致富的实用技术，所以就得到了农民的热烈欢迎。因此，组织在向公众传播信息时，必须首先考虑到对方的利益，尽可能从公众利益和需求的角度出发，去选择和传播信息。否则，如果仅仅着眼于组织自身的利益和需要，无论花多大力气进行信息轰炸，公众也不会买账的。另外，公关人员要密切关注公众的反应，注意信息的反馈和收集，并及时地提供给活动的组织者，使他们能够对活动的进度、节奏、内容等做相应的调整和有效的控制。

3. 对人员的管理

公共关系活动能否顺利和有效地开展，从主观方面讲，实施人员起到关键的作用。不论是信息的收集和传递、物品的采购和场地的布置，还是对变化着的环境和公众的感知，他们都是最敏感、最直接的实施者和接触者。因此，在实施过程的控制上，要紧抓对公关人员的管理工作，最大限度地发挥公关人员的主动性和积极性。

第一，强化公关人员良好的职业态度，通过物质奖励和树立榜样的方法，使每一个公关人员做到尽职尽责。第二，树立公关人员的大局意识和集体意识，在公共关系实施过程中遇到问题时，从全局和整体着眼，站在组织的高度看待身边发生的变化，用系统的意识思考问题。并将自己的一言一行与组织的利益相联系，不仅将工作视为自己的本分，而且要尽力做到最好。第三，制定相应的工作规章和制度，使公关人员在工作时有章可循、有据可依，相互配合、各尽其责，出色地完成活动中的各项任务。第四，活动分工明确，责任能够得到很好的落实，避免公关人员之间“扯皮”现象的产生。第五，实施有效的奖罚措施，通过物质和精神等多种形式的奖励措施，提高公关人员的积极性和创造性。并严格惩罚在工作中产生的不良行为，以儆效尤。第六，建立合理的工作考核指标，对每个人在工作中的表现作出公正、客观的衡量和评价。第七，充分发挥公关活动领导者的带头作用，加大感情投入，关心每一个员工的情绪和需要。努力营造组织和谐、民主、平等相待的工作氛围，使员工产生强烈的归属感，愉快地投入工作。

4. 对活动现场的管理

活动现场好比是舞台的前台，在幕后努力之后直接呈现在公众面前，其主体包括公关实施人员、公众和其他相关人员。因此，对活动现场的管理、控制也十分重要。首先，要做好热情的接待工作。对每一个参与活动的公众要尊敬、礼貌、热情、周道，使对方产生亲切、温馨和被尊重的感觉；对待到场的媒体和记者，要主动与对方进行联系和沟通，并将活动的主要内容和目的告知对方。其次，要维持好现场秩序。在活动之前要安排好相应的保安人员和具体的负责人，以保证活动不会因秩序混乱而失控，造成不良影响。最后，要有效地控制现场气氛。现场气氛要根据活动的主题来确定，防止出现太大的起伏和波动，妨碍活动的止常进行。

8.2.3 公共关系实施结束时的收尾工作

公共关系实施的收尾工作同其他工作一样十分重要，要避免出现虎头蛇尾的现象。一般在公共关系活动快要结束时，如果活动按预期计划达到了不错的效果，则此时大部分人会处于非常兴奋的状态，容易忽视许多细节的问题。因此，对于一个敬业的公关人员来讲，不到活动真正结束是不能有所松懈的。

收尾工作一般包括：① 在活动临结束之前，组织领导亲自出面答谢在场来宾的出席、参与、对本次活动的关心和对本组织的支持；② 公关人员依然要同活动开始时一样，热情地欢送每一位在场的公众和媒体，对行动不便的老弱病残人群要主动提供交通工具并派专人护送；③ 在公众全部撤离后，要仔细清点、回收、归还现场的各种物品，清扫活动现场，使之恢复干净、整洁的原貌；④ 登门或电话感谢合作单位的大力支持。一般来讲，在每次大的公共关系活动之后，组织要尽快召集参与此次活动的全体人员，慰劳大家，感谢每一位员工的辛勤劳动，表扬活动中贡献突出的人员，简要总结此次活动的成功经验和明显不足，鼓励大家再接再厉。至此，公共关系实施阶段的工作才算画上了圆满的句号。

8.3　公共关系实施中应注意的问题

第一，对公关实施的管理，在方法上既要注意统筹协调、全程控制，又要相信别人。要实行分权，责权到人，相互配合，共同来完成。要把公关计划的具体要求、方案中对各项目实施的详细安排都交给参与实施工作的人员，让大家都明白地了解各自执行的具体任务、具体职责，以及和整个公关活动总目标的关系。

第二，公关实施中要注意组织行为和传播的配合。除了严格按照公关计划的要求，督促组织按要求采取必要的措施和行动之外，还应积极主动地排除一些临时出现的或发现的有碍公关实施的一些组织行为，如有待改进的消费者服务工作、健全的公众接待制度和接触方式、产品或服务的品质问题、产品外观设计的形象问题等，这样才能确保公关计划的实施。

第三，公关实施的管理上要注意对各种信息制作的质量进行控制，严格把关。如对新闻稿的写作、供各种媒介使用的广告作品的制作、大规模的公关活动的筹办，甚至小到通知书、邀请信的制作等，都要反复推敲，使之达到最佳效果。

第四，对各种具体媒介的时间或空间的购买，要严格按照媒介战略中的要求执行。如果出现环境条件不允许，也要尽可能使新购置的“时”“空”能满足传播的需要。

第五，公关实施要注意照顾到不同类型的公关活动的特点。

第六，公关实施中还要注意对公关策略的把握。

相关知识链接

霍夫兰的说服模式

20世纪30年代和40年代，一些最有名望的社会科学家进行着传播研究。作为当时最令人敬重的实验心理学家之一，卡尔·I. 霍夫兰也开始涉足传播学。霍夫兰在美国开创了有关个人态度变化的微观层次研究的学术传统，由此引出了说服方面的为数众多的研究文献，这些文献的数量还在继续增长。卡尔·I. 霍夫兰在四五十年代的理论方法激励了人际传播的分支领域。与拉扎斯菲尔德的媒体受众调查的情况相类似，霍夫兰的说服实验也使传播研究朝着效果问题的研究方向。说服是“任何一种这样的情形，在此，积极的努力被作出以便改变一个人的思想”。它基本上相当于态度改变。它是有意图的传播，是由某种信源所作出的单向尝试，以便在接受者方面造成效果。但是由于说服通常是通过人际传播渠道而进行的，有些来回往返的相互作用便往往发生在说服过程之中。

霍夫兰、贾尼斯和凯利进行了关于信源可信度的著名的实验室研究，它代表着对于遵循线形模式的传播效果研究的一种精粹阐述。这个重要的研究将一个传播变量——信源的可信度（一个传播信源被接受者认为是值得相信和能够胜任的程度）——孤立出来，同时控制所有其他的变量。这种实验设计试图在实验室背景下再现人对于大众媒体信息的接受。事实上，尽管在今天说服实验主要被认为是一种人际传播研究，但霍夫兰认为，他实际上是在个人接受信息的微观层次上研究大众传播行为的。从说服研究得出的结果或者可以被用于大众传播，或者可以被用于人际传播。传播得以进行的信道与说服过程完全无关。用于研究信源可信度的一般程序为后来许多说服方面的传播实验——它们采用其他的自变量——树立了榜样。

霍夫兰和他的同事的结论是：信源可信度的效果在传播的时候最大，但是随着时间的推移而退化。这个所谓的潜伏效果大概可以由这样的事实来解释，即个人具有随着时间的推移容易忘记低可信度的信源之不值得信任的倾向。他们记住的是信息，而不是值得怀疑的信源。

案例点评

三大男高音献唱紫禁城

2001年6月23日晚，昔日皇家禁苑中乐声翩翩，世界著名三大男高音歌唱家在紫禁城午门广场联袂演出，在“6·23国际奥林匹克日”掀起北京申奥的高潮。国务院副总理李岚清和数万热情的中外观众一同观赏了这场精彩的演出。

昔日这里曾经钟鼓齐鸣，如今西方歌剧在这里缭绕；昔日皇帝曾在这里议政，如今三位西方音乐大师在这里纵情高歌。东方建筑的神韵与西方艺术经典在这里达成了完美的交融，古老的紫禁城在一个充满激情的夜晚被唤醒，改革开放的中国以一场东西文化交融的音乐会，向世界展示他们积极走向世界的宽阔怀抱。紫禁城午门广场，三大男高音的深情演出取得了空前的成功，音乐会电视直播可覆盖全球110个国家和地区的33亿观众。

【点评】在我国2001年申办奥运会之际策划了这场举世瞩目的音乐盛典，非常有创意。在实施的过程中，充分借助了社会名流的知识和专长，扩大了组织的公众影响力，使组织的社会形象更加丰满。社会名流是那些对社会舆论和社会生活具有较大影响力和号召力的有名望人士，在公共关系实施中如果能得到他们的参与和支持，将会使公关信息传播的力度得到大大的提升，起到事半功倍的效果。

思考题

1. 什么是公共关系实施？
2. 公共关系实施有哪些特点？
3. 简述公共关系实施的过程。
4. 影响公共关系实施的因素有哪些？如何克服其负面影响？

案例讨论题

奥巴马之网络公关[①]

许多人都将美国总统的选举当做政治或娱乐新闻来看，殊不知每个总统的选举都是一次成功的公关策略的运用，在这些获胜的总统选举中最令人们振奋的是2008年奥巴马的成功当选，不仅因为他是美国史上第一位黑人总统和首位非洲裔总统，更令人拍手称快的是他的公关手段——网络。

奥巴马利用网络这个最方便、最快捷的媒体公关不仅能够造更大的势，更能够为众多"草根"阶层所了解，进而征服他们的心，获得他们的支持。下面我们来看一下这个美国史上第一位黑人总统是怎样利用互联网来公关的。

如今美国已经成为一个网络化的社会，奥巴马的劣势是没有背景、没有大财团的支持，那么怎样获得更多的竞选资金呢？其实，问题的关键就是如何获得选民的支持。聪明的奥巴马竞选团队瞄准了草根阶层，走了一条类似中国解放战争时所走的"农村包围城市"的道路，在公关上就是宣传战略。而网络化的美国社会则为这样的宣传战略奠定了客观基础，他的竞争对手希拉里及麦凯恩虽然也都建了网站，却只是为了简单的宣传和民意调查，并没有系统的网络宣传计划，仍是将传统媒体作为竞选的主战场。传统工具的宣传力量肯定比不上网络，奥巴马的团队对互联网的熟稔程度实在不亚于任何一家互联网公司，在他的竞选班子里有专业的网络行家出谋划策。Facebook网站的创始人之一Chris Hughes帮助他在Facebook建立竞选网站，成功吸引了100万的粉丝群，将对手远远甩在后面。奥巴马还建立了自己的博客并注重经营，总是在第一时间公布自己的观点和行程，及时迅速地成为公共关系的

① 陈一收. 大型活动公关. 北京：北京大学出版社，2010：106.

“第一窗口”。通过这个窗口与网民互动交流，将其鲜活的形象展示给公众，效果非常之好。他还将其他更多互动式的网络工具用于竞选宣传中，如网络宣传短片、游戏、邮件系统等。在 YouTube 上，其竞选团队在一周内就上传了 70 个奥巴马的相关视频，这些看起来非常草根的网络节目内容朴实，更加亲切，显得平易近人，开拓了除电视媒体外的更广阔的广告平台。正如美国一位选民所言“我并不十分了解他，但 6 个月来，我每天都看到一则奥巴马的互联网广告”，网络的潜移默化影响让人不可小觑。

比如在和希拉里竞争党内提名时，当希拉里为竞选捐出 500 万美元时，网民们就喊出口号：“我们要追上!”不到一天，就为奥巴马捐赠了足足 800 万美元。就是凭借这种优势，奥马巴最终获得了党内提名。接着，党内迅速建立了统一战线，注重网络宣传的奥巴马团队不忘把希拉里的个人网站也变成宣传奥巴马的重要渠道。总之，奥巴马把网络这个传播工具的力量发挥得淋漓尽致，他娴熟地在互联网进行营销，精心策划的 digital PR 营销手段，拉近了他与选民之间的关系。通过互动方式建立起良好关系，提高了选民的认知度、忠诚度和信任度，进而获得了大量草根阶级的支持，取得了总统竞选的成功。

【讨论题】

1. 奥巴马网络公关的成功实施与其竞争对手相比较，其可取之处在哪里?
2. 从奥巴马此次网络公关实施中我们能得到哪些启示?

公共关系评估

本章学习目标

通过本章的学习，了解公共关系评估的含义、内容和程序；理解公共关系评估在公共关系活动中的重要作用；能够运用公共关系评估方法；了解公共关系评估中存在的问题及其解决的有效途径。

任何形式的公共关系活动，都有一个自始至终的评估、检查和监督的过程，不经过这个程序，公共关系活动的效果就无法确立，各阶段的实施情况无法得到及时的反馈，不仅会影响到整个公共关系活动的顺利实施，也会影响到下一阶段公共关系活动目标的制定。因此，公共关系评估已经成为公共关系人员和组织决策层极为关心的问题。

9.1　公共关系评估的含义与作用

9.1.1　公共关系评估的含义

公共关系评估，是指有关组织或机构根据某种科学的标准和方法，对公共关系调查、公共关系策划、公共关系实施及其效果进行衡量、检查和评价，并以此判断公共关系活动优劣的过程。只有确实做好公共关系评估，组织才能知道公共关系活动或信息传播的效果如何，并以此作为开展公共关系工作、改进公共关系工作和制订新的公共关系计划的重要依据。在某种意义上，评估影响和控制着整个公共关系实践过程中的每个活动及环节。

9.1.2　公共关系评估的作用

(1) 公共关系评估可以提升公共关系活动的整体效能。公共关系评估不只局限于活动结束后对活动效果的评估，它是贯穿于公共关系活动始终的监督性工作，控制着公共关系活动的每一个环节。一个完整的评估计划应该包括：对公共关系调查阶段的评估、对公共关系策划阶段的评估、对公共关系实施阶段的评估和对公共关系活动效果的评估。在公共关系策划阶段，如果没有对公共关系策划方案可行性、实效性等方面的评估就着手实施的话，实施中必然会出现这样那样的问题。同样，在公共关系调查阶段，如果没有对调查所得到的数据和信息的真实性、科学性和有效性进行评估，建立在虚假信息和无效数据基础上的公关活动只会是纸上谈兵。

（2）公共关系评估起到承上启下的作用，为新的公共关系活动提供依据。公共关系活动具有连续性的特质，评估既是上一次公共关系活动的最后一个步骤，又是下一次公共关系活动的起点。评估得到的信息对下一次公共关系活动目标的制定、方法的确定和具体过程的操作都是必不可少的依据。正如公共关系的先驱者埃瓦茨·罗特扎恩所说："当最后一次会议已经召开，最后一批宣传品已经散发，最后一项活动已经成为历史记录时，就是你在头脑中将自己和自己所采用的方法重新过滤一遍的时刻。这样你就会总结出经验和教训，供下一次借鉴。"

（3）通过评估鼓舞组织内部公众的士气，起到激励的作用。对于公关人员来讲，由于其对公共关系活动整个过程的热情参与，公共关系活动本身已经成为其职业生涯的重要组成部分，体现着他们工作的价值。因此，公共关系评估的结果就成为检验其工作和肯定其付出的依据。不论是好的结果还是不好的结果，对公关人员都会起到一定的激励和督促作用，尤其是对于以结果为导向、注重及时性反馈的人。因此，即使是不好的结果也比没有结果好。

（4）公共关系评估有利于决策者给予公关活动更大的支持。通过对公共关系实施结果的评估，可以使领导者清晰地看到公共关系活动产生的效果和作用，充分认识到公共关系活动对于提升组织形象、提高组织的经济效益和社会效益的作用，从而给予公共关系活动更多的理解和更大的支持。因为公共关系活动本身是需要耗费一定成本的，因此，如果想要获得领导层的支持，最好的方式就是证明公共关系活动能够给组织带来怎样的收益，而评估正好起到这样的作用。

9.2 公共关系评估的内容和流程

9.2.1 公共关系评估的内容

公共关系评估是一个连续的过程，贯穿于整个公共关系活动的始终，因此，一旦进入公共关系工作过程，评估活动也就开始了。公共关系评估的具体内容如表 9－1 所示。

表9－1 公共关系评估的具体内容①

各评估过程	评 估 要 点
公共关系 调查阶段评估	1. 公共关系调查的设计是否合理 2. 公共关系工作信息资料的收集是否充分、合理 3. 获得信息资料的手段是否科学 4. 公共关系调查对象的选择是否具有典型性、代表性 5. 公共关系调查工作组织实施的合理程度 6. 公共关系调查的结论分析是否科学 7. 信息的表现形式是否恰当
公共关系 策划阶段评估	1. 各项准备工作、沟通协调工作是否充分 2. 公关活动的目标是否科学 3. 主题是否明确，主题词是否简练、富有号召力 4. 公关活动的方案是否恰当、周密，是否有重大遗漏和疏忽 5. 公关活动的预算是否恰当
公共关系 实施过程评估	1. 组织结构内部各方面成员对公关活动的目的是否了解透彻 2. 组织机构内部各部门对活动是否积极合作和大力支持 3. 信息内容准确程度如何，信息表现形式如何，信息发送数量如何 4. 信息被传媒采用的数量如何，质量如何 5. 接收到信息的目标公众有多少，成分如何，和组织的关系有多大
公共关系 实施效果评估	1. 公关活动的传播效果如何，信息是否为预期的公众所接收 2. 公关活动的信息是否产生了预期的效果，公众在认识和行动上是否发生了变化 3. 公关活动达到的目标和解决的问题 4. 公关活动对今后活动的影响如何 5. 下一步如何发展公关的成果，或者如何消除活动遗留的问题与隐患 6. 通过本次公关活动，组织的知名度和美誉度是否有所提高，提高多少 7. 通过此次公关活动，组织的产品销售量是否有所增长，增长了多少 8. 本次活动对社会经济与文化发展产生的影响是什么，这种影响是否已经同其他因素一起共同起作用，并在较长时间里以复杂的、综合的形式表现出来

9.2.2 公共关系评估的流程

1. 建立评估工作的明确目标

确定明确而统一的目标是公共关系评估的首要步骤，是公共关系评估的依据，有了明确的目标才能使公共关系工作顺利开展，精确地收集到有用的资料以作评估之用。虽然因为公

① 李祚，张东．公共关系学．北京：中国劳动社会保障出版社，2007：90.

共关系活动自身具有动态性，导致公共关系目标会随着环境的变化而有所调整，但仍然需要制定一个统一的评估目标，不能轻易地更改。这就要求公关人员在制定目标时充分考虑到各种因素对公共关系活动的影响，并将所形成的目标书面化，以保证评估工作的顺利进行。如果目标不统一或是处于经常变动的状态，则会在调查中收集许多无用的资料，影响评估的效率和效果。

2. 取得组织高层认可后，将评估工作纳入公关方案中

公共关系评估是一个复杂的过程，涉及评估的方法、程序等多个方面，需要周密的安排和多方面的配合、支持，因此，少不了组织高层的认可和支持。而评估本身需要投入必要的人力和财力，只有在高层重视和认可后，将其纳入计划之中，才能对评估工作有全面的考虑。

3. 组织成员对评估工作达成共识

公共关系评估是公共关系活动的最后一个环节，却贯穿于公共关系活动的始终。要使评估工作高效率地顺利进行，就必须在公关从业人员中树立高度的评估意识，加强他们对评估工作的重视。只有这样，在公共关系活动的各个阶段，公关人员才能时时刻刻提醒自己将公关工作本身与公关目标相对照，监督自己并严格要求自己。同时，组织还应积极安排公关人员参与到公共关系评估工作中去，只有这样，他们才能对公共关系评估有更深层的体会和了解。

4. 评估项目力求具体化

公共关系评估是一个定性分析和定量分析相结合的过程，虽然公共关系活动的效果具有长期性、不易量化的特点，但是在具体评估时依然需要将评估项目尽量具体化，例如，谁是目标公众，哪些预期效果将要发生以及何时发生等。如果缺少了具体的评估项目，评估工作就无法进行，因此，在评估工作中，首先要将各项评估项目予以具体化、可测量化。

5. 选择合适的评估标准

从组织设定的目标，选择最能测知目标达标率的评估标准。例如，组织将“让公众了解自己支持当地福利机构，以改善自己的形象”作为公共关系的目标，那么评估这样的公共关系的标准就不应是考察当地报纸上哪一个专栏报道了这一消息、占用了多大篇幅，而应该了解公众对组织的认识情况及其观点、态度、行为的变化。

6. 确认搜集证据的最佳方式

在搜集有关评估资料方面，没有绝对的、唯一的最佳方式。组织可以通过调查了解公共关系活动的影响，也可以查询活动记录或是进行小范围的试验。在这方面，方法的选择取决于评估的目的、提问的方式及已经确定的评估标准。

7. 保持完整的计划实施记录

完整记录一项公共关系活动方案在执行时的过程和细节，不仅能反映公关人员的工作方式和工作效果，还能反映出计划的可行程度，反映哪些策略是有效的、哪些是无力的或无效的、哪些环节衔接比较紧密、哪些环节还有疏漏或欠缺。①

8. 评估结果的使用

评估结果的运用是对公共关系评估目标的实现。评估结果的运用可以包括以下几个方面。① 评估结果可以验证此次公共关系策划方案的有效性。② 评估结果可以验证此次公共关系活动是否达到最初设定的目标。③ 评估结果可以作为奖励或惩罚内部公关人员的标准，督促他们改进工作。④ 评估结果可以运用到下次公共关系方案上，作为下次公共关系活动计划的参考依据。

9. 将评估结果向组织的管理者汇报

将评估结果向领导者汇报，不仅能使领导层掌握公共关系活动的实施情况，了解公共关系活动会对组织的发展起到怎样的作用，而且也能让领导者证明公共关系工作在组织活动中的重要性。汇报一般采取正式报告的形式，如定期备忘录、小组或委员会议、汇报会、年度汇报等形式。在报告中，应就公共关系长期和近期目标、一般和特殊目标的实现情况作出报告，指出达到的程度及存在的差距，并尽量引用具体可见或可测量的成果作附加说明，引用有影响、有权威的外界评价，以增进领导者对公共关系工作的信任。

1）报告的内容

陈述公共关系活动及成果、比较实际活动与预期目标、预测今后工作。

2）报告的形式

(1) 非正式报告。公共关系人员通过电话、会见、简短书面报告的形式向组织负责人汇报活动的进展。这种形式占用时间不多，可以真实地反映工作状况。

(2) 正式报告。关于公共关系活动成果的正式报告，一般有四种形式。

① 定期备忘录。

② 小组或委员会议。

③ 汇报会。

④ 年度报告。即公司整个会计年度的财务报告及其他相关文件。中国《公司法》第175条规定，公司应当在每一会计年度终了时制作财务会计报告，并依法经审查验证。并规定，财务会计报告应当包括下列财务会计报表及附属明细表：资产负债表、损益表、财务状况变动表、财务情况说明书、利润分配表。

9.3 公共关系评估的方法

公共关系评估的方法很多，在选择评估方法时要注意各种方法的适用条件，并且能将各种方法结合起来，进行综合运用。

---

① 刘军. 公共关系学. 北京：机械工业出版社，2006：162.

9.3.1 选择评估方法的原则

在选择公共关系评估方法时应遵循以下原则。

1. 有效性原则

公共关系评估方法的有效性是指，通过该评估方法的运用可以真实而准确地把握公共关系实施效果。有效的评估方法应该是定量分析和定性分析的有机结合。定性分析与定量分析是人们认识事物时用到的两种分析方式。定性分析侧重于从价值的角度来评估公共关系活动的效果，有助于公关人员掌握公共关系活动和公共关系状态的基本要素和总体特征；而定量分析侧重于以数据事实来评估公共关系活动的效果，通过准确的事实和充分的数据来说明组织公共关系活动的效果和公共关系状态。因此，只有将定量分析与定性分析相结合，才能准确地评估公共关系活动的效果。

2. 累积性原则

公共关系评估方法的累积性是指，在公共关系评估方法的选择中，不仅要考虑眼前的活动效果，也要考虑到长远的效果，它是一个长期的、动态的过程。由于公共关系活动的效果具有潜移默化的特征，不是一蹴而就的，这就给公关人员在评估活动效果时带来了困难。一次公共关系活动的实施，其产生的影响并不是一时的而是长远的，有些效果或许在活动结束后短时间内并不能表现出来，却往往在很长时间以后一触即发，产生深远的影响。所以，在公共关系评估时，不能因只看到眼前的得失就对整个公关活动结果下结论，而是要采用动态分析的方法分析其长远利益。

3. 综合性原则

公共关系评估的综合性是指，在对公共关系活动进行评估时要综合地考虑公共关系所要达到的整体目标，而不能以偏概全。公共关系活动追求的目标是使组织传播效果与社会整体效益相统一，不仅包括自身的经济利益，也包括活动对社会效益的影响。因此，在公共关系评估时，不能仅将经济指标列为组织开展公共关系活动的目标。公共关系最终关注的是组织的传播效益和社会整体效益的统一，实现组织与社会的同步发展。①

4. 权变性原则

公共关系评估的权变性是指，在组织的公共关系评估方法的选择中，要根据组织所处的内外条件随机应变，没有什么一成不变、普遍适用的“最好的”方法，只有从实际出发的“适合的”方法。评估方法的选用，既要有相对标准化的评估标准，同时又要根据实际情况灵活地变通其中的测评项目和指标；既不能机械地把别人的做法搬过来，又不能按部就班地按照计划的要求而不考虑实施环境和条件。

---

① 潘红梅．公共关系学．北京：科学出版社，2009：218.

9.3.2　公共关系评估的方法

1. 基本方法

1）*直接观察法*

直接观察法是由组织的领导人、公共关系人员、特邀的组织外部人士直接参与公共关系活动，现场观察活动的情况和效果，并同公共关系实施计划所提出的目标相比较，提出评价和改进意见。这种方法简单易行、费用低、易操作和落实，故十分常用。但其缺点在于很难测出公共关系活动的长期效果，评估结果难以量化，个人主观感情成分较多。

2）*传统审计法*

传统审计法主要是通过对媒体发布的有关本组织的信息来分析评估公关活动效果，评估组织公共关系信息传播情况。由于新闻舆论具有很高的敏感度和很强的透明度，因此，通过统计新闻媒介对本组织的报道动向及其频率，可以测知本组织形象的改善情况。

（1）定量分析。

① 沟通有效率。沟通有效率是指沟通有效数与沟通信息总数之比，可以用以下公式表示：

沟通有效率＝[（沟通信息总数－无效数）/沟通信息总数]×100%

② 公共关系信息传播速度。传播速度指标是指单位时间内传播的信息量，或一定的信息量传播所需要的时间。单位时间内传播的信息量越多，或一定信息量传递所需要的时间越短，说明传播速度越快。其公式为：

传播速度＝传播信息量/传播的时间

③ 视听率。视听率是通过测定大众传播媒介传播的公共关系信息来得到公共关系工作效果的方法。视听率就是实际视听人数与某一调查总人数的比例。用公式表示为：

视听率＝（实际视听人数/调查总人数）×100%

④ 知名率。知名率是指掌握公共关系信息的人数与某一调查总人数之比。用公式表示为：

知名率＝（掌握公共关系信息的人数/被调查人数）×100%[①]

⑤ 消费者专线来电咨询数。许多企业都设有免费电话，让目标消费者在公共关系活动之后随即打电话来咨询，从而从来电数量判断公共关系方案的实施效果。如果方案很成功，来电咨询的人必然很多，公关人员可以用这个数字作为评估的标准之一。

⑥ 受众出席率。许多公共关系活动往往会通过媒体发布信息，邀请目标公众现场参与公共关系活动。出席的人数就可以直接反映出活动预告信息的效果，出席率的高低可以判断一项事前宣传信息是否有效。因此，对这方面的信息进行简单的统计是必要的。受众出席率太低说明前期宣传工作没有做到位，但还有可能是因为目标公众收到信息却因为自身缺乏参

① 李祚，张东. 公共关系学. 北京：中国劳动社会保障出版社，2007：90.

与此类活动的兴趣或意愿，而造成出席率偏低。

（2）定性分析。

定性分析主要侧重于通过对新闻媒介报道内容和篇幅等的了解，宏观上把握公共关系活动的效果。定性分析的内容包括：① 报道的篇幅和时数。一般来说，关于组织公共关系活动在新闻媒介上报道的篇幅越长，出现的频率越高，时数越多，公共关系活动本身就越容易引起社会公众的注意，在社会上造成的影响就越大。② 报道的内容。报道中，对组织的成就、发展情况等正面报道越多，就越容易在公众心里树立起组织的良好形象。③ 新闻媒介的层次和重要性。层次越高、发行量越大、覆盖面越广、越权威的媒体，其影响力越强。这些媒体如果能够参与组织公共关系活动的报道，其影响力和对组织美誉度、知名度的提升是不言而喻的。④ 报道时机。新闻报道的重要原则就是及时性，能否在第一时间报道公共关系活动的情况，配合组织的实际发展，对公共关系活动效果的影响是巨大的。往往迟发的新闻有时不仅无益，反而有害。

3）公众舆论调查法

公众是公共关系活动信息反馈的最重要渠道，如果目标公众对于组织发布的信息无动于衷，那么，即使信息通过媒介大量曝光也是枉然。因此，在公共关系评估时要进一步了解目标公众对组织公共关系活动的感受，对组织的态度是否发生良性的改变。这方面的信息除了通过媒体获得之外，更重要的是通过与公众的直接交流。具体包括两种方式：一是比较调查法，即在一次公共关系活动前后分别进行一次公众舆论调查，在活动结束后比较前后两次的调查结果，分析公共关系活动的效果；二是公众态度调查法，通过问卷、电话访谈和面谈的方式对目标公众进行调查，了解其对组织的评价和态度的变化，分析活动的效果。

2. 具体方法

公共关系评估贯穿公共关系工作的全过程，在每一个阶段工作的重点不同，所以评估的具体方法也不同。

1）公共关系调查评估的方法

在公共关系调查过程中或结束后，应该对公共关系调查活动及其收集的资料进行验证和分析。这一评估有利于发现调查中是否存在问题，并提供及时补救。

对调查计划和方案的可行性研究的主要方法是：① 逻辑分析，即用逻辑学的原理和方法对调查计划和方案的可行性进行检验和分析；② 经验判断，即用以往的实践经验对调查计划和方案的可行性进行分析和判断；③ 试验分析，即通过小规模的实地调查对调查计划和方案的可行性进行检验和评价。

2）公共关系计划评估的方法

公共关系计划评估主要是对公共关系目标、活动项目及计划编制等内容进行评价和分析。这一评估的目的是预先发现漏洞，进一步审定或调整计划与战略，改进方案的实施过程，以增强信息说服力，避免宣传发生负效果，提高计划的可行性。

对公共关系计划评估的主要方法有：① 经验判断，即用以往的实践经验对公共关系计划和方案的可行性进行检验和分析，这种方法没有完全客观的标准，易受到评估者主观因素的影响；② 试验分析，即通过小范围的试验对公共关系计划和方案的可行性进行验证和分析。

3）公共关系传播评估的方法

在公共关系传播过程中或结束后，也应对公共关系传播活动进行评价。

（1）对制作并发送信息数量的衡量。其主要方法是清点并统计制作、发送信息资料及开展其他宣传活动的数量。

（2）对接受信息，也称为信息曝光度的衡量。其最常用方法是：① 收集剪报，检查报刊索引和广播电视记录，以统计信息被新闻媒介采用的数量；② 统计新闻媒介的发行量，推算可能阅读报刊或收听、收看广播电视节目的人数，以测定接触信息的公众数量；③ 统计展览、演讲、专题活动等的人次，也能反映组织开展公关活动的影响程度。

（3）对信息准确度的衡量。其常用的方法有：① 内容分析，通过对信息资料的分析来观测目标公众的数量；② 受众调查，通过选择小组座谈、个人访问、电话访问或问卷调查等方法来调查公众对信息的理解程度。

4）公共关系结果评估的方法

这种方法又称为公众行为检测法。它是一项总结性评估，主要检测、评价公共关系活动对目标公众的作用和影响程度，以及整个公共关系目标的实现程度，其目的就在于了解公共关系工作的效果，因而又称为公共关系效果评估。一般包括以下两方面内容。

（1）公众态度变化情况评估的方法。这种方法又称为事前事后测验法，它是对公众在开展公共关系活动前后对组织的认识、了解和理解等的变化进行调查比较，即通过调查公众态度变化的基本情况和趋势，判断、评估公关活动的效果。

（2）公众产生行为的数量评估的方法。常用的方法有：① 自我报告法，由公众自己说明行为变化的方向、程度和原因；② 间接观察法，公共关系人员利用仪器或有关部门的记录对公众行为进行观察。

综上所述，公共关系评估在公共关系工作中占有重要的地位，因而公共关系评估不应是公共关系工作的附属物或公共关系工作的事后补救措施，而应是整个公共关系工作的重要组成部分和重要内容之一。切实开展公共关系评估工作，有助于提高我国公共关系工作的科学性和水平，有助于我国公共关系事业的健康发展。

9.4 公共关系评估面临的困境及对策

9.4.1 公共关系评估面临的困境

1. 公共关系目标的不确定性

公共关系目标是公共关系评估的主要依据，一般在开展公共关系调查前就已确立主要的、战略性的目标，在公共关系策划阶段予以具体化、战术化。但是，由于各方面的原因，一项公共关系活动的目的往往是多方面的，而有些具体目标之间还会存在某些矛盾。由于环境的不确定性，目标往往会根据公共关系实施过程中遇到的具体情况而进行局部或根本的调整，因此，要使公共关系目标非常的明确和确定并不是一件简单的事情。这些不确定性都会给公共关系评估带来很大的困难。

2. 公共关系评估标准不一致，公共关系效果难以量化

在公共关系评估中评估方法的选择十分重要，运用不同的评估方法会产生不同的评估结果。而即使是同一个评估方法，在标准上也很难统一。比如，同是以品牌的提升作为评估标准，而提升的幅度多大方可视为成功并没有一个固定的标准可以衡量。另一方面，公共关系活动的效果难以量化，它不像可以量化的经济效益，可以通过具体的经济指标加以评价。公共关系活动的效果是抽象的、长期性的，它为组织带来的不是暂时性的经济效益，而是对组织美誉度和知名度等组织形象长期性地提升，它会在社会公众中产生潜移默化的影响。因此，对于评估结果，尤其是有争议的评估结果往往会引起争论。在一般情况下，对评估结果不满意的人会提出：公共关系活动的效果具有长期性、广泛性，不能用一时一事的情况和两项简单的标准给予否定。

3. 公共关系评估受到利益相关者的抵制

公共关系活动是一个连续性的过程，包括公共关系调查、公共关系策划、公共关系实施和公共关系评估，一项大型的公共关系活动的不同阶段会由不同人员专门负责，而任何一个阶段的失误都会影响到整个公共关系活动的顺利开展和最终结果的实现效果。因此，在对存在问题的公共关系活动进行评估和原因分析时，不同阶段的负责人往往会相互推卸责任，甚至联合起来阻挠和抵制评估。这时，如果组织管理层为了维护内部环境的稳定，避免引起有关人员的反对，往往会取消公共关系评估，忽视公共关系评估对整个公共关系活动的作用。

4. 公共关系评估缺乏连续性

任何评估都应该是一个连续性的过程，这种连续性不仅表现在公共关系评估应该贯穿于公共关系活动的整个过程、各个阶段，而且表现在活动结束后一段时期内依然要对之前的公共关系活动效果进行跟踪评估和信息反馈。这样做的主要原因在于公共关系活动效果的长期性和隐藏性。过去，由于评估的种种困难，组织和公共关系顾问对公关的评估往往只是偶尔为之，停留在公共关系活动结束之后的效果评价上，结果导致无法通过对历史的总结而形成一套针对组织行之有效的评估方法和评估体制，对促使组织产生良好社会形象和高效益的归因不明确。

5. 公共关系评估信息系统不健全

有效和充足的信息是公共关系评估的基础和依据，没有足够和实用的信息，公共关系评估就难以进行。有些部门和人员不重视信息管理，信息系统不完备，信息收集和分析非常混乱，使公共关系评估成了少米或无米之炊。

9.4.2 走出公共关系评估困境的对策

1. 明确公共关系活动的目标

公共关系活动的具体目标是在公共关系策划阶段制定的，因此，要明确公共关系活动的目标就要在制定目标时加以把握。这时需要研究以下问题。

（1）公共关系活动的目标公众是谁？这些目标公众的特点是什么？公共关系活动通过何种传播媒介来影响这些目标公众？

（2）公共关系所期望发生的变化何时产生？追求的公共关系目标是长期的、中期的还是短期的？是立竿见影的还是渐进的？

（3）公共关系活动的目标是单一的变化，还是一系列的变化？这些变化对所有的目标公众具有相同的作用还是对不同的人有不同的作用？

（4）公共关系活动追求的是单一的成效还是多方面的成效？有无衡量公共关系活动的特定标准？

（5）哪些手法和方法可促进公共关系活动的成功？公共关系活动的成功是源于目标公众的合作还是对他们的制裁？

另外，明确的评估目标还要注意将长远利益和眼前利益相结合。由于公共关系实际效果不一定能马上全部表现出来，因此，在确定评估标准时，除了考察眼前效果外，还要分析长远效益。有些活动近期效益明显，但没有长远效益；而有些活动虽没有近期效益，但长远效益明显，能够为社会组织的未来发展创造有利条件。因此，在公共关系评估时，既要考察近期效益，又要考察长远效益，这样评估才能科学。

2. 健全公共关系信息系统

所谓公共关系信息系统，就是收集、整理、加工和使用信息，为公共关系的策划、实施和评估服务的系统。有效的信息系统应该能够确保公共关系活动中的各个环节都能及时地得到所需要的全部信息。这就要求公关人员在公共关系活动的各个阶段做好信息的收集、分析和归档工作。尤其是在公共关系调查阶段，对信息的收集和分析是该阶段的主要任务，信息不仅要全面，防止信息不足，又要防止信息过多，加重相关人员负担。在公共关系实施过程中，要重视对环境变化信息的收集，因为它是直接影响公共关系实施效果的重要因素，影响着公共关系评估的依据。另外，要保证信息系统的顺利运转，就必须明确合理的信息流程，根据不同层次和范围的需要，分级传递，避免信息传递到不相关的部门，同时尽量减少信息传递的环节和层次，避免信息在传递过程中的失真。

3. 避免人为因素的干扰，重视公共关系评估及评估结果的运用

对公共关系活动重视，尤其是对公共关系评估的重视，首先应该从领导层抓起。公共关系活动不是简单地执行公共关系策划的过程，而是从公共关系调查到公共关系评估的系统工程，少了任何一个环节都是不完整的。作为组织的战略决策者必须高瞻远瞩地认识到公共关系评估在公共关系活动中的重要意义，而不是可有可无的。在内部人员和部门之间因为利益关系而排斥和阻挠公共关系评估时，要力排众议，坚定地支持公共关系评估，并协调好内部关系，为公共关系评估的顺利进行排除不必要的干扰因素。

另一方面，要重视对评估结果的运用。评估本身是为了获得公共关系活动实施效果的反馈信息，利用其结果作为改进工作的依据。上一次的公共关系评估就是下一次公共关系活动计划制定的依据，不仅起到检测上一次公共关系活动效果的作用，而且为下一次公共关系活动目标的制定和具体实施指明方向。这些都应该引起组织各个层次人员的重视。而公共关系评估本身就是一个连续性的过程，管理层要重视对其作用的充分发挥，将其贯穿于公共关系活动的始终，并做好公共关系活动结束后的效果跟踪工作。

相关知识链接

公共关系效果评估方法的12点原则

公共关系效果评估方法可以说是公共关系研究中最薄弱的环节之一。这方面的研究，以美国北加州大学新闻系助理教授 Alan R. Freitag（1988）的观点最具有代表性。他整理过去研究测量（measurement）及评估（evaluation ）公共关系文献后，提出了评估方法的12点原则。

（1）在公关活动规划（campaign）时，加入“测量”这个步骤。

（2）规划时必须明确定义活动的要素，比如要向谁传达什么讯息，以及期望结果为何，这有助于选择适当的测量工具。

（3）这些效果必须和组织的目标紧密结合，这样才能串连公关和组织背景。

（4）事前准备，在进行规划前即搜集相关信息，预测某要素或整个计划的成功机会。

（5）以焦点团体访谈或实地实验（field experiment）的方式，对计划中的个别要素进行预测。

（6）计划执行前后及执行中都应测量，可用观察法（了解认知、态度及意见等）、深度访谈、内容分析、反馈、印象回忆等方法，时时监控计划。

（7）确定不仅测量产出物（output），而且要测量结果（outcome）。

（8）可混合使用各种测量方式，设法找出单一因素与效果的关系。

（9）可进行有底线的测量，如对公共关系活动后的销售量的测量，但不要只局限于短期效果。

（10）每天可用简单的程序来追踪和证实进行中的测量，如简报。

（11）糅合质和量的评估，使计划有效性的评估有完整组织和背景，这种方式也称为“三角测量”（triangulation）。

（12）不要只以结果来看公关的有效性，应从结果中学习，适度调整计划内容，试着以最高的回报让客户知道公关人员的努力。

案例点评

“古典可口可乐”的生存之战①

1985年，美国可口可乐公司因销售额比百事可乐公司低而处于竞争的劣势。为了增强产品的市场竞争力，可口可乐公司决定把老配方打入冷宫，宣布改用新配方。然而可口可乐公司采用新配方并没有赢得社会的广泛欢迎。先前公司曾对19万消费者进行尝试调查，其中55%的消费者喜欢用新配方制成的饮料，据此，可口可乐公司就以新配方进行生产，没想到激起许多人的抗议。公司每天接到无数抗议信和抗议电话。一位女顾客在信中说：“我一生有两件事最重要：上帝和可口可乐。但是，你们现在夺走了一样。”不少顾客认为，老可口可乐风格独特，新可口可乐淡而无味。当年6月份，在美国旧金山发生了“全国可口可乐饮户协会”举行的一场抗议新可口可乐的大示威。有些顾客组成了“老可口可乐俱乐部”，发动老可口可乐爱好者上街示威游行，甚至向法院提起控告。他们认为可口可乐公司改变配方是轻举妄动，盲目创新，忽视传统价值。更为重要的是，当年5月份改用新配方后，可口可乐销量大跌。在公众的压力下，7月份，可口可乐公司召开紧急会议，决定恢复老配方的生产。7月10日宣布恢复老配方并冠以新商标——“古典可口可乐”，同时，采用新配方生产可口可乐新品种，以满足顾客需要。这样一来，便形成了新老可口可乐两面夹击百事可乐的攻势。于是，可口可乐公司的股票每股猛涨2.75美元，而百事可乐公司的股票却相应下跌0.75美元。

【点评】该案例充分说明了公关活动效果的评估在公共关系中的作用和它所引起的反复的过程。任何形式的公共关系工作过程，都有一个周而复始的效果评估程序，不经过这个程序，公共关系工作的作用点无法确立，而且公共关系工作的目的和动机也可能无法形成。

思考题

1. 什么是公共关系评估？
2. 公共关系评估对整个公共关系活动的意义？
3. 公共关系评估的内容包括哪些？

---

① 何燕子，欧绍华．公共关系学．合肥：合肥工业大学出版社，2006：83.

4. 简述公共关系评估的过程。

5. 论述：目前公共关系评估工作中存在哪些问题？你有什么应对措施？

案例讨论题

奥迪 A8 新产品上市项目实施结果评估[①]

1. 媒体覆盖率

在北京、上海和广州三地，总计来自93个媒体单位的126名记者参加了针对A8轿车发布会的公关活动。截至2006年8月20日，本项活动所产生的直接媒体报道文章共有144篇。

其中做了重点报道的媒体包括：中央电视一台的“清风车影”栏目在6月1日对A8轿车的上市进行了为时9分钟的专题报道，该栏目乃是国内影响最广泛的汽车电视节目；广东有线电视台在8月17日的“车世界”栏目上做了为时5分钟的报道；中国最大的汽车爱好者杂志《冠军赛场手》在7月1日出版的一期杂志中对A8轿车进行了详细的介绍；8月8日出版的《南方城市新闻》刊登了一篇专题文章，题目是《奥迪在中国推出A8型轿车后，再度与奔驰和宝马展开激烈竞争》，文章高度评价了A8轿车的优秀性能。

有关A8轿车的报道中，97.78%的文章从正面角度报道了这次活动。至少92.24%的文章标题中提到A8轿车的名字，并有82.76%的文章至少同时刊登了一张参加这次活动的A8轿车的照片。在媒体报道中，绝大多数都介绍了A8轿车的主要特征。

2. 媒体反馈

“在所有国内外轿车试驾驶活动中，在北京举行的奥迪A8试驾驶活动是我所经历的最富创造性、最新颖的一次活动。”——车王杂志。

“从来没有参加过像奥迪A8媒体投放这样独特的试车活动。高雅的艺术表现方式，虚实结合地传达出奥迪A8的特性，而且给我们留下如此深刻的印象。我认为，奥迪A8媒体投放活动是我所参加的汽车媒体活动中最具特色的。”——经济日报·汽车周刊。

“从空间、宁静、时间和安全等角度来展示轿车的优越性能给人深刻印象，是一个极富想象力的主意。这次试驾驶活动的安排非常的独特；所选择的地点非常的理想。”——车王杂志。

这项活动所获得的投资回报率按照广告价值计算超过400万元人民币。在5、6、7三个月期间，由于对A8轿车的大量报道，奥迪在国内媒体报道中所占的份额比奔驰或宝马高

---

① 董元．新编公共关系学．兰州：兰州大学出版社，2006：147.

出134%。

3. 对销售工作产生的直接影响

自从奥迪于6月开展营销活动以来，各地经销商已经售出50辆轿车，相当于奥迪一年指标的10%。奥迪经销商反映，前去询问销售信息的顾客人数出现稳定增加。

4. 效果评价

奥迪中国区总监麦凯文对此次公关活动的评价是："我们对A8轿车媒体公关活动对我们的销售业务所产生的效果感到惊喜，这种积极作用不仅表现在A8轿车上，而且表现在奥迪的所有产品线上。"

奥迪中国区公关经理于丹评价说："我自豪地看到，所有参加完我们奥迪A8公关活动的记者，无不认为这是他们所参加过的最别开生面的产品投放公关活动。特别是，奥迪A8在国际市场上并不是一款新推出的车型。罗德公关公司通过巧妙的策划将其重新包装、重新定位。而且在如此短的时间内，能完成如此一流水平的公关活动，再次证明罗德公司是业界公认的汽车行业内实力最强、影响最大的公关公司。这也是奥迪中国与罗德公司保持长期合作的原因。"

【讨论题】

1. 如果说此次奥迪A8发布会活动是成功的，其依据的标准是什么？在评估中采用了哪些具体的评估方法？

2. 试总结此次奥迪A8发布会活动效果评估时的信息来源都有哪些？你对这些信息的权重如何看待？

第10章

公共关系活动模式

本章学习目标

通过本章学习，了解公共关系战略型模式及战术型模式的区别；理解各种公关活动模式的适用领域；掌握运用各种模式开展公关活动的方法。

公共关系活动模式是公共关系工作的方法系统。它是由一定的公共关系目标和任务，以及由这种目标和任务所决定的数种具体方法和技巧构成的体系。公共关系活动模式具有明显的对应性的特征，仅适用于特定的公共关系和公共关系任务。它通常分为两大类、十种具体活动模式。

10.1 战略型公共关系活动模式

为适应不同的公共关系状态和组织环境，公关策划必须在组织发展的不同时期提出不同的战略性目标，同时也要选择相应的战略型公关活动模式。战略型公关活动模式是指在一定时期内，组织为达到宏观战略目标所选择的公关活动模式，这些活动往往由一系列或一组工作构成。常见的战略型公关活动模式有以下几种。

10.1.1 建设型公共关系活动模式

建设型公共关系活动模式是社会组织初创时期或新产品新服务首次推出之时，为打开局面而采用的公关活动模式。目的在于提高组织的知名度，在公众心目中树立良好的“第一印象”。建设型公共关系活动的重点是宣传和交际，尽量地使更多的公众了解企业、关注企业，以取得公众的信任和支持。

1. 开展建设型公共关系活动的方式

常见的活动方式有开业广告、开业庆典、新产品展销会、新服务介绍、免费招待参观、开业酬宾、赠送宣传品、免费试用、免费品尝等。

2. 开展建设型公共关系活动应把握的原则

（1）选择有利时机。对于建设型公共关系活动来说，选择时机十分重要。公司挂牌、商场开业、产品上市，都要注意和研究公众的需要，选择有利时机，以使公众对企业产生良好的“第一印象”。从而对企业产生兴趣并加以关注，再转为理解、支持的态度和行为。这种模式通常适用于：企业始建，新产品、新服务推广初期，更换厂名、店名，改变产品商标或包装。

（2）选择恰当地点。根据产品的特点、公司的性质、目标对象的不同，选择合适的场所开展活动，突出新产品或新服务的特点，让人过目不忘。

（3）掌握好分寸。为了让组织迅速获得公众的认同，或者让组织的新产品、新服务迅速占领市场，必须通过各种传播媒介大力宣传组织的新情况、新产品、新服务，以便让公众更加了解组织，理解组织，进而支持组织。但又不能暴露出过多的宣传痕迹，宣传中应掌握分寸、以诚相待，不宜自我吹捧、言过其实，以免引起公众的反感。因此，在宣传策略上，建设型公共关系的重点应放在“新”上，以崭新的姿态、崭新的形象出现在公众面前，给人以新鲜感、新奇感，以新取胜，以新博得公众的好感。

当然，不管是为了能在工作的初始阶段取得开门红，还是为了开创组织的新局面，抢占新的市场份额，组织都必须首先在产品的质量、规格、花色品种、外观设计等服务项目及服务态度的改进上下工夫。这是组织建立新形象的基础工作，这个工作要是没有做好，开创新局面将成为一句空话。

【实例10－1】成功的建设型公关——“稳得福”烤鸭店开张

某年夏天，上海禽蛋五厂创办了一家名为“稳得福”的烤鸭店。开张伊始，该店采取了一系列建设型公关活动方式。首先，他们发动全厂职工献计献策取店名，最后定名为“稳得福”，与北京“全聚德”相呼应，以此提高“北有全聚德，南有稳得福”的声誉。其次，利用新闻媒介传播该店形象。如在春节联欢晚会上，魔术师变出了稳得福烤鸭；稳得福师傅在电台《生活之友》节目中向公众介绍烤鸭的制作方法等 。最后，采取独特的经营目标和方式。他们向许多单位宣传该店的商品和宗旨，欢迎大家来批发预约登记。“稳得福”烤鸭店通过取名、媒体宣传、散发资料等方面的精心策划，给公众留下了深刻的印象。

【实例10－2】不成功的建设型公关——化妆品厂的新产品推介

有一家化妆品厂计划在春节搞赞助活动，推出自己的新产品。其策划在北京一家著名的理发店为数百位顾客免费理发、美发。电视台播出活动广告后，众多市民赶去排队等候，一位记者问在场群众是否知道赞助此次活动的企业及其产品名称，却没人能说清楚。这说明这项公关活动搞得不理想，他们的策划创意很好，但由于缺乏品牌形象意识，活动中的具体工作不完善，没有适时提供有关企业产品信息的宣传单和其他材料，因而虽然花了钱，却没有相应地使企业的知名度得到提高，没有收到良好的整体效应。他们如果能为产品起一个更好记的名字，为顾客提供特制的、带有企业说明的材料或优惠券、小纪念品，效果就会大不一样。

10.1.2 维系型公共关系活动模式

维系型公共关系活动模式是社会组织在稳定发展时期用以巩固良好组织形象的公关活动模式。目的是通过不间断的、持续的公关活动，巩固与公众的良好关系、维持组织形象，使组织的良好形象始终保留在公众的记忆中。其做法是：一方面，通过各种传播媒介和传播活动，以较低的姿态，把组织的各种信息持续不断地传递给各类公众，使公众始终保持对组织的良好印象，一旦有需要，公众就可能首先想到你，接受你的产品和服务，与你合作，为组织带来利润和好处；另一方面，开展各种优惠服务吸引公众再次合作。

1. 维系型公共关系活动的方式

维系型公共关系活动的特点是以渐进而持久的方式，针对公众的心理特点精心设计活动，潜移默化地在公众中产生作用，为实现组织的公共关系目标铺平道路，追求水到渠成的效果。

维系型公共关系活动的方式分为三种，即硬维系、软维系和强化维系。

（1）“硬维系”是指那些维系目的明确，主客双方都能理解意图的维系活动，其特点是通过优惠服务和感情联络的方式来维系同公众的关系。比如，近年来国内部分航空公司明确宣布，凡乘坐该公司的航班达一定的里程数时，公司可提供免费的国内游一次，目的是同顾客建立较长期的联系。有些厂商还利用一些节日、纪念日、客户生日，向长期客户赠送一些小礼品，搞一些联谊活动，来加强彼此间的情感交流，进一步发展组织与顾客之间的关系。“硬维系”一般用于已经建立了购买关系或业务往来的组织和个人。具体的方式灵活多变，可利用各种传媒进行一般的宣传，如定期刊发与组织相关的新闻、广告、新闻图片等。

（2）“软维系”是指那些活动目的虽然明确，但表现形式却比较超脱的公共关系活动，其目的是在不知不觉中让公众记住组织。一般是对广泛的公众开展的公共关系活动，其具体做法可以灵活多样，但要以低姿态宣传为主，如定期广告、组织报道、提供组织的新闻图片、散发印有组织名称的旅游交通图等。保持一定的媒体曝光率，使公众在不知不觉中了解组织的情况，加深对组织的印象。

（3）“强化维系”是指在组织已有了一定的形象或相当好的公关形象时，为进一步巩固和发展既有形象、消除潜在危机而开展的公关活动。

2. 搞好维系型公共关系活动应该把握的原则

（1）抓准公众心理。维系型公共关系从某种意义上说是一种“心理战”。一个组织与其公众发生并建立了良好的公共关系之后，随着时间的推移，这种公共关系状态可能向好的方向进一步发展，也可能向不利的方面转化。此时社会组织公共关系目标就是要维系良好的公共关系状态，防止逆转。实现这样目标的公共关系活动实质是使公众对组织产生有利的心理定势，因此研究公众的心理需求是工作的重点。

（2）逐步建立公众的心理定势。维系型公共关系活动要在公众中造成对社会组织有利的心理定势，即使公众在不知不觉中形成对社会组织的好感。通过渐进式的积累，保持适中的信息刺激度，最有助于形成这种心理定势。如果有关组织形象的信息对公众的刺激强度不够、过弱，或者刺激强度过大、过猛，都不利于形成这种心理定势。对这个“度”的把握，是维系型公共关系的艺术。因此，开展维系型公共关系活动，在方法上必须注重“细水长流”，而不要追求一步到位、一举成功。它争取公众的主要手段是通过传播媒介不断向公众“吹风”，让组织的有关信息及时传到公众的耳朵里，使组织的形象经常呈现在公众的面前。

（3）保持超脱姿态。维系型公共关系活动是要让公众在不知不觉中形成对组织的好感，因此，开展维系型的公共关系活动必须在“超脱”二字上做足工夫，不论是硬维系还是软维系抑或是强化维系，都要表现出一种高姿态，使公众在心理上乐于接受。

【实例10－3】 北京长城饭店在圣诞节来临之际，把外国驻华使馆的小孩请去装饰圣诞树，除招待他们一天吃喝玩乐外，临走时还送给他们每人一份小礼品。这个活动从表面看是组织孩子们参加一次符合西方习俗的活动，但其真正用意在于通过这批孩子来维系长城饭店与各使馆人员的联系。孩子们在那里玩了一天，回去把情况告诉他们的父母，客观上充当了长城饭店的义务宣传员，维系了长城饭店在使馆人员心目中的良好形象。

10.1.3　防御型公共关系活动模式

防御型公共关系活动模式是社会组织为防止自身的公共关系失调而采取的一种公关活动模式。目的是在组织与公众之间出现摩擦苗头的时候，及时调整组织的政策和行为，铲除摩擦苗头，始终将组织与公众的关系控制在期望的轨道上。防御型公共关系的特点在于，确切地了解自身组织的公共关系现状，敏锐地发现其失调的预兆和症状，采取有效对策，及时消除隐患，同时促使其向有利于良好的公共关系建设方面转化，因此它特别适用于组织发展过程中的战略决策，是战略型领导者最重视的公共关系活动模式之一。

1. 防御型公共关系活动的形式

（1）开展公共关系宣传活动。宣传组织的实力、措施、手段，让公众对组织产生安全感。

（2）举办各种形式的研讨会、鉴定会。通过这些活动，由第三者发表意见，更能有效地消除公众的疑惑，恢复公众信任。

（3）加强售后服务。售后服务是实实在在的行动，它把公众的抱怨与不满减少到最小限度，从而为组织赢得社会信誉。

2. 防御型公共关系活动的策略

（1）居安思危，防患于未然。当组织处于稳定发展的状态时，应未雨绸缪，及时制定出防范措施，建立完备的预警系统。

（2）见微知著，避免矛盾尖锐化。当组织机构与周围客观环境出现某些失调时，能及时发现，迅速采取措施，予以防治。

（3）积极防御，加强疏导，预防与引导相结合。防御型公共关系对失调必须以“防”为主，以“引”为目的。一方面，应及时发现各种危机苗头，通过及时调整组织的结构、产品、方针政策或经营方式等，来适应环境的变化，适应公众的要求，防患于未然；另一方面，还要通过自身的努力工作，积极引导，有效利用有利的时机开创工作的局面。

（4）重视信息反馈，及时调整自身的政策或行为。防御型公共关系活动运用于组织出现潜在公共危机的时候。为了控制公关失调的苗头，必须采取以防为主的策略，重视信息反馈，及时调整自身的政策或行为，以适应环境的变动。

（5）重视调查与预测。防御型公关模式采用调查与预测等手段，及时发现组织发展中存在的问题和潜伏的危机，为组织的决策者和有关部门提供改进方案，使组织形象朝着有利的方向发展。

由于可能出现的问题多种多样，导致问题的原因也各式各样，因此解决问题的方法也有许多种。防御型公关的工作程序一般分为三步：① 发现问题，即通过调查、监测和预测，及时发现组织发展中存在的问题和潜在的危机；② 分析问题，即运用研究和预测方法来分析问题；③ 解决问题，即制定和采取相应的调整措施来解决问题。具体方式包括：市场调查、前景预测、假设后果影响分析、设计多套应急方案处置危机等。

3. 开展防御型公共关系活动应把握的原则

（1）具备危机意识。将问题扼杀在萌芽状态，切忌麻痹大意。

（2）形成预警系统。即有专人或专门机构来捕捉各种问题或危机苗头，一旦发现，组织能及时调整自身的结构、产品、方针、政策或经营方式，以适应环境的要求。

（3）主动采取措施。一旦发现问题就必须及时采取对策，主动进行调整与引导，在公众尚未意识到问题时就把问题解决好。同时，还要经常监测组织行为，发现问题迅速上报，提出改进建议。

（4）增加透明度。一个组织的透明度越高就越能减少与外部公众发生摩擦的可能性，即使出现了摩擦，也能通过积极疏导将负面影响降低到最低程度。

（5）组织同行联谊会，加强信息交流与协作，创造和谐的外部环境。

【实例 10－4】 邯郸市糖业烟酒公司自筹资金开办了4个自选商场，就在这一年，某个全国性大报上发表了数篇报道，反映自选商场不景气，不适合中国国情，当时影响很大。公司领导看了报道后意识到必须尽快采取措施，防止邯郸4家自选商场陷入同样的境地。为此，公司开展了一系列的防御型公关活动。首先，进行调查研究。他们发现，自选商场在中国不仅可行且大有发展前景。其次，改善和加强管理。他们根据国内消费者的不同层次和对象，变单一自选为灵活经营，进行以自选为主的综合调整。最后，加强同新闻单位和上级主管部门的沟通工作。公司在邯郸电视台播放了20分钟的相关节目，《经济日报》、《中国商品报》、《河北日报》等都报道了邯郸自选商场越办越兴旺的消息。公司还邀请北京有影响的新闻单位采访，并在中央电视台新闻节目播出。

通过这一系列防御型公关活动，邯郸市自选商场不但没有陷入困境，相反名扬全国，越办越兴旺。

10.1.4 进攻型公共关系活动模式

进攻型公共关系活动模式是组织与环境发生摩擦冲突时所采用的一种公关模式。这种模式要求组织运用一切可以利用的手段，抓住一切有利的时机和条件，以积极主动的姿态调整自身行为，改变环境，摆脱被动局面，创造有利于组织发展的新局面。这种模式最大的特点就是“主动”，例如，不断开拓新产品和新市场，改变组织对环境的依赖关系；组织同业联合会，以减少与竞争者之间的冲突和摩擦；建立分公司，实行战略性市场转移，创造新环境、新机会，等等。

1. 开展进攻型公共关系活动的主要方法

(1) 创新。开拓新的领域，改变组织对环境原有依赖关系。可以通过研制新产品、开拓新市场、组建新的合作关系等方式吸引更多的顾客群，建立新的联系，把旧有冲突甩掉。

(2) 合作。主动结交朋友、积极加入同业协会或举办协作性的交流会议，减少与竞争者的冲突、摩擦。如一些行业为了避免在竞争中互相压价、两败俱伤而建立了行业（同业）协会，制定保护价格，改善竞争环境，使大家的行动协调起来。

(3) 转移。组织要尽量避免过多受到环境中的消极因素的影响，对这些影响可以采取迂回转移策略。比如，来组织拉赞助的人太多，组织承受不了，特别是那些知名组织、模范单位，有时确实处于进退两难的尴尬境地。组织对此可以主动、定向地搞活动，以便有策略地回避其他的要求。避免参加过多的纵向关系组织和不必要的社会活动，以免受过多的规章制度和社会关系的牵制和约束。组织主动出击、组织活动，就等于可以告诉那些拉赞助的人，本组织已经搞了类似的活动。这种方式比直接说不想参加效果要好，而且一般不会有副作用。

(4) 利用合适的机会主动出击。

2. 采用进攻型公共关系活动模式应把握的原则

(1) 将企业形象以崭新姿态展现在公众面前，给人以面目一新的感觉。

(2) 改变组织对环境的依赖感。

(3) 要有凌厉的攻势，切忌软弱无力，不痛不痒。

(4) 利用广告、产品示范、公关沟通、推销等多种形式同时进行复合式传播，切忌单打一。

(5) 开拓的范围和领域要广泛，形成“东方不亮西方亮”的局面。

【实例10-5】大亚湾核电站的公关

1986年冬，苏联切尔诺贝利核电站突然爆炸的消息，通过大众传播媒介迅速传遍全球，这一事件恰恰发生在中国正积极建造广东深圳大亚湾核电站的当口儿，香港各界人士百万人签名向中央政府上书，阻挠大亚湾核电站继续施工。面对这一突发事件，中央政府运用了进攻型公关来处理：在核电站内部设立了公共关系部，由新闻机构如实报道切尔诺贝利核电站事故的原因；由核专家撰文，发表讲话，介绍核科学原理和利用核能的知识；请香港著名人士参观大亚湾核电站；核电站公关部与香港的公关公司合作，举办了原子能和平利用的展览。通过一系列的公关活动，使香港市民恐慌感降温，稳定了舆论，大亚湾核电站得以继续建设。

10.1.5 矫正型公共关系活动模式

矫正型公共关系活动模式是组织遇到风险时所采用的一种公关活动模式。它适用于组织的公共关系严重失调，从而使组织形象受到严重损害的时候。其特点是“及时”：及时发现问题、及时纠正错误，及时改善不良形象。

组织形象受损一般有两种情况：一是由于外在的原因，如某些误解、谣言，甚至人为的破坏，致使组织的形象受到损害，这时公关人员应及时、准确地查明原因，迅速制定对策，采取行动，纠正或消除损害组织形象的行为和因素。另一种情况是由于组织的内在原因，如产品质量、服务态度、环境保护、管理政策、经营方针等方面发生了问题而导致公共关系的严重失调。这时公关人员应迅速查明原因，采取行动，尽快与新闻界取得联系，控制影响面，及时把外界舆论准确地反馈给决策层和有关部门，提出消除危机的办法和纠正错误的措施。同时，还需运用各种公关手段和技巧开展公关活动，求得公众谅解，公布纠正措施和进展情况，平息风波，恢复信任，重新树立良好形象。

1. 以实际行动矫正

被列为20世纪80年代世界十大公关案例之一的美国两约翰公司处理药品被人投毒事件，是这方面的典型。

【实例10-6】美国两约翰公司对药品投毒事件的处理

美国两约翰公司是美国最大的生产保健及幼儿药品的医药公司。1982年9月30日，新闻界报道芝加哥地区有7人因服用该公司生产的“泰莱诺尔”镇痛胶囊而死于氰化物中毒。这一报道立即在全美引起了轩然大波，因为这种胶囊约有1亿人在服用。

两约翰公司面对突如其来的灾难，当即决定向新闻界敞开大门，公布事实真相，并投入1亿美元收回市场上的3 100万瓶胶囊；同时，另外花费50万美元电告全国的医院、医生和销售商注意。后来查明死者是服用了被人投放了氰化物的“泰莱诺尔”胶囊，与药品本身无关。公司于是推出三层密封包装的新型“泰莱诺尔”胶囊，并向消费者免费赠送，将药品重新打入市场。半年后，这种药重新获得了原有市场份额的95%，而且由于该公司首先使用抗污染包装，引得其他各大公司纷纷效仿。这样公司走出了危机，摆脱了逆境。

2. 借助权威矫正形象

【实例10-7】某烹调酒厂使舆论大转变

事情是由新闻媒介否认烹调料酒的作用引起的。媒介上称烹调料酒会使食品变质。对本厂产品有百分之百信心的某烹调酒厂负责人求助于公关公司，后者认为要让权威说话。他们请了名牌大学有关专业的教授进行品味研究，作出公正评价，然后在纽约的劳倍特大饭店举行了味道品尝新闻记者招待会。他们请记者们品尝分别用上等好酒和烹调料酒做调料的同样菜肴，席间请专家教授提供理论指导。很快，盛赞烹调料酒的报道出现在各大报刊上，舆论发生了根本性转变。该厂生产的烹调料酒也变得家喻户晓。

10.2　战术型公共关系活动模式

为了落实公共关系的战略规划，还可以根据公共关系的功能来选择战术型公共关系活动模式。

10.2.1　宣传型公共关系活动模式

宣传型公共关系活动模式是运用大众传媒和内部沟通的方法，开展传播沟通工作，树立良好组织形象的公关活动模式。其主要的做法是：利用各种传播媒介和交流方式，进行内外传播，让公众充分了解组织，支持组织，进而形成有利于组织发展的社会舆论，使组织获得更多的支持者与合作者，达到促进组织发展的目的。

1. 宣传型公共关系活动模式的特点

（1）主导性强。宣传型公共关系活动是按照本组织的意图在报纸、杂志、广播、电视、互联网等新闻媒介上宣传自己、树立形象，争取有关公众的好感。

（2）时效性强。宣传型公共关系活动把有价值的信息及时准确地传送出去，在相应的时间内能够起到良好的宣传效果。媒介作为第三者，正确、全面、真实、客观地描写事件的发生过程，具有很强的权威性和可信度。公众接受公共关系信息，可以根据信息对组织产生信任感。这种信任感是宣传型公共关系时效性的基础。

（3）传播面广。宣传型公共关系活动必须借助传播媒介。任何传播媒介的受众都不是个别的，而是特定的群体，特别是全国性报纸、杂志、广播、电视、互联网等媒介具有涉及范围广、传播力度强等特点，所以更能吸引众多的公众。

（4）推广组织形象效果好。由于宣传型公共关系活动具有时效性强，传播面广，能提高知名度和美誉度的特点，因此其推广组织形象效果好。组织通过宣传型公共关系活动，让各类公众了解组织、支持组织，进而形成有利于组织生存和发展的社会舆论环境。

2. 宣传型公共关系活动的常用媒介

宣传型公共关系活动离不开传播媒介，它常用的媒介主要有三种：一是新闻媒介，如报纸、杂志、电台、电视台、网站等；二是广告媒介，如路牌广告、车船广告、印刷广告、幻灯片广告等；三是自控广告，如组织内部广播电台、黑板报、厂报等。此外还有一些特殊的宣传媒介，如演讲报告、订货会或展销会等。由于各种媒介的性能效果、费用开支各不相同，所以要根据具体情况进行选择。

3. 宣传型公共关系活动的分类

根据宣传对象的不同，宣传型公共关系活动可具体分为对内宣传和对外宣传。

（1）对内宣传。对内宣传是公共关系人员最经常进行的工作之一，它的主要对象是组织的内部公众，如员工、股东等。宣传的目的是让内部公众及时、准确地了解与组织有关的各方面信息，如组织的现行方针和决策、组织各部门的工作情况、组织的发展成就或困难和挫折、组织正在采取的行动和措施、外界公众对组织的评价及外部社会环境的变化对组织的影响等，以鼓舞士气，取得内部谅解和支持，做到上下一心，增强凝聚力，形成统一的价值观和企业精神。内部宣传可采用多种形式和手段，如内部刊物、图片宣传栏、演讲会、座谈会、讨论会、表彰颁奖会、专门恳谈会等。对于内部的特殊公众——股东，采用年终总结报告、季度报告、股东刊物、股东通讯、财务状况通告等形式。

（2）对外宣传。对外宣传的对象包括与组织机构有关的一切外部公众，目的是让他们迅速获得对本组织有利的信息，形成良好的舆论。对外宣传主要是运用大众传播媒介，其表现形式：一种是公关广告，一种是新闻报道。一个组织可以把它的形象塑造作为广告的中心内容，宣传组织的管理经验、经济效益、社会效益和已经获得的社会声誉等；还可以采取新闻报道的形式，通过新闻、专题报道、记者专访和经验介绍等来宣传自己。新闻宣传权威性高，比较客观，容易为公众所接受，且不用花钱。不过，这种机会不多，主动权不在组织。对组织来说，可以巧借媒介来“制造新闻”，可以综合运用各种传播方式，如召开记者招待会、新产品展览会、经验或技术交流会，印发公共关系系列刊物，制作视听资料等；可以根据需要选用不同的传播媒介，如报纸、杂志、电台、电视、网络等；还可以组织一些活动，利用一些事件来进行宣传。

4. 组织开展宣传型公共关系活动应该把握的原则

（1）真实性。宣传的事实或信息应客观真实，应把真实性放在第一位，绝不能出现浮夸不实之词。

（2）双向性。一般宣传是一种单向的传播，但公共关系传播是双向的。既要将组织的信息通过各种途径传播给各类公众，又要把公众的信息反馈至组织，整合公众的意见。所以，公共关系人员不但要学会向外传播信息的本领，而且应掌握收集、反馈信息的技能。

（3）技巧性。宣传工作要主题明确，安排及时迅速，方式方法恰当。公共关系人员要掌握宣传的要领，把握“火候”，避免过分宣传，以免公众产生逆反心理。要做到既宣传了自己的组织，又给公众留下了良好的印象。

（4）精心策划、适当地制造一些热点新闻。策划时不仅要考虑新、奇、特，还要带有人情味，以吸引公众注意力。

【实例10－8】 麦当劳享誉全球，这个为世人熟知的品牌之所以流传广泛，跟麦当劳到位的公关宣传有着密切的关系。首先，麦当劳选择了专门的广告公司——古柏高为它的产品及公司形象做宣传。古柏高从麦当劳的特点出发，创作了吸引人们注意力的广告词，使每个人都想再次踏入麦当劳店享受美味。其次，麦当劳给自己一个明确的企业形象定位——QSCV理念，即把质量、服务、清洁、价值作为整个企业的经营宗旨，给光临麦当劳的每一位顾客提供最高质量的服务。麦当劳坚持维护良好的企业形象，在全世界树立了良好的形象。

10.2.2 交际型公共关系活动模式

交际型公共关系活动模式是一种以人际交往为主的公关活动模式。它运用各种交际方法和沟通艺术，为组织广结良缘，协调关系，创造平等和谐的气氛，建立广泛的社会关系网络，形成有利于组织发展的人际环境。

1. 交际型公关活动的特点

交际型公关活动的特点是：直接，灵活，富有人情味，一旦与公众建立了真正的感情联系，往往相当牢固，甚至能超越时空限制。

2. 交际型公关活动的形式

交际型公关活动的形式主要有：对外开放日、联谊会、座谈会、慰问活动、茶话会、沙龙活动、工作午餐会、拜访、节日祝贺、信件来往等。

3. 交际型公关活动的实施要求

（1）情真意挚。对公众要报以真挚的感情，真心实意地交往。要说真话，向公众提供真实的信息。对公众要一视同仁，不受社会地位、经济条件、文化程度的影响，一律平等相待。

（2）讲究礼仪礼节。公关人员要按基本礼仪规则行事，注重个人的仪表、言语、行动和精神风貌，要以良好的形象出现在公众面前，并善于巩固和推进友谊。

（3）杜绝使用不正当的手段，如欺骗、行贿等，把公共关系混同于庸俗关系，也不能把私人之间的感情交往活动代替具有交际性质的公关活动。社会交际只是公共关系的一种手段，绝不是公共关系的目的。

【实例10-9】 有这样一个真实的小故事。一个人乘坐北方航空公司的飞机去长沙出差。飞机降落之后，他提着随身带的一捆资料，走到了机舱门口。空中小姐在向他微笑道别的同时，递给了他两块小方布，说：“先生，请用小方布裹着绳子，不要勒坏了您的手。”人非草木，孰能无情！这位先生备受感动，从此每次出差或带家人出门，总是首选北航。一句话、两块小方布，换来了一生的光顾，真是划算。

【实例10-10】 在北京有一位工程师，长年从事科研开发。他所在的科研单位所发明的产品在同类产品中绝对一流，但却不被社会认识，积压滞销。为了推销产品他也走上柜台。刚开始面对顾客时，他只坐等顾客问，虽然在技术上是内行，但推销并不成功。学习了公共关系后，他改变了方式方法。凡有客人来，他就主动热情地向人详细介绍产品的性能、特点，并且本着公共关系以诚相待的原则，把竞争对手产品的优缺点也都和盘托出，让客人比较鉴别，然后再作选择。这样就更进一步赢得了客户的信任，有不少人当场就决定买他们的产品。有时谈到了吃饭时间，他就把客人带到宿舍煮点鸡蛋挂面一同吃。简单的饭食却使客户感到很亲切、实在。这些做法帮助他在事业上取得了很大的成功。

10.2.3 服务型公共关系活动模式

服务型公共关系活动模式是一种以提供优质服务为主要手段的公关活动模式，其目的是以实际行动来获取社会的了解和好评，建立良好的组织形象。对于一个组织来说，要想获得良好的社会形象，宣传固然重要，但更重要的还在于做好自己的工作，在于自己为公众服务的程度和水平。服务型公共关系以行动作为最有力的语言，实在实惠，最容易被公众所接受，特别有利于提高组织的美誉度。

1. 服务型公共关系活动的特点

(1) 实在性。和其他活动相比，服务型公共关系最显著的特征在于实际行动。组织以特殊的媒介——服务，来密切组织与公众之间的关系，使公众得到实惠。以行动作为最有力的语言，最容易被公众所接受。服务型公关效果如何取决于公众得到实惠的多少。

(2) 规范性。为了保证提供优质、实在、便利的服务，组织会建立合理的制度，规范服务行为。

(3) 全员性。在多数情况下，尤其对于商业、服务业等窗口行业而言，服务型公共关系活动是由全体员工实施的。

2. 开展服务型公共关系工作应把握的原则

(1) 提高自觉性。向公众提供优质服务，是与建立良好组织形象联系在一起的社会行为。公众往往把组织提供的服务视为组织形象的缩影，从组织提供的服务上形成自己对组织的直观印象。因此，组织必须把服务工作放在重要的位置上，自觉开展服务工作。组织不能只是着眼于经济利益，更要着眼于社会价值，通过服务来塑造自己良好的形象。

(2) 注重实在性。以实际行动向公众证明组织的诚意，用实际行动去说话。每个组织应对行为提出具体的目标。让组织对公众的一切诚意和善意变成看得见、摸得着的实在东西。对公众做的事情越实在、越具体，越可能对公众产生吸引力。例如，中国建设银行在下雨天为顾客提供雨具。

(3) 提倡特色。服务型公关活动已逐渐成为企业普遍的经营管理策略。在这种情形下，要提倡人无我有，人有我优，形成特色。社会组织特别是工商企业要做好售前和售后服务工作，凭借组织的优质服务，来完善组织的形象和提高组织声誉。服务的目的，不仅是促进销售，更重要的是树立、维护和完善组织特有形象。

(4) 确立规范性。在许多情况下，尤其对于商业服务业等窗口行业而言，服务型公共关系活动是由全体员工实施的。为了确保能够提供优质实在的服务，有必要建立完备的制度，确立活动的规范性，从而使公共关系工作有条理地持续开展下去。

【实例10-11】 海尔集团不仅因其产品质量高而畅销世界，而且还因其所提倡的“海尔国际星级服务”享誉全球。为了实现“国际星级服务”，海尔人制定了著名的售后服务“一、二、三、四”模式：一个结果——服务满意；二个理念——带走用户的烦恼，留下海尔的真诚；三个控制——服务投诉率小于10%，服务遗漏率小于10%，服务不满意率小于10%；四个不漏——一个不漏地记录用户反映的问题，一个不漏地处理用户反映的问题，一个不漏地复查处理结果，一个不漏地将结果反映到设计、生产、经营部门。

为了落实“一、二、三、四”服务模式，海尔公司规定上门维修人员在顾客家中洁净的地板上铺上一条专用布，完工后自带抹布将维修时留下的污渍擦拭干净；如果客户的冰箱需要拉回中心修理，那么顾客马上会得到一台周转冰箱使用。与此同时，海尔对所有服务人员的规定却是如此不近人情：上门维修不许抽烟、喝酒、吃饭、接受礼品，后来干脆规定连用户的水也不准喝。于是有了海尔人自带矿泉水上门维修的情景。

海尔集团以提供优质服务为手段，以实际行动来获得社会公众对自己的了解与好评，塑造自己的美好形象，成为了我国家电行业的龙头老大。

10.2.4　社会型公共关系活动模式

社会型公共关系活动模式是组织通过举办各种社会性、公益性、赞助性的活动，来塑造良好组织形象的公共关系活动模式。其目的是扩大组织在社会上的影响，提高组织的社会声誉，塑造组织良好的社会形象。

1. 社会型公关活动的特点

社会参与面广，与公众接触面大，社会影响力强，形象投资费用高，能较有效地提高组织的知名度和美誉度。

2. 社会型公共关系活动的形式

（1）以组织机构本身的重要活动为中心而开展活动。如本组织开业庆典活动、周年纪念活动、竣工仪式、组织内部重大事件、节庆吉日等，通过以上活动邀请各界宾客，与社会公众广交朋友，扩大自己的社会影响。

（2）以组织所处的社区或有关组织的重要节目为中心而开展活动。这种条件下的公共关系活动是外人搭台自己唱戏，一般是利用社会上的传统节日、民俗、具有社会影响力的公益事业、相关组织的重要活动等机会，积极参与，以此来树立自身的形象。

（3）资助大众传播媒体举办各种活动，提高组织知名度。比如，与某家大众传媒联合举办大型音乐会，因为大众传播媒介拥有广大的读者、听众或观众。根据不同媒体的影响，引起本省（市）、全中国甚至全世界的关注。

（4）以赞助社会福利事业为中心开展的公共关系活动。例如，赞助社会福利事业、慈善事业，赞助残疾人就业，推动公共服务设施的建设等。

3. 开展社会型公共关系活动应把握的原则

（1）注重公益性。突出组织承担社会责任的良好形象。组织不应对受益方提任何条件，但可以在事前对受益对象进行认真选择。通过方式恰当、对象合适的社会型公共关系活动，可以强化组织在公众心目中的良好形象。

（2）注重文化性。如果说公益性体现的是一种“乐善好施”的精神，那么文化性则充分展示对真善美的追求，因此，社会型公共关系活动应尽量与资助社会文化事业联系起来，以达到提高组织文化形象，促进信息交流，提高员工素质等目的。

（3）量力而行。社会型公共关系活动项目很多，范围可大可小，形式可简可繁，是公关人员挥洒创意的重要舞台，也是公关失败的“重灾区”，因此应谨慎行事。公关人员应根据组织的实际情况，量力而行，既不要拘泥于眼前得失，也不要贪多求大，毫无节制地涉猎各种社会活动。

（4）强调宣传性。社会型公共关系活动应与宣传相结合，使公关活动向更高水准、更高档次迈进。

（5）兼顾长远利益与短期利益。社会型公共关系活动从近期看，往往不会给组织带来直接的经济效益，而且会令组织付出额外的费用；但从长远来看，它却为组织树立了较完备的社会形象，使公众对组织产生好感，为组织创造了一个良好的发展环境，有助于组织无形资产价值的提升。因此组织要兼顾长远利益和短期利益，做到投入适当、收益显著。如果只是顾眼前得失，斤斤计较，甚至借公益性来促销，使公益活动染上强烈的功利性，则会损害组织自身的形象。

【实例 10－12】安踏爱心中国行

作为 CBA 职业联赛的合作伙伴，安踏一直希望通过爱心行动给民众传递一种“投资运动、奉献爱心、收获健康”的理念，用实际行动支持全民健身运动，让每个人都能体会到体育运动带来的快乐。首先，安踏积极与 CBA 篮球职业联赛“联姻”，开展爱心行动。2005 年 4 月，由中国篮球协会、中国青少年发展基金会和安踏联合发起的“CBA 与我共成长”公益计划——安踏爱心行动正式启动。作为 CBA 篮球职业联赛的主要赞助商，安踏是第一个积极响应的企业，捐赠了 100 万元人民币及价值 200 万元的安踏产品。其次，在公益项目的选择上注意结合企业自身的特点并与企业文化理念紧密相连。项目的计划是募集资金用以援建希望小学、CBA 希望图书馆、CBA 希望体育室或篮球场等公益项目。2005 年 9 月份开学前夕，安踏向全国十省区捐赠价值 100 万元的 50 个“安踏希望图书馆”及 50 个“安踏希望体育室”。这次公益活动捐赠的物品包括青少年图书、书架、篮球、乒乓球拍和羽毛球拍等体育文化器材，目的是帮助贫困地区开展青少年体育文化活动。再次，在被资助对象的选择上，选取了社会上普遍关注的农村青少年。受赠的对象为 50 所农村小学，它们分布在福建龙岩、内蒙古乌兰察布、新疆喀什、吉林九台、湖北恩施、云南思茅、广西柳州、湖南怀化、江西宜春和河南信阳等十个地区。“让最需要的人得到帮助”，安踏的这次公益活动得到了社会各界的广泛关注……十多年来，安踏赞助国内外体育、文化社会公益事业的累计资金超过 35 亿元人民币，树立和提升了安踏无私回报社会、积极主动履行企业社会责任的良好社会形象，为其品牌的发展拓宽了路子。①

10.2.5　征询型公共关系活动模式

征询型公共关系活动模式是以提供信息服务为主的公共关系活动模式。目的是通过信息的采集，如舆论调查、民意测验等工作，了解社会舆论，为组织机构的经营管理决策提供咨询，使组织行为尽可能地与国家的总体利益、市场发展趋势及民情、民意保持一致。由于这类公共关系活动的功能主要在于为组织经营管理提供科学依据，提供最优化的理论、策略和方法，并对有关情况进行预测，人们将其列入软科学的一类，并认为它能起到“智囊”的作用，能为组织发展出谋献策。

征询型公共关系活动有一个具体明晰的实施过程。当组织完成一项工作后就要设法了解社会公众对这项工作的反应。经过征询，将了解到的公众意见进行分类整理，并加以分析研究，然后提出改进工作的方案，直至满足公众的愿望为止。

1. 征询型公共关系活动的工作方式

（1）民意测验征询。

（2）电话征询。

（3）展销征询。

此外，还有市场调查、产品调查、访问重要客户、征询使用意见、开展各种咨询业务、建立信访制度和相应的接待机构、设立监督电话、处理举报和投诉等。

2. 开展征询型公共关系活动应遵守的原则

（1）态度公正。在活动中，公共关系人员不但应是组织的耳目，更重要的是要站在中间人的角度，全面、及时、公正地采集一切有关组织形象的意见和建议，起到组织机构与社会公众的中介者的作用。

（2）广泛收集信息。公关人员收集信息视野要宽广，不能局限在某些领域和某些方面，而把其他有价值的信息漏掉。既要善于从报纸、广播、电视、互联网等大众传播媒介或专家、名人的采访调查中，收集主流的信息，也要善于从其他渠道获得“小道消息”。主流的信息固然重要，通过对它的分析研究，可以了解到社会环境的发展变化，提高预见能力；“小道消息”也决不可忽视，它对改善组织的服务、树立组织的形象、沟通与公众的关系也起着重要的作用。

（3）重视预测。预测工作是征询型公共关系活动的重要内容。公共关系人员在征询意见过程中应以敏锐的眼光和洞察力，对组织发展的社会环境、市场前景、原材料及能源供应等进行全面的预测分析，为决策服务。

（4）强调长期性和及时性。征询型公共关系的特点是长期性、复杂性、艰巨性，需要持之以恒、日积月累，需要公关人员具有智慧、毅力、耐心和诚意。一旦获得公众的配

① 陈一收．大型活动公关．北京：北京大学出版社，2010.

合，组织就应及时地对民意和舆论作出迅速的反应，以保持组织与社会环境之间的动态平衡。

【实例 10－13】北方大厦花钱买意见①

1986 年 4 月，沈阳北方大厦正式开业。当时大厦的一位领导去外地与厂家联系业务，人家听到这个陌生的名字还以为是个皮包公司。怎样才能使新开业的大厦有个好名声？怎样才能使北方大厦在商战中站住脚？大厦总经理十分清楚：顾客是商业一切活动的中心和出发点，也是企业生存与发展的首要条件。由此，北方大厦将注意力瞄准了顾客，提出了大胆而有魄力的建议："花钱买意见。"1986 年 8 月，北方大厦在沈阳及辽宁的报刊与电台登出启事：公开请社会各界人士给北方大厦提意见或建议。消息播出后立即受到广大消费者和社会各界的关注。一位工程师利用自己的休息日几次来到大厦，从开店到闭店，进行了详细的调查，4 次投书共 3 万多字，对大厦的整体布局、经营方式等方面提出了许多可贵的建议。大厦的诚意也感动了残疾人。一位盲人在子女的搀扶下来到大厦。他说："我是个盲人，但我耳清心明。听到大厦'买意见'的消息，我想知道是否真有此事。再说办好大厦也有我盲人的一份责任。"他提出了增加特体服装专柜等 6 项建议。"花钱买意见"活动不仅收到了 3 435 条意见和建议，更重要的是买到了广大顾客对北方大厦的一片真情。

相关知识链接

绿色公关

绿色公关，又称环境公关或环境传播，它是指组织为避免在环境问题上出现失误，由此损害自己在公众中的形象而针对有关公众开展的传播、沟通和协调工作。

就企业而言，"绿色公关"是指企业以生态与经济可持续发展观念影响公关，选择具有"绿色"特征的媒体开展传播活动，以绿色为特色塑造企业形象，赢得公众的信任与支持，给企业带来更多便利和竞争优势的一系列公关活动。"绿色公关"在培育消费者和潜在消费者的绿色消费意识、促进绿色产品的销售方面起着传统营销公关活动不可替代的作用。绿色公关对绿色营销的作用可从企业内部绿色公关、企业外部绿色公关及完善企业绿色沟通网络等方面体现出来。绿色公关是树立企业及产品绿色形象的重要传播途径。它能帮助企业更直接、更广泛地将绿色信息传播到广告无法达到的细分市场，给企业带来竞争优势。

① 熊源伟．公共关系案例．合肥：安徽出版社，1993.

案例点评

福特公司的公关宣传策略

1978年，美国福特汽车公司举办了盛大的成立75周年的庆祝活动。该公司利用新闻传播媒介向全世界传递了这一庆祝活动的消息。直到庆祝日那天为止，每月至少有一次新闻发布会，每隔两星期便有5套新闻资料，寄给400位主要的新闻媒介代表。此外，公司还制作了其他视听资料，拍摄了一部约半个小时的电影《福特世界》，在全球范围内介绍福特公司，并配有十多种语言的录音带。与此同时，还出版了5本与福特公司成立75周年有关的书籍。所有这些宣传推广活动，使福特汽车公司的销售和利润都大幅度地增长，尤其是庆祝活动当年最后一个季度，销售量突破了该公司历年的最高数额。

【点评】福特汽车公司抓住75周年大庆的时机，利用各种形式（庆典活动、新闻发布会），选择不同的传播媒介（电视、电影、报纸、书籍等），展开全方位的专题公关，取得了极佳的效果，使公司的销售和利润都大幅度地增长。

思考题

1. 怎样理解公共关系战略型活动模式及战术型活动模式的区别？
2. 怎样综合运用公共关系活动模式策划和实施公关活动？
3. 简述各种公关活动模式的特点。
4. 简述用各种公关活动模式开展公关活动的方法。

案例讨论题

倡导文明、传递爱心——中国移动公益短信大赛①

为了抵制不良短信，净化手机文化环境，发挥手机这种新兴传播工具的积极优势，中国移动公司主动响应国家工业和信息化部开展的“阳光绿色网络工程”，组织举办主题为“倡导文明、传递爱心”的公益短信大赛活动。自2006年12月11日启动至2007年3月5日活

① 陈一收．大型活动公关．北京：北京大学出版社，2010：121－122.

动结束的为期还不足3个月的时间里，该活动的参与者超过350万人次，征集、转发短信达4 000多万条，影响超过1亿人次。短信大赛活动所得475万余元通信费全部捐献给中国教育发展基金会，保证了活动的纯洁性、公益性。2007年4月18日，大赛捐赠暨颁奖仪式以新闻发布会的形式在人民大会堂举行，中国移动当场公开宣布公益短信大赛活动所得收益将作为“中国移动教育资助专项基金”的首笔款项，全部用于资助中国中西部贫困学生。同时，活动参与者的代表发表了“短信礼仪倡议书”，为活动能够发挥更广泛、更深入、更持久的效果播撒下了种子。此后，中国移动还围绕着“公益”与“文明”两大主题进行了多层次、全方位的公关宣传，包括媒介传播、图书出版、文化研讨等多种模式、方式，这在社会上引起了巨大的反响，产生了积极的、良好的效应。

中国移动的这次公益活动取得了良好的效果，其中媒体主动报道近38万余字。中央电视台《新闻会客厅》、《焦点访谈》等名牌栏目派出记者分别对中央文明办、工业和信息化部、中国移动、评委、参与者代表进行了采访，并做成了专题报道；新华网、人民网也主动就此次活动的创新模式和积极影响组织网友在线讨论。媒体的广泛关注更是引发了全社会对于手机“文化”与“文明”的大讨论，并在全社会兴起了“倡导文明，奉献爱心”的风气，有效促进了手机短信的文化氛围朝着良性方向发展。中国移动由此获得了良好的社会声誉，获得了更多的团体、个体、消费者的认可和支持，对于它自身业务的发展起到了积极的、重大的促进作用。

【讨论题】该案例综合运用了哪些公关模式？

第 11 章

公共关系应用技术——口语与文字传播

本章学习目标

通过本章学习，了解口语与文字传播的特点及技巧，掌握日常接待、沟通性会议、演讲、商务谈判等口语传播手段在公共关系实务中的运用，重点掌握新闻稿、公共关系广告及常用公关文书的写作。

公共关系就其本质而言是一种交流、沟通、劝说活动，而交流、沟通、劝说活动又常常用“传播”两字来涵盖。传播活动一般可分为大众传播和人际传播两类，而无论是大众传播或是人际传播一般都离不开语言的运用。通常认为，语言可分为两类：一类是书面语言——大众传播中的纸媒传播经常使用的就是书面语言；另一类是口头语言，人际传播除书信及电子邮件之外往往运用这种语言。公共关系实务活动经常借助于大众传播媒体来进行，它也极其频繁地采用人际传播的形式，并且即使在运用大众传播媒体进行活动时，也必须以人际传播为前提或条件，因为公共关系从业人员在利用大众传播媒介进行活动时，必须先与记者、编辑等新闻人员直接交往，面对面地运用口语进行交谈。可以这样说，大众传播是公共关系实务活动的基本形式，而人际传播则是公共关系实务活动的基础。

11.1 口语与文字传播的概述

11.1.1 口语与文字传播的特点

公共关系传播活动一般可分为大众传播和人际传播两类。无论是大众传播或是人际传播一般都离不开语言的运用。通常认为，语言可分为两类：一类是书面语言，大众传播经常使用的就是书面语言，即文字；另一类是口头语言，人际传播往往适用这种语言。公共关系实务活动通常是借助于大众传播媒介来进行的，但有时也需要采用人际传播的形式，并且即使在运用大众传播媒介进行活动时，也必须以人际传播为前提或条件。可以这样说，大众传播是公共关系实务活动的主要形式，而人际传播是公共关系实务活动的基础。

1. 口语传播的特点

口语传播是人际交往最常见的方式之一，不管是一般人际交往，还是公共关系实务活动，都大量地采用口语传播的方式。因此，口语传播在公共关系实务中就成为了一项专门性的操作技术，包括日常接待、公关谈判、公关演讲等。口语传播具有以下特点。

1）*感染力强*

沟通可以借助于书面语言和体态语言来表达，也可借助于有声的言语来表达。人们经常用“如见其人，如闻其声”来形容文章真实地反映了作者的思想与性格，可见“声”给人们的印象是很深刻的。书面语言是静止的，对于作者通过文字表达的思想，人们要借助于阅读、思考才能理解，这样书面语言对读者的刺激强度便大大削弱，感染力便大为降低；而体态语言无法表达复杂的思想，并且体态语言是很微妙的，不便于理解，且容易出现歧义，其感染力同样会受到削弱。只有有声的言语可以将说话人的声音直接送达听众那里，才会减少失真。发言人不仅可以用词语，而且可以用声音的抑扬顿挫、重复、停顿等来辅助表达思想，喜怒哀乐可以直接影响听众，对听众有极强的感染力。

2）*容易理解*

书面语言要求读者具有一定的文化水平，文盲就不能理解书面语言所表达的意思。而体态语言虽然很直观，但是比较复杂，没有统一的体系，容易引起误解。同一姿态在不同的人身上会表达不同的意思，同一姿态在同一个人身上因场合不同、时间不同也代表不同的意思。相比较而言，只有言语最易为人们所理解。它不需要特定的文化程度，又有比较明确、确定的含义，是一种效能极高的沟通媒介。

3）*针对性强*

组织是针对某一特定情况下一个公众或一类公众进行传播沟通的，因此，必须深入了解目标公众的心理特点、语言习惯，有针对性地使用恰当的言语，才能唤起目标公众的共鸣，达到预期的公共关系目的。

4）*反馈及时*

言语在传播的过程中能够得到及时的反馈。由于口语沟通更多地表现为直接的、面对面的传播，马上就能察觉到目标公众态度的变化，因此在口语传播的过程中，传、受双方都在不断地相互调整、相互适应，沟通的效果是非常明显的。

2. 文字传播的特点

就现时代而言，文字传播是人类社会信息交流最重要的工具和手段，同时，文字传播也是现代公共关系实务中的一项基本操作技术。公共关系实务活动常常要借助于大众传播媒介来进行，而大众传播的开展一般也需要运用文字传播，因此公共关系实务中凡涉及大众传播活动的内容，通常是通过文字传播来进行的，如撰写新闻稿、设计公共关系广告、制作宣传资料等。因此，如何根据文字及其传播的特点来掌握文字传播的技巧，如何在公共活动中通过文字传播取得效果，便成为公共关系实务操作中一个专门研究的领域。因此，把握文字及其传播的特点，进而掌握文字传播的技巧，对于公共关系实务工作有十分重要的意义。

1）超时空性

文字传播最大的特点是超时空性。有声语言稍纵即逝，“声不能传于异地，留于异时”，因此，有声语言的传播除具有信息反馈迅速、形式灵活多样、传播效果明显的种种优点之外，也有时空限制等局限性。文字传播利用书面符号的印刷物或视频文字符号，能够超越时空限制，既能传于异地，亦可留于异时，它便于读者在不同的“单位时间”阅读，也便于保存收藏，以供查考，而且保存时间长。

2）广泛性

文字传播具有广泛性。一是文字传播的受众广。它可以面向各种类型的公众。无论是公众，还是非公众；是内部公众，还是外部公众；是顺意公众，还是逆意公众、边缘公众，都可以利用文字信息向其传播。二是文字传播适用的范围广。它可适用于多种公关专题活动，从请客、送客到通知通告；从公关调查到公关策划；从情况通报到展览、展销的解说，都可以利用文字进行传播。三是文字传播利用的信息广，包括印刷和频道。它既可以利用报纸、杂志传播，也可以利用传单、标语传播；既可利用影视传播，也可利用互联网传播；还可以把文字转化成有声语言利用广播、录音进行传播。

3）明晰性

印刷媒介负载的量大，同样一则新闻、报纸报道要比电视报道深入细致，文字传播方式能通过对文字的加工，准确、完整、条理清晰地传播组织的各种信息，能将组织的精神、意图、目标、经验、产品等清晰、明确地展现给公众，并能使主题突出，数字明了，重点明显。它通过文字符号刺激读者的视觉，给公众留下深刻的印象，公众可以通过反复的阅读，仔细琢磨，以便全面、客观、正确地了解组织，并作出自己的判断。

4）庄重性

俗话说，“口说无凭”、“白纸黑字”。组织利用文字进行传播，也显得庄重、典雅。它通过规范的文字、公认的形式、有效的渠道，郑重地传达组织的各种信息，有礼、有据，既可增加组织的责任感，又可增加公众的信任感。

11.1.2　口语与文字传播的技巧

1. 口语传播的技巧

在公共关系实务活动中进行口语传播活动，应该根据公共关系活动的具体目的和当时环境，采取相应的技巧。一般来说，公共关系口语传播的主要方法有幽默法、委婉法、模糊法、暗示法和应急法。

1）幽默法

幽默是人整体素质的重要组成部分，是既受之于天又谋自于心的特有秉性，它是生活中不可缺少的调味品、润滑剂，有了它便能冰释误会、稀释责任、缓和气氛、减轻焦躁、缓解紧张；有了它便能使陌路人相识，孤独者合群，戒备者松懈，对立者相容。

用什么样的方法来进行语言编码，才能够使得语言富有幽默感，从而产生一种愉悦的效应，这就是所谓幽默语言的技法问题。幽默的技法很多，常用的有以下几种。

（1）利用荒谬对比造成幽默。将两种不同的事物放在一起进行对比，突出两者之间的差异，从而构成幽默的意境。

（2）利用衬托造成幽默。通过语言的铺垫，使人产生一种心理期待，而结果却使这种心理期待突然扑空。

（3）利用双关造成幽默。在语言交流中，利用语音或语义的条件，构成语表和语里互不相同的两重意义，从而产生幽默效果。

（4）利用谐音造成幽默。通过借用语音或相近的词语，从而让语言诙谐有趣。

（5）利用巧移造成幽默。通过巧妙地把一个概念或判断转移成另一个概念或判断，从而造成幽默感。

（6）运用借字的方法造成幽默。亦即将某一系统中的特定术语借过来应用，从而使语言具有幽默感。

（7）利用倒构造成幽默。这是通过改变关键词的语法结构或者词语顺序的方法而使整个语句诙谐有趣。

（8）利用语违造成幽默。“语违”，表面看来是一种语句的自我相违，也就是自相矛盾，而实际上并不存在什么逻辑矛盾，这是一种貌似矛盾、实非矛盾的幽默技法。

在公关口语交流中，幽默技法远不止上述八种，并且各种方法的运用也具有很大的灵活性，既可以单独使用，又可以综合运用。

2）委婉法

委婉语，在希腊语中是“谈吐优雅”的意思。它是通过一定的措辞，把原来令人不悦、不便或比较粗俗因而语境不允许直接说出的事情，说得听上去比较文雅、得体、含蓄。其方法是使用一个不直接提及不愉快事情的词，来代替原来那个包含令人不悦的内涵的词语，或故意说些与本意相关或相似的事物，来烘托本来要直说的意思。委婉语言有以下几种形式。

（1）讳饰式委婉。语言中存在着大量的同义词汇，同一概念可以用不同的词语或短语来表达。根据不同场合，灵活而恰当地使用委婉的词语，来表达不便直接说或使人感到难以启齿的意愿。例如，“死”是人们普遍忌讳直接使用的词，在汉语中就有许多替代词，如“过世”、“逝世”、“与世长辞”、“安息”等。

（2）借用式委婉。借用某一事物或事物的特征来代替对事物实质问题直接问答的公关语言方法，如利用比喻、双关、典故、歇后语或借用甲事物和乙事物的特征来代替对事物实质问题直接表态的方法。例如，某些公司在对待人才的态度上，很有点“武大郎开店——高者莫入”的味道。这样使用歇后语指责了该公司嫉贤妒能。

（3）曲语式委婉。是用曲折含蓄的语言和融洽的语气表达自己看法的公关语言方法。例如，国民党主席连战与胡锦涛总书记见面时说：“海峡两岸虽然不远，但我这一路走来非常不容易啊。”这句话表达了自己来大陆访问克服了种种困难，有言尽意未尽的效果。

3）暗示法

暗示法是通过语言、行为或其他符号把自己的意向，不公开、隐蔽地给人以启示，用含蓄、间接的方法对人的心理和行为产生影响。

暗示法可分为触发式、引发式和影像式三种。触发式是利用与一事物紧密相关的另一事物来形成连锁反应的方法；引发式是以同一事物中的一对矛盾，用引发矛盾的一方来暗示矛盾的另一方，从而引起双方反应的方法；影像式是以图像来暗示并引起反应的方法。

4）应急法

在公共关系人际传播过程中，有时会出现一些意想不到的事情，如果公关人员缺乏灵活应变能力，处理不恰当，就会使信息沟通出现障碍，影响传播的效果。公关人员应变能力集中体现在处于这种情景中的语言表达技巧和语言的表达方式。恰当的语言表达技巧的运用和准确的语言表达方式的选择会使紧张的气氛变得轻松，使窘迫的场面转为自如，使危急的形势得到缓和，变被动为主动。应急法主要有以下几种。

（1）因势利导。因势利导即在对方的思维朝着某一方面发展时，公关人员把自己所表达的意思，顺着对方的思维进行巧妙的回答。

（2）转换话题。转换话题即指公关人员在突然面对不利于自己的情况下，把话题岔开，巧妙地进行别出心裁的解释来挽救危急的局面。

（3）借题发挥。借题发挥即在对方可能抓住自己弱点进行宣传时，公关人员就对方原来的话题作进一步延伸，使得话题朝着自己优势的一面展开。

2. 文字传播的技巧

在某种程序上，文字传播的技巧是文字及其传播特点的运用，因此，文字传播的技巧可以分为两个层次：文字传播的一般技巧和汉字传播的特殊技巧。

1）文字传播的一般技巧

文字作为一种特定的信息交流形式，信息引起受众的注意并取得效果的前提，就是文字的内容与受众利益的相关性。在公共关系中，这种相关性实际上是社会组织与公众建立关系的基础，根据文字及其传播特点，要把这种相关性突显出来，主要在于文字信息的结构性因素。所谓结构性因素，在这里指文字的排列组合方式。因此文字传播的一般技巧有以下几点。

（1）注意文字内容的刺激度。文字表达越新鲜、越浓缩，越容易引起受众的注意。有时传播的内容是否能引起受众注意，标题的好坏起着决定性作用，新颖独特的标题往往能刺激受众。

（2）注意文字形式的对比度。文字总是通过一定的排列形式出现，如报纸的专栏标题，字号字体的不同、加框加粗的方法，不仅显版面的美观，更主要的是增强版面的对比度，以引起受众的注意，取得理想的传播效果。

（3）注意文字出现的重复性。当一内容以同一形式重复出现时，它往往会在受众之间引起注意，如“文字”口号的反复出现会在公众中引起巨大的心理反响，就是这种传播技巧的积极运用。但不能无休止地重复，否则会产生负作用。

（4）注意文字结构的变化性。有时同一内容可以用不同的文字结构来表达，会产生不同的文字传播效果。

此外，文字传播的一般技巧还包括文字简练度、精确度，版面安排的美观度、实用度等。

2）汉字传播的特殊技巧

汉字及其传播的特殊性，使得汉字传播既要注意文字传播的一般技巧，又要掌握汉字传播的特殊技巧。可以说，汉字传播的特殊技巧就是如何在汉字传播中扬汉字之长、避汉字之短的操作技术。根据汉字及其传播的特点，汉字传播技巧有：注意运用汉字的语言声调；注意文字的通俗易懂、简洁利落；注意创造意境及汉字的造型美、汉语的对仗、排比等具有艺术感染力的修辞格，使之成为汉字传播的专门技巧。

11.2 口语传播在公共关系活动中的应用

在公共关系实务活动中，口语传播是运用得最为广泛的形式之一，口语传播技巧亦是一种公共关系实务的基本操作技术，还是公共关系从业人员及社会组织每个领导及每个组织成员所必须掌握的。它甚至应当转为一种公共关系意识，渗透到每一个组织成员的头脑之中。就公共关系实务活动而言，口语传播的主要手段包括日常接待、沟通性会议、公共关系演讲、公共关系谈判等。

11.2.1 日常接待

日常接待一般有被动与主动两种情况，相应地，也有两类日常接待，即被动型日常接待和主动型日常接待。

1. 被动型日常接待

被动型日常接待也可称为诉询型的日常接待，一般是指组织在事前毫无任何准备的情况下，对上门前来办理各种事务的公众进行的接待。这类接待多围绕着诉求或查询事物来展开，其最大特点是接待人员经常对所交谈的内容一时心中无数，暂时难以驾驭和控制场面。这就要求负责接待的工作人员除了要在平时熟练地掌握交谈技巧和熟悉业务外，还必须尽快地了解将要谈论到的问题。一般来说，负责这类接待的人员可能是公共关系专业人员，也可能是社会组织的一般职工或领导。因此，在开展工作中应注意到以下几点。

（1）有礼貌地接待，迅速了解来访者的基本情况及来意。这类接待通常都具有被动性，要化被动为主动，关键是弄清楚公众的来意，然后才能有的放矢。但在询问来访者意图时，要讲究礼貌，用委婉的方法打听来者的用意。

（2）明确给予答复。当对情况了解完毕后，接待的公关人员应对对方的要求给予语义明确的答复，无论是肯定或否定，都应当面给对方回应，并作出解释；如一时不能给予明确答复，要说明困难，并商定下次约谈的时间。

（3）关心对方去从。从我国目前的日常接待工作来看，这一点是大家最容易疏忽的，但往往却有其特殊的作用。尤其是在对方对下一步犹豫不决时，你此刻的关切常常能给人留下深刻的印象，能缩小彼此间的距离，增进双方的感情。

2. 主动型日常接待

主动型日常接待通常称为邀请型的日常接待，它是指社会组织出于自身需要或工作必要，对于主动邀请上门的公众进行接待。在这种类型的接待中，由于社会组织担当了组织者的角色，因此它必须把满足对方需要的与事务有关的一切义务承担下来。其中包括：首先，通过面对面的交谈进一步详细地了解对方的各种实际需要；其次，公共关系接待人员把社会组织的情况和自身情况给来访者作个简要的口头介绍；再次，接待人员将能够达到对方需要的程度、范围及条件阐述清楚，以便让公众尽快作出决定；最后，接待人员有义务对来访者的所有疑问进行解释。

总之，口语传播在日常接待过程中，既要使社会组织与公众相互交流信息，也要使两者之间建立起一定的感情，以利于今后的联系。

11.2.2　沟通性会议

会议的定义相对比较广泛，不同地位的人皆会有不同的看法。在公共关系从业人员看来，会议是指“各自有着特定情景的人们”，在同一时间就共同关心和认可的主题进行口语信息的交流。公共关系强调的是会议的信息传播功能，因此它对会议的研究也主要限定在沟通性会议上。这种沟通性会议的作用和目的就在于社会组织与公众相互沟通情感、维系友情，而其手段则是言语传播，这类会议一般包括礼节性聚会、“对话”和例行性会议三类。

1. 礼节性聚会

这类会议一般不直接包含利益内容，因此交谈的主题在这里仅占次要地位，而交谈的形式却是主要的。事实上，这类会议只是保持联络感情的方式，因此会议主办方必须考虑会议的多样性，以便满足与会者的兴趣和爱好，如化装舞会、文娱晚会、聚餐会等。

在这类聚会中，虽然对言语的要求不是太高，但为了保持良好的氛围也需要进行交谈。这时的交谈内容应该根据客人当时感兴趣的话题进行深入沟通，切不可随便转换客人正谈得起劲的题目。如果宾客之间对对方所说话题不感兴趣，那么主人就需要尽量找到他们共同的兴趣点。因此，主人在礼节性聚会中通常起到桥梁作用。

2. 对话

“对话”是中国共产党在第十三次全国人民代表大会上提出的一个重要政治概念，它指的是党政机关就各项重大政策问题广泛地与社会各界群众进行相互协商和相互交流。由于强调理解与沟通，因此，它可以为公共关系所吸收。作为公共关系范畴的对话中，既是一个需要加强研究的理论问题，同时，它又是对某些公共关系实践活动的反映和概括。

在公共关系实务活动中，“对话”是一种极为有效的手段，它的特点是：参与者双方往往存在着某种利益差异或一定的信息隔绝。换言之，双方之所以要进行对话，就是因为双方利益有出入或双方彼此信息不对称，甚至还存在着一定程度的误解。因此在对话中，双方要在“诚”字的前提下，把共同关注的问题拿出来一起商量。双方在有礼貌的前提下可以发生争论，甚至争得面红耳赤也不为过。这与公务谈判相似，但两者最大的区别在于：谈判最后一般需要达成一个确定协议，而对话则无须得到一个明确的格局，它的目标可以说是将感情的融洽置于利益关系明确之上。

3. 例行性会议

例行性会议是社会组织出于阶段性工作的需要而举行或参加的会议。在这类会议上，言谈必须做到：第一，简明扼要，尽量缩短时间，除非不得已，决不照本宣科；第二，要使所谈主题突出，并使每个与会者都感到所谈的内容与他们有一定的关系；第三，在会议的进行过程中，要不断地发现和归纳议会的要点，并对此发表个人的看法，保证会议达到预期的效果。

11.2.3 公共关系演讲

1. 公共关系演讲的基本概述

1）公共关系演讲的概念

公共关系演讲是公共关系人员为了提高社会组织的知名度和美誉度、塑造良好的组织形象、争取内外部公众的支持，在特定的时间和特定的环境下，运用有声语言，辅之体态语言，面对公众宣传组织理念，表达思想观点，抒发情感，感召公众的一种重要公关方式。

2）公共关系演讲的特征

（1）时空性。公关演讲者和听众都处在一定的时空环境中。同时，一定的时空环境又反作用于演讲，制约着演讲的内容、语言和表情动作等。

（2）群众性。公关演讲是一项综合性的、群众性的社会实践活动，是演讲者和听众之间思想碰撞、信息交流的过程，所以演讲者要从听众的实际出发，注意使演讲的内容易于为听众所接受。

（3）目的性。每次公关演讲都要有一个或几个既定目的，事先应围绕既定目的做好充分准备，条理清晰地、完整地体现这个目的。

（4）鼓动性。为了达到特定目的，公关演讲从演讲的内容到演讲的语言都应当有较强的宣传鼓动性。

3）公共关系演讲作用

（1）公共关系演讲是塑造社会组织良好形象的一种重要形式。它以语言为中心，融声音、表演、形象等综合因素为一体，比单一形式的口语或文字表达更具鼓动力、感染力、说服力。

（2）通过内部公共关系演讲活动的展开，可以协调社会组织内部员工工作的热情和生产的积极性，协调各方面关系，进一步增强爱岗敬业精神。

（3）通过外部公共关系演讲活动的开展，可获得外部公众对社会组织的了解、合作、谅解和支持，进一步提高组织的知名度和美誉度。

2. 公共关系演讲的语言艺术

1）公共关系演讲开场白的语言艺术

（1）开门见山式。演讲的开场白是演讲者与听众进行交流的第一步。采用开门见山式，简明扼要地讲清所要演讲的主要论点，可使公众直接明了演讲的主要内容。开门见山式的特点是简洁明快，能够尽快把握住听众的注意力，使他们聚精会神地围绕你的思路展开一系列联想。

（2）设问、祈使式。演讲的开场白还可使用设问句、祈使句来开头。这种方法的运用能让听众由被动转为主动的效果，达到发人深省、催人振奋、易引起共鸣。这个方法也较常应用于公共关系演讲中。

（3）幽默导入式。演讲的开场白在诙谐幽默中开始，可以使听众在轻松愉快的气氛中不知不觉地进入角色。这种方法不仅能较好地表现出演讲者的智慧与幽默，而且能与公众快速沟通，使公众尽快接受演讲者的思想，相互在笑声中融为一体。

（4）名言警句式。演讲的开场白采用与主题相关的名言警句开头，可以强化演讲的分量和主题效果。这种方法要求公共关系人员在平时注意提高文学素养的同时，多收集一些名言警句，做到有备无患。

（5）提出问题式。演讲者的开场白采用演讲者首先提出问题的方式，能够起到吸引公众的关注、增加悬念的效果，而问题的答案正是演讲者在演讲过程中所要揭示出来的。这种方式可拉近与公众的情感距离，达到由浅入深、由表及里的演讲效果。

自然的演讲开场方式还有很多种，而且在实践中还将有不断的新发展。

2）公共关系演讲主体部分的语言艺术

主体部分是公共关系演讲的重中之重，在这一阶段应注意以下问题。

（1）演讲的内容既要真实也要充实。众所周知，演讲应该具有鼓动性，具有说服力和感染力。而要取得这种效果，主要靠的就是真实和丰富的内容。

（2）中心要突出。每一次演讲，必须突出一个中心思想，以便讲清楚一个思想、一种意见、一种看法。切勿选取多个主题，分散听众的注意力，降低演讲的效果。

（3）层次要清晰。一次演讲要说明一个中心观点，就必须按照一种结构顺序，有条理、分层次地讲下去。如果演讲时结构紊乱，层次不清，公众就会混淆你的演讲思路和意思，继而产生厌烦心理，导致注意力没办法继续集中下去。

（4）语言要通俗、精练。通俗是用浅显的话语说明富有哲理的主题，通俗易懂。精练是指语言精辟、简明，观点鲜明。

3）公共关系演讲结束语的语言要求

结束语是公共关系演讲的最后一步，是保证演讲成功与否的重要环节，绝对不能忽视。俗话说："编筐织篓，难在收口。"就是这个道理。可采用以下表现形式。

（1）鼓动感召式：演讲结束时演讲者运用一些激昂、富有鼓动性、感召性的语言做结尾，可以起到进一步强化公众的情绪、信息，以带动起今后行动的作用。

（2）画龙点睛式：演讲结束时演讲者采用精练的语言，将演讲的主题思想进行概括和强化，可深化公众对演讲主题的印象，起到画龙点睛的效果。

（3）对比结尾式：演讲结束时演讲者使用名言警句，可提高演讲者与公众的心理撞击度，发挥名人效应，使演讲的气氛得到升华。若开头也是以名言警句开始，还可达到首尾响应的效果。

同样，演讲的结尾形式还有很多种。但要特别强调演讲结束切忌草率收兵或离题太远，只有紧扣主题，达到言已尽而意无穷的效果，才是不同凡响的结束语。

3. 公共关系演讲的整体要求

公共关系演讲不仅是一种以讲为主的宣传活动，同时也是一种以演为辅的艺术性活动。它对演讲者的素质、气质、风度、有声语言的表达能力及态势语言的表达能力都有一定的要求。

1）演讲者要具备良好的气质和风度

随着人们的物质文化生活水平的提高，人们对精神境界的追求也越来越高。在同一时间、同一空间，从内容到形式都要求获得更多的美感享受。这就要求公共关系演讲者，既要有美的语言、美的行为，还要有引人注意的庄重仪表、优雅风度、典雅气质。“惠于行而秀于言”，外部语言的魅力首先来自内在气质的高雅，有了高雅的气质，才会有富有个性的风度和富有魅力的语言。总之，演讲者的稳重端庄、风度高雅及气宇轩昂的良好精神面貌不仅会吸引公众的注意力，给人以赏心悦目之感，而且会使演讲效果更好。

2）演讲是充分展示演讲者语言魅力的过程

语言是人们交流思想的工具，它可以展现一个人的水平和修养。语言的准确与幽默，内容的真实与感人，可以给人以启迪，给人以教益，更容易使人接受，引起共鸣。同时，语言的沉稳与清晰，高而不喊，低而不散，表达得体，委婉中听，易博得人的好感，也易吸引人，显示演讲者的自身魅力。因此，演讲时要积极做到了解实际情况，有的放矢，用生动的语言打动听众是最重要的。

3）演讲过程中辅助性手段的应用

演讲者除了运用有声语言以外，还要运用一些无声语言作为辅助手段。如面目表情、手势、身体姿态等体语来表达。

（1）面部表情的运用。人的面部表情可以表达人的内心世界。在公共关系演讲中合理地将语言与表情有机结合，可以表达演讲者的真实情感。例如，在演讲过程中伴随其演讲的内容，该喜则喜，该忧则忧，眼神坦荡、清澈，可表现出演讲者的正直和心胸宽广。

（2）手势和身体语言的运用。在公共关系演讲中，既可以借助手语表达演讲者的思想感情；又可以借助显示出听众视觉范围内事物的指示性手势；还可以借助伴随演讲高潮而来的一些比较激动心情的象征性手势。这种无声语言的运用，可进一步带动听众的视觉，使其获得更多的信息。例如，仰手表示赞美，覆手表示反对。

演讲者在演讲中身体的姿态也很重要。如上台时稳健的步伐、挺拔的站姿、向公众行礼等，都会对演讲的效果产生直接或间接的影响。

11.2.4　公共关系谈判

1. 公共关系谈判概述

1）公共关系谈判的概念

沟通和协调是公共关系的重要职能，而公共关系谈判则是沟通和协调的一种基本手段。社会组织在其运行过程中，不可避免地会与各类公众发生利益等方面的矛盾，尤其是在市场经济条件下，社会组织更需要通过与各方交往与合作，来有效实现自身的各种目标。因此，谈判就成了公共关系实践工作的一项重要内容。

所谓公共关系谈判，是社会组织之间、社会组织与公众沟通的重要手段，当社会组织的利益与公众的利益发生冲突时，人们也会用谈判的方式加以解决。公共关系谈判是各方位化解冲突而进行沟通的过程，目的是使各方达成一项协议、解决一个问题或做出某种安排。

2）公共关系谈判的特点

（1）组织性。公共关系谈判不同于一般谈判的就是整个谈判的非私人性，即具有组织性。公共关系谈判是有计划、有目的的组织行为。整个谈判从目的、过程到结果均是从组织的角度出发，以公事为核心内容。

（2）效益导向性。公共关系谈判的目的是使各方达成一项协议、解决一个问题。因而在谈判中，一切皆以最终的利益为准绳，直截了当、观点鲜明地步步为营，而不会做任何犹豫不决的谈判与沟通。

（3）技巧性。在进行公共关系谈判时，为了达到目的，必须讲究一定的策略和技巧。这就要求公共关系谈判人员不仅要娴熟掌握专业知识，还应该学习和掌握谈判的方法和技巧，要学习心理学、社会学，要学会与不同性格特征和不同职业及学历层次的人打交道。

3）公共关系谈判的原则

（1）开诚布公。在谈判桌上，诚信是最重要的。具体表现在态度要诚恳，不骄不躁，交谈的内容要合理，不要无中生有，谈判过程中的所有数据、事例、方案都必须是真实的。只有真诚，才能认真地对待谈判，友好合作；真诚守信是实力的一种具体表现，谈判人员应该凭借实力去说服对方。

（2）求同存异。谈判中的冲突是不可避免的，如果意见完全一致也不会谈判了。那么，在意见有分歧时，应当求同存异，多关注彼此的共同点，适当做些不违背原则的让步。

（3）时间效率原则。时间就是生命，效率就是金钱。任何有实际意义的人类活动都不能脱离时间和效率，谈判也不例外。重视时间效率，抓住合作机会，可以赢得竞争优势，顺利地实现谈判目标。

（4）确定灵活原则。确定灵活原则是指谈判的目标要确定，应用的策略技巧要灵活。确定的目标是努力的方向，灵活的策略是保证实现目标的方法和措施。确定与灵活的有机结合才能取得谈判的成功。

2. 公共关系谈判的程序

公关谈判的过程有其固定的顺序，这就是公关谈判的程序。了解并熟悉公关谈判的程序是恰当使用公关谈判策略与技巧的前提和基础。正规的谈判多数划分为以下几个阶段。

1）准备阶段

准备阶段包括以下几个方面的工作。

（1）收集信息。即要摸清对方的实际情况，以求“知己知彼，百战不殆”，这是进行谈判的必要条件和重要步骤。

（2）拟定谈判策略。收集信息毕，对自身和对方的情况进行充分的估计和认真的分析，确定在接下来的谈判过程中所要采取的策略。

（3）制订谈判计划。首先，要用精练的语言准确地描述谈判的主要议题。其次，要确定谈判的要点，如目标、对策等。最后，安排好谈判的日程及进度。

（4）做好后勤保障工作。主要指谈判场所的布置、各种资料的准备、谈判人员的食宿安排，以及安全保卫工作等。

2）开局阶段

双方首先通过自我介绍增加彼此之间的了解，并尽力营造出宽松、愉快、友善、和谐的氛围。切勿开门见山，单刀直入，不加铺垫地直接涉入主题。

3）交流阶段

这一阶段的主要目的是探测对方的虚实，所以应该广开言路，对各种合作途径进行探讨，不要拘泥于单一的话题，也不要互相询问，更不能纠缠于枝节性的具体问题。在这一阶段，应敏锐地体会对方的真实意图，有针对性地调整原定的谈判方案、谈判策略，为下一阶段的正面交锋做好准备。

4）磋商阶段

磋商是谈判的主体阶段，是“谈”和“判”的真正展开。在这一阶段，谈判双方的对立状态毫无保留地显现出来，各方都为了掌握本次谈判的主动权而大显身手。随着谈判的进行和各种谈判策略、技巧的使用，会出现时而温文而雅、时而剑拔弩张的场面。谈判双方的目的都是要千方百计地说服对方最大限度地接受自己的观点。

5）签约阶段

签约从形式上宣告了谈判的结束，是磋商结束的体现。值得注意的是，契约和合同的行文应特别注意条款的完备和语言精确，对双方意见一致的重点议题一定要努力做到准确无误，对那些尚未达到一致意见的应予以回避或采用含糊的表达方式。

3. 公共关系谈判的技巧

众多的谈判技巧是谈判艺术殿堂中灿烂的瑰宝，高水平的谈判无时无刻不闪耀着智慧与艺术的灵光。下面介绍几种谈判的技巧。

1）提问技巧

公共关系谈判的过程也是沟通的过程，在沟通中如何“巧妙”提问才能有针对性，才能方式得当，都需要讲究一定的技巧。发问的技巧有很多，例如利用选择式诱问，往往以“能不能”、“可不可以”等形式出现。这样发问，限制了对方回答问题的范围，使其无法含糊其辞，从而使观点明朗化。利用假设式诱问，是谈判者在假设某种有利自身的前提下一种故意的发问形式，它往往可以使对方麻痹大意。隐含式诱问，是谈判者将难以使人接受的观点隐含在问话中的一种故意发问，其表现手法更高明。

2）答复技巧

公共关系谈判人员要使自己的回答巧妙，令对方心服口服，除了要具有广博的知识外，必须做到回答问题时，思维要有确定性。如果你想让对方明确地知道你的回答，其技巧是简洁；谈判者的回答不能含糊其辞，叫人捉摸不定；不要彻底地回答对方所提的问题，答话者要将错就错，将问话者的范围缩小，或者对回答的前提加以修饰和说明；回答问题时要严密，滴水不漏，减少问话者继续追问的兴致和机会。

3）叙述的技巧

叙述与回答的差别在于：叙述不一定要针对提问而言。即使对方不提问，谈判者可以根据需要介绍一些情况。谈判者在叙述时应注意对方注意力的变化，尽量充分利用对方注意力集中这段宝贵的时间，把重要的问题阐述清楚。

在叙述时，谈判者如果无法避免使用专业术语，一般都应给予解释。这样做的理由，一方面可避免各方对于专业术语理解的差异，另一方面可为以后的谈判再次引用该专业术语打下基础。

4）幽默的应用

在谈判活动中，幽默有助于创造和谐的谈判气氛，可以使批评变得委婉友善，有利于避免尴尬，可以增加辩论的力量，避开对方的锋芒，并为谈判者树立良好的形象。因此，在谈判桌上，应尽量应用幽默这种特殊的技巧，但注意轻重场合。

4. 公共关系谈判的策略

1）声东击西策略

声东击西策略是指在谈判过程中，双方出现僵局，无法取得进展，于是，通过巧妙地转换议题，转移对方视线，从而实现自己目标的方法。此种方法最大的特点是富于变化，灵活机动，既不正面进攻，又不放弃目标，而是在对方不知不觉中迂回前进，从而达到自身的目的。

2）旁敲侧击策略

旁敲侧击策略是指谈判双方在谈判桌上经过很长时间的磋商还难以取得进展时，除在谈判桌上同对方较量外，还可用间接方法和对方互通信息，与对方进行情感与心理的交流，增加信任，使分歧得到尽快解决。

3）红白脸策略

一个唱红脸，一个唱白脸，又称红白脸策略，是指在谈判过程中，以两个人分别扮演“红脸”和“白脸”的角色，或者有一个人同时扮演这两种角色，软硬兼施，使谈判的效果更好。

4）共识演绎法策略

共识演绎法策略是指在谈判中善于发现并及时抓住对方谈判中与我方具有共识的某一观点，加以强调，并以此为前提，推演出必然性结论，从而实现谈判目标的逻辑方法。

5）真诚赞美策略

在公共关系谈判中真诚地赞美，即诚挚而不虚伪地赞扬对方，显示出对方的重要性。因为在谈判中，对方受到赞扬和褒奖，心情愉快，神经兴奋，此时，最容易表现出宽宏大度，豁达开朗，而不至于在一些可让步的问题上斤斤计较或争执不休。

6）掌握时机策略

谈判过程中，要有效地掌握谈判时机，准确把握和选择最佳时间，以争取收到最理想的效果。要善于忍耐，等待有利于自己的最佳时机，出其不意予以反击。更要见好就收，适可而止。如果把某一方置于死地，那么双方都将一无所得。如果谈判妥协阶段已经到了再没有回旋的余地时，可以发出最后通牒：“要么接受，要么就算了。”这个策略实际上是把对方逼到毫无选择余地的境地，容易引起对方的敌意，不到万不得已，不要轻易采用这种策略。

11.3 文字传播在公共关系活动中的应用

公关写作是以文字为载体传播交流信息，是组织与公关对象进行沟通的重要形式之一。在公共关系实务中，凡涉及大众传播活动的内容，通常是通过文字传播来进行的，如新闻稿的撰写、公共关系广告设计、宣传资料制作、内部报刊编辑、公关常用文书写作等。然而，在公关实践中，公关从业人员对公关写作往往是心有余而力不足，错过了公关的最佳时机，因此，有必要根据文字及其传播的特点来掌握文字传播的技巧，探索公关写作的技巧，让每一位公关人员能说会写，构筑宽广而扎实的公关平台，实现有效的公关沟通，获得公关从业人员和公关组织的双赢。

11.3.1 新闻稿撰写

公共关系主体所拥有的宣传媒介是有限的。借助新闻媒介可以扩大宣传范围，提高组织的知名度，收到较好的公共关系效果。作为公共关系相关的工作人员，既要与新闻媒介保持密切的联系，又要能熟练地写作几种文体的新闻稿，把成型的新闻稿及时向新闻媒介传递，方便新闻媒介使用。

1. 新闻稿的特点

（1）时效性。新闻要以尽可能快的速度向公众报道新近发生或正在发生的事物，使公众能在第一时间内了解事物发生的过程。过时的报道就失去了新闻价值，不会被人们关注，不能满足公众的愿望和要求。

（2）真实性。新闻稿的另一个基本特点就是真实性，它是新闻稿的生命线。新闻报道的内容，不论大事小情，都要求真实可靠，按照事物原本的情况作真实反映，不允许有任何虚构和夸张。即使是对事实的分析和解释，也必须符合事物本来的实际，不能根据个人的好恶而歪曲。新闻要对社会、组织和公众负责。新闻是为公众利益服务的，为了达到这个目标，新闻稿必须说出真相，哪怕真相不受欢迎或不适合公众品味、不允许为了经济利益用假消息来欺骗公众，因为一旦出现失实的报道，组织在公众中的形象就会受到严重的影响。

（3）重要性。新闻稿所报道的内容信息应是关于国家利益、人民利益、政治生活、社会生活的事件，应有较大的价值。有些事物，看起来价值不大，但是在一定的背景条件下有不同寻常的意义，这就要求新闻写作者去挖掘，表现其价值。

2. 新闻稿写作的方法

1）选择材料

在选择文章所采用的材料时，应考虑选择最具新闻价值，并且最有利于达到公共关系目的的材料。同时，还要对已选择的新闻媒介及目标公众，有针对性地进行选材。

对企业来说，下面几方面的活动有可能成为新闻报道的材料。

（1）企业在证券交易所发行股票、企业大型的奠基典礼、纪念活动或庆祝活动。

（2）企业对新技术的成功研发。

（3）企业在生产总值、销售额和利润等方面的大幅提升。

（4）企业参与的社会公益活动，关注社会福利和承担社会责任方面的良好表现。

（5）企业高层领导和管理人员的人事变动。

（6）员工对社会和企业做出重大贡献和好人好事。

（7）企业产品在境外开拓市场的情况。

2）写作形式和文章布局

写作形式必须符合新闻体裁，要求用词简洁，力求准确无误，不能含糊其辞，还应当考虑到通俗易懂。文章的布局一般采用倒金字塔形式。即事件高潮应安排在文章的开头部分，所有的重点内容都要在文章的第一段出现。

新闻报道的结构大致如下。

（1）标题。新闻稿的标题是全文的眉目，要求用非常简明的语言标出报道的内容，点明意义，以此来吸引读者，激发读者阅读的兴趣。好的标题不仅能给新闻稿增色，还能增加新闻的可读性。

（2）主休。主体是新闻稿的主干和中心部分，它是对导语的补充和展开，与导语相呼应，承接导语，层次分明地介绍事实或背景，展现和深化主题。在新闻主题中必须包括六个要素：何人（Who）、何事（What）、何时（When）、何地（Where）、何故（Why）、怎么发生（How）。

（3）背景。新闻报道的事实是在一定的环境和条件下发生的，都有较为特殊的背景，因此新闻稿不能忽视必要的背景介绍。背景资料可以使新闻稿枝叶并茂，信息丰富，对新闻事件和人物的衬托起补充说明的作用，有助于读者深刻理解新闻的主题。

（4）结尾。新闻主题后面一般要进一步介绍事件的详细情况，并说明事件发生的背景、资料的来源等。这部分较长，但删去对新闻稿的内容也不会有多大的影响。

3. 新闻稿写作时应注意的其他几个问题

首先，并不是所有具有新闻价值的事件都可以成为公关新闻。公关新闻必须以树立组织自身良好的形象为出发点。因此，公关人员要善于从本单位的各项工作中，挖掘它的积极意义和新闻价值，然后报道出去。对于组织来说，具有新闻价值的事很多，有的组织为了扩大影响，还有意识地为新闻报道创造条件。

其次，新闻稿的写作要特别注重背景材料的运用。在新闻写作中运用背景材料是一种普遍现象，它是新闻事实的历史和环境，可以进一步揭示新闻事实的原因和结果、现象和本质、全局与局部、偶然与必然等关系。公关新闻比一般新闻更重视背景材料的运用，有如下原因。

（1）公关新闻所反映的事件往往和社会各界有着千丝万缕的联系，反映这种关系，才能使人们看清事件的意义。

（2）公关新闻反映本企业、本单位的业务和技术，对局外人来说往往是生疏的，可使人们熟悉和了解事件的原委。

（3）公关部门所发出的一般都是新闻通用稿，多提供背景材料，便于各类新闻单位自由选择。

11.3.2 公共关系广告

1. 公共关系广告的含义及其特点

公共关系广告是指通过购买专业传播媒介的使用权，利用传播媒介在社会公共关系中为社会组织树立良好形象，以提高组织的知名度的广告。有时，也把公共关系广告称为PR广告。公共关系广告具有传递信息、全面劝导、广泛沟通、塑造形象等职能。公共关系广告主要宣传组织的历史与成就、信誉和承诺，它的目的在于沟通组织与社会公众的关系，使组织树立起良好的社会形象。

公共关系广告不同于一般的商业广告。商业广告是要大家“买我”；公关广告则是要大家“爱我”。因此，公关广告的“广告味”较淡，容易为公众所接受。公关广告更多考虑的是怎样才能激发公众热爱主体组织的感情。

公共关系广告一般具有如下特点。

（1）间接性。公共关系广告的目的不是向公众推销其产品或服务，而是唤起公众对组织的兴趣，树立组织形象，从而使公众与组织合作。如果组织在公众心中留下了良好的印象，也就间接地推销了组织的产品或服务。

（2）长期性。公共关系的目标是树立组织的良好形象，具有长期性的特点，与此对应的公共关系广告的目标也着重于长远利益。公共关系广告的宣传方式也具有长期性，其商业色彩较淡，一般要系列化、整体化和经常化，社会色彩较浓。

（3）广泛性。公共关系广告的适用范围广泛，无论是企业或是非营利组织都可以使用公共关系广告。公共关系广告的内容也具有广泛性，涉及商品、企业员工素质、管理水平、组织的宗旨及社会责任等多个方面。

2. 公共关系广告的类型

公共关系广告根据其所宣传的内容和主题可以分为多种形式，常见的有以下几种。

1）组织广告

组织广告主要介绍组织的整体特点，宣传企业形象，是让公众全面了解组织情况的广告。组织广告一般介绍以下内容。

（1）宣传组织的价值理念。组织理念是重要的形象内涵，虽然提出的理念并非就是广大员工奉行的主导意识，但其凝聚功能、指导功能、感召功能、辐射功能总会存在。由于组织理念往往被凝练为若干句话语，甚至把一句口号视为组织理念。所以，因其简洁性，大量组织热衷做简单的组织理念广告。

（2）组织实态广告。这里讲的实态是基本实态，主要包括组织的基本特征、组织实力和经营状况等。通过这些广告，使公众对组织的实力产生信任，从而对组织的产品产生信任，达到购买的气氛的目的。

（3）解释目的，消除误会。当公众对组织的有关情况因不明了而产生误会时，刊登解释说明、纠正性的广告可以消除误解，保护已经建立起来的声誉免遭破坏。

2）响应广告

响应广告是指组织为响应社会或其他组织的号召，支持公益事业的发展，以求社会公众的理解与支持而进行的广告活动。主要形式有两种。

（1）对政府的某项措施响应或者对当前社会公益事业热心支持的广告。这样做就表明了企业不只是为了自己打算，而是善于从全局来考虑问题，愿意为社会的整体繁荣做出努力。这样就能协调好组织与社会的关系。从而树立良好的形象。

（2）以向社会各界公众贺喜为主要内容，以同行身份刊登广告以表示热烈祝贺。通过该形式可表示祝贺组织与被贺组织愿携手合作，共同繁荣的愿望，并欢迎正当竞争。这一做法，可使新开张的组织节约大量开支，并可使祝贺组织借机“抛头露面”，并可视为赞助单位对新开张单位的善意扶持，从而增加了美誉度。目前，我国企业对这种公共关系广告运用越来越多，经常可以在报刊上看到整版篇幅的此类广告。

3）特殊类型的广告

（1）创意广告。创意广告是某个组织为倡导并发起有利于社会良好风气形成的新观念、新行为所做的宣传活动。比如，以红丝带为标志，邀请以濮存昕为代表的各界名人的创意，从而倡导人们对艾滋病患者这一弱势群体的关爱。

（2）印象广告。印象广告是塑造组织的性格，以建立某种观念为目的的广告。通过广告宣传，建立或改变社会公众对一个组织或一种产品在其心中的原有地位，建立或改变一种消费意识，树立一种新的消费观念。这种新的消费观念的树立，可使社会公众倾心于某个组织或某项产品。

（3）征求类广告。通过征求主题歌、商标图案及组织名称等吸引公众对组织的注意力，增强他们的兴趣，借以提高公众对组织的记忆度和熟悉度。这样做，既可拉近公众与组织、产品的距离，又可以表示谦虚，增加公众对组织的好感。而且被征求的问题可以成为议论的话题，加速信息传播。

3. 公共关系广告设计的要求

1）主题鲜明

公共关系广告的主题，就是公关广告所要表达的中心思想，即组织的功能、实力、善意、声誉、形象。公共关系广告词的设计必须考虑公关主体要宣传什么，重点是什么，要求达到什么样的目标。

公关广告还要考虑到公众。公众是公关广告传播的目标，是实际决定传播能否成功的因素，因此，公关广告的一切出发点都是对准公关目标的。公关广告要达到理想效果，必须对公众进行分类，对公众的行为、要求及其自主性、目的性、可变性等特征加以充分分析。明确哪些是主要公众，哪些是次要公众；哪些是认知公众，哪些是潜在公众。只有围绕公关目标进行创作，才能有鲜明的主题。

2）内容真实

公共关系广告的特点之一，就在于它不能简单地采用某些商业广告的艺术性夸张的手法，而只能以信息的真实性和客观性为基础，选择有利时机，把信息及时准确地传递给公众。所以公共关系广告设计的宣传内容必须对公众高度负责，真实地反映组织的面貌和特点，如实介绍产品质量、性能和使用方法，以维护组织的声誉和公众的信任，坚决杜绝虚假夸张、欺骗引诱、投机取巧等。

3）形式新颖

广告创作是一种独创性的劳动，靠简单的模仿是不可能取得好效果的。创作者要注意抓住组织的特征，在形式上标新立异，使之产生新奇活动的冲击力。要让公众耳目一新，要给公众带来愉快的感觉。公关广告在叙述形式上可采用第一、第三人称；在修辞上，可使用比喻、对偶、拟人等手法；出色的公关广告构思新颖活泼，不落俗套，往往能收到耐人寻味、过目不忘的效果。

4）语言简洁

公关广告受经济、制作等各个方面条件的影响，篇幅有限，这就要求公关广告的语言简洁明了，用简洁的语言道出关键内容，让受众易记、易诵、易了解。例如，海尔公司“真诚到永远”的广告词，就是简单明了，人人都能记住。

11.3.3 公关常用文书

公关文书即指公关应用文。随着经济的发展，组织对国外的交往日趋频繁，公关文书的运用也日趋广泛。公共关系从业人员必须熟练地掌握这类文书的写作方法，将它作为基本的公关技能，并有效利用这类文书的文字传播达到公关的目的。

在公共关系实务中，常用的文书主要有两类：公关函牍类、标语口号类。

1. 公关函牍

公关函牍，是一种公关部门、公关人员在业务工作中就某类事务进行联系的书信。当公关人员要与外部公众、内部公众取得联系、沟通思想、联络感情时，信函便成为一种简便、关切、自然的沟通方式。在公共关系实务中，常用的有慰问信、感谢信、表扬信、祝贺信等。

函牍和公文的不同之处就在于它是在情感沟通的基础上来传递信息的，所以在言辞中要以诚恳的态度说话，避免消极词汇的出现，文笔要轻松自如，谈吐活泼，并尽可能融进和蔼的微笑。掌握大量的、丰富的词汇是写好公关函牍的一个技术关键。

1）函牍的格式

（1）标题。标题也就是函牍的性质名称，如“慰问信”、“感谢信”等。通常写在第一行的正中，用醒目的大字书写。标题有三种组成形式：① 针对发文对象拟标题，如“致北京大学光华管理学院”；② 针对发文事由拟定标题，如“关于确认新闻发布会协办单位的函”；③ 标题中既有发文对象又有发文事由，如“致北京大学光华管理学院关于确认新闻发布会协办单位的函”。

（2）正文。正文是函牍中最主要的内容，一般包括称谓、正文、结束语三部分。在正文中一定要有事实、有分析，其要求：一是层次清晰，逻辑关系严密；二是言简意赅，重点突出。如果是主动发出信函，应先礼貌地说明发牍原因。如果是回复对方的来函，需要表示已收到对方的来函，正在研究处理，并表示感谢。

信函的正文部分要通畅明白地写明自己欲交代的相关信息。对于与对方存在分歧的地方，要做好具体的解释工作。

（3）结尾。对对方以前所做的工作表示赞赏和感谢。如要求对方答复，用“盼复”、“请复函”等措辞。如此信函为回函，用“此复”、“特函复”。一般的公关信函也可用“此致，敬礼”、“顺祝”等礼貌的措辞。

2）函牍写作的原则

（1）礼貌原则。公关信函的措辞要自始至终充满友好热情的气氛，用词要注意谦逊、平和、诚恳和礼貌。

（2）具体原则。公关信函提出的问题要力求具体，从而减少通信双方在解决具体事务上的周折，尽快促成双方达成的共识。

（3）理由充分原则。公关信函应对所提出的问题、陈述的观点解释充分的理由，以免对方发生误解，在双方的合作过程中滋生不必要的误会。

（4）及时回复原则。当接到对方信函后，无论同意与否，都要给对方一个明确的回复，这不仅是一种礼仪的表现，同时也会给双方的下一步交往与合作打下良好的基础。

3）公关函牍实例

（1）请柬。公关活动中常常要对外发出邀请函，邀请对方来参加某项活动。请柬的形状和大小可按照请柬的内容自行设计。书写内容的一面须选用白色或象牙色，双折请柬的封面色彩不限，一般选用红、白、蓝等色。

写作请柬时，一定要仔细核对书写的地点、人名、内容是否清晰无误，书写时一定要注意字迹工整、大方。

宴会请柬

为纪念本公司成立二十周年，兹定于2010年11月1日（周日）下午18时在长城大酒店二楼宴会厅举行庆祝晚宴，敬请届时光临。

凭柬入座

××电子科技有限公司公关部启

2010年10月18日

（2）邀请函。邀请函用于邀请客人前来访问、讲学、洽谈业务、技术交流、合作项目、课题研究等。邀请函的语气要比请柬显得轻松、亲切，而又含有热情和诚恳。邀请函在对外交往中使用较为广泛。

尊敬的×××先生：

贵公司的新产品问世后，引起了人们的广泛兴趣，我们希望能有幸作进一步的了解，以便商谈有关订货事宜。盼能安排一个恰当的时间，如果你们认为方便，我们便定于今年6月中旬最为适宜。如蒙应允，殊为荣幸，切望函告。

您忠诚的朋友

××有限公司董事长

×××

×年×月×日

（3）感谢信。感谢信是为了答谢对方的邀请、问候、关心和支持等而写的公关文书。感谢的对象、事迹与感谢信的组织或个人有关，写感谢信时应满怀诚恳之意和感谢之情，简述对方的事迹、作风、精神，并表达诚挚的谢意和向对方学习的态度。

××武警支队全体指战员：

今年4月15日，闽江流域遭遇特大洪水。在我公司面临厂房进水、机器与材料被淹的危急关头，你们发扬了无私无畏的战斗精神，同我公司员工一道抗击洪水，转移材料，取得了抗洪斗争的胜利，并帮助我们迅速恢复生产。你们这种助人为乐的精神值得我们学习，为此，特向你们表示衷心的感谢！

我们决心努力做好各项工作，以实际行动来报答你们的大力支持。

此致

敬礼！

××有限责任公司

2010年5月20日

2. 公关标语、口号类

标语口号，是醒目地张贴或布置在公共场所，以向公众表示一种观点或一种强烈的感情意向的文字传播形式。

标语口号是所有文字形式中最简要的一种，它通常只有一句话，但这短短的几个字里浓缩着极其明确的主张。因此，它往往能在公众心目中留下难以遗忘的印象。

1）公关标语、口号的异同

（1）公关标语、口号的相同之处：公关标语、口号对于传播信息，树立组织形象，宣传教育公众，都具有重要作用。

① 宣告、宣传作用。宣告、宣传作用指标语、口号对于社会组织自身的昭示作用。任何一个社会组织都应当迅速而准确地将自己的性质、宗旨、方针、服务特色等公之于众，让公众正确认知，深入了解，从而取得公众的理解、支持和拥护。

② 引导、激励作用。引导、激励作用是指标语、口号对于社会组织自身的指导和推动作用。很多社会组织都把自己的奋斗目标和理想口号化，以时时激励自己，为之奋斗拼搏。

③ 规范、教育作用。规范教育作用是指标语、口号对内部员工在思想认识上的教育作用和行为方面的约束作用。有些标语、口号从思想、精神方面对员工提出要求或奋斗目标，如“团结、求实、勤奋、创新”、艰苦创业、勇于开拓、团结协作、不断拼搏等。有些标语、口号为员工规定了服务工作原则，如“顾客是上帝，客人永远不会错”、“爱心塑造世界”等。

④ 标语、口号的格式十分简单，一是意思的文字表达，二是落款。一般不标注日期。

（2）公关标语、口号的不同之处。

① 公关标语，是书写板牌而具有宣传鼓动作用的简短语句。例如，“同一个世界，同一个梦想”；“宁停三分，不抢一秒”；等等。

② 公关口号，是供口头表达的具有纲领性、主题性的简短语句。例如，“更高、更快、更强”；“重在参与”（奥林匹克运动口号）；“一切为了人民，一切依靠人民”（人民政府的工作方针）；等等。

③ 标语、口号都是具有宣传鼓动作用的语言成品。两者在本质上没有什么不同，但是使用场合有别。标语用于书写，口号用于呼喊或口述，因而语句的风格色彩方面略有不同。

2）公共标语、口号的制作原则

可以写入标语口号内的意思有许多，但只有能引起公众注意的意思才能用上，这就要经过严格的筛选，仔细斟酌。从某种意义上说，标语口号上所写出的意思必须带有迫使公众读后思考的韵味。只有这样，才符合标语口号的每个字必须最经济、最有效地发挥其效力的原则。

（1）体现时代精神，注重社会效益。制定公关标语、口号，首先要考虑顺应历史潮流，体现时代精神，把世界人民利益放在第一位，注重社会效益。例如，北京奥运会口号、广州亚运会口号都顺应了历史潮流，体现了时代精神，符合世界人民利益。

（2）符合组织实际，体现组织特点。公关标语、口号的制定要从实际出发，根据本组织的行业特点和目标要求，一方面，求得自身的生存和发展；另一方面，也给社会和公众带来好处。例如，同样是校训，商业学校就要体现“爱商”，旅游学校则要体现“多能，重礼、健美”，这是学校的性质所要求的。

（3）不违背方针、路线，维护国家利益。制定公关标语、口号还要遵循党和国家的路线、方针和政策。因为党和国家的路线、方针、政策是从党、国家和人民的整体利益、长远利益考虑的，各社会组织都是在党和国家的路线、方针指引下求得生存和发展，不得有任何违背之处。

相关知识链接

“蜂鸣传播”理论

朗德传播成立于2004年，作为国内最早涉及网络整合传播领域TOP 10的传播集团，服务网络逐步覆盖北京、上海、广州等区域，服务内容涉及网络品牌创建、网络整合传播、危机预警管理、CEO形象管理、整合传播咨询、口碑效应引导、传播效果监测等众多服务领域。多年来，在网络传播领域奠定了坚实的理论、资源、实践基础，在国内外的TOP 500企业中树立了极高的声誉！

传播本质就是深悉人本、剖析人内心需求的过程。传播过程时刻发生，且无处不在：人与人之间的沟通是传播过程；企业与企业之间的合作也是传播过程；国家与国家的外交还是传播过程。可以说，作为社会运转机制构成的主要因素，人人都是传播者。要使传播产生蜂鸣效应，关键的是：一要找对人，二要找对地方说，这样才能获得良好的传播效果。

朗德“蜂鸣传播”理论认为，在传播中，只要能够找到消费者中的意见领袖，通过持续刺激他们，根据六度分割理论可以知道，这将使传播效果不断“谐振”，形成传播的波峰效应。与此同时，相关的蜂鸣实验室的研究员们通过大量案例的研究发现，在公关策划中行为广告和事件营销是最容易刺激意见领袖形成口碑传播的手段之一。这个结论发人深省，在品牌营销中，几乎所有的品牌都在追求正面的口碑，其中的答案之一就是行为广告传播。行为广告以自身独有的兼具广告传播性、公关公信力、新颖性、创意性，同时不受媒介载体限制等诸多优点正在登堂入室，走进商业品牌的眼帘。

案例点评

亲情小贺卡　成就大生意①

药店是一个很难招揽回头客的地方。一般情况下，一个顾客买了一次药，等到下一次生病再需要买药时，早已忘了原来药店的名字。所以，药店想让顾客记住店名实属不易。

然而，日本千叶县有一家石井药局，他们在办公室的墙壁上钉了31个空药盒，每一个盒子上标上一个日期。因为凡是来药店买药的顾客都会留下病历卡，石井药局就根据病历卡上病人的资料，得知每一位顾客的生日日期，他们为每一位顾客都准备了一张亲情小贺卡。贺卡上写道：“您的健康是我们最大的心愿。如果您完全康复了，请告诉我们一声；如果您不幸仍需要用药，也请告诉我们一声，我们将竭诚为您服务。”如此温情与亲切的问候话语，被分别投入不同日期的药盒内。然后，每月在顾客生日的前一天寄出，顾客就会在生日当天收到一张让人感动的亲情小贺卡。

当然，小小亲情贺卡不仅让顾客感动，还产生了石井药局想要得到的效果。顾客痊愈后会记住石井药局的大名，而尚未痊愈的顾客会再次到石井药局购药。

石井药局这一细致入微的举动，理所当然地让众多顾客铭记在心，许多回头客介绍更多的客人，石井药局由此声名鹊起，财源广进。一张小小的亲情贺卡，终于成就了大生意。

【点评】一个组织要在社会上生存和发展，不仅其产品和服务质量要可靠，而且还要注重宣传。除了运用新兴的传播方式进行宣传，传统的传播方式也不能被忽视。通过文字传播来宣传组织、为组织赢得美名，这是公关常用的手段。当今社会市场经济大潮冲击猛烈，竞争之势不可低估，即便是名牌的商品或企业，如果忽视文字传播沟通的功能，忽视对自己的

---

① 曾琳智．新编公关案例教程．上海：复旦大学出版社，2006.

不断宣传，也会被公众遗忘，最终被淹没在市场经济的汪洋大海之中。

思考题

1. 简述口语传播的技巧。
2. 文字传播有哪些特点？
3. 怎样做好公共关系演讲的准备工作？
4. 简述公共关系谈判的一般程序。
5. 公关广告创作有什么要求？

案例讨论题

“双汇”广告巧入天安门①

中国北京天安门，历来具有重大的象征意义。在人们的心中，它与商业似乎没有很大的关联。但天安门留给大众的这一印象在1994年有了巨大的改变，改变这一印象的主角就是如今家喻户晓的河南双汇集团。

1994年，北京市有关部门为了进一步开拓北京旅游市场，计划举办“逛北京、爱北京、建北京”大型旅游文化节，并定于6月28日在北京天安门举行开幕式。得知这一消息，双汇集团派出优秀公关团队同组委会联系，最终以12万元的价格买下12个气球，计划在开幕式当天气球上挂上布幅宣传双汇，并联系好有关媒体进行炒作。

1994年6月28日早晨，天安门广场彩旗飘飘，一派喜庆的场面，数百人组成的腰鼓队、秧歌队的精彩表演，引得大家驻足观看，使得本来就游人如织的天安门更加拥挤……上午9点，当北京市和国家旅游局的领导宣布“逛北京、爱北京、建北京”大型旅游文化节正式开幕时，几千只信鸽同时飞向天空，人们也纷纷朝空中观看。这时，十多个色彩鲜艳的气球下面托着一条长长的横幅，上面书写的“华懋双汇集团漯河肉联厂祝逛北京活动圆满成功”特别醒目，吸引了所有在场者的目光。

与此同时，双汇与首都媒体进行了联系，但首都媒体出于谨慎的原因，不约而同地表示沉默。双汇立即把重心放在省内的媒介上，很快河南的媒介被动员起来了，《漯河内陆特区报》首先报道了这一消息，随后河南日报、河南广播电视台等媒体都纷纷报道了此事。河南日报的评论说“河南省最成功、最典型的一次企业公关活动”。而更为夸张的是，河南

---

① 陈一收．大型活动公关．北京：北京大学出版社，2010.

周报在半个多月后的一个星期刊的头版头条位置上，以巨大醒目的标题和大幅图片报道了这一事件，其标题是《双汇高扬天安门》。

很快，这一消息重返北京，曾顾虑重重的首都新闻界不再沉默旁观了。先是《中国青年报》的《社会周刊》刊登了一幅照片，图片下的文字说明中有这样一句耐人寻味的话：能否在天安门广场做广告？这个话题争论了很久，如今却被来自河南的一家火腿肠厂定论了。8 月 5 日的《中国经营报》把《广告首入天安门广场》这条新闻放在了四版头条。

在新闻媒介爆炒"'双汇'登上天安门"这一事件中，"双汇"的拥有者——华懋双汇集团漯河肉联厂无疑是最大的受益者。这个 1991 年产值和利税仅分别为 1.7 亿元和 463 万元的名不见经传的企业，经此巧妙宣传，其经济实力迅速膨胀壮大，一举击败业内最大的竞争对手，以 42% 的市场占有率成为中国肉制品业的老大。到了 2009 年，双汇集团的销售收入突破了 400 亿元，迈进世界肉类加工企业的前三强。

【讨论题】

1. 双汇集团巧妙地在天安门发布广告给我们什么启示？
2. 你所在的组织在制作公关广告时有哪些不足之处？能做哪些改进？

第12章

公共关系应用技术——网络传播

本章学习目标

通过本章学习，理解网络传播的概念与特点；掌握网络传播的原则与技巧；理解网络传播在公共关系运用中的特殊环境；了解网络公共关系传播存在的问题及对策。

在网络时代，作为第四媒体的互联网正逐步成为公共关系实务操作中最重要的传播工具之一。公共关系工作要充分发挥互联网的优势，就必须透彻了解互联网的性质和特点，熟练掌握互联网的策略和技巧，将其与传播交流工作很好地结合起来。互联网蕴藏着巨大的潜能，虽然它在许多应用上只是牛刀小试，但它所显示的效用已是公共关系行业所用的许多传统媒介无法比拟的。

12.1 网络传播概述

12.1.1 网络传播的概念

网络传播是指通过计算机网络而进行的人类信息传播活动。在网络传播中的信息，以数字形式存储在光、磁等存储介质上，通过计算机网络高速传播，并通过计算机或类似设备阅读使用。换言之，网络传播是指以计算机通信网络为基础，进行信息传递、交流和利用，从而达到其社会文化传播目的的传播形式。网络传播融合了大众传播（单向）和人际传播（双向）的信息传播特征，在总体上形成一种散布型网状传播结构。在这种传播结构中，任何一个网结都能够生产、发布信息，所有网结生产、发布的信息都能够以非线性方式流入网络之中。同时，网络传播具有人际传播的交互性，受众可以直接迅速地反馈信息，发表意见。而且，网络传播突破了人际传播一对一或一对多的局限，在总体上，是一种多对多的网状传播模式。①

① 参见百度百科，网址：http：//baike. baidu. com/view/967588. htm.

12.1.2　网络传播的特点与优势

与传统传播方式相比，网络传播具有以下特点和优势。

1. 超越时空限制

当今互联网的触角已经几乎延伸到了世界的每一个角落，信息在网上的流通已经不再受到时间和空间的限制。人们可以超越现实中人为划定的地理范围和心理中认同及归属的群体概念，在网络中享受开放的空间。世界上任何地方发生的任何事情，任何国家的任何用户的观点，只要上了网，就可以在瞬间传遍全球。只要信息具有足够的价值或吸引力，就可能引起全世界的关注。1998 年 1 月 17 日深夜，美国一个名叫麦特德拉吉的人在网上发布了他自己所谓的“世界独家新闻”：一个白宫实习生与美国总统有染。这条信息引起了网民的注意，更引起了传媒的注意，导致了追逐克林顿绯闻的新闻大战，成为世界舆论的焦点。1998 年 9 月 1 日，美国众议院司法委员会经过辩论表决，决定将独立检察官斯塔尔的报告在互联网上公布。当天 14 点 20 分这份长达五页的调查报告被送上互联网。一时间，世界各地的用户蜂拥而至，美国国会图书馆、众议院、白宫及各大新闻网站严重堵塞达数小时之久。尽管如此，网络传播的优势还是得到了淋漓尽致的发挥，而传统媒体则望尘莫及。广播电视受播出时间的限制，不可能全文播出如此长的报告，印刷媒体即使刊登报告摘要也要等到第二天。

2. 海量信息

将全世界的计算机和计算机网络连接起来的互联网，是一个巨大无比的数据库。与传统媒体有限的信息量相比，网络上的信息可以说是无所不包容。因此，网络媒体的优势是显而易见的。以上海东方网为例，2000 年 5 月 28 日开通后受到广泛关注，100 天后进行了改版。新版东方网开设新闻、财经、体育、娱乐、教育、军事、少年、旅游、生活、文苑等众多频道。经历过改版以后的东方网日均更新信息 4 000 多条，其信息量不但超过上海的任何一家传统媒体，而且超过了其发起单位解放日报、文汇新民联合报业集团、上海人民广播电台、东方广播电台、上海电视台、东方电视台、上海教育电视台等多家上海市主要新闻媒体的信息量的总和。一些传统媒体上网后信息量大增，以至于其母体的内容只占很小一部分。如《南方周末》的网络版包括上万个页面，除了提供印刷版全文外，还提供重要新闻、商业、科技、评论、体育、时尚、图片集锦、天气预报、黄页信息、背景资料及分类广告等内容，并正在形成一个综合性的信息平台。

3. 多种媒体整合

传统的媒体仅仅通过文字、图片、声音或者画面进行传播。例如，印刷媒体通过文字和图片传播信息，广播通过声音传播信息，而电视与电影因为把画面与声音做了完美的结合，使信息生动有趣地传递给了公众，就使这种传播媒介成为最受欢迎的媒介。而计算机信息技术的发展，网站不仅可以把画面与声音做结合，还可以加上文字、图形甚至动画进行整合，这就是多媒体技术。网络媒体就是应用了多媒体技术而集所有传统媒体的长处于一身。对于用户来说，信息最终以何种媒体形式出现，是文字、图片、声音，还是图像，完全由用户根据信息的内容、自己的喜好及接收条件自行决定。

从有公共关系工作开始，公关从业者为了达到良好的传播目的就在不断地利用各种媒介进行信息的传播，而且对于某一种信息的传播往往同时使用好几种媒介。网络这种新型媒体的出现，能够同时把多种信息进行传播，也可以任由公众选择自己喜爱的信息，按照自己喜欢的信息传播方式进行接收。这样达到了传播信息的最大效果。例如，在利用互联网进行的整个宣传活动里，不同的组成部分在一起可以相得益彰：网站主要给所有感兴趣的公众提供了一个档案库，包括所有在新闻稿及其他印刷宣传资料不能详述的内容，感兴趣的读者可以根据自己的需要“拉取”相关信息资料；在网页上进行的问卷调查可以作为有力的证据表明公众对公司的态度，它还能用来集思广益，讨论如何改善关系，矫正形象；参与讨论组则使得人们及时得到反馈意见，有利于进一步的思考和改进，还可以试验一下在讨论中提出一些建议，看一看其有效性，然后再付诸实施。

因此，为了充分发挥网络传播在整合公关传播中的特殊作用，就必须在公关计划中把网络考虑进整个公关计划中。而作为公共关系工作人员也要深入了解网络传播的一些特点，进行有针对性的安排与使用。

4. 多种形式的互动交流

在传统媒体的传播理念中，传播对象对于传播的内容没有挑选的余地，最多只能选择是看（听）还是不看（听）。现在，网络媒体的传播对象除了可以在极大的范围内选择自己需要的信息外，还可以参与信息的传播。如杭州飙车案、“李刚门”事件的消息，都是网民首先发布的。正如尼葛洛庞帝所说：“在网络上，每个人都可以是一个没有执照的电视台。”

传统的阅读是静态的。在读书过程里，人们跟书本的互动交流最多不过就是拿着书翻动书页。看电视时人们的活动更少。而面对计算机屏幕，人们有更多的互动传播交流。这种互动性除了在屏幕上用光标移动文件，还拥有许多种形式。例如，人们可以在网站提供的数据库里选择对自己最有帮助的资料；人们可以通过讨论组来讨论自身感兴趣的问题；通过在线互动式交流反映自身遇到的问题并得到及时的解决。几乎所有的网站都有清晰的指示来引导访问者选择下一步的方向。

事实上，网络媒体的“交互性”使公众有可能按照自己的需要来控制获得信息的顺序。另外，公众可以对所获得的信息做出迅速、及时、有效的反馈。这就意味着公众可以按照自己的理解对某一概念进行个性化的定义，也可以赋予同一个内容以不同的含义。网络媒体所带来的传播者与传播对象之间日益增长的交互性关系，以及网民之间，即消费者与消费者之间的交互性关系，是传统媒体所无法比拟的。

5. 个人化

在网络世界里，每一个使用者都享有很高的自主性，他们可以按照自己的意愿去选择、搜索自己想要的信息；而对于自己不想要的信息通过简单的删除即可，甚至可以通过一些简单的技术手段去阻止自己不想接收的信息的出现，如屏蔽技术。所以，作为公共关系的工作人员不要简单地希望用群发信息的方式就能达到信息广泛传播的目的。因为，当公众看到一个来自陌生人的信息时，很可能连文件都没有打开就直接进行了删除。而这样达不到信息传播的目的。因此，传统的利用广告、事件、新闻报道进行的"地毯式"的信息传播方式是行不通的。在网络传播中，只有量身定做、"狙击式"的沟通才是有效果的。

6. 虚拟社区

网上社区最开始只是以讨论组的形式出现。讨论组里，来自五湖四海的网民怀着共同的兴趣在一起交换意见，互提问题，寻求答案和展开讨论。而讨论组最初的目的是为了让学者专家们自如地进行学术交流，充分利用整个学术界的智慧。很快，讨论组上的题目超出了科研领域，内容变得五花八门。仅在用户端界面，就能发现林林总总的讨论主题，如海西建设、核技术、环境污染、富二代、物价问题等。当然，在这之前对此类问题感兴趣的公众已经存在。但能分享他们兴趣的人只局限于几个朋友或者当地俱乐部的一些成员。网络讨论组的出现将成千上万个对此类问题感兴趣的公众不管他们在何时何地都能够参与到主题的讨论中来。就在越来越多的人加入社区问题的讨论的过程中，在这个虚拟的社区里就会出现貌似真实社区中的行为规范、内部争议、行为习惯等社区特性。这时，一个真实的虚拟社区就开始不断地运作与完善。

公共关系工作最重要的基础就是定位自己的公众群体，并对此进行深入的了解。了解他们对组织的印象，了解他们的需求，了解他们的期望等。只有把这些基础打好才能更好地进行后期的公共关系工作，才能维护和促进两者之间良好的关系以避免组织与公众的利益发生冲突。而在现实中由于面对的是不同背景、不同文化的公众，组织往往会觉得对公众群体的定位是一件极其不易的工作。但是在网上要找到同一性质的公众群体就相对容易得多。通过对虚拟社区的主题进行了解就能够找到对此主题有着共同兴趣爱好的公众。而利用网上社区对公关活动的开展是一个非常有效的传播方式。因此，网络传播的一个很大的特点也是一个很大的优点就是虚拟社区的出现。

12.1.3 网络传播的原则①

1. 组织利益与公众利益相一致

组织的公共关系活动，如果仅仅考虑组织的利益，而没有把公众利益与自身利益形成一致性，那么很难获得长久而持续的效果。公关的目的不是左右舆论，也不是为了掩盖和开脱组织的缺陷与错误，而是要帮助建立一个健全的组织，从而获得公众的认同。虽然，网络中信息发布渠道的多样性和信息发布的便利性，似乎为组织信息的传播提供了更多可能性和控制权。但是，仅仅以一方利益为目标的信息传播，虽然有可能在短期内提高组织的知名度，但未必会带来组织与公众之间的稳定的关系。因此，有些人一面对公共关系问题，就绝不道歉、找替罪羊、封媒体口、搞上层关系。这些短时间看似有效的办法，实际上是不能解决公共关系问题的。

① 彭兰．网络传播概论．2版．北京：中国人民大学出版社，2009：157－158.

2. 实时应对与持续管理的协调性

网络在危机应对的时效性方面具有天然优势，因此，要充分利用这一特点，通过提高危机处理的时效性，尽快消除危机的影响。但是实时反映只是危机管理中的一个环节，而不是全部。危机管理是一个长期而复杂的工作，监测预警及危机后的长期恢复，对于预防危机的再次发生，意义更为重大。因此，应该将实时应对与持续管理协调起来。实时应对也不能是在表面上解决问题，而是要将危机管理作为系统工程中的一部分来看待，将实时应对的策略与组织的形象塑造、文化塑造、长远发展等统一起来，这样才能更好地预防未来危机的发生。

3. 短期效益与长期效益的一致性

网络公关要考察公关行为的效益。但是，这不是仅看眼前的效益，它必须与长期效益结合起来，两者应该是一致的。公关人员要避免急于求成的思想，对于一些只能体现为长期效益的公关活动，要有足够的耐心。

4. 信息传播与关系培养的互补性

组织与相关公众关系的培养不是一个简单的互动过程。它不仅是吸引公众参与一些组织活动，而且是利用网络环境，针对不同的对象，用不同的方式去建设组织与公众沟通的常规机制。在传统的传播媒体时代中，公关活动难以做到组织与公众的良好互动，而网络的出现为公众的关系培养提供了基础。建立良好公共关系的重要手段除了组织网站、BBS、博客等，还有一个重要的方法就是建立用户数据库并充分发掘数据库的价值，在这方面网络为这样一种数据库的建设提供了便捷的手段。因此，信息的传播与公共关系的培养形成一定的互补性。

12.1.4 网络传播的技巧

1. 提供多种途径获取组织网站上的信息

网络的用途不仅在于信息浏览，还包括其他许多方面的用途。当人们在查寻资料，要用“拉取”信息的办法时，使用万维网络提供信息效果最好。但我们也不能忘记使用“推送”信息的手法，要记住用电子邮件和新闻组的社区与公众传播交流。例如，每天在公司客户集中的讨论组里就融资等问题提供简短新闻。这些顾客都依靠你公司生产他们使用的物品，因此尤其关心你公司的状况。你也可以通过电子邮件给那些登记收取电子邮件资料的人们提供相同的最新消息，还可以从公司的网站上发送电子邮件或者把电子邮件送到一个新闻组公共的邮件地址。这类电子邮件里可以附上适当的链接，链接公司网站上更详细的内容，方便那些想知道更多信息的人们来咨询。

2. 建立一个专门的网站

美国互联网网络社区的成员曾联合反对《体面传播交流法案》，人们制作了一个蓝色蝴蝶结的图案，让各个网站的主人在自己的网站上都放上一个，点击蝴蝶结，就会进入一个专门为反对这个法案而建的网站。在一段很短的时间内，该反对网站呼吁各网站把自己的网站的颜色都变成黑色以表现在这件事情上大家的严肃态度。成千上万的网站这样做了。当国会通过该法案，总统签了字之后，大家都特别关注这个在互联网上的反对活动，因为它象征着人们能够通过互联网凝聚力量为实现某一共同利益而努力。最后，美国最高法院判决该法案不符合宪法。

由此可见，当有一个很重要的问题需要处理的时候，组织可以为了配合该问题专门建立一个网站，用来协助危机管理的网站，不一定要等到危机出现了才建立此类网站，也可以根据公众所关心的问题进行网站的建立。

3. 介绍其他资料

如果有公众在寻找组织的信息，组织应该向他们介绍相关的资料，提供其他一些有相关内容的网站，以及讨论该主题的新闻组和讨论组的联系方式。对于支持组织观点的网站和讨论组的内容可以进行重点介绍，但也不可忽略那些反对观点。组织应该清楚地表明它对反对内容的存在是有所了解的。通过介绍那些网络信息，组织可以借机对某些网站上的错误信息及其问题进行说明、澄清。但是，如果一个访问者自己找到了那些网站而没有发现组织的网站，那么他就无从知道组织想说明的问题。

12.1.5 网络传播的注意事项

1. 严格遵守网络道德

网络不仅是一种技术，它已经成为了人类社会的一个组成部分，因此也受到了人类社会道德规范约束。所谓道德，就是指调整人们之间及个人与社会之间关系行为规范的总和。道德渗透于整个社会生活之中，与每个人均有密切的关系，是构成社会的一个重要因素，是增强社会凝聚力、维护社会安定与和谐的一种特殊方式和手段。因此，作为组织代言人的公共关系人员，在利用网络进行传播交流的时候，应该遵守道德，从而避免因犯忌而造成公司或组织的形象受损和交流失败。21 世纪的今天，人们利用网络表达传播行为、表达习惯和满足方式都随着网络技术发展不断地改变，因此需要通过网络道德来规范网民在网络传播中的角色、权利和义务，以保证网络传播健康、有序地运作和发展。

2. 以诚相待

良好的公共关系是与公众群体保持长久和互惠平等的传播交流，目的在于双方都实现自己的目标。但是，现在很多组织都以“公共关系”为名头，实际上是不择手段地向公众灌输对自己有利的虚假信息，企图改变公众的态度。这样的做法往往不能得到公众的永久支持。在网络空间中，不要撒谎或歪曲事实，开诚布公地对待公众很重要。因为，在网络空间中，人们可以通过多种途径来获取信息，他们可以互相交流，交换自身所获得的信息，一旦公众发现他们所掌握的信息与组织宣布的信息相抵触，就会让组织陷入危机之中。

3. 尊重反馈意见

互联网提供互动式的交流，组织应该给公众提供反馈意见的渠道，让公众知道组织是希望听到公众的意见的。事实上，组织希望知道公众的想法，这样会提高组织的信誉。在组织的网页上加一个可以发送反馈意见的按钮链接，或者在其他宣传材料上印上组织的电子邮件地址，请人们积极反馈他们的想法和建议。同时，公关人员务必对每一个认真的建议进行及时的反馈，并且将反馈的信息进行归类分析，用以改善传播交流方式方法，调整组织的工作方式与传播方式。

12.2 网络传播在公共关系中的运用

12.2.1 网络公关的环境特点

网络公关是指社会组织借助联机网络、计算机通信和数字交互式媒体等现代化传媒来实现公关目标的行为，其具有公关与网络交互促成的特征。网络公关与传统公关的重要差异，主要取决于网络技术所带来的环境变化。这种环境既表现为传播平台的环境，更表现为社会环境。因此，对网络公关的环境特点进行研究是很有必要的。

1. 发达的网络传播

发达的网络传播对于公共关系工作不仅是正面的力量，还有可能是极大的负面力量。因此，它是一把“双刃剑”。组织公关的目标都是希望能够最大限度地促进有利于组织的正面信息的传播，而希望遏止不利于组织的负面信息的传播。但是，在复杂的传播网络中，要阻止负面信息的传播是很困难的，有时甚至是一件不可能的事情。在网络的世界里，不是一个或两个暗示、甚至行政命令就能够使公众的声音消失的。

作为组织的公共关系工作人员要善于借助这种特殊的环境进行公共关系工作。例如，利用网络系统来进行一些人为的炒作，以提高组织的知名度。因为广泛的传播网络加上网上公众的从众心理和跟风行为，使网上炒作效果有可能比现实世界的效果更上一层。但是，仅仅是为了组织的单方面利益与目的进行的炒作并不是公共关系工作的真正境界。组织的公共关系从业人员要在遵守基本原则的前提下进行合法、合理的公关工作，努力争取组织和相关公众双赢。此外，对于组织来说，并没有因为网络渠道的广泛性和多样性而使信息传播变得容易，反而变得更加复杂。这就要求公共关系工作人员不断地更新自身的理念与工作技巧。

2. 呈指数增长的信息扩散

在四通八达的传播网络中，每一个网络中的节点都可能将信息辐射到若干个新的网络节点中。这会使信息的扩散面和扩散速度呈指数增长。对于组织的公关活动来说，它的效果是双重的。特别是“好事不出门、坏事传千里”的效应在网络信息传播中体现得更加明显，因而呈指数增长的信息扩散状态更多的是给组织带来了危机与挑战。例如，在“甲流”盛行之初，广大公众由于受到不准确信息与“非典”阴影的影响，过于严重地判断“甲流”的发展形势，导致了社会公众的恐慌。这对我们的政府组织，特别是权威的卫生医疗组织的公关人员是一次大的考验，要求他们正确传播真实的信息并安抚人们的恐慌情绪。最后通过在广泛的媒体渠道中进行宣传、由“非典”中的医疗专家钟南山教授对真实情况的分析、实时播报“甲流”的感染与治愈状况等手段，有效地安抚了公众的不安情绪。

3. 表达渠道畅通的公众

在传统的公关时代，公关活动大多是单向地向公众传递信息，对于公众群体的了解是非常有限的，对于公众的心理、公众真正需求的了解更是有限的，这很大一个原因是因为信息在传递给了公众后，公众的反馈渠道非常狭窄，反馈方式也极其有限。并且，有反应的公众也只是公众群体的一小部分甚至只能代表他个人的意见。对于公众群体意见的反馈渠道是很少的，反馈的信息真实度与代表度也是值得商榷的。但是在网络环境下，公众拥有畅通的表达渠道。这不仅是个体层面的意见反馈，还是集体层面的反馈信息。个体的声音汇集成集体的声音，公众对组织公共关系活动的影响能力大大增强。这是网络传播在极好的互动性优势下营造的一种公共关系活动的特殊环境。

12.2.2 网络公关信息与管理

1. 网络公关信息的收集

及时收集公众的信息，及时为公众提供咨询、查询等服务是组织非常重要的工作。网络公关利用网站建立起一套信息反馈系统、咨询服务系统，及时地、低成本地收集有关社会组织的形象信息、公众的需求及需要改进的意见和建议，并且可以及时地与公众交流、互动。采集信息具体包括以下几点。

（1）竞争者状况。了解同行竞争者的状况，有利于组织知己知彼，克服不足之处，更好地完善自身。可通过直接访问竞争者网页了解它的新产品、价格和服务，也可以通过阅读与竞争者有关的新闻组、通信组上的内容了解公众对其组织的评价，进行本组织与竞争者之间的对比。

（2）行业发展状况。通过阅读服务商提供的网上信息及专题新闻组、通信组中的讲座内容，有助于本组织捕捉有关行业发展趋势的信息。

（3）公众情况。通过网络组织可以方便地了解公众的情况。首先，组织通过公众在网络上所反馈的信息，了解公众对组织的满意度、对组织传播方式的偏好等，把握公众对组织的心理和选择过程；其次，在网络上，公众有一定的隐蔽性，他们能够自由地、无顾忌地发表自己对组织的意见。因此，组织能够及时发现持反对意见的公众及公众群体的存在，了解其对组织持反对意见的原因，及时做出妥善处理；最后，组织通过网络宣传本组织的形象，发掘潜在公众，吸引其注意力。

2. 网络公关信息的传播

网络宣传具有传播范围广、速度快，信息详尽生动且灵活性强，传播对象数量可准确统计，利于目标公众群体主动查询及信息保存的特点。组织一般可以通过以下几种方式进行网络传播。① 通过邮件与公众建立起“一对一”的良好沟通关系。② 准确定位公众目标。对这类公众进行专门服务，为这类公众提供顾客的信息或广告的发送。③ 建立忠诚公众的数据库。加强与他们的沟通与联系，吸收部分公众加入组织的网络信息传播，从公众的角度帮助组织解决消费者的问题。④ 消除误导信息。通过专门设置的网络信息监督员，及时发现和纠正新闻组或邮件组清单中关于组织的不准确信息。对于一些造成公众误会的传播信息，及时发现，及时解释与消除。

组织在网络上发布信息要注意以下问题。

（1）新闻的即时性。与传统媒体相比，网络媒体的一大优势就是即时性。一个组织希望以最快速度传播信息，最好的方式就是将新闻信息发布在网络上。

（2）与传统媒体相结合。网络时代的公共关系人员一方面可以建立自己的网站与目标公众进行直接的交流，从而在传播中处于更有利的地位。另一方面，他们需向传统的大众传媒提供信息。网络媒体与传统媒体相结合，才能达到更好的效果。

（3）与广泛的网络媒体建立良好的关系。当组织有新的信息出台时，要及时发送信息给希望发布此信息的网络媒体，也可以通过网站邮件列表收集对本组织感兴趣的用户的邮件地址，并及时向其发布组织的最新动态。

3. 网络公关信息的监控

网络赋予人们更多的自由表达和民主参与的机会。网民意见表达过程的群发性与互动性的特点意味着，网民的意见表达往往不是在一个孤立环境中经过自身的思考的结果，而是在一个互动的环境中完成的。因此，他所表达出来的意见往往不是他个人独立思考的产物，而是掺杂了很多其他因素的混合产物，其全面性、准确性都不够，常常感性多于理性。所以，组织的公共关系人员要实时关注网络上的组织信息，及时收集信息并对此进行处理。

公共关系工作者要充分利用各种技巧和途径，使组织与公众之间达到相互了解、信任与合作，树立起组织良好的形象。在这方面组织的公共关系人员要注意以下几点。① 防备有针对性的网上犯罪，如电子交易支付中的漏洞。② 防备在网上的恶意攻击行为，如对组织形象的恶意丑化、别有用心的网上流言散播、组织网页被黑客入侵并涂改等行为。这就要求公共关系工作人员对网络信息进行长期的、实时的监控。例如，经常阅读相关新闻组，对于跟组织事务相关的新闻组要每天检查他们的内容。③ 危机监控，要分开保存有关重要问题的新闻文章，并且每天回顾一次。④ 对组织的负面信息要进行及时监控与管理，尽量消除因表达不清晰造成的误会并及时向组织反馈公众的态度。

12.2.3 网络公关传播形式

1. 电子邮件

在当今的网络市场上，有很多门户网站都提供免费的电子邮箱，电子邮箱成为组织与个人交流信息、传递文件的重要方式。由于电子邮件的发送是免费的，而且可以批量发送、自动发送，且不受时间和地点的限制，因而是组织发布信息的一种理想的方式——既省钱又方便快捷。据统计，目前在网络上大概每天有超过 2 500 万人次通过电子邮件相互传递信息，进行涉及教育、科研、新闻、生产、经营、商务和文化等方面的广泛交流与合作，电子邮件自然就成为组织进行公共关系活动的最强大的网络工具之一。

组织可以获取公众、媒介及相关组织的电子邮箱，并充分利用电子邮件进行信息的发布。组织不需要通过传统的方式一一为媒介提供同一个信息。组织使用电子邮件统一将信息一次性地发送给很多相关媒介，也可以根据有共同问题的媒介要求统一发送相关信息。特别是在以下情况中，使用电子邮件是最有效的方式：① 当组织需要保留一份长期、详细的交流记录时；② 当组织需要在邮件里附加图像或报表时；③ 当组织需要尽可能地进行实时交流，但又不能使用电话时。

2. 建立网站

任何一个网站都是一个公关的窗口，都是一个与公众进行相互交流的舞台。在网络中，网站就是一个公司、一个机构的虚拟地址。建立网站是组织开展网络公关的基本条件，对于网络公众来说，一个没有网站的组织就像是一个没有地址的组织。因此，1996 年新加坡《联合早报》为了争夺世界华文网站的领先地位创办了《联合早报》电子版，进而在2000年推出联合早报网。这两个重大措施使《联合早报》成为能够吸引大量中文读者的具有国际影响力的媒体。

由此可见，组织网站是网络公共关系的一个重要工具。组织网站建设的好坏，直接反映了组织的发展状况。通过网站可以展示组织的形象，体现组织的特色，宣传组织文化。通过在组织网站上发布新闻等与组织动态相关的信息，可以增加组织对外部公众的透明度，更好地让外部公众了解组织。此外，还可以在组织的网站上添加组织各职能部门的联系方式，使公众及媒体能够及时联系到他们希望联系的各个组织部门。组织网站的建立应该很好地体现网络互动性的特征。在组织网站中添加为访问者提供的 BBS 论坛、聊天室等服务，吸引对组织感兴趣的公众，使他们形成一个稳定的虚拟社区。通过这种虚拟社区加强组织与公众的交流，收集相关信息。

3. 网络论坛

网络论坛是一个和网络技术有关的网上交流场所（BBS）。BBS 的英文全称是 Bulletin Board System，翻译为中文就是“电子公告板”。BBS 是一个可以阅读新闻、传送新闻和管理新闻的系统。它最大的优点就是使用方便快捷。用户通常只要在 BBS 上注册，就可以就各种问题发表自己的看法，交流各种信息。尽管组织可以利用组织网站建立 BBS，但是吸引度往往不高，特别是组织规模较小、知名度不高时更会发生以上的情况。但一些门户网站，如搜狐、网易等提供的 BBS，往往注册用户多，访问量大。这是因为这些论坛主题涵盖面广，内容丰富，参与讨论的人数众多，并且这些门户网站都对它们的 BBS 进行了比较详细的分类，因而其传播信息的范围更具有针对性，更能抓住相关公众。组织在 BBS 上发表一定的文章，与公众互动，可以帮助组织树立在公众中的良好形象，抵制对组织不利的信息并及时发现危机苗头，进行妥善处理。因此，BBS 是网络信息传播在公共关系活动中一个不可忽视的工具。

12.2.4 网络传播在公共关系运用中出现的问题及应对

在互联网飞速发展的今天，公共关系也从现实空间步入了虚拟的网络空间，从传统的媒体扩展至网络媒体。因此，网络公关成为了国际公关学界研究的一个重要课题。许多国际知名企业、跨国公司对网络公关已经进行了很大范围的探索和实践。在我国，2005 年 3 月中国国际公共关系协会发布的《中国公共关系行业 2004 年度调查报告》中显示，全国公共关系公司数量超过 2 000 家，专业公司从业人数超过 2 万人。2005 年公共关系市场仍然保持持续迅速增长的趋势，公共关系年营业额将继续保持 35% 以上的增长率。可见，在加入 WTO 后，面对国际市场上汹涌而来的竞争大潮，公关业顺应市场的需要与变化而有了长足的发展。

虽然我国的网络公关处于一个蓬勃发展的阶段，但是作为一种新型媒介，我国公共关系人员对网络媒介的使用还是不够成熟，在使用网络传播处理公共关系时还面临诸多的问题。

1. 公众信任感偏低

网络空间的虚拟性、信息发布的主动性使得组织在网络上的真实性、可靠性等信誉较难建立。现在网站上发布假信息、失实信息的事件时有发生，不仅造成了经济和社会生活的混乱，还给组织的形象建立造成了极大的障碍。因此，组织的公共关系人员在使用网络传播处理公共关系问题时往往遭遇公众信任感偏低问题。“在网络社会，人们处于一个具有讽刺意味的囚徒困境当中：一方面，新型全球化社区通过传播传输技术的发展正在或者已经形成；而另一方面，整个社会可能变成一个‘熟悉的陌生人’社区，技术可以超越空间，却不能够超越情感，技术可以促进沟通，却不能保证建立信任。”① 这就要求组织的公共关系人员一方面要严于律己，保证发布的每一条信息的真实性、准确性，从自我做起，在网络上长期与公众真诚沟通，为组织在虚拟的空间中确立良好的口碑，进而提高组织的网络公信力；另一方面，也要依赖国家对网络信息的净化、网络公众的道德素质的提高等。例如，正在推广的“网络实名制”、对互联网的监控及对网络行业范围的规范与条例的出台等。

2. 信息的平衡性

组织的公共关系人员常常使用网络进行一些有利于组织形象的正面信息的传播。但是，仅仅有正面信息的传播，在公众对信息进行判断吸收过后未必会产生绝对正面的传播效果。因为，公众在面对大量的绝对正面的信息传播后，往往会产生逆反心理，会对自身所接收到的信息感到怀疑。因此，组织在发布公关信息时，尽管不会主动发布对自己不利的信息，但是也不能对其他人发布的不利于组织的信息进行全面的封杀，采取绝对的不承认的态度。现在一些组织面对不利于组织的信息，就采用对其关键词与事件信息进行封锁的方式。这种应变方式在网络传播的发展初期似乎可以达到一定的效果，但是在网络传播已经发展了几十年的当下，网络公众对于信息的辨识度在不断提高，一旦知道组织的这种行为，就会对组织产生更加不信任的态度，有可能引起组织的公关危机。

---

① 陈先红．新媒介推动下公共关系理论范式的创新．国际关系学院学报，2006（4）：72－74.

3. 网络安全性偏低

网络上的信息量极大，各种信息交织在一起。这也给不良信息的传播以可乘之机。而不良信息的大量传播导致了道德相对主义盛行、人际情感疏远和道德冷漠现象的产生。传统道德规范受到极大的挑战和冲击，网络道德缺失严重。因此，作为组织的公共关系从业人员应该重视网络安全偏低问题。主要关注以下几个方面问题。① 控制不良信息的传播。对于一些有损组织形象，对组织杀伤力较大的信息要实时关注并及时处理。公共关系人员应当时刻注意自身的言行举止是否会给组织造成不良的影响，要时刻警惕不良信息的传播。② 防范一些网络上的不道德行为。例如，对组织形象的恶意攻击，利用一些技术手段对组织网站的任意涂改等。③ 严防网络犯罪。网络的兴起，给许多商家带来了新的机会，交易、支付、购物等都可以使用网络进行（即网上交易、网上支付、网上购物）。但是许多不道德的黑客，就利用自身技术攻击网络上的漏洞，给商家和公众带来了极大的伤害，造成组织与公众极大的损失。因此，网络安全偏低问题是组织公共关系人员在使用网络进行公共关系处理时需要时刻重视的问题。这就要求组织加强网上的安全建设，及时关注网上的动态，对本组织的网站加强保卫与维护。一旦发现网络上的不道德行为，甚至犯罪行为要及时向有相关部门进行举报。

4. 知识产权保护问题

1999 年 4 月 15 日，国内 23 家媒体网站就商业网站肆意盗用新闻媒体网站新闻的做法进行强烈的抗议。呼吁全社会重视和保护网上信息产权，坚决反对和抵制任何相关侵权行为，建立良好的网上“游戏规则”。会上通过了《中国新闻界网络媒体公约》。此公约规定了如需引用公约单位信息，经单位同意后，应支付相应的费用，使用时应注明出处，建立链接等。但是这样的公约并没有遏制网络上不断出现的侵权行为，特别是知识产权侵权行为。因此，组织的公共关系工作人员要注意保护本组织的特有知识产权，注意其他网站对组织知识产权的使用是否存在侵权行为；并且要注意在组织网站传播信息时，不能侵犯其他组织的知识产权，以免造成不必要的争执与冲突。

5. 长期性行为

网络公关不是一种“临时抱佛脚”的行为，而是一种长期的与公众沟通的机制，它通过持续的多方面的努力，在潜移默化中影响公众对组织的印象与态度。因此，想要获得长远的公关效果就要耐心地、持续性地进行公关传播。在网络这样一种环境中，以社区等网络的基本单元为依托，进行长期的公众关系培养是网络公关的一项重要任务。

12.2.5　网络公共关系传播的新趋势

随着网络的发展，网络公关也有了相应的发展。但是网络公关的理论还不太完善，还属于初创时期。特别是在中国，公共关系行业本身发展得还不太成熟，又加入了网络公关这个重要分支，因此网络公关的发展还很不完善。对于网络公共关系的作用，许多组织还缺乏基本的认识，对它的应用也还处于低级的、模仿的阶段。但是随着组织对网络公关的重视，随着网络的进一步发展，网络公关也展现出了一些新的趋势。

1. 网络公众素质提高，逐渐接受网络公关

截至2009年6月，中国网民数量突破3.38亿人。如此庞大的公众群是网络公关市场发展的根基。网上公众也发生了一些变化，网民的整体素质得到了极大提升，年龄结构多元化，农村网民快速增长。随着网民结构变迁，更多的行业适合网络公关，这无疑成为中国网络营销市场长远的增长动力。随着互联网的逐渐规范，国家对互联网上的不法行为进行严厉的打击，网民已经开始信任一些信誉度较好的网站，并逐渐形成通过搜索引擎或垂直网站查询产品信息进而进行购买的行为习惯。企业通过便捷的社会化媒体给消费者传递产品信息和企业最新行为，消费者将逐渐接受而不排斥。

当然，这并不意味着组织就可以不负责地进行大肆的炒作。组织应该以为公众服务的理念为行为的宗旨，不能依靠弄虚作假这种能够获得短期效益的方式去欺骗公众。弄虚作假迟早会被揭穿，会失去公众的信任与支持，最终必然导致组织的形象受损、危机不断。

2. 网络社区逐渐成熟

作为网络上特有的一种虚拟社会——网络社区，可以把具有共同兴趣的访问者组织到同一个虚拟的空间内，进行相互沟通。因此，社会组织可根据自己的组织特色，利用门户网站或者在组织网站上建立这种虚拟社会，举办感兴趣公众均可参与的社会活动，由此吸引网上公众关注本组织，从而提高知名度和美誉度。例如，我国的“梦想热讯”推出了“主题网络城”，并计划围绕着影音娱乐、计算机网络、体育、生活、游戏、校园等六大主题开展活动，让具有相同兴趣的网友可以方便地进行沟通和交流，成为一个主题明晰及互动性强的新型网络社区。这样形成的社区关系不依赖强制的信息灌输来强化组织形象，而是通过营造潜在的氛围来协调与公众的关系。随着组织对网络社会的不断重视，网络社区也将逐渐成熟。

3. 网络公关公司的规范化

过去的几年，1024互动营销、陈墨网络公关机构、口碑互动、大旗等公司凭借着自身不同的定位，保持了较快的发展速度，公司规模或过百人，部分公司业绩也达到过千万的营业额。与传统公关公司不同，这些公司从成立之初，就培养了一大批专业的网络公关人员。但这些速成的公共关系人员往往缺乏专业的公关基础知识培训，此类人员很难面对接下来更加千变万化的网络事件，难以满足组织的更高要求。因此，越来越依赖网络公关的一些组织很难青睐这些公司。

随着网络公关业务从过去的尝试变成了如今各个组织必备的公关手段之一，就要求网络公关公司进行规范化的运作，如通过竞标或对原有的公关公司进行深度的开发，培养更具有稳定性的职业经理人等，而这些要求是一些低级别的、不规范的网络公关公司无法达到的。因此，为了促进网络公共关系的发展，就必须使网络公关公司自身更加专业化、规范化，并且注重行业之间的合作：如与TOP公司业务合作，成为它的供应商，进行网络技术层面的开发，或与大型传媒公司进行资本层面的合作。否则，网络公关公司的寿命将是有限的。

4. 国际化与个性化并重

网络的超时空性促使了“全球化企业”的形成，只要企业有自己的网站，就可以进行国际化的经营，也可以进行国际化的宣传。而上网的组织所面对的公众就是国际化的公众。因此，网络公关的国际化是一个必然的趋势。面对国际化的公众，促使组织的公共关系工作人员必须具有国际化思路及国际化的公关理念，并且要根据不同国家、不同文化的公众，有针对性地采取不同的网络公关方式。

随着网络技术的不断发展，公众可以在网络上实现多维信息的共享与便捷的人机互动。因此，在网络上的具有针对性的交流会越来越多。这就要求组织在进行网络公关活动时，要设计出多种选择的信息内容，以符合不同公众的要求，吸引不同公众对组织的兴趣。对于一些资金较充裕的组织还可以聘请专业人士对组织的公众信息进行管理，在适当的时候采用一对一的沟通形式更能够满足公众的个性化要求。

因此，随着网络公关的不断发展，网络公关的国际化与个性化都是它的一大发展趋势。

5. 对互联网的监管力度加强

由于公众使用网络的频率越来越高，网络逐渐成为公众生活的一个重要部分，网络公关也就必然成为组织公关的一个重要组成部分。面对网络上充斥着的虚假信息、网络安全漏洞频现的现状，国家对互联网的监管力度必然进一步加大。同时，要求各大网站均投入巨大人力物力来进行网站内容的监管，这决定了网络公关必须遵守国家大政方针，在传播宣传组织产品和形象的同时，更要注重社会道德规范和约束，传播健康文明的话题。一切利用不正当的方式吸引网民眼球的炒作手段都将受到遏制。

在2009年度全国政法工作电视电话会议上，公安部提出，将有效整合各种资源，加强网上管控，将网警力量向县级公安机关延伸，将网上巡控触角向QQ群、微博客等管理薄弱空间延伸，提高网上发现、侦查、控制和处置能力，严防形成隐蔽性犯罪组织。2009年，各大门户网站对网站首页低调进行了改版，将具有社会化媒体性质的内容减少了推荐位置，最为明显的是各大网站首页的博客推荐位置全部换成了视频推荐。众多知名网站因涉黄或者涉敏感内容被迫关闭整顿。这给网络公关行业一个特别提醒：散播不真实虚假内容或替客户打击竞争对手这些有悖于行业规则的行为，如果不进行改正，必然玩火自焚。

相关知识链接

微　博

2009年11月1日的一场大雪，让北京首都机场大量乘客长时间滞留机场。部分航班乘客被困在机舱十几小时，既不能起飞也不能下飞机，情绪激动。这天，碰巧经历现场整个过程的创新工场总裁、前谷歌全球副总裁李开复，在新浪微博平台来了一场颇有影响力的"直播报道"：等了12个半小时，已经缺食物9小时，缺水3小时；有人在机舱里因缺氧而晕倒……在机舱内被困十几小时的情况下，他通过自己的笔记本和手机上网不间断地发布最新进展，真实记录的情况瞬间传播开去，引发众多网友和媒体的关注，而他的记录成为了首都机场延误航班事件中被传播最广的文字，这就是微博。

微博，即所谓"微型博客（micro-bloging）"，是一种基于用户关系的信息分享、传播及获取平台，是一种可以即时发布消息的类似博客的系统。它最大的特点就是集成化和开放化，用户可以通过手机、IM软件（gtalk、MSN、QQ、skype）和外部API接口等途径向自己的微博客发布消息。微博客的另一个特点在于这个"微"字，一般发布的消息只能是只言片语，像Twitter这样的微博客平台，每次只能发送140个字符。

相对于强调版面布置的博客来说，微博的内容只是由简单的只言片语组成。从这个角度来说，对用户的技术要求门槛很低，而且在语言的编排组织上，没有博客那么高，只需要反映自己的心情，不需要长篇大论。微博开通的多种API使得大量用户可以通过手机、网络等方式来即时更新自己的个人信息。

最早也是最著名的微博是美国的Twitter。根据相关公开数据，截至2010年1月，该产品在全球已经拥有7 500万注册用户。2009年8月中国最大的门户网站新浪网推出"新浪微博"内测版，成为门户网站中第一家提供微博服务的网站。微博正式进入中文上网主流人群的视野。

案例点评

"中国上海"政府网站的轰动效应

站在改革前沿的上海市政府早在2006年2月，全国各地的政府部门还没想到在媒体上展示自己之时，就成为"第一个吃螃蟹的人"，率先在当地的几家主要报纸打出这样一则广告："'中国上海'全新改版，欢迎点击www. shanghai. gov. cn"。此番举措如之前预料的那样产生了极为轰动的社会效应，看到报纸广告的公众纷纷期待着"中国上海"改版后的全新内容。

虽然上海市政府在报纸上打出广告，成为史无前例的典范，但这只是通过媒体的影响使公众关注政府网站，真正表现政府形象的关键在于"中国上海"这一政府网站的内容。

"中国上海"网站这次的全新改版是为了响应2006年5月1日起施行的《上海市政府信息公开规定》。改版重点突出政府信息公开的功能，这一点从其广告语中可见一斑——发布权威信息、提供便民服务、拓展网上办事。改版后的"中国上海"网站以"信息公开"为主打栏目，不但列出了市政府领导及各委办局负责人的姓名，还特设了正、副市长的电子信箱。“市政府信息公开指引”栏目更是把49个政府信息公开事务专门机构的办公地址、电话、传真、电子信箱及办公时间全部列了出来，以方便市民到政府部门办事。

【点评】在案例中，上海市政府运用了双重的媒体公关，不仅做到了信息公开，而且通过多种渠道让公众都知道了有“信息公开”这一新生事物。第一重媒体公关借用的是网络媒体，在政府网站这个平台上将政府信息公之于众，使公众能够明确了解政府事务，真正做到公开化、透明化。充分利用网络媒体的便捷性和受众广泛的参与性，将务实、廉洁、爱民的良好政府形象深植人心。上海市政府在此案例中的第二重媒体公关是借助报纸、电视等多种媒体宣传政府网站的改版，吸引公众登录网站了解政府信息。这一极具首创性的举动彰显了上海市政府开放进取、大胆创新的形象。

思考题

1. 什么是网络传播？
2. 网络传播有哪些特点？
3. 简述网络传播的原则。
4. 简析网络公共关系传播存在的问题。
5. 简析网络公共关系传播的新趋势。

案例讨论题

“躲猫猫”能行吗？[①]

所谓“躲猫猫”事件，简而言之就是指云南一名24岁的农民李荞明在云南省昆明市晋宁县看守所内非正常死亡，警方对外宣称是与狱友玩“躲猫猫”游戏时意外死亡，此结论一出，舆论哗然，引起各方的猜测和怀疑。“躲猫猫”是一种很普遍的儿童期玩耍的游戏，即一群天真活泼的小孩把其中一个小伙伴用布蒙住眼睛，然后让被蒙住眼睛的孩子去追逐其他小孩，而他则要张开双臂，闻声去扑捉伙伴们。

2009年1月29日，云南省玉溪市红塔区北城镇24岁青年男子李荞明到邻县盗伐，因涉嫌盗伐林木罪被当地森林警方刑事拘留并羁押在昆明市晋宁县看守所。羁押期间，同监室在押人员张涛、张厚华、普华永等人以李荞明是新进人员等各种借口，多次用拳头、拖鞋等对其进行殴打，致使其头部、胸部多处受伤。2月8日17时许，张涛、张厚华、普华永等人

① 赵麟斌．危机公关：上．北京：北京大学出版社，2010.

又以玩游戏为名，用布条将李荞明眼睛蒙上，对其进行殴打。其间李荞明被普永华猛击头部一拳，致其头部撞击墙体后倒地昏迷。经送医院抢救无效于2月12日死亡。法医学家对尸体进行检验并进行死亡原因鉴定，证实李荞明系多处钝性外力打击致“重度颅脑损伤”死亡。

事件发生后，晋宁县公安局向李荞明的家属说明了其死亡原因——李荞明与看守所同一监室的在押人员放风时玩“躲猫猫”游戏，遭到狱友踢打，头部不慎撞墙后导致意外死亡。对此解释，死者家属难以置信，公众根据常识判断也很难接受一个健壮的青年非正常死亡竟源于游戏的说法。公安局这种敷衍塞责的对外宣称，因其不合常理而引起网民和舆论的强烈关注和普遍质疑，并且呈现出愈演愈烈之势，甚至一度出现“民警殴打犯人”和“官官相护”等猜测。“躲猫猫”一词也一夜风靡互联网，迅速成为网络流行词语，甚至被网民评为“年度雷词”，成为“伪真相”代名词之一。当“躲猫猫”事件在互联网上被传播得沸沸扬扬的时候，云南省宣传部与省委政法委、省检察院、省公安厅、昆明市公安局宣传部门没有忽略网络民意，而是选择了关注网络民意、正视网络民意和尊重网络民意。2月19日，各部门共同研究制定了应急处置预案，并迅速付诸实施。

首先，迅速发布公告。2月19日下午，中共云南省委宣传部迅速做出反应，在网络上发出公告：为满足社会公众的知情权，将面向社会征集网友及社会各界人士代表组成调查委员会，前往事发地，对“躲猫猫”事件真相进行调查。这则公告几乎是在瞬间就传遍互联网，迅速在网上形成新的兴奋点。于是15名人员组成的“躲猫猫事件调查委员会”成立了，其中8名为网民和社会人士，4名为司法人员，3名为媒体记者，主任和副主任皆由网民担任。当天在网络上，广大网民对云南省政府此举好评如潮。

其次，引入传统媒体。积极引入报纸、电台、电视台等传统媒体，让大量的正面声音也主动起来，压倒“一边倒”批评党委、政府的网络舆论。云南省委宣传部别出心裁地大胆实施了“亮堂堂”对“躲猫猫”的应对策略，主动放风给媒体，通过主动“喂料”给媒体、主动解释疑惑等方式，赢得媒体大量的正面、客观、公正报道，分化瓦解了“一边倒”的负面舆论。网络舆论也实现了分化瓦解，与19日前完全“一边倒”的攻击性言论形成了强烈反差。

最后，重塑司法公信。积极支持媒体、网民和公众开展舆论监督，实事求是公布案情，以取信于民的决心重塑司法公信。在省委领导的直接过问和坚实督促下，案件很快水落石出。2月27日，云南省检察机关、公安机关公布了“躲猫猫”事件检察机关调查结论，公开承认所谓“躲猫猫”事件确系一起“牢头狱霸”暴力致死人命的恶性刑事案件，同时公布对相关责任人的问责处分决定，并就此事件向死者家属和公众致歉。“躲猫猫”事件终于落下了帷幕。事实证明，经过三个阶段历时8天的有序应对和妥善处理，终于实现了政府危机的安全化解和顺利“软着陆”。“躲猫猫”事件终于在2009年全国“两会”前夕归于平静。

在“躲猫猫”事件的处理中，当地公安部门的办案一开始确实并不理想，公众不会相信其瞒天过海的谎言。但云南省有关部门以真诚的态度面对“躲猫猫”事件，其中公开邀请网民代表参与重大敏感问题官方调查，是历史性的一步。云南省委、省政府和宣传部门、政法机关都成了最终的赢家。负面影响被降低到最小，取而代之的是云南省政府依法办事、维护社会公平正义的“法治政府”形象；尊重民意、公开透明的“阳光政府”形象；不护短、不推诿、严于问责的“责任政府”形象。这一事件不仅受到国内舆论的高度关注，也引起国际舆论的极大关心。英国《金融时报》2009年3月2日的报道称：“云南省政府对此案的处理手法，是中国宣传及监督战略变化的一部分。随着博客、聊天室和在线社交网络成为不受中国媒体监督机构约束的重要新闻渠道，官方采取了更为主动的战略予以回应”，“这一改变政策之举被誉为‘阳光政府’，预示中国将迎来开放的新时期”。

【讨论题】

1. 在“躲猫猫”事件的传播中出现了什么新特点？
2. 在“躲猫猫”事件的处理中，有什么是值得借鉴的经验？

第13章

公共关系专题活动

本章学习目标

通过本章学习，主要了解新闻发布会的准备及程序，熟悉庆典活动举办的流程，掌握展览会的组织与策划，了解宴请的各项准备工作，掌握举办赞助活动的步骤。

公共关系专题活动又称为公共关系特殊事件或特殊项目，它是以一个明确的主题为中心开展的与公众某一方面的交流，具有操作性强、应用面广等特点，其目的是引起社会各界的广泛兴趣和关注，扩大组织的知名度、美誉度，协调与公众的关系。公共关系专项活动的种类很多，本章主要介绍新闻发布会、庆典、展览会、宴请、赞助活动等。

13.1 新闻发布会

13.1.1 新闻发布会的含义及特点

1. 新闻发布会的含义

新闻发布会又称记者招待会，是指某一社会组织或个人邀请新闻机构的相关记者参加，由专人宣布有关重要信息，并接受记者采访的具有传播性质的一种特殊会议形式。新闻发布会是一个组织或个人集中发布新闻，扩大社会影响，搞好媒介关系的一种重要方法。通过新闻发布会，发布者可以将信息准确、及时传播到公众中去。在新闻发布会的现场，除了可以公布组织的方针、政策、措施等方面的重大新闻，还可以利用新闻发布会的影响力，积极稳妥地处理一些棘手的问题，以达到澄清事实、讲明真相、减少误解、求得原谅等效果。信息发布者首先是通过记者招待会，以人际沟通和公众传播的方式将信息传递给记者；然后由记者以大众传播的方式进一步将消息告知社会公众。因此新闻发布会既是一种重要的公共关系宣传形式，又是一项重要的公共关系专题活动。它是组织与新闻媒介建立良好关系的方式之一，也是谋求新闻界对某一事件、某一单位进行客观报道的行之有效的手段。

2. 新闻发布会的特点

（1）消息发布的形式比较正规、隆重，而且规格较高，易于引起社会的广泛关注。

（2）在新闻发布会上，记者们可以根据自身的兴趣及侧重的角度提出相关问题，更好地发掘信息，与其他形式相比，信息沟通更具有深度和广度。

（3）发布机构的权威性和信息的真实性。新闻发布会的发布主体一般是政府部门、企业集团或代表一级组织的机构，因而具有代表某一级组织的权力。同时，由于是一级组织的最高权力机构公开举办的，因而其消息来源一般是真实的。

（4）与其他新闻传播的方式相比，新闻发布会往往需要占用记者和组织者更多的时间和精力。必要时还要组织记者进行实体访问、参观或安排一些沟通联谊活动，如酒会、冷餐会、招待会等。因此耗费的成本相对较高。

（5）新闻发布会对于组织的发言人和会议的主持人要求较高，要求他们有较强的表达能力和较快的反应能力。

13. 1. 2 新闻发布会的因由和时机

举办一场新闻发布会需要花费大量的人力、物力、财力和时间，因此组织切不可随意召开新闻发布会。在举办新闻发布会前，一定要慎重地选择发布会的因由和时机。首先，须确认该信息是否具有专门召集记者前来进行新闻报道的价值；其次，须确认新闻发布的紧迫性和最佳时机，只有在有必要和可能的情况下召开，才会收到良好的效果。

1. 确定主题，明确是否具有新闻价值的消息

有许多事件对于一个组织来说是大事，但新闻机构却未必认可。如果它们认为社会组织举行发布会的内容不具有新闻价值，可能就不出席。即使出席了，也不在新闻媒介上发布消息。这样就造成了不必要的浪费。一般而言，企业新产品开发、经营方针的改变、组织领导人的更替、企业的上市或合并、组织的周年庆典、发生重大事故等，都可以作为新闻发布会的主题。

2. 确定发布会的最佳时机

对于一个组织来说，确定发布会的最佳时机，一方面是要从组织自身需要的角度出发。例如，新产品从研发阶段到成品出厂阶段，再到销售市场一般有一段时间差。如果过早地发布信息，会引起同行的仿造。可如果等产品已经大批生产出来了才发布信息，会造成产品积压于仓库影响销售情况。所以，要灵活地根据经验选择最佳时机。另一方面，要从组织的外部环境考虑，使自己的新闻发布会尽可能与社会大环境合拍，利用社会的声势扩大影响。比如自行车，如果在世界无车日前后推出，效果会更为理想。但要注意，避免新闻发布会与重大节日或其他重大社会活动相冲突，而影响到自身的效果。

13. 1. 3 新闻发布会的准备工作

假设组织确有举办新闻发布会的必要，那么在会议召开之前应该做好哪些准备工作，才能确保新闻发布会的效果？以下是几点建议。

1. 地点的选择

新闻发布会的地点，基本上要考虑记者的方便性，并能为记者提供必要的工作设备，如传真机、互联网传输专线、电视台与广播电台的收音设备、摄影机拍摄的辅助灯光和专区设置、交通和停车的便捷性等。此外，新闻发布会的举办地点可以突破传统的思维，或营造新意、或增进主持人的亲和感。例如，某国内的唱片发行商为了配合音乐专辑的主题，选择将废弃的旧工厂作为新产品发布会的地点；美国总统在白宫户外的草坪上举办年度记者会。

2. 谨慎选择主持人和发言人

新闻发布会的主持人和发言人，是发布会成败与否的关键，他们除了要向记者传达重要的信息之外，还要回答记者临时提出的问题，所以人选必须熟悉本次新闻发布会的主题和公关目标，对所要发布信息的重要性和社会价值有清醒的认识，要求思维敏捷、口齿伶俐、语言表达能力强，具有一定的文化修养和专业知识，对突发状况有掌控和解决的能力。此外，会场气氛的维持和调动也相当重要，尤其是他们的言行举止都代表组织，不恰当的言行、动作或响应都可能导致外界对组织形象的质疑或破坏。因此主持人或发言人应该接受面对媒体的专业训练，并做好充分的准备，才能提高新闻发布会的成功率。

新闻发布会的主要发言人一般都由组织的负责人担任，因为他对本次发布会的主题及其涉及的相关问题有较深的把握，了解组织的整体情况，熟悉相关的社会环境、方针政策，发言和回答具有一定的权威性。发言人很大程度上代表了组织的形象，如果第一把手不合适，可以请其他人担任。另外，参加新闻发布会的其他负责人要充分发挥团队优势，事前做好准备工作，以备回答不同方面的问题。

3. 问题与答案的研究和模拟

一般新闻发布会都会给记者安排提问的时间，因此在准备工作上必须为主持人或发言人拟定问答的核心要点。例如，最关切的问题是什么？应该如何回答？若被问到难以或无法回答的问题时，如何处置？面部表情、手势、肢体语言如何搭配等。如果时间允许，最好要求发言人和主持人进行记者问答的模拟演练，以增加回答者对主题的熟悉度和自信心。请切记：越充分的准备，是记者会越成功的保证。

4. 宣传辅助信息

为了让记者更了解事实，一般记者会都会为前来的记者准备新闻资料袋。所谓新闻资料袋，是公关宣传文件与相关资料之组合。新闻资料袋里面装有新闻稿、相关深入性的资料、组织的介绍等可供记者写稿时的参考数据。一般新闻资料袋包括事实或背景资料、关于主管的介绍、组织对事件立场的文件、组织刊物、新闻稿、赠品或样品、新闻照片等。而在科技日新月异的21世纪，新闻资料袋的形式也渐渐“数字化”，例如用光盘或移动硬盘储存新闻资料。

5. 确定时间，邀请记者

通常情况下，新闻发布会召开时最好选择在上午而不是下午，因为记者到下午时截稿压力较大，可能没有时间出席新闻发布会。此外，新闻发布会选择的时间也具有策略性。确定具体时间后，要提前3～5天向记者们发出邀请，以使记者们充分安排好时间。例如，美国白宫习惯把发布坏消息或较易引起争议的记者会安排在星期五下午举行，经过了礼拜六、日的假期沉淀之后，冲击力就会减少许多。新闻发布会所要邀请的记者范围根据会议的主题而定，如果事件仅限于一个地区，只需要邀请当地各媒体记者就可以了。如果事件涉及全国范围的广大公众，则必须邀请中央及地方各主要媒体记者。不论在什么范围内邀请记者，有一个原则必须遵守，即对同一级的新闻单位要一视同仁，避免有厚此薄彼之嫌。

6. 现场的布置

新闻发布会之前一定要认真选择会场，会场外部要交通便利，停车方便，环境安静，不受干扰；会场内要气温适宜，整洁，应摆放适量的绿化盆景，气氛高雅大方为好。主持人、发言人、嘉宾、记者、特邀人士等各种区域与席位都应合理布置，书写并按席位顺序摆放席位卡。小型新闻发布会的桌椅可以摆放成圆形，创造一种平等、融洽的气氛。大型新闻发布会布置成教室式，便于维护会场秩序。

关于新闻发布会的现场布置，还必须考虑到以下几点。

（1）记者接待区：当记者抵达现场时，需要为记者准备一个接待桌，并请专人接待记者，请记者签名，并领取相关新闻资料，可能的话可准备茶水，有的组织还会准备小点心。

（2）灯光及音响设备：事先要调试好灯光和扩音设备，确定已准备妥善且能正常运作。

（3）主题背景：新闻发布会讲台的设计应凸显跟本次主题有关的背景图及组织的标志图案，以利记者照相或录像时能将此主题与组织图案纳入镜头内。

（4）摄影机位置区：现场应腾出记者放置摄影机的空间，让记者架摄影器材。

13.1.4　新闻发布会进行中应注意的事项

1. 与记者进行友好的沟通

新闻发布会的目的在于争取记者对组织或会议主题的支持和报道，因此主持人或发言人应该始终保持礼貌、冷静、温和的态度，尤其不要随便打断记者的发言或发问，更不要采取任何动作、手势、表情或言语阻止他们，这对记者是很无礼的举动，有可能引起记者们的反感甚至抗议。另外，接待人员和主持人或发言人的角色搭配，在职务上也应该明确分工，一来让主持人或发言人能有充分的时间和精力应付难缠的记者问答，二来也让记者能获得最好的接待。

2. 巧妙回答记者的各种问题

问题和答案准备得再充分，记者会上还是可能遇到难以回答的问题。对于不愿意发表评论的事情或者是涉及国家或商业机密的信息，千万不能用“不予置评”等字眼回答记者，因为这些字眼的出现会让记者感到组织没有诚意或故意规避问题。由于记者的职业特点，他们对事物都具有强烈的好奇心，越是不想让他们知道，他们越会质疑或追问，因此最好的回应应该是向记者解释不便发言的原因，只要原因正当，记者是不会强人所难的。另外，“回避”问题并不见得是一种高明的做法。当不得不回避一些问题时，一定要处理好回避的技术性问题。请切记：所谓“回避”，并不是强硬的拒绝，而是要用技巧性的言语，在不知不觉中转移话题，切忌引起他们的反感或不满。

3. 灵活处理新闻发布会的突发状况

有些新闻发布会可能会面临现场闹场的状况。如果是与本次发布会的主题无关，那只是一个插曲；如果跟主题有关，毫无疑问会成为现场记者报道的重点之一。对公关工作人员来说，如何在所有人注视下维护组织立场成为关键，处理这类闹场事件的基本原则是：尽量减少引起正面冲突的机会，并给在场观众展示出耐心和有素养的一面。如果现场失去控制，应当立即向记者致歉，然后要求闹事者冷静或离开现场，必要时可采取报警处理的方法。公然大怒、辱骂他人等过度激烈的行为是处理所有公关现场的大忌，不论是对于记者或故意闹事者都是如此，即使维护了本身的立场，却可能导致组织形象严重受损。较具争议性主题的记者会，通常都应该事先进行沙盘推演，确定可能发生的状况及采取的相应行动。有些组织在面临危机时，可能必须召开说明危机的记者会，公关人员如果预估记者可能会失控，应尽量避免召开新闻发布会。如果必须召开，则一定要安排一位冷静的、温和的、有风度的负责人将新闻发布会主持到结束。

13.1.5 新闻发布会后的工作

为了能让新闻发布会取得预期的效果，在会议结束后，组织还应当做好以下工作。

（1）整理会议记录，做好总结工作，并以书面形式存档。在会议结束后，立即整理出新闻发布会的记录材料，总结此次新闻发布会在筹备、组织、布置、主持或答记者问等方面的得失，从中认真吸取经验和不足，并将总结材料分类归档。然后，将整理出的发布会新闻稿发送给参会记者及没能到场的记者。这样做可以起到两方面的作用：第一，新闻稿其实就是为记者准备的初稿，记者在这个基础上能容易地完成报道，可以增加本次新闻发布会内容被刊登的机会；第二，新闻稿一经记者采用，可以确保有利于组织观点的信息传递。另外，公关人员在发出新闻稿后，还应及时跟踪确认稿件是否都送达各个记者手上，以提高新闻发布会主题或内容被报道的机会。

（2）收集反应，检测效果。公关人员必须在新闻发布会结束后，广泛收集各个媒体对本事件的报道角度和情况。收集到会的记者在报刊、电台、电视台及网络的各类报道和评论，并进行归类总结分析，观察公众的反应和舆论走势，检查是否达到主办方预期的目标，以此来检测发布会的效果。对照新闻发布会签到簿，检查参加发布会的记者是否都发了稿件，并对记者稿件的内容进行分析，以便了解新闻机构和记者所持的意见、态度及产生原因，便于以后有针对性地与他们进行沟通交流，并以此作为下次新闻发布会邀请记者的主要参考依据。

（3）对于不利于本组织的报道，应当采取积极的应对策略。如果是不正确或歪曲事实的报道，组织要主动采取行动，讲明真相，并向报道的新闻机构提出更正要求；如果是报道了客观事实但却是本组织的负面新闻，则应通过有关媒体向公众表示歉意，并制定改进措施，尽可能多地挽回组织声誉。

13.2　庆典

13.2.1　庆典活动的含义和作用

1. 庆典的含义

庆典活动是指社会组织为了引起社会的关注、扩大本组织的知名度和美誉度，最终获得更大的社会效益和经济效益，利用重大节日或重大事件而举行的庆祝活动。庆典活动是社会组织最为重要的公共关系专题活动。在现代社会中，许多社会组织都充分利用庆典活动这一公关形式精心策划，借助喜庆和热烈的气氛，渲染社会组织的形象，力争在新的起点上，加深和强化公众对组织的印象，从而为建立良好的公共关系做好铺垫。它包括各种节日庆典、开业庆典、竣工典礼、喜庆活动、组织周年或若干周年庆典等。庆典活动与组织的日常活动相比更有特殊性和隆重性，公共关系人员作为这类活动的策划者和组织者，应当研究和掌握组织这类活动的规律，为组织创造良好的公共关系环境。

2. 庆典活动的作用

举办任何庆典活动，都是组织向社会公众展示自身形象的宝贵机会，有助于增加广大公众对组织的认识，并借此机会增进公众对组织的了解，并塑造组织良好的形象。因此，庆典活动对于组织形象的传播具有十分重要的意义。

（1）适时举办庆典活动，可以为组织广造声势，吸引社会各界对组织的关注，使一个组织的社会影响有所扩大。

（2）举办庆典活动，组织无形中向外界表明了自身的强大实力，可以使公众产生和增强对组织的信任感。庆典活动所达到的这一效果，与现代公共关系为建立信誉而扩大知名度、提高美誉度的思路相吻合，有助于组织构建宽松的发展环境。

（3）庆典活动的喜庆、欢快、轻松的环境有助于形成组织与公众之间无拘无束的直接沟通的氛围，更有利于与公众增进感情，沟通关系。

（4）对于组织内部的员工而言，开展庆典活动，有助于增加他们的自豪感，增强组织的凝聚力和向心力，使组织内部公众更热爱本组织，为组织进一步向前迈进奠定了坚实的基础，形成组织发展的一股强大合力。

下面介绍几种主要庆典活动的一般方法和程序。

13.2.2　开幕典礼

1. 开幕典礼的含义和类型

开幕典礼又称为开幕式，是指社会组织为首次亮相或为重大活动的第一次面世而举行的简短、庄重而又热烈的活动形式。开幕典礼如果成功，组织会迅速提高知名度，树立自身良好的形象，给社会公众留下深刻而美好的记忆。

开幕典礼包括企业的开业典礼、重大工程的开工典礼、大型活动的开幕式等。

2. 开幕典礼的策划和组织工作

（1）起草严密的计划。计划应从大局出发，规划整个活动的主题、规模、日程、场地、时间、内容、对象，以及相应的人力、物力、财力等。有必要的话可以列出具体的明细清单。

（2）拟定邀请名单。认真拟定出席典礼的宾客名单，邀请出席开幕式的嘉宾应具有一定的代表性，通常包括政府相关部门的负责人、社区的负责人、同业代表、新闻记者、员工代表及公众代表等。名单拟定后，首先要征得上级领导的同意，然后印制准确无误的请柬，一般需要提前十天左右将请柬送交受邀人，以便对方及早做出安排。

（3）拟定典礼程序。典礼程序一般为宣布典礼开始、宣读重要来宾名单、致贺词、致答谢词、剪彩。

（4）确定致辞、剪彩人员。一般情况下，参加致辞和剪彩的己方人员是本次活动组织的主要负责人，客方人员应是地位较高、有一定名望的知名人士。致辞和剪彩人员及主要宾客，应事先确定好他们的座次、站位。

（5）确定主持人，为领导人拟好开幕词、致贺词、答谢词的提纲。这些都应言简意赅、热情庄重，达到增进友谊的目的。

（6）安排各项接待事宜。应事先确定签到、接待、剪彩、放鞭炮、摄影、录像、扩音等有关服务人员，这些人员要在典礼前到达指定岗位。

（7）安排一些精彩的助兴节目。为了营造热烈欢快的喜庆气氛，在典礼的进行过程中可以安排当地的民俗表演，如舞龙舞狮、锣鼓、礼花烟火、民族舞蹈等。

（8）做好摄影、录音、录像的安排。对开幕式环境、会场、照明、音响等应做好认真的准备，确保万无一失。

（9）开幕典礼的结束工作。根据活动的规模和需要，开幕典礼结束后可有选择地开展一些其他的公关活动。

① 组织参观。典礼仪式结束后，可安排前来观礼的嘉宾到本单位的工作现场参观，了解生产情况、服务设施及产品等，以使上级、同行和社会公众更直观地了解本单位。

② 征求意见和题词。可以举行短时间的座谈会或请来宾在留言簿上留言，以征求各方面的意见、建议。还可以准备笔墨纸砚，请来宾中地位高且擅长书法者题词以作纪念。

③ 必要时还可以安排宴请招待，或赠送有纪念意义的小礼品，以密切关系，表示谢意。

3. 策划开幕式典礼应该注意的事项

（1）重点突出社会组织在公众心目中的第一印象。社会组织要策划出独具特色的开幕式，这样才能给公众留下美好的回忆。

（2）开幕典礼的形式应求简单，耗时不宜过长，一般控制在 1 ～ 2 个小时。

（3）开幕典礼的场面要办得热烈隆重、丰富多彩，体现喜庆、欢快的气氛。借此机会展示社会组织的雄厚实力，显示社会组织的生机和活力。

（4）公关人员应准备充分、热情接待、指挥有序，确保活动顺利进行，多制订出几套后备应急方案。

（5）所有宾客无论地位高低，均不得怠慢，对围观群众也应以礼相待。

13.2.3　专题日活动

1. 专题日活动的含义

公共关系中的专题日活动，指社会组织为了达到公共关系目标，巧妙利用节庆日、纪念日或创造特定机会，经过精心策划，围绕一定的主题，进行一些内容或形式相对集中的专门活动。这是公共关系活动中比较常见的一种重要形式。

专题日活动是一种综合性的公共关系实务活动，通过面对社会各界公众，借助各种传播媒介与公关手段，以新颖多样的形式和内容，广泛吸引社会各界的注意，给公众留下深刻的印象，以提高本组织的声誉，树立本组织良好的形象。

2. 专题日活动的类型

1）利用节庆日的专题日活动

这类活动主要利用世界各国著名的节日、各民族民间节日及相关的宗教节日等，策划并设计出公众可以接受的专题日活动。利用节庆日的专题日活动具备以下几个特点。① 影响广泛。各种节庆日都是在人类社会生活中形成并逐渐发展起来的，有着深厚的群众基础，利用节庆日策划的专题日活动，可以借助节日自身的社会影响尽量去扩大活动的社会影响面。② 公众易接受。有些节庆日已经和人民生活融为一体，成为人类社会生活的重要组成部分。如我国传统节日“春节”，就成为合家团聚的代名词。一家人无论分得再远，到了春节都会抽出时间回家和自己的亲人团圆。利用这种节日举办的专题日活动，就容易让公众接受。③ 形式灵活多样。组织举办专题日活动可以结合不同节日的性质、特点，设计出内容丰富、形式灵活多样、各具特色的专题日活动，并且不同的活动还可以紧扣当地的风土人情，变幻出各种为公众所喜爱的活动方式来。

利用节庆日举办的专题日活动，应该使专题日的主题与节日性质相一致，活动的具体内容、形式等最好都能紧扣节庆日的特点，将策划活动的重点放在迎合公众心理上，使公众能对此活动产生深刻的印象。

2）利用周年纪念日的专题日活动

这类活动主要利用历史上有重大或广泛影响的重要日子，或对于组织自身有重要意义的日子，搞一些周年纪念或庆祝的专题日活动，以扩大自己的影响。特别是在组织成立或开业的周年纪念日，组织要充分利用这个难得的机会开展一次有意义、有影响、有特色的公共关系活动。

同开业典礼一样，周年专题日活动的形式也要丰富多样。因此要根据组织自身的特质、所处的环境、所具备的条件、主观追求的目标等许多因素而定，不管采取何种形式，以下内容都是必备的。

（1）明确主题。确定周年专题日活动的主题，如“创新”、“顾客是永远的上帝”、“开创新局面”等。

（2）介绍组织自身取得的成绩。例如，生产性组织可以介绍生产经营特色、产品质量、经营方针、服务宗旨、发展规模及所取得的经济效益和社会效益等。

（3）感谢业界同仁及其他来宾的支持。根据实际情况、平时业务往来关系及今后发展的需要，有选择地提出要感谢的具体单位及其主要领导。

（4）提出将来的发展规划。说明本组织目前的社会价值及将来可对社会产生的贡献，并积极表示今后要继续求得社会各界朋友的支持与关爱。

在基本程序上的安排也可以与开业典礼相似。组织来宾参观、征求各方意见及颁发纪念品等。

3）创造性的专题日活动

这类活动主要指社会组织为了达到某一公共关系目标而特意创造出的专题日活动。创造性专题日活动的目的是针对专门公众为解决特定问题而举办专项活动。因此，公共关系人员要精心构思，提炼出活动的特定含义与主题，并使之在一段时间内能够延续下去，形成优良的传统，对社会造成积极的影响，如市长接待日、总经理接待日、家属日、员工日等。

13.3 展览会

13.3.1 展览会的含义和特点

1. 展览会的含义

展览会是综合运用多种媒介、手段来展示组织的成就、推广产品、树立组织形象、建立良好公共关系的大型活动。它也是组织经常采用的公共关系专题活动形式之一。展览会具有一定的知识性、趣味性，能广泛吸引公众的注意和参观，并吸引新闻界的注意和指导，有利于提高知名度和美誉度。

2. 展览会的特点

（1）展览会是一种复合性的传播方式。展览会通常同时运用两个或两个以上的媒介进行混合交叉式的传播，包括：文字媒介，如文字注释、宣传手册、介绍材料等；声音媒介，如讲解、交谈、现场广播；图像媒介，如照片、图片、幻灯片、录像等；实物媒介，如实物或模型。由于展览会综合运用了多种传播媒介的优点，发挥各自的优势，因而其效果一般都比较好。

（2）展览会是一种非常直观、形象和生动的传播方式。展览会将实物或模型直接展现在观众面前，并通过现场操作或者专业人士的讲解，加上精心的展会布置、动人的解说、友好的交谈、优美的造型、优雅的乐曲，往往能起到强化效果的作用，使参观者对展品留下较为深刻的印象。

(3) 展览会提供了组织与公众之间进行直接双向交流的机会。展览会除了可以当面向公众展示组织自身形象，让公众了解组织、了解产品，同时组织通过咨询、洽谈等形式可以了解到广大公众的现实需要，能及时地收集公众的反馈意见，并据此调整和改进工作。

(4) 展览会是一种高度集中和高效率的沟通方式。一个展览会集中了许多不同行业的各类展品，也可以集中同一个行业中不同品牌的同类产品，这样能为参观者提供更多的方便和选择余地，节省时间和费用，提高选购效率。

(5) 展览会能产生较强的新闻效应。展览会作为一种综合性的大型活动，通常在开幕式时都会邀请相关的政府官员、知名人士，所以比较容易成为新闻媒介报道的对象。再加上组织在展览会期间可以制造新闻、扩大影响，吸引媒体报道展览会的情况，因而新闻效应明显。

13.3.2 展览会的类型

展览会从不同角度可归纳为以下几种。

1. 按性质区分

按展览会的性质区分，有贸易展览会和宣传展览会。① 贸易展览会主要是商业、企业等行业的实物展示，通过展览促进产品的销售，开拓产品市场。展品以产品的实物为主，以文字、图片、图表为辅。如我国一年两次在广州举办的出口商品交易展览会。② 宣传展览会是通过实物、图表、艺术作品、文字、幻灯、录像等资料来宣传某一观点、思想、信仰、组织成就等，只展不销，如交通安全展览会。

2. 按内容区分

按展览会的内容区分，有综合性展览会和专题性展览会。① 综合性展览会是全面介绍一个国家、地区或组织的情况，要求纵览全局，内容全面，有一定的整体性和概括性。这种展览会通常由专门性的组织机构或单位负责筹办，一般规模较大。展期在三个月至半年以上，甚至长达一年的可以称为博览会。博览会多是国际性的，是世界范围某一领域或行业发展的缩影，如“2010 上海世界博览会”等。② 专题性展览会是围绕某一专题、某一专业或某类产品举办的展览会，虽然它规模较小，但要求主题突出，内容集中且有深度，如“海峡两岸花卉博览会”等。专题展览会的举办方通常是企业或行业性社会组织。

3. 按举办场地区分

按展览会的举办场地区分，有室内展览会和露天展览会。① 绝大多数展览会都在室内举行，既显得较庄重，又可不受天气的影响，举办时间较灵活，长短皆宜。但室内展览会的设计和布置较烦琐、复杂，花费较大。② 露天展览会的最大优势就是设计布置比较简便，场地空间大，可以放置一些大型展品，场地租用成本较低，但常常因天气的原因而影响到展览的效果。农副产品展览、车展、花展、大型机械展通常在露天举办，而较精致、价值较高的商品适合于室内展览。

4. 按规模区分

按展览会的规模区分，有大型展览会、小型展览会和微型展览会。① 大型展览会通常由专门的组织来举办，参展单位报名参加。其规模一般较大，参展项目较多。② 小型展览会的规模较小，一般由企业主办，展品也是由自身生产，展览的地点通常选择在各类建筑的门厅、图书馆、候车室等，或专门开辟陈列厅、样品室。③ 微型展览会则是指橱窗展览和流动展览车。这类展览看似简单，但技巧性要求较高，需要有较强的吸引力。

5. 按展览会的时间划分

展览活动包括固定（静态）展览活动和流动（动态）展览活动。固定展览活动一般在某一固定时间举办，地点和名称往往长期稳定不变。流动展览活动则没有固定的举办地点，而是利用交通工具，如火车、轮船等，进行流动巡回展览。

13.3.3 办好展览会应抓好的几个环节

公共关系人员应该注意采用公共关系技巧，把展览会办得有生气、有吸引力、有新闻价值。在确定举办展览会之后，应认真做好以下各项会务工作。

1. 展览会的会务工作

（1）确定展览会的主题和目的。各类展览会都应有明确的主题思想，一切准备活动和规划都必须围绕这个主题展开。主题要围绕展览的目的而定，并写进展览计划，成为日后评价展览效果的依据。

（2）确定参展单位和参展项目。举办大型展览会，通常根据主题和目的，采用广告或发邀请信给可能的参展单位和参展项目等形式来吸引参展单位。广告和邀请报名的信件应写清楚展览宗旨、展出项目的类型，估计参观者的人数，提出展览会的要求及费用预算等。总之，要给潜在的参展单位提供决策所需的材料。

（3）明确参观者的类型和数量。必须明确展览会针对的参观者是谁，范围有多大。只有这样，展览会的编辑才能根据观众特点有针对性地设计制作版面，确定传播手段和沟通方式，保证展览会效果。

（4）指定展览主编，规划展览总体结构。展览主编要负责设计并确定会徽、会标，撰写前言及结束语，并对整个展览会的结构进行规划构思，向各分部的编辑交代展览的总体结构及各部分之间如何衔接。展览内容应该结构严谨、层次分明。以贸易性展览为例，哪些产品参展，参展产品的深度、广度、密度如何确定，参展产品项目和品牌如何搭配，都必须进行认真缜密的构思。

（5）选择展览的时间和场地，布置展厅。展览时间的选择首先要考虑展览的目标参观者的时间特点。例如，对消费品的展览常放在周末举行，针对学生的展览往往安排在假期。其次，有些展览要估计到时间或季节性。例如，春夏之交展销真丝衣物，冬季展销羽绒服。最后，展览时间要尽力缩短，以节约成本。

展览场地的选择首先要考虑方便参观者，如交通便利，容易寻找等；其次要考虑场地周围环境是否与展览会主题相协调；最后要考虑场地的大小、质量、设备及辅助设备是否容易配备和安置，如有无参观者休息或停车场地等。展厅的布置要求布局合理，美观大方。在入口处设立咨询台和签到簿，在明显位置摆放展览会平面图，在出口处设置留言簿。

（6）培训展览会工作人员。展览会的工作人员分为技术服务人员（如编辑人员、设计人员、美术人员、制作人员）和接待服务人员（讲解员、接待员、服务员、业务洽淡人员）两大类。必须进行分类培训：对技术服务人员，要通过培训使他们明确自己工作的时机和具体要求，以确保总体布局和各部门之间的合理匹配与衔接；对于接待服务人员，重点培养讲解和示范人员，可围绕公共关系技能、展览的专业知识、推销技能和社交礼仪等方面的内容进行培训。

（7）成立专门的新闻发布机构，负责与新闻界联系。成立专门的对外发布新闻的机构，负责和新闻界进行联系的一切事宜，包括确定发布新闻的时机和发布的形式等。公共关系人员应发掘展览会中有新闻价值的内容，撰写成稿件，通过对外发布新闻的机构向社会发布有关展览会的新闻消息，扩大参展单位及整个展览会的影响。

（8）准备展览会的辅助设备和相关的服务项目。落实参观者接待室、停车场地、休息室，开设服务部、小卖部、代办交通食宿。例如，为了成功地举办一个国际博览会，应该专门设立一个处理对外贸易业务部门，附有产品订购、文字、邮政、电传、检验、海关、海陆空对外运输、旅游和预订饭店等服务部门，还要设休息室、洽淡室、小卖部等设施。

（9）准备各种辅助性的宣传资料。各种辅助性的宣传资料包括：展览会的会徽、会标，展览会的纪念品及录音、录像带，展览会目录表等。编印介绍展览会的宣传册，撰写前言、解说词和结束语。

（10）展览会的费用预算。举办展览会需要一定的费用，应该具体列出展览会的各种费用计划，有计划地分配资金。展览会主要有以下开支：① 场地使用费，包括各种设备的使用、能源等费用；② 设计建造和布置费用，包括设计费、材料费等；③ 工作人员酬金，主要是工作人员的工资、津贴、差旅费等；④ 传播媒介租金费，包括广播、电视、录像带、幻灯片、新闻广告费等宣传费用；⑤ 纪念品、宣传品制作费；⑥ 联络与交际费，包括举行招待会、购买茶点、接待宾客及邮费、电话费等交际应酬费用；⑦ 运输，即展品运送费用；⑧ 保险费，贵重物品在展览期间要办保险所花的费用。此外，还应有一定的预备金，以备调剂补充之用。预备金一般占总费用的 5% ～ 10% 为宜。

2. 展览会的效果测定

展览会的效果测定是对实施展览工作所带来的社会效益的测定。它主要体现在观众对展品的反映、对组织形象的认识和对整个展览会举办形式和效果的看法等方面。评估应在展览期间就开始，如在出口处设置留言簿；召开观众座谈会听取意见和建议；留心新闻媒介对展览会的报道和评价。会后还可以通过登门拜访、发调查问卷等方式，了解实际效果。测定展览会效果的主要方法包括：主办有奖测验；记者采访形式；设置观众留言簿，主动征求意见；当场召开观众座谈会或茶话会，收集观众的反映；发放问卷调查信件（表格），了解观众的意见。

13.4 宴请

13.4.1 宴请的类型

一次成功的宴请，就是一次成功的公关活动。社会组织要学会灵活运用各种宴请类型，以实现自己的公关目标。宴请的形式很多，国际上通用的主要有宴会、招待会、茶会和工作进餐。采取其中的哪一种宴请形式，要根据活动的目的、对象及经费开支等多种因素来决定。一般来说，正式、规格高、人数少的宴请以宴会为宜，人数多则以冷餐会或酒会更为合适。妇女界的活动多为茶会。以下介绍几种较为常用的宴请类型。

1. 宴会

宴会为正餐。在宴别上，有国宴、正式宴会和便宴之分；在举行时间上，又分为午宴和晚宴两种。午宴通常在午间或下午举行，一般持续两小时左右。晚宴通常在晚上八点左右开始，一般持续两小时左右，如果晚宴后还有舞会，可持续到深夜。

（1）国宴。国宴是指国家元首或政府首脑为国家庆典或为外国元首、外国政府首脑来访而举行的正式宴会。其规格最高，要按来宾身份排座次，宴会厅要悬挂国旗；要安排军乐队奏国歌及席间乐；席间要祝酒致辞。

（2）正式宴会。正式宴会的规格比国宴稍低，席间不挂国旗、不奏国歌，安排大体与国宴相同。

（3）便宴。便宴是一种非正式宴会，这类宴会形式较为随便和亲切，可以不排座次，不做正式讲话，菜肴道数可酌减。家宴是便宴的一种形式，即在家中设宴招待客人。

2. 招待会

招待会是较为灵活的宴请形式，不备正餐，但备有食品和饮品，通常不安排座位，可自由活动。招待会有酒会和冷餐会两种。

（1）酒会（鸡尾酒会）。酒会是一种以鸡尾酒为主要饮品的招待会。不设座椅，仅设小桌，客人可随便走动；酒会饮品一般以鸡尾酒为主，也可以用专用香槟；除了酒之外还备有小吃，食品多为三明治、面包、小香肠、炸春卷等，客人以牙签取食。这种招待会形式活泼，便于客人广泛交谈。酒会一般在晚上天黑时开始，持续两个小时左右。酒会多用于庆祝目的和社交活动。

（2）冷餐会（自助餐会）。冷餐会一般不排座位。食物以冷食为主，也可用热菜。这种宴请形式主要用于庆贺和社交。冷餐会不仅备有酒类，还备有肉类菜肴和其他主副食品，客人可根据自己的口味选择其喜爱的食品；客人比较随便，可以边吃边谈。在进食过程中客人应注意少量多次的原则，即每种菜可以多次取食，但每次取食量要少。时间一般在中午12

时至下午14时或下午18时至晚上20时。

3. 茶会

茶会是一种简便的招待形式，这种形式主要请客人品茶交谈，也可略备点心。茶会通常在客厅举行，设茶几、座椅，不排座次。茶会对茶具、茶叶的选择十分讲究，大都具有地方特色，一般用陶瓷器皿，不用玻璃杯，也不能用热水瓶代替茶壶。也有的用咖啡代替茶叶，组织安排与茶会相同。茶会席上可以摆放茶点、水果、饮料和一些风味小吃。主人和宾客在一起品茶尝点，漫谈细叙，气氛轻松、融洽。

4. 工作餐

工作餐按用餐时间分为工作早餐、工作午餐、工作晚餐，是现代国际交往中经常采用的一种非正式宴请形式（有的时候由参加者各自付费），利用进餐时间，边吃边谈问题。在代表团访问中，往往因日程安排不开而采用这种形式。此类活动一般只请与工作有关的人员，不请配偶。双边工作进餐安排席位，尤以用长桌更便于谈话。如用长桌，其座位排法与会谈桌席位安排相仿。

13.4.2 宴请的组织

1. 宴请的准备工作

1）邀请的对象、范围

宴请的对象、范围指邀请哪些人出席，每一类群体邀请到哪一个级别，邀请的客人总数估计有多少，每一级别的人由哪些人作陪等。

2）宴请时间的确定

宴请时间的确定应以主客双方的方便为标准。注意不要选择重大的节假日、有重要活动或有禁忌的日子和时间。例如，对信奉基督教的人士不要选13日；伊斯兰教在斋日内白天禁食，宴请宜在日落后举行。小型宴请的时间，应首先征询主要客人的意见，主宾同意后再邀请其他宾客。

3）宴请地点的确定

官方正式隆重的宴请活动，一般安排在政府、议会大厦或宾馆饭店的大厅举行。其余宴请按活动性质、规模大小、宴请方式及实际情况确定。

4）请柬

宴请活动一般均先发请柬。这既是礼貌，亦对客人起提醒、备忘的作用。除了宴请临时来访人员、时间紧促的情况以外，宴会请柬一般应在宴请时间的二至三周前发出，至少应提前一周，太晚了不礼貌。已经口头邀约好的也要补送请柬备忘。可在请柬一角标记“备忘（To Remind）”字样。如邀请夫妇二人，通常可合发一张请柬。

2. 菜单的准备

1）菜单的总体要求

宴会上的菜肴要精致可口，适合于来宾的口味，还要美观大方，让人看了悦目赏心，做到色香味俱全。客人往往从主人准备的美味佳肴中，体会到主人热诚待客的心意，留下持久而难忘的记忆。尊重客人的宗教习惯，菜肴要突出民族特色、地方特色及风俗习惯。

2）上菜顺序

西方人习惯上菜的顺序是冷盘、汤、热菜，然后是甜食或水果。中国人则习惯先吃热菜后喝汤。冷盘要十分精致，令人开胃，量不必太多。汤宜清爽可口。

3）宴请用酒

宴请用酒一般分三类：一是餐前开胃酒。常用的有雪利、葡萄酒、马西尼、金酒加汽水和冰块、威士忌加冰块等。一般只在进餐前喝一小杯。二是席间佐餐用酒。常用的是红、白葡萄酒及各种软饮料。席间用酒一般不用烈性酒。一般吃鱼虾时用白葡萄酒；吃肉菜时用红葡萄酒。红、白葡萄酒供客人自行选用。三是餐后用酒。在家庭式的小型晚宴以后，送上各种烈性酒，供客人自愿选用。

3. 桌次席位的安排

1）桌次的安排

正式宴请一般要排桌次。首先是主桌的安排。在大型宴会中，应安排主桌，让主人和主宾就座。其余各桌的安排，应考虑到人的年龄、性别、职业、兴趣及语言是否相通等因素。桌次安排的原则：以主桌为准，近高远低，右高左低。

2）席位的安排

正式宴会一般都事先排好座次，以便宴会参加者入席时井然有序；同时也是对客人的尊重。安排座次时，应考虑以下几点。① 以主人的座位为中心。如有女主人参加时，则以男主人和女主人为基准，以靠近者为上，依次排列。② 要把主宾及其夫人安排在最尊贵显要的位置上。通常做法是以右为上，即主人的右手是最主要的位置；其余人员，按礼宾次序就座。③ 在遵照礼宾次序的前提下，尽可能使相邻就座者便于交谈。例如，在身份大体相同时，把使用同一语种的人排在邻近位置。④ 主人方面的陪客，应尽可能插在客人之间就座，以便同客人接触交谈，避免自己人坐在一起。⑤ 夫妇一般不相邻而坐。西方习惯，女主人可坐在男主人对面，男女依次相间而坐，女主人面向上菜的门。我国和其他一些国家，不受此限。⑥ 译员可安排在主宾的右侧，以便于翻译。有些国家习惯不给译员安排席次，译员坐在主人和主宾背后工作，另行安排用餐。⑦ 在多边活动场合，对关系紧张、相互敌视的单位和个人，应尽量避免把座次排在一起。座次排妥后，应设法在入席前通知出席者，并现场对主要客人进行引导。

通知座次的办法有以下几种。① 较大型宴会，以在请柬上注明座次为最好。② 中小型宴会，可在宴会厅门口放置一张座次图，标明每个人的座次，请参加者自看。③ 有的小型宴请，也可以口头通知，或在入席时由主人及招待人员引导。在每个座次上均应放置书写清楚的座次卡，如果是多桌次的宴会，还应在每个桌上放置桌次牌。桌次牌可在宴会开始时放置，入座完毕后撤去。

4. 宴请的过程

举行宴会，主人应站在大厅门口迎接客人。正式宴请，男女主人应共同迎接来宾。社交活动及家庭宴请，一般女子在前，男子在后。单位团体组织宴请，参加迎宾的人应按职位高低依次排列。客人握手后进入休息厅，如无休息厅可直接进入宴会厅，但不入座。当主宾到达后，主人即陪同主宾进休息厅。这时如尚有其他客人陆续前来，可由其他迎接人员代表主人在门口迎接。主人陪同主宾进入宴会厅，全体客人就座，宴会正式开始。如休息厅较小，或宴会规模大，也可请主桌以外的客人先入座，主宾最后入座。

如双方有讲话，按西方习惯，一般安排在热菜之后，甜食之前；我国的做法一般为入席先讲话，后用餐。冷餐、酒会的讲话时间可灵活掌握。讲稿可事先交换，由主人一方先提供。正式宴会，吃完水果后，主人与主宾起立，宴会即告结束。按西方习惯，上完咖啡或茶，客人即可开始告辞。主宾告辞时，主人送主宾到门口，原迎宾人员按顺序排列送客。

13.4.3　参加宴请的注意事项

1. 应邀

对于别人的邀请，应及时给予答复，以便主人做出安排。出席宴请活动要准时，一般早到或迟到几分钟不算失礼，但如果迟到15分钟以上，应及时通知主人。

2. 问候

应邀参加宴请时，到达后应首先向主人问候。有时女客人带一束表示友谊的鲜花，或者带点小礼品送给女主人，主人会感到高兴。

3. 入座

入座的时间应听从主人的安排。男宾应帮助其右边的女宾挪动一下椅子，待女宾入席后再帮助她将椅子往前稍推，使其身体离桌边半尺左右为宜。男宾在女宾坐下后再坐。

4. 餐巾的使用

客人进餐时应把餐巾铺在双膝上，以免弄脏衣服。要先等主人摊开餐巾后，客人们再摊开餐巾，否则便是失礼。中途离席时应把餐巾放在椅子上。餐巾放在桌子上就意味着你不想再吃了，招待员就不再给你上菜了。餐桌上的毛巾是用来擦手和擦嘴的，不可以用于他用。

5. 开始用餐

应等全体客人面前都上了菜，主人或主宾示意后再开始用餐。在主人或主宾拿起筷子以前，客人不要自行用餐。用餐时不要发出声音，特别是喝汤时。

6. 餐具的使用

汤匙是座前最大的一把匙，放在盘子右边，不要错用放在桌子中间的那把较小的匙，那可能是甜食匙。右手用刀，左手持叉。若只用叉子，也可用右手持叉。使用刀时，不要将刀刃向外，更不要用刀送食物入口。切肉时应避免刀切在瓷盘上发出响声。吃面条时，可以用叉卷起来吃，而不要挑起来吃。谈话时，可不必将手中的刀叉放下，但做手势时则应将刀叉放下，不要手持刀叉在空中比画。中途放下刀叉，应将刀叉呈八字形分开放在盘子上。用餐完毕，则将刀叉并拢在一起，放在盘子里。

7. 交谈

客人在餐桌上可以自由交谈，但不可嘴含食物与人交谈，也不可只与熟人交谈而冷落其他人。交谈时可以选择轻松愉快的话题，但要避免影响用餐心情的话题。

8. 入席和散席

入席和散席均以主人起座和招呼为准。告别时则由男宾先与男主人告别，女宾与女主人告别，然后交叉告别，再与其他成员告别。告别时应向主人致谢。

13.5 赞助活动

赞助活动是社会组织向某一社会事业或社会活动无偿地提供资金或实物支持，以获得一定形象传播效益的公共关系专题活动。这种活动作为一种有效的公共关系手段，是一种信誉投资和感情投资行为，可以使提供赞助的组织与赞助的项目同步成名。

13.5.1 赞助活动的作用

1. 扩大影响

社会组织通过赞助活动，可以大力吸引新闻媒介的关注，从而使其成为公众的注目点，

创造新闻报道的机会。因为赞助活动带有明显的“利他”性质，这比普通广告更具有说服力和影响力。这样，社会组织就可以通过新闻媒介扩大其影响，提高组织及其产品的知名度和美誉度。因为社会组织非常之多，公众有可能对谁都不了解。通过赞助，一个社会组织能重复利用它的商标、代表色、特有的印刷工艺手段及其他形象刺激公众的感官，以增强人们对其组织标志的识别。比如，2008 年联想赞助北京奥林匹克运动会，各个运动场馆内都可见到联想的商标及印有联想商标的设施，其代表色——蓝色给人以舒适的感觉，增强了公众对组织标志和名称的识别，加上新闻媒体的连续报道，使社会组织及其商标名称重复出现在公众面前，并渗透到公众的心理。

2. 树立形象

组织通过赞助活动，可以树立自己关心社会、乐于回报社会的良好形象，从而增进与公众之间的感情，进而获得他们的有力支持与合作。尤其赞助社会福利和慈善事业，能够密切与社区公众及其他社会组织之间的关系。同时赞助活动也可以证明社会组织自身的经济实力，得到公众的信任。赞助活动是社会组织向社会表示其承担责任与义务，与政府、社区搞好关系的有效方式之一。因此，社会组织致力于举办社会公益事业的赞助活动，可以得到政府与社区的支持，获得公众的普遍好感。形象是组织的无形资产，好的形象得以树立，自然也能带来巨大的经济效益。

13.5.2 赞助活动的类型

社会组织赞助活动的对象和内容非常广泛，常见的类型通常有以下几种。

1. 赞助体育活动

这是组织赞助中最常见的一种形式。随着社会的发展进步，人民生活水平与体育水平有了显著的提高，公众对体育运动的兴趣日益增加。赞助体育活动可以大大提高组织的社会知名度，广泛而深刻地影响公众对组织的态度。例如，安踏集团以赞助中国体育运动发展为己任，通过对体育运动的多次赞助，使得原来是小型的民营企业发展成为国内知名的体育用品公司，取得了令人瞩目的经济效益和社会效益。

赞助体育活动包括赞助体育设施的购置、场馆的建设、某些体育活动的开展、提供比赛用品或奖金等。一般常以赞助大型体育比赛为主，它可以由一个组织独立举办，也可以由数个组织联合举办。

2. 赞助社会慈善和福利事业

为各种需要社会救助的人，如孤寡老人、残疾病人、福利院儿童等，提供物质、经费帮助，开展服务活动，以及济贫、捐助灾民，既是社会组织向社会表明履行社会义务的重要手段之一，又是社会组织改善与社区、政府公共关系的重要途径之一。

3. 赞助文化活动

赞助文化活动，不仅有利于文化事业的发展，提高民族文化素质，而且可以培养组织与公众的良好感情，提高组织的社会效益与美誉度。

常见的赞助文化活动包括：赞助文艺演出、比赛和演唱会，赞助科学与艺术研究，赞助学术理论活动，赞助电影的拍摄，赞助广播电视节目的制作与播映，赞助图书的出版发行，赞助节日庆典与游园活动，赞助各种展览活动，赞助年鉴和各种技术手册的制作，等等。

4. 赞助教育事业

教育是立国之本，发展教育事业是一个国家的基本战略方针。组织赞助教育事业是一举两得的事情，既有助于教育事业的发展，又使组织得到关心教育的好名声。

赞助教育的形式很多。组织可以赞助学校专项经费，如出资建立教育基金会，奖励出色的学生和教育工作者，赞助修建、修缮校舍或场地；也可以给学校以物质方面的赞助，如赞助购置教学设备、器材，赞助购置图书等。

5. 赞助设立专项奖励基金

组织赞助设立专项奖励基金是组织承担社会责任、推动社会进步的具体体现，它不仅能促进所奖励的专业或事业的发展，而且能使组织得到综合社会效益的回报。例如，香港金利来集团有限公司捐资，以公司董事局主席曾宪梓先生的名义设立曾宪梓教育基金会，从1993年开始设立高等师范院校教师奖，促进了我国师范教育的发展。

13.5.3 赞助活动的步骤

赞助活动是一种综合性强、涉及因素多的系统工程，无论是事先或事后，都有大量细致、琐碎的工作要做。

1. 赞助活动的调查论证

不论是社会组织主动选择其他组织或项目予以支持，还是接受其他组织或个人的赞助请求，都应该首先进行详细、周密、科学的调查论证。

（1）要研究组织自身的有关情况，以及本组织的公共关系现状、组织的公共关系目标与政策等，以此作为制定赞助政策、选择赞助方向、决定赞助金额的基础。

（2）要调查掌握赞助对象的有关情况，包括赞助对象（组织）的业务内容、经营状况、经济实力、社会信誉、公众关系、面临的问题、公众的评价等因素，挑选信誉好、影响力大的赞助对象。

（3）要详细了解赞助项目的具体情况，包括该项目提出的背景，对社会与公众的影响力，公众对其可能出现的心理反应，项目需要花费的财力、物力与人力情况，操作实施中可能出现的困难与问题等。

（4）进行赞助成本与效果比例的分析，主要分析该赞助活动所需要付出的成本与组织所获得的综合效益之比。成本分析包括组织付出的全部财力、人力与物力，它包括前期调查、策划、分析及具体实施赞助活动全部过程所花费的成本。综合效益包括赞助活动所能获得的经济效益和社会效益。前期比例分析是为了保证组织和社会都同时受益。

（5）要组织一个专门的赞助委员会，负责赞助事宜。主要负责调查了解，进行成本、效果分析，以及在实施过程中的全部操作与协调工作。特别是防止出现各种赞助活动互不关联、偏离组织的整体赞助主题的现象。

2. 制订赞助计划

在调查论证的基础上，由赞助委员会根据组织的赞助方向和赞助政策来制订一个赞助年度计划。这个赞助年度计划一般包括以下内容：赞助对象的范围、赞助费用预算、赞助形式和赞助宗旨等。赞助计划可以协助管理当局控制赞助的范围，防止赞助的规模超过组织的承受能力，并节制浪费现象，做到有的放矢。

3. 审核和评定赞助项目

每进行一次具体项目的赞助，都应由赞助委员会对此项目进行详细的分析研究，结合该年度的赞助计划进行逐项的审核评定，确定此项目赞助的可行性。审核评定的内容包括赞助的具体方式、赞助的款额及赞助的时机等。

4. 赞助活动的落实

在以上工作的基础上，组织应派出专门的公共关系人员或专门的工作班子负责赞助活动的具体实施。对整个赞助活动中的项目或各个环节，应分派具体人员负责落实，各负其责，互相配合，以免某个环节落空或出现失误。在实施赞助计划的过程中，公共关系工作人员应充分运用各自有效的公共关系技巧与方法，使组织能尽量借赞助活动扩大其对社会的影响。

5. 检测赞助效果

赞助活动是组织重大的公共关系实务活动，因此，在每次赞助活动结束时，都应该对赞助的效果进行检测与评价。

首先，应该广泛收集公众、传播媒介、受赞助组织等各方面对此次赞助的看法、评价，综合归纳赞助效果。其次，应将赞助效果与原计划对照，看看完成了哪些预定的指标，找出完成和未完成的原因，总结此次赞助活动的经验与教训，找出不足之处，以一定的格式写出总结报告，为以后的赞助活动提供参考材料。

13.5.4 赞助活动的原则及注意事项

1. 赞助活动的原则

（1）综合效益原则。综合效益包括社会效益和经济效益。组织所赞助的项目、活动应该具有积极的社会意义和广泛的社会影响，具有良好的社会效果。赞助的对象必须有可靠及良好的社会背景和社会信誉。同时，组织还应该考虑是否通过本次活动能为将来获得可观的经济效益，也就是考虑如何能用最少的钱获得最大的综合收益。

（2）传播效果原则。赞助本身是一种直接提供金钱和物质来进行的传播活动，因此必须讲究传播效果。所赞助的项目应有利于扩大本组织的知名度和美誉度，同时还要分析公众及新闻界对有关赞助项目的关注程度，明确赞助所给予的传播补偿方式和条件。

（3）量力而行原则。参与赞助活动必须考虑本组织的承受能力。企业所赞助的款项并非越多越好，而是要考虑本单位的经济承受能力。如果不考虑实际情况，将会使本单位陷入釜底抽薪的被动地位。

（4）最佳时机原则。时机是赞助活动应该考虑的重要因素，如果不加以注意，很可能使赞助活动达不到应有的效果。比如，赞助逆境中的对象比赞助顺境中的对象更有效果，恰似雪中送炭。几年前，杭州圣达有限责任公司宣布拿出100万元人民币捐给当地的高等院校，此事并没有引起新闻媒介和舆论的关注，为什么呢？因为圣达公司在宣布这一消息的当天，杭州娃哈哈有限公司也宣布向浙江省教育界捐助1 000万元人民币。当娃哈哈公司的消息公布之后，新闻媒介和公众舆论都立即倒向了娃哈哈这一边。圣达公司可谓拿了100万元人民币买了个时机选择不恰当的教训。

2. 赞助活动的注意事项

要使社会组织的赞助活动最大限度地发生公共关系效益，有几点是需要注意的。

（1）要优先赞助社会慈善事业、福利事业、教育事业和公益事业，以及本地区、本行业较有影响的活动，如此可以表现组织的社会责任感和义务，从而提高在公众间的形象。对于各种征募者，如果不能满足，应坦率诚恳地解释，委婉谢绝，以把有限的资金用到实处，发挥其最大的社会效用。

（2）在赞助活动中要特别注意与媒介之间的关系，扩大其宣传效应，否则可能造成社会组织赞助活动的“单向输出”，这对组织来说意味着一种无谓的人力物力牺牲。

（3）建立严格的财务审计制度。赞助活动在财务上要严格管理，以免资金被挪做他用，或被私人非法侵吞，并杜绝以赞助为由使资金流入个人腰包。

相关知识链接

阳历节日

1月1日：元旦（New Year's Day）

2月14日：情人节（Valentine's Day）

3月5日：青年志愿者服务日（Youth Volunteer Service Day）

3月8日：国际妇女节（International Women's Day）

3月12日：中国植树节（China Arbor Day）

3月14日：国际警察日（International Policemen's Day）

3月15日：世界消费者权益日（World Consumer Right Day）

3月22日：世界水日（World Water Day）

3月23日：世界气象日（World Meteorological Day）

3月24日：世界防治结核病日（World Tuberculosis Day）

4月1日：愚人节（April Fools Day）

4月7日：世界卫生日（World Health Day）

4月26日：世界知识产权日（World Intellectual Property Day）

5月1日：国际劳动节（International Labour Day）

5月3日：世界哮喘日（World Asthma Day）

5月4日：中国青年节（Chinese Youth Day）

5月8日：世界红十字日（World Red-Cross Day）

5月12日：国际护士节（International Nurse Day）

5月17日：世界电信日（World Telecommunications Day）

5月31日：世界无烟日（World No-Smoking Day）

6月1日：国际儿童节（International Children's Day）

6月5日：世界环境日（International Environment Day）

6月23日：国际奥林匹克日（International Olympic Day）

6月26日：国际禁毒日（International Day Against Drug Abuse and Illicit Trafficking）

7月1日：中国共产党诞生日（Anniversary of the Founding of the Chinese Communist Party）

7 月 1 日：国际建筑日（International Architecture Day）
7 月 7 日：中国人民抗日战争纪念日（Anniversary of the Chinese People's War）
8 月 1 日：中国人民解放军建军节（Army Day）
8 月 12 日：国际青年节（International Youth Day）
9 月 10 日：中国教师节（Teacher's Day）
9 月 20 日：全国爱牙日（National Love Teeth Day）
9 月 27 日：世界旅游日（World Tourism Day）
10 月 1 日：中华人民共和国国庆节（National Day）
10 月 1 日：国际老年人日（International Day of Older Persons）
10 月 9 日：世界邮政日（World Post Day）
10 月 10 日：世界精神卫生日（World Mental Health Day）
10 月 15 日：国际盲人节（International Day of the Blind）
10 月 15 日：世界农村妇女日（World Rural Women's Day）
10 月 16 日：世界粮食日（World Food Day）
10 月 17 日：国际消除贫困日（International Day for the Eradication of Poverty）
10 月 24 日：联合国日（United Nations Day）
10 月 31 日：万圣节（Hallowmas）
11 月 8 日：中国记者节（Chinese Journalists Festival）
11 月 9 日：消防宣传日（Fire Awareness Day）
11 月 14 日：世界糖尿病日（World Diabetes Day）
11 月 17 日：国际大学生节（International Students Day）
12 月 1 日：世界艾滋病日（World AIDS Day）
12 月 3 日：世界残疾人日（World Disabled Day）
12 月 4 日：全国法制宣传日（National Legal Publicity Day）
12 月 9 日：世界足球日（World Football Day）
12 月 25 日：圣诞节（Christmas Day）
5 月第二个星期日：母亲节（Mother's Day）
5 月第三个星期日：全国助残日（National Disabled Day）
6 月第三个星期日：父亲节（Father's Day）
9 月第三个星期二：国际和平日（International Peace Day）
9 月第四个星期日：国际聋人节（International Day of the Deaf）
10 月第一个星期一：世界住房日（World Habitat Day）
11 月最后一个星期四：美国感恩节（Thanksgiving Day）

农历节日

农历正月初一：春节（the Spring Festival）
农历正月十五：元宵节（Lantern Festival）
农历五月初五：端午节（the Dragon-Boat Festival）
农历七月初七：乞巧节（又称七夕节）（Double-Seventh Day）
农历八月十五：中秋节（the Mid-Autumn Festival）
农历九月初九：重阳节（the Double Ninth Festival）
农历腊月初八：腊八节（the laba Rice Porridge Festival）
农历腊月二十四：传统扫房日（Traditional Cleaning Room Day）

案例点评

三星的奥运情怀①

1988年，三星拉开了投身奥林匹克的序幕，成为那一届奥运会的本地赞助商。三星借助这场“家门口的奥运会”，让自己的品牌对世界来了一次“亮相”。但或许很多人并不知道，在三星创业初期，由于缺乏自有技术，被戏称为“廉价家电制造商”，到了20世纪80年代，这一状况才得到了缓解。到了1988年，三星已经成为韩国的支柱型企业之一，即便如此，它的品牌效应也只局限于韩国国内，在国外鲜为人知。成为本土赞助商是三星借力奥运、发展国际品牌的第一步。

在赞助了汉城奥运会之后，有调查数据显示，三星当年实现收入增长27%，最主要的是此后其品牌的国际知名度开始迅速提升。尽管三星无比努力地想打开国际市场，但那时也只是停留在把产品运往国外廉价销售的阶段。于是，在1988年之后的很长一段时间里，三星似乎就像这个品牌的名字一样，在国际市场一直扮演着三流品牌的角色。

从1998年长野冬奥会开始，三星的“身影”频频出现。2000年悉尼奥运会，三星电子提供了25 000台最新的数码移动通信产品，包括移动电话和技术支持。这使得三星的品牌知名度得到了很大的提升。到了2005年，其首次在品牌价值的排名中超越了索尼。2006年，三星的品牌价值达到了162亿美元。

三星始终坚持借赞助奥运会等体育活动来提升自己的品牌。奥运赛场一直是三星电子向全球宣传产品的最大平台。根据统计，三星电子几乎每年都会拿出20亿美元作为市场营销

① 吴贤军．企业公关．北京：北京大学出版社，2010.

费用，而体育营销、赞助等比例约占两成。

【点评】

三星公司通过体育赞助活动来打造品牌、调整产品形象定位，从而为树立良好的企业形象提供了前提条件。借助体育赞助来塑造品牌，提高知名度，事实上就是借助体育活动传播企业形象。尤其是借助奥运会这种全球关注的体育盛事来进行营销宣传，就是对企业形象进行全球更广范围的传播。现今，广告在形象传播中发挥着巨大作用，成为大中小企业进行形象传播普遍借助的手段。然而，借助体育赞助活动进行形象传播的有效性有时远远大于广告的刻意宣传。

思考题

1. 新闻发布会的准备工作有哪些？
2. 简述庆典活动的程序。
3. 如何对展览会效果进行评测？
4. 宴请应该注意哪些事项？
5. 请制作一份赞助活动策划书。

案例讨论题

牙签肉参与上海第七届中国美食博览会勇夺“双冠”[①]

2008年11月26日，第九届中国美食节暨第七届中国美食博览会在上海光大会展中心国际大酒店隆重开幕。

25日晚到26日早6点，来自全国各地和世界各地的各种名菜、名吃、名宴、金牌婚宴、寿宴、年夜饭开始布展，五百多家展台布满了一至三楼，规模之大、品种之多是历届之最。

车牌牙签肉的展台就在三楼三排二号，这是人流较多的主通道，很是显眼。牙签肉由六种不同颜色、不同形状组成，分别摆有牛、羊、猪、鸡、兔、鱼肉做成的甜、咸、麻、五香、海鲜味，中间放一朵小红花加绿叶点缀，盘外散放了一些红花瓣，非常美观。当车牌牙签肉的发明人车明印打开各种口味牙签肉往盘子里摆放时，四邻展台的工作人员闻香而动，不由自主地走过来：“怎么这么香？这是什么产品？”车明印及工作人员一边摆盘一边回答

① 吴贤军．企业公关．北京：北京大学出版社，2010.

大家的问题，同时拿出几袋让他们品尝，还让大家提出宝贵意见。不少人品尝后问卖不卖，由于带的产品不多，只能让大家品尝。不少观众用手机、摄像机拍照，连摄影师也争相抢拍镜头。

26日10点开幕式后，首先由组委会领导和世界饭店协会领导、国际友人参观品尝，然后对外展示。世界饭店协会主席罗森托先生参观时，闻到牙签肉的香味止步观看，车明印马上拿出一支让他品尝，他一边点头一边说OK，还示意要带点走，车明印破例送了罗森托两袋。当晚，车明印被特邀参加了由组委会举行的各省、市、自治区代表团团长、全国知名酒店老总和参赛参展部分代表共一百多人参加的招待酒会。酒会上，江苏、河南、山东等几家酒店老总品尝了牙签肉后，一致反映很好，要了车明印的名片，表示想把牙签肉引进自己的酒店，派厨师前去学艺后，作为特色菜摆上酒席。

27日7点至9点，评委们兵分三路，每组由9位国内德高望重的资深食品专家组成，对食品进行评审。从11月26日至29日，经过三天时间反复多次评审，车牌牙签肉一路过关斩将，以配方、工艺、样式和风味独特，外酥里嫩，低脂肪，高蛋白，品种全，市场广，保持期长，既是酒菜佳肴，又是休闲食品等特点，征服了挑剔的评委，赢得了专家和领导的赞誉和认可。中国饭店协会授予其“中国名小吃”和“中国名菜”两项殊荣。通过参加此次博览会，车牌牙签肉美名得到了极大的提升。

【讨论题】

1. 在上海第七届中国美食博览会的一个小摊位上，车牌牙签肉如何取得如此辉煌的成绩？

2. 组织要如何运用博览会这一特殊的展览、展销方式推广产品，宣传组织形象，建立良好公共关系？

第14章

公共关系危机处理

本章学习目标

通过本章的学习，理解公共关系危机的含义、类型和基本特征，认识公共关系危机处理的重要性，准确理解公共关系危机处理的基本原则，熟练掌握公共关系危机处理的基本程序和技巧，掌握危机处理的对策。

“天有不测风云，人有旦夕祸福”，正所谓世事无常、命运难料。对于任何一个组织来说也是一样，一切危机事件都有可能发生。而危机事件一旦发生，将严重损害组织利益，甚至威胁组织的生存。因此，组织对危机事件要迅速处理。公关部门通过传播沟通和对危机信息的管理，帮助组织很好地处理与受危机影响的各种重要公众的关系，尽量满足公众利益，重塑组织形象。

14.1 公共关系危机概述

14.1.1 公共关系危机的含义

就社会组织而言，危机是指那些突然发生的、危及组织生存和发展的重大事件。换言之，危机是指发生了对组织的生存发展构成威胁的某些突发事件。

从广义上讲，突发事件有良性与恶性两大类。良性的突发事件是指突然发生的对组织有利的事件，而恶性突发事件是指突然发生的对组织不利的事件。从狭义上讲，突发事件则是专指突然发生的恶性事件。这里讲的突发事件是指狭义的突发事件。狭义突发事件又分为两大类，即一般性突发事件和重大突发事件。一般突发事件，主要指商贸企业活动中的纠纷，包括企业内部纠纷、同消费者的关系纠纷、组织之间的纠纷等。重大突发事件，主要指重大的生产经营事故，如重大工伤事故、环境污染事故、重大的生产经营决策失误、天灾造成的严重损失，企业及商品的信誉危机等。

公共关系危机是一种特殊的危机状态，指发生在组织与社会公众之间的严重冲突或明显不利于组织的舆论。公共关系危机虽然不同于组织的突发性严重事件危机，但与之有着非常密切的联系。组织的突发性严重事件危机如果处理不当，往往会导致公共关系危机；反过来，公共关系危机如果处理不当，也可能引发组织的其他危机，也会使组织蒙受巨大的经济损失。比如，为了表示对某些企业产品和服务质量的不满，有些消费者在大庭广众之下砸产品，如砸电冰箱、砸汽车等，被新闻媒体广为报道后，严重影响了当事企业的声誉，损害了其形象，如果处理不当，就会造成当事企业产品销售的严重下滑，组织利益遭受重大损失。

14.1.2 公共关系危机的特征

从公共关系危机的含义中，不难看出公共关系危机具有以下几个特征。

1. 普遍性

危机的发生大多带有普遍性，所有的企业，无论是国际知名的大公司，还是无名的中小企业，在其发展历程中都经历过或大或小的危机。1995 年，美国莱克西肯传播公司对美国主要企业领导的一项调查表明，89% 的领导人均认为“企业发生危机如同死亡和税收一样，是不可避免的”。

2. 突发性

公共关系危机是一种突发事件。它的发生没有太多的征兆，往往是在人们毫无准备的情况下突然爆发，即便有些危机发生的可能性可以被估计到，但也无法确定其一定会发生，更无法确定其发生的具体时间和规模。危机何时发生、在什么地方以怎样的形式发生等都带有极大的偶然性，一般很难提前作出预测。例如，组织与公众关系不融洽时，会产生一些不利于组织发展的谎言等，但由此而引发的事件是不可预测的。由于危机事件来得突然，往往使相关组织措手不及，造成巨大的冲击，因此，公共关系部门要处理好此类事件，就必须具有灵活性和应变能力。

3. 破坏性

公共关系危机事件的发生，可能使企业的各种社会关系朝着不利的方向变化，使组织的社会地位和信誉迅速下降，遭到公众的质疑，引起人们的普遍抵制，带来严重的形象危机和巨大的经济损失，甚至会危及组织的生存。危机事件不仅给组织的经济利益和声誉造成不利的影响，破坏组织的正常运转，而且给社会造成严重的危害，带来巨大的经济损失，甚至造成不必要的社会动荡，给社会民众心理上留下沉重的阴影，危害到人们的身心健康。因此，在处理此类事件时，必须调动整个组织所有部门的力量，综合运用各种公共手段，全力以赴地进行处理。

4. 复杂性

首先，因每一次危机事件表现形式、产生的原因、事件的范围、影响的层次、损失的程度都不尽相同，故导致危机事件呈现不规则的特点。其次，一旦发生危机，其中的许多环节，如收集资料、沟通协调、处理危机、信息发布等非常复杂，往往涉及比平时更多的人，需要投入大量的钱财和物质。所以，在应对危机的过程中所采取的防范和处理的模式也不应是固定不变的。

5. 社会辐射性

公共关系危机属于社会敏感区域，一旦出现便马上成为各种新闻媒体关注的热点和公众舆论的焦点。危机事件发生后，除了组织自身会置于其中外，其他的相关联组织和个人，如政府、消费者、受害者甚至公众也会受到牵连。他们不仅关注事件的进展，更关心该事件最终处理的结果。与此同时，危机事件成为新闻素材，众多新闻媒体也会争相报道。他们一方面通过吸引大众的注意力来提高他们的受众关注率，另一方面可以大力宣扬自身组织的形象。通常危机事件带来的强大社会舆论压力是组织在处理危机事件所面临的最大挑战。

14.1.3　公共关系危机的类型

危机按照不同标准可以分为很多类。在公共关系工作中，关于危机的分类标准主要有以下几种。

1. 按公共关系危机的性质分类

（1）灾变危机。是指由于自然灾害和不可抗拒的因素而造成的危机。如洪水暴发、瘟疫流行、飞机失事、战争等都会使相应组织处于危难之中。

（2）经营危机。是指由于组织领导决策失误或管理不当而导致的危机。如企业因经营不善而失去市场，劣质产品造成的伤害导致消费者向有关部门投诉。

（3）信用危机。是指由于组织不履行承诺，危害公众利益，失信于公众而导致的危机。如组织有严重欺诈行为或不能有效履行合同，信用危机将会爆发。

（4）形象危机。是指组织内部发生丑闻，组织形象受到严重伤害而导致的危机。如组织从事不正当事业或其主要领导有贪污、受贿等犯罪行为，都会严重影响组织形象。

（5）误导危机。是指由于新闻媒介的失实报道而导致的危机。如对“小道消息”的过分炒作或对“花边新闻”的大肆渲染，会使组织陷入极为被动的局面。

2. 按公共关系危机涉及的公众对象分类

（1）组织内部关系危机。这是由于干群关系、部门关系、职工关系、上下级关系处理不当，在组织内部产生的危机。如领导处事不公、分配制度不合理等，使组织内部关系紧张甚至矛盾激化。

（2）组织间关系危机。这是发生在不同组织之间的由利益及相关因素引发的矛盾纠纷。如合作破裂、变友为敌。

（3）政府关系危机。这是发生在组织与政府部门之间的纠纷。主要指政府有关部门认为组织存在违反政策行为，对其不信任或给予相应的处罚。

（4）消费者关系危机。这是最常见的公共关系危机。组织做出有害消费者情感和利益的事情，必将引起消费者的极大不满和报复性行为。

（5）媒介关系危机。这是由于组织的错误行为引起新闻媒介的连续报道，或组织对新闻媒介采取不合作的态度导致双方关系紧张。

(6) 社区关系危机。组织不注重维护社区关系，或发生严重危害社区公众利益的事件，必然导致社区公众的对立行为。

除了以上几类危机以外，还可以根据公关危机程度的不同将危机分为一般性公关危机和重大公关危机。前者程度较轻，是局部性的，危害小；后者情况严重，是整体性的，危机深重。另外，根据公关危机事件呈现的状态，还可以分为隐性的公关危机和显性的公关危机。

公共关系危机事件的危害性十分明显，它一方面损害了组织的形象和利益，另一方面危害了公众的利益，伤害了公众的感情。有时，公共关系危机会引起某些社会问题。一起公共关系危机，可能涉及社会的诸多领域、相关的众多部门，影响到许多人，甚至形成一个大范围的社会关注。因此公关组织要特别重视公关危机的防范和出现危机后的处理。

14.1.4 公共关系危机产生的原因

美国危机管理专家诺曼·奥古斯丁说过："危机就像普通感冒病毒一样，种类繁多，难以一一列举。"企业自身经营管理不当、获取市场信息能力欠缺、同行恶意陷害、不可抗力因素等，都能让某一组织处于危机之中。

概括起来，社会组织与公众关系发生危机的原因不外乎以下三种：第一，由于社会组织行为不当造成公众不满情绪的产生而引发危机；第二，由于突发事件引起的危机；第三，由于失实报道引起的危机。

1. 组织行为不当引起的危机

由于组织行为不当造成的公共关系危机是指社会组织在运营过程中，在生产、管理、服务等方面出现失误，给公众利益造成某种伤害，引发公众对组织产生不满情绪。组织在生产过程中排出废气、废水、废渣等对自然环境造成污染，或有害物质泄漏事故对环境造成污染，或爆炸等恶性事故对环境造成危害，也会引起社区公众不满。

管理不善引发的重大恶性事故，如餐饮业的食物中毒、运输业的恶性交通事故、公共场所的重大火灾也会引发公共关系危机。

组织行为不当引起的危机有以下几种类型。

(1) 内部事件，如因劳资双方矛盾引起的罢工和示威游行、官员腐败等。

(2) 工作失误，如因管理工作失误导致浪费、产品质量不合格等。

(3) 决策失误，如商业企业故意出售假冒伪劣产品，饮食企业经营不卫生食品，侵犯公共权益等。

(4) 消费纠纷、经济纠纷。

2. 突发事件引起的危机

突发事件引起的危机是指由非预见性、外在因素引起的突然发生的事件，导致组织公共关系形象受损的危机，如自然灾害、食品中毒、交通事故、煤矿爆炸等突发事件引起的危机。突发事件引起的危机对组织的冲击较大，会造成较大的利益损失。而公众都有强烈的自我保护意识，从心理上产生回避和远离的念头，他们会远离受到破坏的组织，从而导致组织失去公众、失去原有的市场份额，影响组织正常运转，使组织遭受重大损失，最终产生不良的社会影响。

突发事件引起的危机可分为以下几种类型。①

（1）因不可抗力因素导致的重大事故，如地震、海啸、洪水等。

（2）外部因素导致的事故，如因使用伪劣生产设备导致严重的工伤、瓦斯爆炸等。

（3）故意行为，如其他组织假冒本组织的名义行骗、重大盗窃案件、敌对行为等。

3. 失实报道引起的危机

主要是由于新闻部门的报道失去真实性，从而导致公众对组织的误解，使组织形象受到严重损害的危机事件。一方面，新闻媒体一般在广大公众中具有极高的信任度，公众相信媒体所报道的一切就是客观事实；另一方面，公众对一些社会问题有着一种痛恨的心理，加上平时与组织沟通不够，具体情况不太清楚，比较容易被新闻媒介所引导，与其保持一致，最后导致不断增加对组织的负面印象。

失实报道引起的危机有以下几种类型。

（1）报道失实、不全面。新闻界不了解事实的全貌和真相，导致报道以偏概全，没能反映事实全貌，引起公众的误解。

（2）歪曲事实。新闻从业人员按照旧的或传统的观念、态度分析和看待事件，曲解事实，从而导致组织发生危机。

（3）报道失误。一些恶意分子有意诬陷或编造，使新闻界被蒙蔽，引起误发报道，使组织产生危机。

14.2　公共关系危机处理的重要性和基本原则

14.2.1　公共关系危机处理的重要性

所谓公共关系危机处理，是指在公共关系理论的指导下，公共关系从业人员运用公共关系策略、措施与技巧，来改变因突发性事件而造成的公共关系主体所面临危机局面的过程。② 具体而言，公共关系危机处理就是在意外事件发生、组织面临强大的公众压力、陷于舆论困境时，紧急启动公共关系应急程序，迅速运用各种传播沟通媒介，调动各种应急资源，应对和处理危机事件，帮助组织控制事态、渡过难关、挽回影响、重塑形象。

处理公共关系危机的宗旨是：面对现实，尽力挽救。当危机发生之后，组织的公关人员应当立即行动起来，深入到事件中去，认真地了解真实的第一手资料，不能凭主观猜想，更

① 王玫，王志敏．公共关系理论与实务．北京：北京大学出版社，2007.

② 丁乐飞，翟年祥．公共关系教程．安徽：安徽大学出版社，2004.

不能让个人的情绪影响了判断。只有真实、客观地收集了第一手信息材料，才能在处理方法上作出正确的判断或决策，才能取得有利于挽回损失的结果，获得公众的信任，争取公众的谅解、配合和帮助。

（1）重塑良好形象。在公众心目中拥有良好的形象对组织来说是一笔宝贵的无形财富和资源。无论危机的大小，都会对组织的形象造成较大的损害，都会不同程度地影响其在公众心目中的良好形象。及时处理公共关系危机，能阻止组织形象损失的增加，能控制事态的进一步发展，使组织的损失降到最低，还有可能塑造比危机前更佳的形象。

（2）减少损失。无论组织做了多么完备、细致的预防工作，组织仍可能因为自己无法控制的因素而遭遇危机。公共关系危机的发生都会直接或间接地给组织和有关公众造成多方面的损失，特别是某些重大突发性事件的出现更会对组织和相关公众造成严重的经济和精神损失，甚至致命的打击。公共关系危机处理及时、得当，就能够减少组织的损失。

（3）协调与公众的关系。组织与有关公众的协调配合与否是形成组织良好形象的关键。当面临公共关系危机时，组织和公众之间就会出现不和谐的状态。此时，部分公众就会起到消极的作用，产生对组织不利的行为。对公共关系危机进行谨慎的处理，有利于协调好组织与公众的关系，形成组织发展的良好环境。

（4）增强内部凝聚力。公共关系危机对组织来说是极为严重的事情，如不及时处理，就可能使组织内部成员疑虑丛生，失去信心，甚至人心涣散，各奔前程，造成组织的分化瓦解。如果组织能够采取积极的态度和有力的措施处理面临的公共关系危机，那么坏事也可能变成好事。组织的成员团结一心，众志成城，精诚合作，尽一切努力解决问题，消除危害，那么公共关系危机不仅不会影响组织内部团结，反而可能增强组织的凝聚力，促进组织内部的团结。

14.2.2 公共关系危机处理的基本原则

面对危机，组织必须保持镇定，按照科学的原则，妥善地加以处理，争取主动，控制局面，真实传播，赢得公众的理解和信任，挽回损失，尽快恢复组织的信誉和形象。公共关系危机处理没有固定的模式，但有些基本原则必须遵循。

1. 及时性原则

处理公共关系危机事件的目的在于，尽最大可能控制事态的恶化和蔓延，在最短的时间内重塑或挽回组织良好形象和信誉。因此，危机事件一旦发生，神速出击，是使公共关系危机的负面影响减少到最低限度并能实现有效控制的关键点。组织必须针对瞬息万变的各种情况，迅速及时地作出各种反应，抵挡与消除公关危机所带来种种现实和潜在的不利影响，争取主动，力求在较短时间内扭转对组织不利的局面，促使事件向好的方向发展。为了达到此种效果，就必须在一个统一有力、领导有方的危机处理小组的指挥下，发挥组织的主观能动性、积极性，迅速地采取正确有力的措施，回击谣言、稳定人心，消除组织的公关危机，恢复常态。

2. 公开透明原则

公共关系危机一旦爆发，立即会引起政府部门、社会大众和相关媒体的关注与报道，此时作为事件的当事人，要坦诚公开真相，采取信息透明政策。在现代高度信息化的社会空间中，一个组织很难隐瞒信息，特别是对自己不利的信息。及时公布信息，可以避免负面影响。危机事件的发生，常常危及相关社会大众的利益，人们在危机时刻最需要知晓的就是相关信息。如果社会组织不能迅速提供关于危机的系列信息，那么这个信息空缺就很容易被别的信息——其中很多可能是由错误的流言蜚语、小道消息——来填补，这将严重地损害组织的社会形象，降低公众对组织的信任度，使得组织下一步的危机处理工作变得十分被动。组织在信息传输上采取被动应付的消极策略，还不如直面现实，哪怕是残酷无情的现实，都要勇敢地站出来承担自己应当负起的社会责任，以求换取大众的谅解与支持。

坚持公开性原则，不仅可以使组织赢得诚实、可信的良好形象，而且可能在危机处理中获得来自公众各方面的支持、合作，并能及时化解危机和消除误解。因此，公关危机处理必须坚持公开透明原则，把事实真相告知公众、新闻媒体、政府主管部门，以真诚的态度配合调查，及时向社会及组织的对象公众通报相关信息，掌握信息传播的主动权，以避免一些失实的报道损害组织的声誉，造成无法弥补的严重后果。

3. 勇于承担责任原则

危机发生后，公众一般会关心两个问题：一个是物质层面的问题，即物质利益永远是公众关注的焦点。因此，组织应首先主动承担损失和责任，及时向受害者及社会大众道歉，并切实采取措施补偿损失，待真相澄清后组织可能会更加得到消费者的喜爱。所以，组织应首先表达解决问题的诚意，创造妥善处理危机的良好氛围，以真诚和负责任的态度面对公众。这样既表现了对大众负责的一面，又最大限度地减少了公司不必要的损失。否则会各执己见，加深矛盾，引起公众的反感，更不利于问题的解决。另一个是精神层面的问题，即企业是否在意公众的心理情感。对此，企业应该对受害者表示同情和安慰，必要时还可以通过媒体向社会公众发表谢罪公告，解决深层次的心理情感问题，从而赢得公众的谅解和信任。如果可能的话，组织应做出超过有关各方所期望的努力，以显示组织对公众的真诚，赢得受害者及社会公众和舆论的广泛理解与同情。

在危机面前，万万不可只关心自身形象的损害，拘泥于眼前的名利得失。百般推诿、强词夺理进行“狡辩”，只会产生非常不好的影响。组织应将公众利益看得高于一切，对危机事件造成的后果应持负责到底的态度。

4. 配合媒体原则

在当今世界，媒体被誉为与立法、司法和行政三权并列的“第四种权力”，这足以证明新闻媒体的力量是不可忽视。“成也媒体，败也媒体”似乎已经成为被大家所承认的公理。媒体既是组织的公众之一，又是组织与社会公众沟通交流的窗口和桥梁，两种性质决定组织与媒体合作的必然性。对于组织来说，媒体是一把双刃剑，运用得好，可以披荆斩棘，为组织的发展开辟出一片新天地；运用得不好，不但会伤及自身，而且可能面临灭门之祸。秦池集团的倒下及巨人大厦的倾覆，其中若不是新闻媒体从中“作梗”，或许今天，我们看到的就不会是一蹶不振的秦池和以脑白金东山再起的史玉柱。他们的失败有共同之处，就是在媒体曝光后，没有采取积极主动的态度去补救，而是消极面对，才最终导致自身的灭亡。积极配合媒体可以抓住事态发展的主动权，将损失控制在最小范围之内，使组织形象避免受到更大的损害，可以通过开诚布公、与公众坦诚相见来维护良好的形象，可以借助媒体在公众中公正的形象，说服公众，便于以后开展工作。

5. 灵活应变原则

危机问题出现后，组织的公共关系部门不要回避，要灵活地接招。在取得与受害者、公众及媒体良好的沟通交流之后，灵活制定危机公共关系策略，分步骤地实施危机处理。对所有的危机处理办法都应该采取尽快的解决方案，这是处理危机的最高宗旨。可以说，危机不管发展到什么程度，公共关系的根本办法仍然是从寻找源头开始，如寻找受害者及曝光此次事件的媒体。只有寻找到危机源头才能将危机处理在萌芽状态，避免事态进一步恶化。找到源头后的处理方法有很多，但是目的只有一个，就是控制或者堵住这个源头。危机事件会随着情况的发展而不断变化，抢救方案不可能完全适用实际发生的危机事件，因此，危机公共关系人员必须根据具体情况，对预防性措施或抢救方案进行修正和补充，增强其针对性和适用性。

6. 预防为主原则

公共关系危机具有很强的突发性、不可预测性，因而组织应对公共关系危机的一个重要原则，就是必须在平时筹备好公共关系危机预警应对方案，这样才能做到有备无患。国外学者的最新研究表明，如果企业不预先制定完善的危机管理战略，并在危机的最初阶段对其态势加以控制的话，危机造成的连锁反应将是一个加速发展的过程——从初始的经济损失直至苦心经营的品牌和企业形象毁于一旦。“凡事预则立，不预则废”，所以有一些企业等到危机无法收拾的时候才出面调停，但往往是大势已去，难以扭转乾坤。

首先，要有公共关系危机感，要研究自己的组织发生公共关系危机事件的可能性，要把这些可能引发公共关系危机的苗头和征候都弄清楚，并反复教育相关人员，力争早发现、早汇报、早处理；其次，要对关键系统进行反复演练，让组织所有的相关人员和部门清晰准确地了解自己在公共关系危机到来时的“角色”，并通过反复的“仿真”案例演习，来熟悉整个危机预案的启动实施程序；最后，注重同上级主管部门、相关协助单位、新闻媒体和公安司法系统、医疗机构等社会公共管理部门保持良好关系和畅通的沟通渠道，当危机出现时可以及时获得支持。

处理公共关系危机，为了确保其有效性，还应该注意以下几个基本事项。

（1）注意应急性和长远性的统一。解决公共关系危机，首先要尽快消除当前危机事件对组织造成的不良影响，所提出的各项应急措施具有明显的应急性。但不能只看到眼前，应当从组织长远的发展目标和战略着眼，制定出相应的对策，使组织既能排除危机，又能为未来的发展创造良好的公众环境。

（2）注意真诚性和责任性的统一。公共危机处理人员在面对广大公众时，应当从讲话的内容、方式、语调等方面表现出真诚的态度，虚心接受公众的批评，给大众留下良好的印象，与此同时主动提出赔偿，尽快赢得公众的谅解。

（3）注意谨慎性和果断性的统一。公共关系人员在处理危机事件时，尤其是在公众面前，应谨慎从事，以自身稳重的行事作风来稳定住大局；同时，在遇到具体问题时，要表现出坚决果断的工作作风，切勿优柔寡断和缺乏主见，以免给公众留下不可靠、无能的印象。

（4）注意主体性和全员性的统一。公共关系人员，作为专门职业人员，从危机调查到危机处理决策，直到实施与评估，整个过程都发挥着主导作用。同时，公共关系人员要注意充分调动其他相关部门和员工的积极性、形成强大的影响力，这样才能有效地劝服大众，改善社会组织的环境。

（5）注意原则性和灵活性的统一。在处理公共关系危机事件时，应当有明确的、规范的、成熟的工作方案。公共关系人员投入工作后，要坚持既定的方案，表现出较强的原则性。但由于危机事件具有多变性特点，因此在具体的操作过程中，公共关系人员应当根据实际情况，适当修正方案，调整措施，更有效地消除危机事件的不利影响，恢复社会组织的良好形象。

14.3　公共关系危机处理的基本程序与对策

14.3.1　公共关系危机处理的基本程序

虽然企业或社会组织面临的各种危机事件在规模、性质、表现形式、涉及的公众等方面有所不同，但在处理程序上有着共同之处。通过对一些典型实例的分析和归纳可以发现，公共关系处理的基本程序主要包括以下几个步骤。

1. 危机处理的决策

一般来说，当危机爆发时，由于信息不对称、可反应的时间极其短暂、组织的资源极其缺乏等诸多不利的因素，常常导致组织在面对危机时无从应对。尽管有如此众多的不利条件，但只要组织做出正确的危机处理决策，力挽狂澜不是没有可能的。

决策有狭义和广义之分。狭义的决策是指各种可行性替代方案的选择行为，也就是人们通常说的决定；而广义的决策是指针对问题，并就各种可行方案加以评估和抉择的过程。在危机处理决策过程中既包括狭义的决策，也包括广义的决策。危机处理决策可以帮助决策者进行理性而有系统的分析，在危机发生时，能以最科学、最准确、最迅速的方式将损失降低到最低程度。应该注意到的是，危机决策绝不是一次性决策，而是多次决策，在决策与决策之间有强烈的因果关系。因此，决策者必须对此作出全局性思考，才能在组织生死存亡的重要关头作出正确的抉择。危机处理决策包括两方面内容：迅速成立危机事故处理机构和确定处理危机事件的新闻发言人。

1）成立危机事故处理机构

成立危机事故处理机构是第一件大事，是有效处理危机事件的组织保证。在危机处理阶段，速度是关键。这就要求组织在处理公共关系危机时，要做“雄鹰”，而不做“鸵鸟”。“雄鹰式”的组织在面临危机时，能够主动迅速出击，果断承担责任，这样往往容易取得公众的谅解，尽可能起到维护组织形象的作用；“鸵鸟式”组织在遇到危机的时候总是推脱责任，像鸵鸟一样把头埋在沙地里，这样最终会失去公众的支持，给组织的信誉造成无法弥补的损失。在组织发生危机时，应以最快的速度成立“危机处理中心”或“危机控制办公室”，调配经过训练的专业人员，配备必需的危机处理工具，以便迅速调查分析危机产生的原因及其影响程度，全面实施危机的管理和控制计划。做到这一点，是保证统一指挥、果断决策和迅速采取行动的前提，直接关系到危机处理的成败。

面临突如其来的危机，要求组织人员迅速决策，快速行动起来。为此，从总体上看，组织的机构必须精简、统一、协调，规章齐全，职责明确。从参与人员上看，根据危机的程度和类型不同，参与者也应有所不同。对于关系组织整体的重大危机，一定要有组织的最高领导人参与，以保证危机决策和执行的权威性；要有组织主要管理部门的负责人，原因在于组织的各个组成部分是一个有机整体；此外还要包括相关外部专家、学者，以提供专业咨询意见。

2）确定处理危机事件的新闻发言人

在了解事实、确定危机处理组织后，务必尽可能以最快的速度召开新闻发布会或记者招待会。一方面，向新闻界介绍危机的有关情况，公布公司正在采取的措施；另一方面，恳请新闻媒介密切合作，防止不利的消息和舆论。为此，组织应及时确定一名危机事件的新闻发言人，全权向外界发布事实真相，以防谣言流传。新闻发言人一般应由处理危机事件小组的核心成员担任。新闻发言人所应具备的能力与条件有下列几点。

（1）面对镜头及记者要从容应对。

（2）技巧性地诱导问题。

（3）全面掌握相关的情况。

（4）阐述清晰明了，避免使用专业术语。

（5）良好的形象。

（6）抗压能力强。

（7）熟悉新闻媒体的运作规则。

（8）站在社会公益、公平及平等的立场来看问题及发言。

在新闻发布会前，新闻发言人要充分准备好各种资料，以便与记者很好地进行沟通，争取掌握对外报道的主动权。避免外界通过其他途径来获取企业危机的信息。当危机爆发后，新闻发言人应当迅速对媒体和相关公众表明组织处理危机事件的态度。组织应当本着诚恳的态度和负责的精神，表达对受害者的同情，同时许下承诺，会立即着手调查事情的真相并在调查结果出来之后予以公众满意的答复。避免在接下来的危机处理工作中让组织处于被动的局面，在事态的发展尚不明朗及对危机尚未调查清楚之前，新闻发言人的讲话要尽可能有原则性，尽量避免透露事故的具体细节。

2. 危机的确认和评估

对危机进行确认和评估是一项极富有挑战性的工作。有的危机事件需要组织最高领导人亲临事故现场，指挥抢救工作，并委派专业人员迅速查明危机事件发生的时间、地点、原因、人员伤亡、财产损失、涉及的公众类型及特征等情况。

现实的经验和教训告诉我们，危机管理人员最好能够充分了解组织中各种看法，并与自己的判断相互对比，错误地估计形势将会给危机处理带来灾难性的后果。

组织的最高领导者面对危机，应考虑到最坏的可能，必须对危机及其造成的危害有一个整体性的把握。例如，是否危及组织的生存？如果是企业，是否会导致企业的破产？影响是短期的还是长期的？以此为基础快速确定危机处理的重点和主攻方向。在危机状态下，组织领导者必须处事果断，避免优柔寡断。在对危机情况准确分析的基础上，应迅速作出决策，以高压强制政策保证决策的顺利执行，将事态迅速控制住，否则就有可能失去控制，造成组织更大的损失。

3. 迅速隔离危机

在对危机进行确认和评估的同时，要迅速控制危机，以免危机蔓延扩大。隔离危机可以从两方面入手。一方面是人员隔离。即从人力上进行明确的分工，规定如果危机发生，领导人中什么人专门负责危机处理，什么人负责日常工作；在一般人员中，哪些人参加危机处理，哪些人坚守原工作岗位也要明确规定。如果事态有新的发展，再根据实际情况做出进一步的调整，不能因危机的发生造成组织日常管理无人负责，导致日常工作停止运转造成更大的损失。另一方面是事故隔离。即对危机本身的隔离。对危机的隔离应从发出警报开始。报警信号应明确危机的范围，以便其他部分的正常工作秩序不被影响，同时也为处理危机创造有利条件。

4. 合理、合法地转嫁和分散危机

当组织发生危机时，可以通过合理合法的途径转嫁和分散危机带来的损失。张春景、魏劲松两位学者认为可以从两个方面加以考虑：[①] 一是企业内部，另一个是企业外部。在企业内部，应当根据危机发展的趋势，独立承担某种危机的损失，如关闭亏损企业、相关部门，停止生产滞销的产品，主动撤出某一投资领域等；或者由合作者、股东一起来承担企业的危机。在企业外部，可以采用分散危机的措施有：第一，通过资本运营，将危机承受主体由单一向多个主体转变，如采用股份制经营、战略投资、资产重组等办法；第二，通过提高产品出厂价将风险转嫁给下游企业；第三，如果已向保险公司进行投保，可以及时办理索赔手续，尽快获得赔偿资金，帮助组织及早度过危机。

---

① 张春景，魏劲松．挽救败局：企业危机运营．北京：经济日报出版社，2002：47.

5. 积极沟通

组织一旦发生危机，便会受到社会与公众的关注，人们往往想在最短的时间内了解危机的真相，作为舆论代表的新闻界必然要进行采访。此时，组织只可以坦诚告知，表明诚意。事实证明，隐瞒事情真相，往往只会增加公众的疑惑，进一步扩大危机的波及面，最后势必无法处理危机；而坦诚告知，表明诚意，才是组织最好的选择。

对利益相关者来说，不仅要与他们加强沟通，有时还可以让他们参与危机管理决策和实际的危机管理工作，至少要听取他们的意见，这样才能更容易获得他们的支持，得到他们的信任。组织在处理公共关系危机的时候，要不断地与组织内部成员和利益相关者进行沟通，展现组织积极负责的形象，使他们及时地了解组织危机处理的现状，提高他们对组织的评价和信任，使他们不会在关键时刻离开组织或放弃对组织的支持。同时，危机处理工作与他们的利益息息相关，他们需要知道危机处理的及时信息以保持对危机管理工作的动态了解，否则，他们就会因为不知道自己的利益是否得到了有效维护而感到不安，组织的责任就是通过坦诚的沟通来避免出现不利的局面。

及时的沟通还可以与组织外部公众建立良好的互动关系，特别是在危机蔓延阶段，各种猜测纷纷出现，组织十分有必要出面澄清事实。及时的沟通可以把组织正面的信息告诉公众，有助于减少公众对组织的疑惑，也有利于消除对组织不利谣言的产生和蔓延，从而为危机管理减轻舆论压力。

6. 危机总结

危机总结是整个危机管理的最后环节，危机造成的巨大损失会给企业带来许多方面的经验和教训。所以，对危机处理进行认真而系统的总结是十分必要的。危机总结一般可以分为三个步骤。① 调查。对危机发生的原因和相关预防及处理的全部措施进行系统的调查。② 评价。对危机管理工作进行全面的评价，包括对预警系统的组织和工作内容、危机应变计划、危机决策和处理等各方面的评价，要详尽地列出危机管理工作中存在的各种问题。③ 整改。分别提出整改措施，并责成有关部门逐项落实。

14.3.2 危机处理的主要对策

组织公共关系一旦发生危机，需要与各方面的公众进行沟通协调、商量对策。从大的方面来说，有内部公众和外部公众。需要沟通的内部公众有各级领导、所有股东、全体职员，尤其是危机处理小组的成员、新闻发言人、公共关系部成员、电话接听专员等；需要沟通的外部公众有受害者、新闻媒介、上级主管部门、有相关业务往来的单位、消费者、社区公众等。

1. 与内部公众沟通协调的对策

（1）在危机的初期阶段，组织应当及时向内部员工宣布危机处理小组成员及本组织对待危机的态度，并且对员工提出一些要求。

（2）在危机稳定阶段，及时向内部公众通报危机事件发生的时间、地点、有无伤亡及本组织处理危机事件的基本原则、方针、具体的程序与对策。将制订的危机处理方案通告各个部门及全体职员，以便统一口径、团结一致、协同行动、共同参加急救。

(3) 在危机抢救阶段，及时向内部员工通报造成危机事件的原因、给直接受害者造成的损失，以及受到波及的公众范围有多大、影响有多深、事态发展趋势、事态是否得到了有效控制等情况。

(4) 调查引起危机事件的原因，如果是因不合格产品引起的危机事件，应不惜一切代价立即收回不合格产品，或立即组织抢修队伍，对不合格产品逐一进行检查，还要通知相关部门立即停止出售这类产品，并做好回收工作。

(5) 在危机处理末期，一方面，对危机处理工作进行评估、总结经验、找出不足，奖励在处理危机事件中表现突出的有功人员，处罚危机事件的责任者，并通告有关各方；另一方面，通过危机事件教育员工，一要铭记教训，二要齐心合力共同渡过难关。

内部沟通要强调统一指挥、有条不紊，要做到及时、顺畅、有效，要起到稳定人心、增强信心的作用，从而发挥出团队的力量。

2. 与受害者沟通协调的对策

(1) 危机事件若造成伤亡，一方面应当立即通知医疗机构即时实行抢救工作或进行善后处理；另一方面应立即通知其家属，并尽可能提供一切条件，满足其家属探望的请求。

(2) 委派专人负责处理伤亡事故。具体人数可多可少，这些人一要了解有关赔偿损失的文件规定与处理原则；二要善于沟通。因处理伤亡事故的难度大，时间长，在整个危机事件的处理中占据着举足轻重的地位，所以，如果没有特殊情况，不可随便更换这些人员。

(3) 负责伤亡事故处理的专门人员在与受害者及其亲属接触过程中应做到：真诚地表示同情，并给予安慰；耐心而冷静地倾听受害者及其亲属的意见，包括他们要求赔偿金额的意见；代表组织诚恳地向他们道歉，并实事求是地承担相应的责任。

(4) 组织在与危机事件受害者及其家属沟通时，应努力避免为自己辩护的言辞，避免发生争辩与纠纷，即使受害者有一定责任，也不要在现场当面追究。

(5) 及时向受害者及其家属公布补偿方法与标准，并督促有关部门尽快落实到位。

3. 与新闻媒介沟通协调的对策

新闻媒介是社会舆论的代表，它有权获得一切能引起社会团体、社会公众关注的重要信息。组织一旦发生危机，必然会立即引起新闻媒体的关注和兴趣，所以处理好与新闻媒介的关系，协助媒体客观、公正、全面、及时地报道危机的真相，有助于缩小事态、缓和冲突、控制局势。

(1) 及时与记者取得联系。危机发生后，组织要及时与记者取得联系，从缓和冲突、平息事态的角度出发，尽可能向他们提供一切可能提供的信息，要创造条件让记者深入到第一现场进行采访。做好记者的后勤工作，成立临时记者接待机构，由专人负责发布消息，集中处理与事件有关的新闻采访，向记者提供权威的资料。

(2) 迅速回答记者的提问和质疑。迅速这两个字对记者十分重要，组织迅速回答记者的问题和质疑就是对记者工作的最大支持。因为危机发生后，社会公众都在等待新闻媒介发布消息，所以记者必须赶在截稿前发出消息，否则会延误发稿，不能及时向社会发布信息。

（3）对记者抱谅解和合作态度。组织发生危机后，社会对危机信息需求剧增。频繁的采访工作难免会影响到记者们的情绪，有时会出现一些语言和情绪的冲动。这时，组织的公关人员要保持清醒和冷静，不应该计较记者的态度，而应当礼貌对待，抱以谅解和合作的态度，尽可能与他们保持愉快的合作关系。

（4）一时难以回答的问题，争取推迟回答。如果记者提出的问题使组织的新闻发言人一时难以回答，而这个问题又牵涉到事实真相，此时企业不能胡乱作答，而应当立即与有关部门和相关工作人员取得联系，了解情况，仔细推敲回答的口径，然后将有关回复的信息传递给记者和新闻媒体。组织在与新闻媒介打交道时，对一些疑难问题要有先见之明，做好充分的准备工作。这样在面对记者提问时，就能做到从容不迫、应付自如。

（5）尊重新闻媒介。向新闻媒介公布危机事件的真相，表明对该事件的态度，并通报接下来将采取的具体措施。在危机中，新闻媒体会不间断发出报道。此时，组织的公关部门千万不能提出要审阅记者的新闻报道稿，而应充分尊重新闻媒介，理解他们的工作程序。如果担心报道有失真实性，应当通过恰当的途径、适当的语气，揭示新闻媒介报道中应注意的要点。必要时，可以将基本事实、基本观点打印成文供记者参考。介绍危机事件的资料应当简明扼要，避免使用技术术语或难懂的词汇。

（6）在对待新闻媒介的态度上应做到：主动、谨慎、合作、自信。首先，主动向新闻媒介提供真实、准确的消息，公开表明组织的立场和态度，以减少新闻界的猜测，帮助新闻媒介做出正确的报道；其次，在事情未完全明了之前，要谨慎对事故的原因、损失及其他方面的任何可能性进行报道；再次，与新闻媒介保持一种合作的关系，在对待确实不方便发表的消息时，不可像挤牙膏一样地吐露信息，也不可简单地说“无可奉告”，而应当说明理由，争取获得记者的同情和理解；最后，面对危机事件，组织应当充满自信心，而且要通过发布信息让新闻媒介和广大公众对自己有信心。一定要做到站在公众的立场和观点来报道，不断向公众提供他们所关心的消息，如补偿方法、善后补救措施等。

（7）除新闻报道以外，可在刊登有事件消息的报刊上发歉意广告，向公众说明真相，并表示道歉及承担相应的责任。

（8）当记者发表了不符合事实真相的报道时，应尽快向该报刊提出更正要求，并指明失实的地方。还要向该报刊提供全部与事实相关的资料，派出重要发言人接受采访，表明立场，要求公平报道。特别应注意避免产生敌意。

4. 与上级领导部门沟通协调的对策

（1）危机事件发生后，应以最快的速度向社会组织的直属上级部门实事求是地报告，争取他们的援助、支持。

（2）在危机事件的处理过程中，应定期汇报事态发展的状况，求得上级领导部门的指导。

（3）危机事件处理完毕后，应向上级领导部门详细地报告处理危机的经过、解决方法、事情发生的原因等情况，并提出今后的预防计划和措施。

5. 与业务往来单位沟通协调的对策

（1）危机事件发生后，应尽快如实地向有业务往来的单位通报事故发生的消息，并表明组织对该事件的坦诚态度。

（2）以书面形式通报正在或将要采取的对策和措施。

（3）如果有必要，还可派人直接到各个单位去面对面地沟通、解释。

（4）在事故处理的过程中，定期向各界公众传达处理经过。

（5）事故处理完毕，应用书面形式表示歉意，并向给予理解、援助的单位表示诚挚的谢意。

6. 与消费者沟通协调的对策

（1）设立专门的沟通平台，如电话、手机短信、论坛等，以使危机期间大量的咨询请求能够一一得到较满意的答复。

（2）以尊重消费者的合法权益为前提，来制定所有的处理危机事件的对策、措施。

（3）迅速查明和判断受到危机事件影响的消费者类型、特征、数量、分布等，有可能的话与他们取得联系。

（4）通过不同的传播渠道向消费者发放说明事故基本情况的书面材料。

（5）认真听取受到不同程度影响的消费者对事故处理的意见和愿望，尤其要热情地接待消费者团体的代表，回答他们的询问、质疑；另外，还要主动及时地与消费者团体中的领导及意见领袖进行沟通、协商；通过新闻媒介向消费者公布事故的经过、处理方法、与消费者团体达成的一致意见及今后的预防措施。

7. 与社区居民沟通协调的对策

社区是社会组织赖以生存和发展的基地，社区居民也是社会组织形象的传播者。如果危机事件给社区居民带来了损失，社会组织应努力做好与社区居民的沟通协调工作。

（1）道歉。根据危机事件的性质及给社区居民带来的损失程度，可选择不同的道歉方式。例如，委派专门的工作人员向社区道歉；派人到每一户家庭分别道歉；通过地方报纸致歉；通过全国性的报刊登道歉广告等。不管用哪种方式道歉，一要态度诚恳；二要鲜明地表示敢于承担责任；三要表明知错必改。

（2）补偿。如果危机事件给社区居民造成的损失不大，可以适当地给社区一些补偿，如修桥补路、种花植树、美化社区环境、修建老年活动中心等。通过这些补偿，得到社区居民的谅解，使社会组织保持社区好公民的形象。

（3）赔偿。如果危机事件给社区居民造成了严重损失，社会组织应明确表示并尽快落实经济赔偿问题。经济赔偿问题处理起来难度相对较大，应委派有相关经验的人员代表社会组织与社区居民沟通，尽量达到社区居民的满意，使社会组织的形象损失控制在最低限度。

除上述关系对象外，还应当根据情况分别对与事件有关的交通、公安、市政、友邻单位等公众采取适当的传播对策，通报情况，回答咨询，巡回解释，调动各方面力量协助本组织尽快度过危机，将组织形象的损害控制在最低限度。所以，组织在平时的工作中应居安思危，做到防微杜渐；一旦发生危机，应主动展开一系列有效的危机公共关系工作，使组织转危为安。

相关知识链接

危机管理理念的6C

危机管理水平固然与危机管理体系是否健全有关，但基本的前提是要有健全的危机管理理念。根据业界的一些提法，关键点传播集团董事长、著名公关顾问专家游昌乔先生结合多年的实践，将危机管理理念归结为以下6C。

1. 全面化（comprehensive）

危机管理的目标不仅仅是“使公司免遭损失”，而是“能在危机中发展”。很多企业将危机管理与业务发展看成是一对相互对立的矛盾，认为危机管理必然阻碍业务发展，业务发展必定排斥危机管理。从而导致危机管理与业务发展被割裂开来，形成“两张皮”。危机管理机构在制定规章制度时往往不考虑其对业务发展的可能影响；而业务部门在开拓业务时则是盲目地扩张，根本不顾及危机问题。

危机管理全面化可归纳为三个“确保”，即首先应确保企业危机管理目标与业务发展目标相一致；二是确保企业危机管理能够涵盖所有业务和所有环节中的一切危机，即所有危机都有专门的、对应的岗位来负责；三是应确保危机管理能够识别企业面临的一切危机。

2. 价值观的一致性（consistent values）

危机管理有道亦有术。危机管理的“道”是根植于企业的价值观与社会责任感，是企业得到社会尊敬的根基。危机管理的“术”是危机管理的操作技术与方法，是需要通过学习和训练来掌握的。危机管理之“道”是企业危机之“术”的纲。

从根本上讲，危机就其本质而言，是无法预知的，但如何处理危机却根植在企业的价值体系中。

3. 关联化（correlative）

有效的危机管理体系是一个由不同的子系统组成的有机体系，如信息系统、沟通系统、决策系统、指挥系统、后勤保障系统、财务支持系统等。因而，企业危机管理的有效与否，除了取决于危机管理体系本身，在很大程度上还取决于它所包含的各个子系统是否健全和有效运作。任何一个子系统的失灵都有可能导致整个危机管理体系的失效。

4. 集权化（centralized）

集权化的实质就是要在企业内部建立起一个职责清晰、权责明确的危机管理机构。因为清晰的职责划分是确保危机管理体系有效运作的前提。同时，企业应确保危机管理机构具有高度权威性，并尽可能不受外部因素的干扰，以保持其客观性和公正性。危机的集权管理有利于从整体上把握企业面临的全部危机，从而将危机策略与经营策略统一起来。

5. 互通化（communicating）

从某种意义上讲，危机战略的出台在很大程度上依赖于其所能获得的信息是否充分。而危机战略能否被正确执行则受制于企业内部是否有一个充分的信息沟通渠道。如果信息传达渠道不畅通，执行部门很可能会曲解上面的意图，进而做出与危机战略背道而驰的行为。有效的信息沟通可以确保所有的工作人员都能充分理解其工作职责与责任，并保证相关信息能够传递给适当的工作人员，从而使危机管理的各个环节正常运行。

6. 创新化（creative）

危机管理既要充分借鉴成功的经验，也要根据危机的实际情况，尤其要借助新技术、新信息和新思维，进行大胆创新。切不可墨守成规，故步自封。

案例点评

厦门 PX 项目①

2007 年厦门的 PX 项目被称为“公众民主参与权”的第一次胜利，《南方周末》将厦门市民评为“中国 2007 年度人物”。然而，从公关研究角度看，厦门 PX 事件也是当年最具影响力的典型危机公关事件。首先让我们回顾一下这次事件的缘起。

PX 是生产 PTA 的上游原料，而 PTA 则能够生产聚酯化纤产品。由翔鹭集团投资的 PX 项目，2004 年 2 月获得国家发改委批准，预计工程投资额高达人民币 108 亿元，是厦门历史上最大的化工项目。按计划，该项目 2006 年 11 月在厦门市海沧区正式开工，2008 年投入生产。然而，因所涉污染问题敏感，相关人士一直对其在厦门的去留有所争议。点燃危机的导火索的是，2007 年 3 月，在全国人大、政协“两会”上，中国科学院院士赵玉芬等 105 名全国政协委员联名签署提案，建议厦门 PX 项目迁址。尽管该提案被列入政协会议的重点提案，但 PX 项目的建设进程并没有因此而停滞下来。然而，此时这一公共环境事件已经引起了民众和舆论的强烈关注。该市市民通过群发短信等各种手段成功实现了自组织化，他们通过电子邮件、信函、电话等各种途径向政府表达了自己的意见，政府宣布 PX 项目缓建。

在 PX 事件后期，该市政府以前所未有的公开、透明方式召开公众座谈会。在座谈会期间官方还广泛收集、整理分析社会各界意见，对有关问题予以解答并及时公布在相关网站上，保障市民最大限度地参与，媒体最大限度的自由讨论促成政府与民意的有效互动，推动

---

① 赵麒斌．危机公关：上．北京：北京大学出版社，2010.

了事件的有效解决。该市政府在此期间表现出的公开、透明姿态，充分尊重了公众的知情权，有力地消除原先公众对政府的疑虑、猜忌心理和消极对抗情绪，从而转向良性互动关系。并保障政府关于PX项目的下一步决策在阳光下运作。

【点评】厦门市政府在事件之初，确实是低估了民意的力量，尤其低估了在新媒体环境下民意的力量。在5月“新媒体时代的民意表达”的过程中，政府也尝试了采用收缴杂志、关闭论坛和屏蔽手机短信等方法。但我们看到，如今有太多的意见沟通和传播途径了，各种即时聊天工具的应用，短信的巧妙使用乃至口耳相传等。无论政府怎样地使尽“百般解数”，事件的高潮仍如期上演。既然民意不宜“堵”，那就应该“疏导”，即既要“顺势”而疏，又要“循规”而导。基于市民的强烈不满，厦门市政府不得不改变对舆论的态度，不再做钳制之举，广开短信、热线电话、传真、E-mail、信函等渠道，充分倾听市民意见，甚至还出版了专门介绍PX项目的小册子，让群众参与环保评估。这就是所谓的“顺民意之大势”。而导向还得遵循一定的程序和法规。例如，厦门依法召开听证会，启动公民参与程序，接纳公民和人大代表投票，通过报纸发布公安局通告，提醒别有用心者不要借题发挥等。只有将整个过程纳入一个合理、合法和可控的途径，才能真正完成有效的“疏导”。

最终，福建省人民政府于2007年12月16日会议决定迁建PX项目。厦门PX事件给了政府危机公关一个启示，那就是要特别注重危机发生时的官民沟通。“谣言止于公开”，给予公众一个抒发情绪和意见的渠道，也许能起到出其不意的效果。

思考题

1. 什么是公共关系危机？它可以分成几类？
2. 简述公共关系危机产生的原因。
3. 阐述公共关系危机处理的基本原则。
4. 概括公共关系危机处理的技巧。
5. 简述危机处理的主要步骤。

案例讨论题

“手足口病”的控制[①]

2008年4月，安徽某市初春的太阳正明媚，然而在这温暖的日子里，这座城市上空却

① 赵麒斌. 危机公关：下. 北京：北京大学出版社，2010.

因为“手足口病”的传言而阴霾笼罩，飘着几丝寒意。

其实从2008年3月上旬起，该市几家医院就陆续收治了以发热伴有口腔、手足、臀部皮疹为主的疾病患者，但当时他们还不能确诊。于是，他们寻求卫生厅帮助，最终在专家的临床观察下，将该病确定为肠道病毒EV71感染所致的疾病。伴随着这一病毒经常会引起儿童手足口病、病毒性咽喉炎，重症患儿可出现为肺水肿、脑炎等，我们将之统称为肠道病毒EV71感染疾病（俗称“手足口病”）。

该病经常见于儿童，特别是4岁以下的婴幼儿，发病时无明显性别差异，以春秋季节较为多见。此外，此病具有较强的传染性，唾液飞沫中的病毒可悬浮在空气中经呼吸道吸入在人群中传播。所以在春秋季节常可见到手足口病在幼儿园或小学校园中流行。

由于较强的传染性，“手足口病”开始向其他省份蔓延。到5月份的时候，“手足口病”达到了高峰期，死亡率也在不断攀升。面对上升的死亡率，各级政府立即行动起来，采取有效措施使病情得到了有效的控制。与此同时，进一步抑制病情的蔓延，从而使各个省份的病例大大减少。

此时的该市政府也经历了由群众的猜疑到信任的过渡时期。面对一系列的压力，该市政府与人民并肩作战，采取群防群治与专业防治相结合等有效措施，扎实做好“手足口病”防治工作。为此，当地政府还采取了分级分层接诊原则，不仅使患者可以及时得到救助，而且使死亡率得到了控制。同时，医生信心满满，最终使病情得到了有效的缓解。这一切都充分证明了政府和人民的力量。在他们的互助下，不仅使病情得到控制，而且使人们看到了一个负责任的政府，看到了政府的诚心，明白它是真的“以爱感动人民，用心化解危机”，懂得了它把关爱静静地包含在行动中。

【讨论题】

1. 在疾病发生的第一阶段（2008年3月初至4月中旬）政府部门哪些工作没有做好，从而为疾病后期的肆虐埋下了伏笔？

2. 政府在应对此次危机时是如何化被动为主动，化不利为有利的？

企业公共关系

本章学习目标

通过本章学习，理解企业公共关系的含义、特征和功能，熟悉企业内部公共关系和外部公共关系的内容，掌握企业公共关系在企业发展战略选择中的重要作用。

15.1 企业公共关系概述

15.1.1 企业公共关系的含义

企业公共关系，是指企业在经营过程中，通过有意识、有计划地协调和改善企业内外部关系，使企业各项决策与活动符合社会公众的要求，树立良好的企业形象，以谋求公众对企业的了解、好感、信任与合作，获得共同的利益。这里的社会公众并不是一个宽泛的概念，而是有其特定的含义，即对企业具有直接影响与作用的社会群体，可分为企业外部公众和内部公众。“企业公共关系”这一概念具有以下五个基本含义。

（1）企业公共关系是有意识、有计划的活动。企业公共关系活动并不是盲目的、随意的，而是为了具体的目标采取合理手段和方法的行动，并且通过制订具体、严谨、系统的计划来加以完成。

（2）企业公共关系是双向、全方位交流的过程。企业与社会公众在各个方面的相互理解、相互信任和相互沟通，需要以信息双向交流作为基础。企业和社会公众都应将自己的想法通过公共关系活动向对方传播和解释，建立企业与社会公众的友善关系。

（3）企业公共关系是一个行为输出的过程。企业需要通过切实的行动，来解决自身在经营管理中引起社会公众不满的种种问题，不断改进、完善与提高自身的经营管理水平，以谋求社会公众对企业的了解、好感、信任与合作。

（4）企业公共关系将公众利益放在首位。企业不仅是一个现实存在的经济实体，而且还是一个与社会密切相关的社会团体。因此，在市场经济条件下，不断用实际行动增进公众利益，是树立企业形象，实现企业经济利益的重要前提。

（5）企业公共关系是一种管理职能。公共关系是一个企业日常运行不可缺少的社会资源，因而必须将其纳入到企业的管理过程中，使之成为企业发展的重要资源，并通过资源的优化配置使其发挥重要作用。

15.1.2　企业公共关系的特征

企业开展公共关系的目的是为了协调和理顺各种社会关系，为企业的生存和发展创造一个有利的社会环境。通过有效的互动沟通，找到社会组织与社会公众利益的"平衡点"，达成一种双赢的局面，从而既满足了公众需求，又在公众中树立了良好的企业形象。从企业公共关系的含义，不难看出它具有以下特征。

（1）企业公共关系具有战略性。企业公共关系追求的是企业与公众之间长久而稳定的和睦关系，这不是一蹴而就、一朝一夕就可以建立起来的。企业公共关系要求企业管理者要有战略眼光，高瞻远瞩，着眼于未来。企业管理者要正确处理好眼前利益和长远利益之间的微妙关系，有时出于战略全局考虑，甚至要牺牲自身眼前的利益。任何企业如果只顾眼前利益，缺乏战略眼光，就会出现短期行为，从而损害企业的公共关系。企业公共关系是一种动态型关系，它不是可以一劳永逸的。企业公共关系要以企业发展目标为指向，着手于平时，重视积极的、有计划的、持久不懈的努力。即便企业已经建立了良好的企业形象和良好的公众关系，也要从长远的利益考虑，维护和巩固已有的企业公共关系，善于发现和发展潜在的公众关系。任何脱离企业公共关系战略目标和计划的活动，即使能为企业带来一定的利益，也都不具有公共关系的意义。

（2）顾客是第一位的目标公众。企业公共关系的目标公众可分为内部公众和外部公众两大组成部分，内部公众主要包括员工和股东，外部公众则包括顾客、供应商、经销商、政府、新闻媒体、社区等。而对于企业和企业公共关系工作来说，顾客和潜在顾客是第一位的目标公众。失去了顾客，就如同失去了根基的大厦，就等于失去了企业存在的价值，最终将被市场所抛弃。因此，从某种意义而言，企业改善、密切、稳固了顾客关系，就是取得了市场，从而取得了生存和发展的话语权。

（3）企业公共关系具有双重效益。企业在一切经济活动中以及与利益相关的各类公众交往中，不仅要重视企业自身的经济效益，还要注重社会效益，即企业应实现双重效益，这是企业公共关系的另一个重要特点。企业公共关系是企业与公众在利益基础上建立的联系，企业在与社会公众合作时，只有坚持平等相待、互惠互利、兼顾双方利益的原则，才能与对方保持长期合作、共同发展的良好关系。反之，如果一个企业只顾自身利益，盲目追求利益的最大化，忽略或者无视社会整体效益，甚至不惜采用坑蒙拐骗、巧取豪夺等不正当手段去损害相关公众的利益，那么企业必将自食其果，不仅会严重损害自身的声誉、破坏自身的形象，还会从根本上恶化自身生存发展的社会环境和条件。因此，企业在考虑自身利益的同时，要充分认识到双方存在的差异与分歧，积极寻找两者利益的结合点，在互利互惠原则的前提下，既要努力获得经济效益，又要与社会公众实现利益分享，以实现自身长远的最大利益。

（4）企业公共关系是现代企业重要的无形资产。无形资产虽然没有物质实体，但却拥有一定的价值，有助于企业经济效益的提高。如今的消费者已不再是只为了生存而购物，他们不仅要购买商品实物，更重要的是，在购买商品实物的同时，购买一种有“情感”的商业服务。良好的公共关系正是实现这种服务不可或缺的途径。现代企业的竞争已从产品、价格、质量、服务的竞争，转变为企业形象的竞争，良好的企业形象对内能提高员工的凝聚力，对外能吸引人才，得到社会公众的支持，获得消费信心。而良好的企业形象是良好公共关系的表现，所以，企业应该运用好公共关系这一无形资产，在公众中为其建立声誉，塑造形象，为企业赢得长久竞争的优势。

15.1.3 企业公共关系的功能

美国公共关系研究与教育基金会主席莱克斯·哈罗博士认为：公共关系是一种独特的管理职能，它帮助一个组织建立并保持与公众之间的交流、理解、认可和合作；它参与处理各种问题与事件；它帮助管理部门了解民意，并对其做出反应；它确定并强调企业为公众利益服务的责任；它作为社会趋势的监视者，帮助企业保持与社会同步；它以良好的符合职业道德的传播技能和研究方法作为基础工具。在现代社会中，企业要实现现代化，就要懂得运用公共关系；要赢得公众的信赖，就要学会使用公共关系的手段和技巧；要在激烈的市场竞争中生存和发展，就要学习公共关系理论，重视公共关系实务。任何企业，在生产经营活动过程中，运用并发挥好公共关系的基本职能都将有助于企业的发展。

1. 提升信誉，树立形象

信誉是企业的生命，指的是企业的信用和美誉，表现为诚实守信、值得信赖、行为高尚和名声美好，包括企业的产品信誉、企业的服务信誉和企业的组织信誉。在市场经济条件下，企业拥有良好的信誉，对于自身的生存和发展尤其重要。因此，一个企业要提升自身信誉，在提供较好的能够让消费者满意的产品和服务的基础上还要采取巧妙的公关手段，扩散和强化自身在公众心目中的信任度和美誉度；处理好各方面的关系，给各方面的公众以良好的印象，获得各方面的青睐和喜爱。

企业信誉的持续提升还需要企业长期地用心维护和巩固，在良好的企业信誉的基础上打造企业品牌，树立企业的形象，使企业能够持久地影响公众。而公众对企业形象的理解主要通过两种形式，即直接经验的形式和间接经验的形式。直接经验的形式是公众接触企业的各种显性行为，这些行为包括企业的产品形象、服务形象、员工形象、机构形象、管理形象、企业文化形象。企业要形成良好的企业形象，必须用正确的政策指导自己的行为，让公众在直接经验形式中形成良好的企业形象。间接经验的形式是公众通过各种渠道得到信息并对企业的形象作出判断。实际生活中，公众对企业的认识很少通过纯粹的直接经验的形式或间接经验的形式形成，大多数情况是两种情况综合运行、相互促进，最终通过直接经验的形式表现出来。

商品交换越频繁，市场竞争就越激烈，企业就越要建立良好的信誉。市场经济高度发达的现代社会，信誉是企业生存和发展的重要条件和手段。企业信誉好了，企业就自然会有好的形象。一个企业只有形成了良好的信誉和形象，其产品和服务才能得到公众的信任和支持，在市场竞争中的优势自然也会随之提高。

2. 收集信息，沟通交流

美国著名管理学家西蒙认为，“管理就是决策”，而信息的完整性、准确性、时效性是高质量决策的前提。当前，经济迅猛发展，科技日新月异，人类社会充斥着大量的信息，如何才能从中筛选出企业所需资料，已成为所有企业必须解决的重大难题。信息收集、整理、分析与评估，有利于企业监测外部环境，以便企业随时改变策略，与外部环境保持动态的平衡。因此，企业要时刻关注外部环境的变化，利用各种手段和渠道收集与企业相关的一切信息，特别是有关企业潜在与突发的问题，从而能够为企业决策的科学化提供强有力的保证。

企业收集信息就是为了有目的地与社会公众进行沟通交流，抓住有利时机、因地制宜，制定沟通交流的内容和重点。在初创时期，企业的知名度很低，外部环境亦不稳定，应致力于增进社会公众对企业的了解，开发潜在的消费对象，注重准市场的开拓，建立社会公众与企业的良好关系。在顺利发展时期，企业应把沟通交流的重点放在提高企业信誉、建立良好企业形象、进一步扩大企业影响力等方面。在发展遇到困难时，企业应理性分析状况出现的原因，有针对性地与社会公众进行沟通交流，尽力维持企业信誉和形象，巩固社会公众的信心，帮助企业顺利渡过难关。总之，企业在运营过程中面对复杂多样的社会环境与人际关系，有效地沟通交流可以为企业构建一个内求团结、外求和谐的良好生存状态。

3. 推广传播，促进销售

企业公关部门通过运用大众传播和视听媒介，将企业的经营宗旨、目标、方针、战略等信息及时传递给公众，求得社会公众的理解和好感，从而提高企业的知名度和美誉度，为企业树立良好的社会形象，最终促进了企业产品的销售，实现企业利润。

公共关系部门推广传播的主要任务有以下三点。

（1）创造舆论，告知公众。社会公众对企业的了解是所有关系发生的前提，没有了解就谈不上企业良好形象和信誉的树立，因此告知公众是公共关系宣传最基本的功能。

（2）强化舆论，扩大影响。在社会公众对企业有初步了解的基础上，继续运用各种现代传媒，深化公众对企业的理解，完善企业的形象和知名度。

（3）引导舆论，塑造形象。对企业相关信息进行输出，引导公众舆论向有利、积极的方向发展，从而树立起企业良好的形象。

尽管随着社会分工的完善，公共关系与销售已成为两个独立的领域，但良好的公共关系对产品的销售具有积极的推动作用。良好的企业形象可以帮助企业赢得更大的市场，从这个角度来说，公共关系是一种无形的推销术。现代企业的营销策略正在由单一促销模式向广告、营销、公共关系“三位一体”的立体式趋势发展。

15.2 企业内部公共关系

企业公共关系虽然复杂，但归纳起来不外乎两类：一是企业内部公共关系，二是企业外部公共关系。内部公共关系的目的在于正确处理好员工关系、股东关系，加强企业内部的凝聚力，促进企业内部团结，创造良好的工作环境，鼓舞员工士气，增进企业效益，为企业外部公共关系打下良好的基础。因此，企业内部公共关系是企业公共关系的基础，是企业开展外部公关并取得良好成效的前提和保证。

15.2.1 员工关系

员工是企业内部公共关系中最重要的公众，是企业“内求团结”、“外求发展”的保证。因此，企业公共关系工作应以妥善处理员工关系为起点，这既因为员工是企业赖以存活的基础，是企业行为的主体，也因为他们的一言一行都会影响到企业在公众中的形象。无论从何种角度来看，一个具有共同理念和文化、对组织有着强烈归属感和荣誉感的员工团队，是企业长远发展最为重要的核心竞争力。所以，企业的公关部门必须把所有的员工作为自己的重要公关对象，对他们开展一系列有效的公关工作。要做好员工的公关工作，可从以下几个方面着手。

1. 综合开展企业内部的传播沟通活动

企业公关人员在处理员工关系时，首要的工作是增加企业领导与员工之间及员工与员工之间的相互了解。为此，公共关系部门应该健全和完善企业内部的信息传播体系，使各类传播媒介能正常地发挥作用和相互配合，并且有目的地组织和开展各种生动活泼的公关活动。

（1）充分利用企业拥有的各种沟通载体。沟通是建立良好员工关系的必要条件。一方面，企业要对员工有充分的了解，才能用其所长，使其才华得以施展，从而不断提高士气和效率，建立起员工对企业发展的信心；另一方面，企业要对员工通报有关情况，让员工对企业发展的内外部信息有足够的了解，从而使员工更加理解和支持企业做出的重大决策，并参与一定的管理。宣传栏、手册、墙报、有线广播、闭路电视等都是企业拥有的各种沟通载体，企业可以利用这些载体传播企业最新的消息和动态，增强企业的透明度，促进企业和员工间的沟通与理解。其中企业内部公共关系内刊是企业自行编辑，只在内部发行的“准大众传媒”，是企业内部正式沟通的一种媒介。这种内刊旨在向员工传递本企业的各种信息，让员工对企业的发展动态有充分的了解，因此办好这种内刊是很有必要的。

（2）定期组织各种形式的交流沟通活动。内部活动的举办可采取多种形式，如传统的座谈会、联欢会、各种文体娱乐比赛等，还可以采用当今比较时尚的协商对话会、茶话会、部门联谊会等。总之要不拘泥于形式，要让员工放得开，让员工有家的温馨感觉。

2. 塑造和谐的企业文化

企业文化是企业以价值观念、经营管理哲学为核心，在企业运行过程中所培育形成的价值体系、基本信念及企业组织行为规范的总和，是增强企业整体竞争力，引领企业持续、健康、快速、协调发展的有力保障。它包括企业的历史和传统，企业的愿景、理念和目标，企业制度和行为准则，企业精神和价值观念，领导风格和道德规范等内容，以及这些因素的物化表现，如企业的CIS、环境布局、图案色彩等。

企业文化是企业的灵魂，具有很强的渗透力，对企业内部的人际关系影响很大。和谐的企业文化可以增强员工的归属感，建立起个人对企业整体的认同感和凝聚力，形成强烈的团队精神。企业文化的建设方法，可归结为以下13点：① 晨会、夕会、总结会；② 思想小结；③ 张贴宣传企业文化的标语；④ 树立先进典型；⑤ 权威宣讲，引入外部的权威进行宣讲是一种建设企业文化的好方法；⑥ 外出参观学习；⑦ 故事激励，有关企业的故事在企业内部流传，会起到促进企业文化建设的作用；⑧ 企业创业、发展史陈列室；⑨ 文体活动；⑩ 引进新人，引进新文化；⑪ 开展互评活动；⑫ 领导人的榜样作用；⑬ 创办企业报刊。

3. 完善建言建议制度

倾听员工的声音、建立员工与领导沟通机制，是增强企业凝聚力、形成团队精神的有效途径。建言建议制度是一种规范化的企业内部沟通制度，旨在鼓励广大员工直接参与企业管理。完善建言建议制度，应在征求广大员工意见的基础上，根据企业的客观实际，使设计出来的制度具有可行性，而不是表面的形象工程。应在制度中体现建议反馈机制和执行监督机制，鼓励员工积极向企业提建议。

4. 处理好正式组织与非正式组织的关系

组织中不仅存在着按照正式规章而建立的正式组织，还存在着广泛的非正式组织，如同学、同乡、同爱好、同经历或同一居住区的人结成的自由松散的人际活动圈子。这些非正式组织以情感作为聚合的纽带，不受正式组织的行政部门和管理层次等的限制，也没有明确规定的正式结构，但其联络沟通往往更密切、更有效、更富弹性，因而在组织中发挥着重要作用。组织领导者和公关人员要善于发现本单位的非正式组织，并努力处理好与非正式组织的关系。

（1）谋求与非正式组织意见领袖的合作。意见领袖指非正式组织中的核心人物，他们往往凭借自身的技术专长和个人魅力在非正式组织中享有很高的威望和影响力。他们的思想和行动直接影响着非正式组织的思想和行动，甚至其实际影响力远远超出了实际的管理者。因此，企业的管理者应高度重视非正式组织中意见领袖的作用，积极谋求与他们的合作，以使非正式组织的行为与组织行为协调一致。

（2）建立通畅的正式沟通渠道。非正式组织之所以能对正式组织构成威胁，一个很重要的原因就是正式沟通渠道的缺失，才致使非正式消息得以占据主导地位。但从另一个角度而言，这些非正式消息也反映了员工对企业决策的看法，便于组织掌握情况。为此，企业管理者应在组织内部建立起权威的、正式的信息沟通渠道。而公关人员应利用非正式组织成员间信息沟通快、交流范围广的特点，及时、准确地了解员工的思想动态和对企业各项决策的意见和看法，做到信息畅通，并进行引导和疏通。

15.2.2 股东关系

股东，简单来讲就是企业的投资者。因此，股东关系即指企业与其投资者的关系，亦称“金融公共关系”、“财务公共关系”。股东关系亦是企业内部公共关系的重要组成部分。良好的股东关系是保证企业继续生存和健康发展的重要条件，加强与股东的信息沟通、稳定股东队伍能使企业保持稳定的资金来源。此外，股东还是企业的消费者群体，良好的股东关系还可以起到促销作用。可见，企业和股东的关系是一种极其重要而又特殊的内部公众关系，建立良好股东关系的方法有以下几种。

1. 维护股东的正当权益

作为企业投资者的股东，从某种意义上说就是企业的“主人”，他们的经济利益与企业的经济效益紧密地联系在一起。股东拥有参与公司经营管理权、优先认股权、经营成果分享权、剩余财产分配权、股份转让权等权利。维护股东的正当权益，就是要满足他们参与管理、了解企业经营和发展信息的要求。为此，除了定期或临时召集股东大会、向股东汇报生产经营状况、接受股东的监督外，公关部门在平时还需将一些最新信息及时传递给股东，尊重股东的“特权意识”，努力维护股东的正当合法权益。

2. 做好信息沟通工作

与股东的信息沟通，是内部公共关系协调的重要任务和目标。一方面，应及时、准确、全面地向股东汇报有关组织的各种信息，这些信息主要包括企业的经营管理信息和经营管理状况，如企业的方针政策、发展目标和发展计划，资金的流动状况和使用情况，企业财务报表，股利分配政策，企业面临的内外环境，等等。在向股东汇报时，切忌报喜不报忧，应坚持“公开事实真相的原则”，切实保障每一位股东的合法权益，以建立与股东同舟共济、荣辱与共的关系。企业向股东传递信息可以采取多种方式，如年终报告、季度报告、股东代表大会报告、信息发布会、座谈会、内部刊物，等等。另一方面，企业公关部门还要注意收集来自股东方面的信息，这些信息包括：股东本人对企业经营发展的建议、对企业改进产品或提高服务的意见、他所了解的社会上对本企业的多种反映等。由于股东生活在社会的各个阶层，因此，他们提供的信息能客观反映出公众对企业的评价，有助于企业作出科学的战略决策。

15.3 企业外部公共关系

企业外部公共关系是企业与外部公众之间发生的公共关系。根据外部公众的不同，可将企业外部公共关系分为：顾客关系、供应商关系、经销商关系、政府关系、新闻媒体关系、社区关系。开展外部公共关系的目的在于促进企业与外部公众之间的了解与合作，协调企业与外部环境之间的相互利益关系，消除可能出现的各种矛盾和冲突，促进彼此之间的理解和信任，为企业的生存和发展提供良好的外部环境条件。

15.3.1 顾客关系

顾客是企业最重要的外部公众，企业一旦失去了顾客，也就失去了存在的意义和可能。因此，处理好顾客关系是企业外部公共关系成功的关键。

顾客公关的主要目的，一方面是了解企业的消费者群体，即了解顾客公众的个人偏好、情感态度和言行模式，并据此来决定企业的公关目标、公关政策、公关内容和公关形式；另一方面，通过有效的信息输出使顾客形成对企业及产品的良好印象，提高其在市场上的知名度和美誉度，以争取更多的顾客。企业要处理好顾客关系应做到以下几点。

1. 将“顾客至上”的观念渗透到每一位员工

要处理好顾客关系，首先要树立一个正确的顾客观念。在产品短缺时期，企业将产品作为营销的核心，企业的生产经营活动以“产品”为运转的轴心。但在产品极大丰富的今天，顾客可以将手中的“选票”投给任何一个能满足其需求的企业，那些质量低劣、服务态度差的企业就面临着顾客的抛弃。“顾客至上”的观念已成为市场经济企业的共识。但在实际的作为上，我国仍然有很多服务行业的服务态度很差，与其标榜的“顾客就是上帝”的口号形成鲜明的反差。良好顾客关系的建设，不仅要将“顾客至上”的观念渗透到每一位员工的思想中，还应渗透到每一位员工的实践行动中。

2. 充分维护顾客的正当合法权益

维护顾客的正当合法权益是处理顾客关系应遵循的一条基本原则。《中华人民共和国消费者权益保护法》虽然从1994年1月1日起就已正式施行，但一些企业仍然不清楚消费者权益都包含哪些具体内容，相当多的顾客也并不清楚自己拥有哪些权益。企业应充分维护顾客的正当合法权益，不能觉得顾客不懂法就随意侵犯顾客的合法权益。根据《中华人民共和国消费者权益保护法》，顾客的基本权利有：

① 获得商品和服务安全、卫生的权利；

② 了解商品和服务的权利；

③ 自愿选择商品和服务的权利；

④ 监督商品和服务的价格和质量的权利；

⑤ 对商品和服务提出批评和建议的权利；

⑥ 购买商品和服务受到损害时索取赔偿的权利；

⑦ 其他为社会公认并与国家法律不相抵触的权利。

3. 重视与顾客的信息沟通

（1）通过各种途径及时向顾客传播有关信息，如企业的经营状况，产品的功用、使用方法、生产日期，维修及售后服务的具体措施等。信息的传播可借助日标公众接触到的各种传播媒介。

（2）收集顾客信息。这些信息应包括顾客的基本情况（如收入情况、职业情况、家庭情况、兴趣爱好等），顾客对产品的使用情况及顾客对企业售后服务的反馈，等等。

15.3.2 供应商与经销商关系

所谓供应商，是指直接向零售商提供商品及相应服务的企业及其分支机构、个体工商户。处于企业“上游”环节的供应商，是保证企业开展并维持正常的生产经营活动的“关键性公众”，因此，供应商公关工作是企业的一项重要公关工作。

供应商公关工作的内容是在企业与供应商之间建立畅通无阻的信息交流渠道，从而建立起企业与供应商之间长期的战略合作关系。公关部门针对这类公关活动可采取的公关方式有联谊会、茶话会、宴会、舞会、参观访问、小型座谈会等，通过各种社交活动和良好的个人间的人际关系，与供应商建立起密切的伙伴关系。

企业要处理好与供应商的关系，应做到：第一，密切与供应商的联系；第二，积极收集供应商的意见；第三，注意采购人员素质的培养；第四，建立供应商奖励机制。

作为“下游”的经销商也是企业的一项重要公关内容，经销商是企业与顾客的桥梁，企业必须通过经销商，才能把产品销售到千千万万的消费者手中。经销商公关活动的主要目的是让经销商深刻了解企业的产品特性和消费者的社会需求。良好的经销商关系对促进产品的销售、维护企业产品的信誉有着重要的作用。企业经常采用的公关方式有新产品推广会、经销商年会、订货洽谈会、经销商培训计划等。

企业要建立与经销商良好的公共关系，应做到：第一，要尊重经销商的意见；第二，企业要主动为经销商提供各种服务；第三，通过举办产品展销会等加强与经销商的沟通；第四，指导经销商确立公共关系目标。

15.3.3 政府关系

政府公共关系是指企业与相关政府之间的关系。政府是国家的权力执行机关，履行着管理整个国家经济生活的重要职能，企业的正常发展离不开政府有关部门的指导与关心，对于作为经济组织的企业来说，政府既是管理者，又是一种外部公众。建立和维护良好的政府关系，有利于组织争取良好的政府环境、法律保证、行政支持和社会政治条件，从而获得稳定的发展。

建立良好的政府关系可从以下几个方面着手。

（1）协调好企业利益与国家利益的关系。作为以盈利为目的的组织，企业利益与国家利益是企业与政府关系的一个重要方面。公共关系人员应自觉服从国家的宏观管理，在不影响国家利益的前提下，尽可能多地争取企业利益。当企业利益与国家利益发生冲突时，则应顾全大局，树立全国一盘棋的思想，维护国家整体利益。

（2）建立与政府的信息沟通机制，在政府与企业间建立稳固畅通的信息交流渠道。为此，企业应熟悉政府机构的内部层次、工作范围和办事程序，并与各级主管部门保持稳定的联系和良好的关系。

（3）企业应及时与上级主管部门沟通信息，汇报自己的重要经营管理情况，使政府了解企业的基本情况和发展变化，得到政府管理部门的指导与帮助。

（4）努力树立企业在政府及主管部门中的良好形象。为了获得政府的支持与帮助，企业要努力营造自己在社会和消费者中的良好形象，把握一切有利时机，扩大企业在政府部门中的信誉和影响，使政府了解企业对社会、对国家所做的贡献和取得的成就。比如，企业可以将利润的一部分投资于公益事业、慈善事业、环保事业等，积极承担起社会责任，在公众与政府中树立起良好的口碑。

15.3.4　新闻媒体关系

新闻媒体公众又称媒介公众，指新闻传播机构及其工作人员，如报刊、电视、广播、互联网及其编辑、记者等。与新闻媒体的公关联系是企业公关活动中最为重要的一类，这是因为企业的对外公关信息绝大多数都要借助于专业化的社会新闻机构进行发布，各类突发的公关危机也需要借助新闻媒体公正而及时的报道活动来予以消除。从某种意义而言，新闻媒体既可以帮助企业走上成功之路，亦可以使企业声名狼藉。因此，企业要建立良好的信誉和形象，就必须与新闻媒体建立起良好的关系。

搞好新闻媒体关系的工作内容主要有以下几个方面。

（1）尊重新闻工作规律。新闻工作有自己的价值标准和职业规范，企业领导人和公关人员不能迫使新闻媒体发表有利于自己的新闻，而阻挠其发布不利于自己的新闻报道，不能对新闻工作者施加任何压力，应充分尊重他们发表真实声音的权利。

（2）及时、主动地提供富有新闻价值的信息和材料。企业公关人员应与记者、编辑保持经常的联系，及时、主动地向各类新闻媒体提供与本企业有关的新闻材料。

（3）公开事实真相，真诚对待新闻工作者。公关部门应向新闻记者提供真实可靠的信息，而不是虚假乱造的信息。对于来访的新闻工作者，应真诚相待，给予热情的帮助。

（4）适时邀请新闻界人士前来参观访问。邀请新闻界人士前来参观访问，通过他们的切身感受，既为新闻媒体提供了新闻题材，使新闻报道更加客观真实，又为企业创造了新闻宣传的机会。

（5）与新闻界保持长期接触，以增进相互了解。

15.3.5　社区关系

社区是指一定地域内的人口集体，由地域、人口、制度、地缘感四个要素构成。社区是企业赖以生存和发展的基本环境，企业同其所在地的社区有着休戚与共的依存关系。企业在生产经营活动过程中，不可避免地与社区内的组织与民众发生这样或那样的联系，没有一个安定良好的社区环境，企业的日常生产就无法正常进行。

社区公关的目的是为了争取社区公众对本企业的了解和支持，使其知晓企业可能给社区带来的有利方面，从而为企业创造一个稳固的生存环境，奠定繁荣的根基。

社区关系的工作内容主要有以下几个方面。

（1）保护和改善社区的生态环境。企业服务社会，首先要立足社区。而社区生态环境直接影响到社区居民的日常生活和身体健康，是社区公众非常关心的问题。因此，企业要在其生产经营过程中，自觉消除对社区的不良影响，注重环境保护和生态平衡，使居民安居乐业。

（2）参与和支持社区公益活动。企业应积极参与和支持社区内的各种公益活动，积极承担起发展社区的责任，以实际行动赢得社区公众的信赖、尊重和赞扬。例如，资助社区教育事业，赞助社区各种文体娱乐活动。

（3）促进社区繁荣，维护社区秩序。企业应关心所在社区的繁荣和发展，利用自身优势为社区带来更多的福利和利益。同时，积极维护社区秩序，为企业的发展创造良好的社区环境。

（4）协助地方政府解决就业问题。

（5）定期邀请社区公众参观企业。

（6）在社区内举办各种文体娱乐活动。

（7）加强企业与社区的沟通，邀请社区公众参加座谈会等活动。

15.4 企业公共关系与企业发展战略选择

与政府公共关系、非营利组织公共关系相比，企业公共关系的突出特点就是直接参与企业的营销活动，为组织增加经济效益。不论是出于建立与公众良好关系的目的，还是提高企业形象树立良好信誉的追求，企业公共关系最终的目的还是为了提高企业效益，赢得顾客信赖，以在激烈的市场竞争中赚取更多的利润。因此，企业公共关系与企业营销的战略选择密不可分。

15.4.1 公共关系与整合营销战略

整合营销传播（Integrated Marking Communications，IMC）是20世纪90年代以来在西方盛行的营销理念和方法，由美国西北大学唐·舒尔茨教授（Done. Schultz）首次提出。所谓整合营销传播，即将所有传播营销工具整合向市场传播信息，也就是完整的市场信息传递。与传统“以产品为中心”的营销价值相比，整合营销更强调“以客户为中心”，强调营销就是传播，强调与客户多渠道沟通，和客户建立起品牌关系。整合营销传播理论的核心是4C，即关注客户的需求和欲望（Consumer wants and needs）；关注客户为了满足自己需求和欲望所可能的支付成本（Cost）；充分考虑客户购买的便利性（Connenience）；注重与客户的积极沟通（Communication）。整合营销传播的内容就是将企业信息通过广告、新闻、促销、公共关系、直销、新媒体等一切传播活动，传递给以目标消费者为主的一切社会公众。

1. 整合营销传播理念形成的原因

产生于20世纪90年代的整合营销传播理念，是数字化、信息化、全球化和一体化发展的产物，是新媒体技术在市场经济深入发展的充分运用。促成整合营销传播产生的原因包括以下几个方面。

（1）从以产品为中心到以顾客为中心。传统的4P营销理念以产品为中心，强调产品的价格、渠道和促销，企业卖的是它能生产的产品，而不一定是消费者愿意购买的产品。随着市场竞争的加剧，以新媒体技术为核心的科技革命，催生了知识经济、信息经济的迅速崛起，企业正处在进一步细分化、专门化、科学化的市场环境中。在这样的市场环境下，企业要想持续发展，最重要的就是建立并长期维持与各利害关系者间的良好关系。这就促使企业将目光焦点从产品转向顾客，将“顾客”作为发展战略、研发战略、市场战略等一切战略规划的核心。

（2）从面对顾客到面对社会公众。1985年，巴巴拉·本德·杰克逊提出了关系营销的概念。所谓关系营销，即把营销活动看成是一个企业与消费者、供应商、分销商、竞争者、政府机构及其他公众发生互动作用的过程，其核心是建立和发展与这些公众的良好关系。在关系营销的时代，仅仅以目标顾客为对象的传播促销模式已不足以应对日益激烈的市场竞争，任何一种关系协调的失败，都会导致销售额的下降，甚至是毁灭性的打击。所以，整合营销不仅以目标顾客为利害对象，而且还把投资者、供应商、分销商、政府机构、大众媒体等作为利害关系对象。

（3）从单一媒体到多元媒体传播。由于科技发展水平的限制，20世纪80年代以前企业主要依赖于报刊、电视、广播等传统的传播媒介。进入20世纪90年代，以网络和手机为代表的新媒体技术迅速发展，当今社会已进入信息社会，互联网发展的大众化、媒体化、数字化趋势更加凸显。电信网、计算机网和有线电视网三大网络融合工作正在加速推进并取得了实质性进展，而“云计算”、“物联网”等下一代互联网技术已经由概念进入到技术研发和产品应用阶段。新媒体的出现，打破了原有少数大众媒体一统天下的局面，使得消费者可以从各种媒体中获得有关产品的信息，而每一个媒体的受众数量则越来越少，每一个消费者或潜在顾客接触到的媒介却越来越多。在这样的情况下，靠单一媒体已很难把握大部分的顾客，而期望靠单一媒体构建良好的公共关系也已不再可能。

整合营销的理念正是在这样的背景下应运而生，它迎合了以顾客为中心的概念，借助一切可能的传播渠道为所有顾客服务，避免了传统营销方式由于传播渠道单一而造成的传播面狭小的不足。

2. 整合营销传播的指导原则

企业在实施整合营销传播的过程中，从公共关系的视角要注意以下一些基本原则。

（1）以顾客为中心。在整合营销传播中，一切规划和策略都要以顾客为中心，关注顾客的需求和欲望，考虑顾客购买的便利性，注重和顾客的及时沟通。简言之，就是全心全意为顾客服务，顾客需要什么，企业就生产什么，将顾客作为公共关系最重要的客体，改变早期营销活动以产品为核心的状况。以顾客为中心，这就要求企业建立专门的公共关系部门，调查研究顾客的需求、生活习惯、兴趣爱好，建立顾客档案，有针对性地研发产品、选择传播媒介。

（2）以调查为依据。正如第（1）点所指出的，要真正做到以顾客为中心，企业就要调查研究顾客的需求、生活习惯、兴趣爱好等信息，只有建立在实际调研的基础上，企业才能有针对性地研发产品、选择传播媒介。在市场竞争日益激烈的今天，如果企业做出的战略行为缺少实际调查支撑，就会导致资源的严重浪费，甚至给企业造成致命性的打击。公共关系之所以成为整合营销传播的重要组成部分，一个重要的原因就是公关部门长期进行公众调研工作，能为整合营销的战略实施提供大量的第一手公众信息。这些信息涵盖了本企业消费者和潜在消费者的人口分布、收入状况、心理特征、购买习惯、接受信息的方式、对媒体的偏好，等等。这些调研工作也可以看成是公共关系在营销领域中的延伸。

（3）以培养"消费者价值"为目的。传统的营销活动多是一次性的，营销活动以引导顾客完成购买行为为终点。从营销学意义上来说，传统的营销并非严格意义上的市场营销。保留客户，培养忠诚，即培养"消费者价值"，才是市场营销的内核所在。市场竞争的成败，关键在于产品，而产品竞争的成败，关键在于消费者的货币选择。因此，培养"消费者价值"，与消费者保持长久的紧密关系，才是企业长久发展的战略选择。要达到这样的目的，短期的广告或促销活动显然是不够的，必须经过长期整合营销传播活动的努力。

（4）以"一个声音"为传播支点。信息的一致性是企业传播的内在要求。在整合营销传播概念提出以前，企业对外的信息传播往往不是统一的；广告有自己的创意策划，促销有自己的价格战略，市场部门又有自己的营销方案。不同的声音会导致公众对企业信息接收的紊乱，不利于企业形象的树立。公共关系的一种职能就是对组织的输出、输入信息进行管理，将"多种声音"转化为"一种声音"。这一职能在营销领域中的应用，就是协调企业在广告、新闻、促销、CI、包装等活动中信息的一致性，保持用一个声音对外说话。

（5）以运用多种传播媒介为手段。运用多种传播媒介正是整合营销传播的"整合"所在。如今，公众接受企业的信息可有多种渠道，诸如新闻报道、公关广告、展览会、庆典活动、电子网络等。整合营销传播就是要优化一切可以利用的传媒资源，以"整合"、"合力"、"一致性"、"完整性"的形象，对社会各界公众传播同一个声音。

3. 整合营销传播的方法

在以上原则的指导下，对整合营销传播方案的实施有以下五种方法可供参考。

（1）同一外观法。同一外观法可以实现企业以"一个声音"对外说话的要求，这就需要将企业对外输出的所有信息进行整合，使之保持同一"外观"。从内容方面看，同一外观主要指企业输出的信息必须保持理念上的一致性，主题突出、集中，不能造成自相矛盾。从形式方面看，同一主题在所有的媒介中要保持同一的颜色、图案、识别符号，以对公众形成强有力的视觉冲击。

（2）主题线工作法。主题线工作法就是在某种媒体上投放主题信息，然后再通过其他媒体对其进行强化，以提高公众对主题的记忆质量。这个方法的要点是使用非广告的传播形式提示消费者进行广告回忆，以提高消费者对广告信息的记忆质量。这种方式是基于对各种传播媒介功能的整合，由于不同的媒体针对不同的受众，这就使得单一的媒体传播并不能取得很好的效果，而不同的媒体在传播信息时有各自的特长和缺陷，这就需要以同一的、鲜明的主题贯穿其中，使不同的媒体传递同一的信息。

(3) 集团冲击策划法。这种方法是利用所有可能利用的媒体，协调合作，在同一时间对公众造成信息的集团式的爆炸冲击。例如，某家广告代理公司可能承包了当地有线电视台、几家广播电台及一些地方报纸的广告业务，能为企业提供“配套广告服务”。这时有需求的企业就可以与这家广告代理公司签订广告合同，请其在同一时间内，在当地的电视、广播、报纸上投放具有同一外观、同一形象、同一主题的广告，对公众进行“集团轰炸”。同时还可以配合一些新闻报道、现场促销、产品展示等人际传播的活动，对公众产生全方位冲击。

(4) 特设会议法。整合营销传播的对象不止限于消费者，还应当包括企业利益相关的一切公众，他们之间的关系是一种“风险共担”的关系。特设会议法就是通过举行特设会议，请与企业利益相关者出席，并达成共识，使各方实现利益、风险的整合。这种特设会议的与会人员包括本组织的股东、广告公司来的客户主管、公关代表、销售促进机构的销售人员及营销调研人员等。

(5) 基于消费者的方法。这种方法有以下几个要点。

① 建立资料库。对一个稳健的整合营销传播计划来讲，建立消费者和潜在消费者的资料库是必不可少的，其内容包括人口统计资料、心理统计、消费者偏好、消费者以往购买的记录等各个方面。建立资料库，就是要尽可能有效地使用消费者及潜在消费者心理及行为方面的资料作为市场细分的依据。

② 接触式管理。即决定在何时何地以及如何与消费者进行接触，根据与消费者沟通的内容决定广告诉求的主题。

③ 发展沟通策略。即决定在什么样的背景之下该传达什么样的信息，以及在什么样的环境之下用什么样的方法来传达信息。

④ 选择传播手段。只要能协助达成营销及传播的目标，所采取的传播手段可以无限宽泛，除了广告、直销、公关及事件营销以外，还有产品包装、商品展示、店面促销活动等，都是整合营销传播中的有力武器。

15.4.2 公共关系与企业名牌战略

1. 名牌的性质与功能

所谓名牌，就是社会公众通过对企业及其产品的品质和价值加以确认而形成的著名品牌。这个定义说明，名牌的对象是企业及其产品，名牌的主体是社会公众，名牌的评定方式是公众的认知和确定。从直观的形式看，名牌是企业的商标，含有产品的质量、价值、知名度等经济指标。但在名牌的背后，则是企业在经营、管理、人力资源、服务体系、企业文化等方面高层次、高质量的持之以恒的工作。由于名牌与否是由消费者来评定的，这也正是公共关系在企业名牌战略中的重要地位之所在。要获得消费者的认可，就需要通过公关工作扩大企业及其产品的知名度；要想得到消费者的确认，就需要通过公关活动提高企业及其产品的美誉度。

在市场营销的过程中，名牌具有的功能包括：① 市场竞争功能。名牌产品比非名牌产品有更高的知名度和美誉度，较之非名牌产品，消费者更信赖和认可名牌产品，从而使得名牌产品能占有更大的市场份额，获得最大限度的利润。② 商品促销功能。由于名牌巨大的市场号召力，它对顾客有极大的吸引力，使顾客可以在浩如烟海的商品大海中迅速发现它，并立即建立购买的信心。③ 企业扩张功能。一些企业的名牌一旦形成，就可以利用它的市场优势，通过市场的兼并、联营、收购等手段，扩大自己的市场占有额。④ 文化传递功能。名牌不仅是高质量产品的符号，而且是一种文化，它传递给消费者的不仅是高品位和高档次，还有深厚的企业文化。因此，推广名牌的过程，也就是推广企业文化的过程。

2. 公关定位确立名牌的整体形象风格

名牌不是抽象的，它总是以某种具体的形象在消费者心目中定位。即企业把针对目标市场细分开发出的产品特性，通过沟通传达给消费者。产品之所以成为名牌，就是因为有明确的形象定位，将明白简单的信息深深植入消费者的脑海里。比如，沃尔沃定位为“最安全的汽车”；王老吉定位为“预防上火的饮料”，那句“怕上火就喝王老吉”的广告语早已家喻户晓。我国企业在发展名牌战略的问题上，对公关定位注意不够，往往只重视生产的规模、产品的覆盖面与市场占有率，只重视品牌的知名度和影响力，而忽视创造消费者心目中品牌的独特风格和形象个性。公共关系学是研究形象塑造的科学，企业形象的根本便是定位，没有定位的形象必定是空洞的形象、模糊的形象、缺乏可持续发展的形象。因而，公关的定位理论是创立名牌的制胜法宝。

定位的真谛就是“攻心为上”，消费者的心灵才是营销的终极战场。从广告传播的角度来看定位，它不是要琢磨产品，因为产品已是生出来的“孩子”，已经定型，不大容易改变，而容易改变的是消费者的“心”。企业品牌定位的前提是精准的市场细分和目标市场的选择，要根据企业的实际情况考虑定位的策略。具体方法有以下几种。

（1）市场领导者策略。一般来说，市场领导者是指在相关产品的市场上市场占有率最高的企业。市场领导者在价格调整、新产品开发、配销覆盖和促销力量方面处于主导地位，它是市场竞争的导向者，也是竞争者挑战、效仿或回避的对象。有资料表明，第一个进入人们头脑的品牌所占据的长期市场份额通常是第二个品牌的两倍、第三个品牌的三倍，而且这个比例不会轻易改变。现实生活的经验也的确如此，许多事物人们只记得第一，不记得第二。比如，大家都知道珠穆朗玛峰是世界第一高峰，但第二高峰恐怕就很少有人知晓了。所以，一些实力雄厚的企业都会努力将自己的品牌定位于市场第一。例如，微软——世界操作软件第一品牌；联想——中国电脑第一品牌；海尔——中国洗衣机第一品牌，等等。占据市场领导者地位的公司常常成为众矢之的，而要击退其他公司的挑战，保持第一位的优势，就必须扩大总需求、保持现有市场份额进而扩大市场份额。

（2）市场跟进者策略。所谓跟进者，顾名思义，就是在领导者之后的位置上的企业或品牌。领导者人人都想做，但毕竟领导者只有一个，实力稍差的企业可以利用市场领导者宣传给公众头脑中留下的一些空隙，迅速加以补充，从而占有一个重要位置。消费者心中空隙可以从以下几个方面去寻找：在产品本身方面去找，如产品的特性、颜色、款式等；在产品的目标消费者方面去找，如消费者的性别、年龄及自我意识的强弱等；在产品的外延及企业的经营特色上去找等。市场跟进者通常可以采取以下策略：① 在消费者心目中强化自己的特点；② 寻找为消费者所重视的，但尚未被市场领导者占领的空隙，如在款式方面的年龄分类、在技术上的新突破、在功能上的独创性等；③ 退出竞争性定位，重新寻找新的定位；④ 通过进入“高级俱乐部”的策略来提高自己的定位。这里的“高级俱乐部”是指市场领导者所在的地方，比如“世界 500 强”；在品牌的定位上，跟进者常采用模仿领导者的策略，利用领导者的品牌优势，建立自己的品牌地位，比如常见的“中国的硅谷”、“中国的 IBM”等，利用领导者的声望来提升自己的品牌。

（3）市场挑战者的策略。市场挑战者是指那些相对于市场领先者来说的，在行业中处于第二、第三和以后位次的企业。这些企业具有一定的实力，但又不愿意接受跟进者的身份，所以采取与领导者挑战的角色，如美国汽车市场的福特公司、饮料市场的百事可乐公司等企业。处于次要地位的企业如果选择“挑战”战略，向市场领先者进行挑战，首先必须确定自己的策略目标和挑战对象，然后选择适当的进攻策略。挑战者的策略，实际上是从反面利用领导者品牌优势，以竞争者身份引起公众的注意。

市场挑战者可以采取以下品牌策略。

① 树立威望品牌。威望品牌也叫银弹品牌，就是能用于支持或改变母品牌形象的子品牌，它就像在对手阵地的重要位置插入一个楔子，一来能引起对手重视，吸引对手力量；二来能增加自己的主动权。比如，“三星”以手机为其电子产品树立了造型设计精致的名望，结果提升了整个电子产品的市场地位，而索尼则以 Walkman 树立了自己在产品创新方面的名望。威望品牌必须体现公司最具优势的特点，尤其对于市场挑战者来说，必须打破笼罩在市场领导者身上的光环，为自己争得市场主动权。

② 树立驱动性品牌。驱动性品牌就是能促使消费者作出购买决策的品牌，它直接针对销量，体现的是顾客购买决策的参考因素及与使用经验相关的因素，比如科龙的康拜恩，MOTO 的 V3，都是驱动性品牌，只不过科龙用价格武装，而 MOTO 用时尚流行武装。对于市场挑战者，气势上常常被前面的市场领导者压制，而市场冲击力及市场人气上往往难敌市场追随者，所以，通过树立威望品牌和驱动性品牌能争取更大市场主动权，而且还能有效提升销量，让品牌的效果更明显。

③ 进行品牌审计。品牌审计是对品牌的消费环境、使命目标、战略、健康程度及品牌推广等进行全面、系统的检查，其主要目的是发现问题、捕捉机会，为增加品牌资产及提升

公司业绩提供行动建议。品牌审计可以是全方位的，也可以就某--方面单独进行专题审计，它可以为市场决策提供背景、思路与佐证。对于市场挑战者来说，进行品牌审计不只使品牌的效果看得见，还能马上找出和市场领导者品牌的差距以及和市场追随者相比较的优势，并积极采取对策。

④ 品牌延伸。品牌延伸也是让品牌效果看得见的一条途径，它能在增加很少销售费用的情况下让新产品搭上便车，也能直接体现品牌的力量，它已经成为许多公司的中心增长战略，近十多年来更是如此，品牌延伸已成为企业扩张的理想选择。

⑤ 品牌授权。品牌授权又称品牌许可，是指授权者将自己所拥有的品牌授予被授权者使用，被授权者按合同规定从事经营活动（通常是生产、销售某种产品或者提供某种服务），并向授权者支付相应的权利金，同时授权者给予培训及经营管理等方面的指导与协助。比如，迪斯尼公司在全球拥有4 000多家品牌授权企业，其产品从最普通的圆珠笔，到价值两万美元一块的手表，在国内授权经营的有著名卡通品牌巴布豆和史努比等。对于市场挑战者来说，既可以收取品牌权利金，还可以壮大自己品牌在市场上的声势，扩大自己的影响范围，这也是让品牌效果看得见的一个途径。

⑥ 品牌联合。品牌联合就是两个或两个以上的品牌建立协作联盟，以实现优势互补。品牌联合可以更好地标明商品的品质，它既可以把两种有形产品结合在一起，也可以宣传两种产品互为补充，彼此可以独立使用。品牌联合的优势除了可以降低市场营销费用外，还可以迅速地将一个现有品牌的内涵、形象等转移到另一个品牌上去，总之，品牌联合可以迅速地改善各个方面，因而它特别有吸引力。对于市场挑战者来说，它可以迅速提升品牌影响力，并带来市场的强烈反应。比如健力宝和中国女排的联合，就使得中国女排的形象内涵转移到健力宝品牌上，获得市场广泛认可。

3. 公共关系传播塑造名牌

公关传播就是把企业的品牌知名度、美誉度、定位度向公众进行宣传、讲解，在公众的心目中建立心理认知，培养信心与忠诚。名牌的创立、发展离不开公关传播，甚至可以说是依靠公关传播来完成的。公关传播塑造名牌在公众心目中的位置，让公众信任品牌、热爱品牌、忠诚品牌。公共关系在传播塑造企业品牌的时候，可以采取“三名”战略，即“名人”、“名品”、“名门”。

（1）“名人”战略。即利用一些在社会上有很高知名度的公众人物，托起企业及其产品的品牌，是三大战略中运用最广泛，也是人们最熟知的战略。这一战略最常用的方式就是聘请有很高知名度的公众人物，一般是影视明星作为企业产品的形象代言人。公众在进行商品选购的时候，往往会对一些从未用过的产品产生怀疑的心理，这时如果运用他们熟悉的某些知名人物代理产品形象，会增加公众对企业及其产品的信任。

（2）“名品”战略。即利用企业某些已经打出去的产品来推广企业形象，制造一系列的名牌。例如北京的全聚德集团，以北京烤鸭带动了所有餐饮买卖，成为中国一家著名的饮食企业。

（3）“名门”战略。即利用企业的整体形象来提升企业其他产品的形象。这一战略也是很常见的，一家企业不可能在其所有的产品上都去花费巨资打造名牌，但在某一产品上已经建立了很高的知名度，就可以借此来推广其他产品的营销。例如，海尔集团生产的冰箱享誉海内外，但如今海尔品牌已延伸到彩电、手机等领域，成为包括家电、房地产、金融等全方位的企业集团。有些企业还可以借助联营、合资的渠道，通过投靠名门来提高自己的身价。例如，上海大众由上海汽车集团与德国大众汽车公司合资组建；而华晨宝马汽车有限公司是宝马集团和华晨中国汽车控股有限公司共同投资成立的合资企业，从事BMW品牌汽车的制造、销售和售后服务。

相关知识链接

企业战略

“战略”这个概念最初只存在于军事领域。战争讲究谋略。谋略有大有小，大谋略叫“战略”，小谋略叫“战术”。战略与战术的区别是：战略针对全局问题，战术针对局部问题；战略针对长期问题，战术针对短期问题；战略针对基本问题，战术针对具体问题。

1965年，美国的一位专家发表了《企业战略论》。从此以后，“战略”这个概念就进入了企业领域。军队从事战争，企业从事竞争，两者虽然本质不同，但都存在一个“争”字。企业既然要参与竞争，就要在竞争中讲究谋略。企业谋略也有大小之分，大谋略是战略，小谋略是战术。在企业领域很少有人使用“战术”这个概念，虽然很少使用，但它是客观存在的。企业谋略不能有大无小。企业的小谋略只能被称为“战术”。

“企业战略”是企业中各种战略的总称，其中包括发展战略、竞争战略、营销战略、技术开发战略等。这些战略的基本属性是相同的，都是针对企业整体性、长期性、基本性的谋略，不同的只是谋划角度。

案例点评

青岛啤酒：深度联手NBA，品牌价值飙升

青岛啤酒营销总裁严旭出身于运动员。作为中国啤酒行业的领军品牌，青岛啤酒通过持续的体育营销运作，在诠释“激情成就梦想”品牌理念的同时，也在亿万中国消费者心中烙下了包括激情、梦想、成就感等元素在内的品牌印记。

从2003年青岛啤酒赞助厦门国际马拉松比赛开始，2004年青岛啤酒成为首届中国网球公开赛国内唯一啤酒赞助商；2005年成为2008年北京奥运会国内啤酒赞助商；2006年被指定为都灵冬奥会中国体育代表团专用啤酒；同年携手湖南卫视在全国范围内发起公益性全民健身运动“青岛啤酒——我是冠军”活动；2009年4月，青岛啤酒与美国职业篮球协会（NBA）建立战略合作关系，启动青岛啤酒“炫舞激情”拉拉队选拔赛，青岛啤酒将体育营销发挥得淋漓尽致。

青岛啤酒通过“炫舞激情”NBA拉拉队选拔赛获得了商业价值和社会价值的双赢。2010年青岛啤酒进一步升级该赛事，赛区达到118个城市，还将选手送到美国迈阿密进行培训；同时又和NBL联赛合作，让这些拉拉队可以在当地俱乐部直接进行社区互动，把品牌的年轻化、时尚化落实到基层。通过和NBA的合作，青岛啤酒的品牌价值2010年6月份已经达到了428亿元。

【点评】青岛啤酒通过与NBA深度联手，开展各种公共关系活动，逐步扩大了企业影响、树立了良好的企业形象、增强了企业美誉度、赢得了顾客的青睐、增加了市场份额，从而提升了企业的品牌价值。当今社会公共关系已成为企业发展战略的重要组成部分，发挥着重要的作用。

思考题

1. 什么是企业公共关系？它有哪些特征？
2. 如何做好员工的公关工作？
3. 企业如何处理好顾客关系？
4. 企业如何处理好政府关系？
5. 什么是整合营销传播？进行整合营销传播应遵循哪些原则？
6. 公共关系在传播塑造企业品牌时可以采取哪些战略？

案例讨论题

星巴克的“第三空间”①

100多年前，星巴克是美国一本家喻户晓的小说里主人公的名字。1971年，3个美国人开始把它变成一家咖啡店的招牌。1987年，霍华德·舒尔茨和他的律师，也就是比尔·盖

① 资料来源：黄江伟．中国广告网 http：//news. cnad. com/html/Article/2010/0105/20100105145513614. shtml.

茨的父亲，以380万美元买下星巴克公司，开始了真正意义上的“星巴克之旅”。

如今，星巴克咖啡已经成为世界连锁咖啡的第一品牌，已经在全球38个国家开设了13 000家咖啡店。虽然传统意义上“根红苗正”的咖啡并非起源于美国，但星巴克咖啡目前已经俨然是这些品类最“正宗”的代名词。与一些有着百年历史的国际品牌相比，星巴克的发展历程实在太短暂了。而其国际化的步伐，尤其是亚洲市场的开拓，也仅仅是在十几年前开始的。这与中国很多“年轻”品牌有着一定的相似之处，究其成功的经验就是它独特的品牌定位。

关于人们的生存空间，星巴克似乎很有研究。霍华德·舒尔茨曾这样表达星巴克对应的空间：人们的滞留空间分为家庭、办公室和除此以外的其他场所。第一空间是家，第二空间是办公地点。星巴克位于这两者之间，是让大家感到放松、安全的地方，是让你有归属感的地方。20世纪90年代兴起的网络浪潮也推动了星巴克“第三空间”的成长。于是星巴克在店内设置了无线上网的区域，为旅游者、商务移动办公人士提供服务。

其实不难看出，星巴克选择了一种“非家、非办公”的中间状态。舒尔茨指出，星巴克不是提供服务的咖啡公司，而是提供咖啡的服务公司。因此，作为“第三空间”的有机组成部分，音乐在星巴克已经上升到了仅次于咖啡的位置，因为星巴克的音乐已经不单单是“咖啡伴侣”，它本身已经成了星巴克的一个很重要的商品。星巴克播放的大多数是自己开发的有自主知识产权的音乐。迷上星巴克咖啡的人很多也迷恋星巴克音乐。这些音乐正好迎合了那些时尚、新潮、追求前卫的白领阶层的需要。他们每天面临着强大的生存压力，十分需要精神安慰，星巴克的音乐正好起到了这种作用，确确实实让人感受到在消费一种文化，催醒人们内心某种也许已经快要消失的怀旧情感。

正是有了这样的品牌定位，星巴克似乎并不担心合作伙伴不能调配出可口、美味的咖啡，而是担心“不卖咖啡卖服务”的核心品牌理念不能很好地被逐利者所领会。因此星巴克为自己坚持直营的战略给出的理由是：品牌背后是人在经营，星巴克严格要求自己的经营者认同公司的理念，认同品牌，强调动作、纪律、品质的一致性；而加盟者都是投资客，他们只把加盟品牌看做赚钱的途径，可以说，他们唯一的目的就是为了赚钱而非经营品牌。星巴克一直认为，品牌其实是很脆弱的，只要客户有一次抱怨，就可能永远失去客户的忠诚。因此舒尔茨在星巴克反复说，品牌是一项终身事业，星巴克品牌不是被一次性授予的封号或爵位，它必须以不断地努力来保持和维护。一个年轻的品牌就是这样“小心翼翼”地防范着随时可能爆发的“品牌危机”，当然也获得了越来越多人的青睐与忠诚。

“我不在星巴克，就在去星巴克的路上”，传递的是一种令人羡慕的“小资生活”，而这样的生活也许有人无法天天拥有，但没有人不希望“曾经拥有”。“第三空间”，其实是人人需要的一种品牌定位。

品牌的定位，不是讨论、思考出来的，而应是寻找、挖掘出来的。在星巴克之前没有“第三空间”吗？其实星巴克只是为自己较高品质的产品，较为准确地找到了与目标消费人群交流的语言。一个成功品牌的唯一出路，在于你是“面对”着消费者，而不是“背对”

着消费者。用平视、友善的目光去建立信任；用温暖的双手、肩膀去获得信赖；用不变的信念与虔诚来产生信仰。而事实上，我们说国内企业“无品牌”，就是“背对”的时候太多，“面对”的时候太少。创新的传播策略与一些奢侈品不惜版面、时间进行品牌传播的传统套路“格格不入”，星巴克几乎很少投放广告。过去20年，星巴克在广告上的支出大约为2 000万美元，平均每年仅100万美元。而宝洁公司仅是旗下纸尿裤品牌“帮宝适”每年的广告支出就达到3 000万美元。

事实上，鲜做广告宣传的星巴克似乎从来不缺少传播。只是它更看重“口口相传”的效应，看似缓慢而烦琐，却也稳固与长久。“进来一个，抓住一个；抓住一个，巩固一个；巩固一个，发展一批。”这几乎是口碑传播过程中必不可少的流程与环节，但是要想做好，在每个国家对每个消费者都能够做好，可就不那么容易了。

【讨论题】

1. 你认为星巴克品牌定位之后做了哪些公关工作?
2. 结合本章理论，谈谈你对案例中星巴克“第三空间”的感想。

第16章

政府公共关系

本章学习目标

通过本章学习，掌握政府公共关系的含义、特征及功能，理解政府公共关系的具体构成，了解当前我国政府开展公共关系活动所存在的问题。

16.1 政府公共关系概述

16.1.1 政府公共关系的含义

在现代社会中，任何组织都处在一个极其复杂的公共关系网络中，企业是如此，政府更是如此。在公共关系发达的国家和地区，政府公共关系已成为政府的一项重要工作。政府公共关系的充分发展不但有利于一个国家的政治稳定，而且可以促进和改善世界各国之间的关系。所谓政府公共关系，是指政府为了争取公众对政府工作的理解和支持，运用各种有效的传播途径和沟通手段与社会各界进行良性互动，以塑造良好的政府形象，赢得公众信任，获得公众支持的所有活动的总称。

对于政府公共关系的含义，可以从以下四个方面来理解和认识。

（1）政府是政府公共关系的主体，是政府公共关系活动的发动者和组织者。政府在政府公共关系中发挥着主体的作用，没有政府，就不存在政府公共关系，政府公共关系活动的状况和效果依赖于政府的行为，又影响着政府的行为。政府每个成员都应该扮演好自己的公关角色，为政府的形象负责。政府公共关系给社会公众呈现一种怎样的状态，直接取决于政府公共关系主体所采取的策略和运用的传播手段。因此，政府公共关系的主体——政府，它的作用至关重要，是政府公共关系成败的主导因素。

（2）社会公众（包括政府内部成员）是政府公共关系的客体和对象。作为代表国家行使社会管理等职能的政府，其管理对象不仅是其内部成员，而且包括全体社会公众。在整个社会关系网络中，政府要完成服务社会、造福人民大众的使命，必须要处理好政府内部成员与外部公众之间的关系。政府的管理是否有效，政府在社会中的形象是否良好，很大程度上取决于政府（包括政府内部成员）与社会公众的关系的融洽程度。政府公共关系是一种"内求团结，外求和谐"的管理艺术。对于政府的内部成员要做好内部公关，做到内求团结，增强政府组织的凝聚力和向心力；对于全体社会公众要做好外部公关，能够外求发展，获得社会各界的理解、拥护和支持。协调好两者之间的关系，最终将保证整个社会的良性运行与持续发展。

（3）政府公共关系的总目标是塑造良好形象、赢得公众信任和获得公众支持。政府公共关系是联系政府和社会公众的桥梁，其目的就是通过有效的公共关系活动谋求社会大众对政府的理解、信任和支持，而要获得公众对政府工作的信任与支持，必须提高政府的美誉度，塑造良好的政府形象。这既是政府公共关系工作的出发点又是最终的目标，政府所有公共关系活动的具体目标都是围绕这一总目标而展开的。政府的形象如何，直接关系到政府的威信及其工作的成败，因此，政府应当非常重视塑造自身的良好形象，以实现社会利益为基本宗旨，始终把公众的利益放在第一位。只有这样，才能使政府的决策、措施得以有效实施，才能使政府的工作得到人民大众的广泛赞誉和有力支持。总之，只有通过塑造良好的政府形象，才能更好地为社会公众服务，才能实现社会的整体发展。

（4）政府公共关系的途径是传播和沟通。政府与社会公众通过各种传播渠道来实现沟通，从而形成特定的关系状态。传播与沟通是联结政府公共关系主客体的纽带，是政府公共关系建立和实现的核心机制。政府必须自觉地与公众保持经常性、持续性的接触和联系，通过信息传播和沟通树立和强化在公众中的形象。政府在进行公共关系活动时，一方面要将自身的各方面信息通过媒介传播给相关公众，争取公众的了解和支持；另一方面还要从外部收集信息，为改善政府决策和行动提供依据。从这个角度来说，传播媒介是否先进，传播渠道是否畅通，直接影响着政府公关活动的效果。此外还应注重沟通技巧的改善，这也是公共关系活动不可忽视的一个因素，对政府公共关系也具有重要的影响。

16.1.2 政府公共关系的特征

1. 政府公共关系主体的特殊性

政府是社会中唯一可以拥有和执行公共权力的组织机构。政府不仅在性质上与各种经济、文化组织不同，而且也不同于其他政治组织。首先，政府具有其特有的权威性。政府可以制定政策、颁布法令，并强制所管辖范围内的人民群众去执行它的决定；掌握着军队、警察、监狱等暴力机关，可以合法地使用暴力。政府的权力是国家宪法和法律赋予的，它具有至高无上的权威，这是其他任何组织都无法比拟的。其次，政府是唯一的，它在整个社会中是独一无二的。任何一个统一的国家只能有一个合法的政府，这意味着它可以超越其他任何社会组织，而不受竞争规则的制约。最后，政府具有强制性。政府从中央到地方直至基层形成了一个完整的体系，其规模之大，是其他社会组织无法相比的。任何社会组织、群体和个人都必须服从政府的领导和管理，违背了政府意志，就会受到政府的强制性制裁。

政府作为上层建筑的核心，所处的独特地位使其在开展公共关系活动时，具有其他社会主体所不具备的优势。

2. 政府公共关系客体的广泛性与复杂性

与其他组织相比，政府公共关系的客体更为广泛和复杂。从广义上来讲，政府的管理对象涉及全体社会公众，包括社会的各个阶级、各个阶层、各个民族、各个党派、各种社会组织和各种利益团体等。除此之外，由于政府承担并履行着外交、国防、外贸等涉外职能，它还必须面对国际公众。所以，政府公共关系客体的广泛性是其所特有的。

政府公共关系客体的特性还表现在公众结构上的复杂性。政府面对的公众是以利益关系为基础的，它分为各种不同的利益团体。这些公众既有公共的社会利益，又有各自不同的特殊利益。各种不同利益团体的公众交错在一起与政府发生关系，导致政府所面对的公众在结构上呈现出相当的复杂性。由于各自的利益诉求得到满足与否，是公众对政府绩效评价的出发点，尤其是与公众切身利益密切相关的问题，如物价、住房、医疗、教育等是否得到满意解决直接关系到公众对政府的满意度。因此，如何处理好与社会公众的复杂关系，统筹兼顾、协调利益、减少障碍、消除隔阂，就成为政府公共关系的艰巨任务。

3. 政府公共关系的目标具有社会性和公益性

政府公共关系以追求社会发展的整体利益为目标，政府开展公共关系活动的目的不是为了追求自身利益，而是为了实现国家、社会整体利益，为了促使社会各领域、各部门协调发展和正常运行。政府开展公共关系活动本质上是为了促进社会效益的提高，即协调社会关系，稳定社会环境，促进整个社会的进步和发展。

政府组织是以实现人民利益、增进社会福祉为目的，这一性质决定了政府开展公共关系活动是为了服务社会公众。政府本身不直接参与生产经营，它向社会全体公众提供“公共产品”和优质服务，政府公共关系是要实现和维护大多数人合理正当的利益，政府的主要公共关系活动都是围绕着追求社会公益这一目标而展开的，因而政府公共关系的目标具有公益性。政府又是人民的委托代理人，这就要求政府在开展公共关系活动时，要坚持公共利益和社会利益。只有如此，才能得到人民的信任、拥护和支持，政府公共关系的初衷和效果才能够真正实现。

4. 政府公共关系手段的权威性与多样性

任何组织开展公共关系工作都必须借助于传播工具，传播是开展公共关系活动的手段。与其他组织相比，政府公共关系的传播条件与众不同，具有其他任何社会组织所不具备的优势。

（1）政府拥有巨大的信息资源。收集信息是公共关系活动开展的最初准备阶段，全面、准确地获取信息是整个公共关系活动成功的保障。政府本身就是社会各类信息的汇集地：一方面它通过自身所设立的机构来收集社会各方面的信息；另一方面社会各组织主动、积极地向政府提供信息。这一优势使政府能够及时准确地获知社会各领域、各部门的运作情况，于是政府比其他组织能更容易、更快速地开展公共关系活动。

（2）政府直接或间接掌握着大量的传播工具。大众媒体的传播范围最广、影响力最大；而政府这一独特的社会组织，一方面自身就拥有大量的大众媒介传播工具，如报刊、广播电视、网络等大众传媒。这些都由政府管理，政府掌握着主动权，将各种有用的信息在大众媒体上反复进行传播，从而引导舆论，创造最有利的舆论环境，这样就直接使这些传播工具为自身所用。另一方面，政府还可以间接操纵传播工具。如美国，大众传媒虽然都是私人所拥有的，是由商业团体掌控的，但政府可以通过法律、政策和新闻检查等制度来间接控制大众传媒。政府这种直接或间接掌握大量传播工具的优势，使政府在开展公共关系工作时得心应手，能够确保公共关系活动顺利开展，保证政府公共关系目标的顺利实现。

（3）政府的组织传播最为严密而迅速。一些社会组织在小范围内组织传播的效率尚高，一旦拓宽范围其效率就较为低下。政府机构庞大而结构复杂，却组织严密；无论是纵向传播还是横向传播，政府都可以有效地控制信息，并按一定程序使信息有目的地、准确迅速地在组织内部传播，并有效地传递给社会公众。

（4）政府灵活使用各种传播手段。政府的许多政策都是先采取文件形式在组织内部进行传播，而后再采用大众传播方式，有时两种方式同时并用。这种方法在其他组织中较为少见，这也是政府公共关系有效沟通的优势所在。

（5）政府对于信息的发布具有掌控权。在一些实行新闻审查和书报检查的国家里，媒体信息要预先经过政府的筛选。这种通过掌控信息以调控政府形象的做法，也是其他任何社会组织无法办到的。

5. 政府公共关系环境的系统性

任何公共关系都与社会环境有着某种程度的联系，公共关系的发展离不开它赖以生存的环境。企业或其他社会组织的公共关系环境一般只与本组织相关，涉及组织利益的局部性环境；而政府公共关系面临的环境比企业或其他社会组织公共关系的环境更为广泛和宏观。政府公共关系深受自然环境、政治环境、经济环境、社会环境、人文历史环境等诸多因素的影响；同时，政府公共关系又对环境产生更大程度和更深层次的影响。它涉及每个公民的切身利益，涉及广大群众发挥民主权利，涉及广大群众参与国家管理的深度与广度，涉及整个社会的稳定、发展与繁荣。因此，政府公共关系应从全局来看待和处理公共关系环境，在适应环境发展要求的同时，力争对环境发挥积极的能动作用。

16.1.3 政府公共关系的功能

1. 收集信息，确立正确的管理和服务目标

收集信息是公共关系工作的首要功能，是公共关系工作的第一步。政府通过多种渠道收集公众和社会各界的意见、建议和要求，然后对收集到的各种信息进行整理、分析、加工，把信息变为有用信息，提供给政府进行科学决策的参考，这样政府作出的决策就更加科学化、系统化，从而促使政府的主管部门确立正确的管理和服务目标。信息也是预测的基础。各级政府可通过开展公共关系活动对各种信息进行收集、处理，以便及时发现问题，预测环境变化的趋势和影响，政府据此不断地作出调整，以适应环境的变化，或者改变环境。

政府公共关系的本质是有效达成政府与公众的信息交流，政府公共关系活动就是为政府管理提供各种所需信息，促使政府与公众之间的关系更加和谐一致。建立良好的政府公共关系，一方面可以使信息高效地输入政府系统，使政府机关了解社会公众的需求，从而确立正确的管理和服务目标；另一方面，可以使政府系统的信息有效输出，给政府机关提供一个上情下达、直接向群众宣传解释某些重大方针、政策的渠道，使社会公众了解政府系统决策程序、意图和面临的困难，避免这样或那样的误解，以便得到他们的理解、配合和支持。

2. 塑造良好政府形象，赢得公众支持

塑造良好的政府形象既是政府公关的主要功能，也是构建和谐社会的重要目标之一。良好的政府形象是政府的一种重要资源和无形财富，能够增强公众对政府的信赖与认同感，从而降低政府管理成本，提高工作效率；良好的政府形象能为政府创造良好的舆论环境，确保政府有效地行使权力，推进社会的全面发展。政府公共关系将政府形象的总体目标落实到政府日常的工作当中去，执政为民，勤政爱民，规范政府行政人员的行为，增强政府在公众心目中的权威性，提高政府的影响力与号召力，获得公众对政府的支持与信任。

3. 推动政策的执行

良好的政府公共关系对政府实施各项政策有很大的益处。一项政策制定后，由于种种因素，可能会在执行过程中遇到阻力和障碍。政府公共关系活动有助于减小执行阻力，保证政策的顺利落实，提高政策的执行效果。首先，政策执行前的宣传能够使社会公众，尤其是政策的目标公众领会政策的内涵、意义和必要性，增加对政策的理解和认识，减少执行中和执行后的反对声音。其次，政策执行过程中的解释、说服工作，能够减少或消除公众对政策的质疑，提高目标公众对政策的接受程度，优化执行效果。最后，政策执行后的总结工作，能够及时反馈政策的执行情况，了解公众对政策执行的态度和意见，以便进行政策调整和完善。

16.2 政府公共关系的构成

16.2.1 政府公共关系分类

按照政府所面对的内外部公众的不同，政府公共关系分为政府内部公共关系和政府外部公共关系。

1. 政府内部公共关系

政府与内部公众的关系构成了政府内部公共关系。政府所面对的内部公众主要是指那些组成政府机构的各个单位和工作人员，还包括隶属于政府范畴内的所有职能部门。

2. 政府外部公共关系

政府与外部公众的关系构成了政府外部公共关系。政府所面对的外部公众，主要是指除了内部公众以外的与政府组织有某种联系的公众。外部公众虽然没有像内部公众那样与政府联系直接、密切，但它们的范围远比内部公众大得多，数量也多得多，而且外部公众总是与政府产生这样或那样的利益关系和影响力。

16.2.2 政府内部公共关系构成举要

1. 地方政府之间的公共关系

地方政府之间的公共关系是指某一地方政府作为一个组织，和与之不隶属的其他地方政府之间建立相互了解、合作与信赖的关系。现今，我国地方政府之间的联系和交往日益频繁，地方政府为了发展和繁荣本行政区的经济，就必须争取众多的合作者与支持者，因此发展好地方政府之间的公共关系对于行政区的发展至关重要。

地方政府之间的公共关系不同于一般的人际关系，也不同于上下级政府之间的公共关系；搞好地方政府间公共关系的原则不同于其他的关系，它的基本原则是：真诚合作、互惠互利。这就要求先进地区、发达地区不能仗着自身的优势，损害对方的经济利益，不发达地区和内地政府也不应该自我封闭，不与其他地方政府交流与合作。双方都应该寻找各自利益的共同点，达成共识，建立平等互利的合作关系。

开展地方政府间公共关系活动的过程，实际上就是地方政府运用各种传播媒介实现政府间双向信息沟通的过程。一般来说有以下三种途径。

（1）政府领导之间的相互访问。这类访问，既可以是综合性的访问，也可以是专题性的访问。

（2）参加联谊会、联合会、研讨会等活动。这类活动有助于地方政府间公共关系工作的开展，使地方政府间在良好的氛围下进行交流与合作，从而推动地方政府的共同发展。

（3）建立友好往来关系。地方政府之间的往来可以是结为友好省、市、县（区）、姐妹城市等，还可以进行专项经济协作。如杭州市与拉萨市就是如此。杭州市为拉萨市支援了大量的先进技术和设备，培训了大量的人才，拉萨也为杭州提供了大量的原材料，这对促进两地经济、文化、教育、科技事业的发展起了很好的推动作用。

此外，利用上级政府召开会议的机会，就某些专题进行地方政府领导间的直接对话及地方政府间互派办事处等，这些都是促进地方政府之间公共关系发展的重要途径。

2. 政府部门之间的公共关系

政府部门是指某一政府组织内部，根据不同职能而设立的工作机构，它负责管理政府组织某一方面的行政事务。任何一级的政府都是由既相对独立又相互联系和制约的各个部门组成的。而同一政府中各工作机构相互间的合作关系就称为政府部门之间的公共关系，它包括同级政府中不同职能部门之间的关系和同一部门中各工作部门之间的关系。

由于政府组织内部各部门功能、分工和运转方式不同，这些差异往往导致某些矛盾的产生，从而使政府工作出现某种不协调。因此，政府部门公共关系的基本要求是实现政府所有部门活动的一体化与和谐化，使各部门之间相互配合、相互支持，形成一个有机的整体。只有处理好政府内部各部门之间的关系，形成政府部门的合力，发挥政府机构的整体效应，这样的政府才能真正做到全心全意为人民服务。

建立良好的政府部门之间的公共关系，应做到以下几点。第一，各部门之间要相互支持，这是完成政府工作任务的前提。第二，各部门之间要主动沟通，这既是做好政府工作的需要，也是处理好部门关系的需要。第三，各部门之间要合理竞争，要求部门之间形成一种正常的竞争关系，求同存异、密切合作、相互支持，最大限度地发挥它们的积极性和创造性，努力实现政府工作的整体目标。要做到上述几点，关键在领导，公共关系部门和工作人员则要积极配合领导的工作。一般要做好三个方面的工作：第一，及时了解政府的工作目标并积极进行宣传，强调部门小目标服从政府大目标的原则；第二，有计划地举办部门间工作人员的联谊活动，增进各部门的相互了解；第三，协助领导做好沟通信息渠道的工作等。

3. 上下级政府间的公共关系

在我国，各级政府在依法行使职权的过程中，势必依照行政隶属关系，与自己相隶属的政府发生关系，这就形成了上下级政府间的公共关系。现代管理学认为，上下级政府间的关系既是领导与被领导的关系，又是合作、互助与平等的关系。遵循科学的原则和方法，建立健康、密切的上下级关系，是政府公共关系部门应协助领导层认真做好的一项重要工作。

在政府活动中，政府间的上级与下级各自有一定的地位、权力和责任。一般而言，作为上级要考虑全局，决定决策，监督检查，协调关系，推动工作，而下级主要是支持和执行上级政府的决策，完成上级所分配的任务。因此，处理好上下级政府间的公共关系是一门艺术，需要把握一定的原则和技巧。

由于上级处于轴心和主导地位，并能给下级提供获取工作绩效的机会和条件，这决定了下级必须处理好与上级的关系。其具体的做法如下。

(1) 下级政府要认真贯彻上级政府的政策，严格执行上级政府的指示，努力完成上级所下达的任务，这是同上级政府建立良好关系的前提。

(2) 要运用各种传播媒介及时与上级政府进行沟通。下级政府应充分运用新闻媒介、口头汇报、情况反映、请示报告等渠道，经常地向上级反映本行政区的重大政治、经济、文化、社会情况等。

(3) 要掌握反馈信息的时机。在上级政府作出重大决策之前，要及时全面地向上级政府反映本行政区的实际情况，为上级政府的决策提供依据。而在上级政府下达决策之后，应了解社会公众对决策作出的反应，及时把本行政区的贯彻情况及修改意见反映给上级政府，以利于上级政府完善和修正决策。

在政府组织中，上下级政府间关系的影响是相互的，这不仅要求下级要主动处理好与上级之间的关系，而且要求上级也要处理好与下级之间的关系。不善于处理与下级部门的关系，没有下级政府的支持与拥护，上级政府是不可能取得成功的。这就要求上级政府应该设身处地地为下级政府着想，尽可能地从下级政府的利益出发，调动下级政府的积极性。其具体的做法如下。

（1）上级政府要经常向下级政府通报工作情况，使下级政府更多地了解上级政府的意图，理解上级政府工作的难处，让下级政府更好地配合上级政府的工作，以便更好地贯彻执行上级政府的方针、政策。

（2）要尊重下级政府的权力和利益。上级政府不能包揽和干涉下级政府能够承担的事务，要相信下级政府的工作能力，尊重下级政府的权力，避免“有权就是真理”的权力效应。再者，上级政府在制定某些涉及下级政府利益的政策时，要充分考虑下级政府的承受范围和承受能力，事先要做好沟通、协商工作，以便上级政府制定出好的政策。

（3）上级政府领导要经常深入了解下级政府的工作情况。上级政府领导深入基层，既可以加强上下级之间的思想交流，增进互相了解，又可以进一步加深彼此之间的感情。但是上级政府深入基层作具体了解，要避免走形式，走过场。

4. 政府内部的员工关系

政府内部员工是政府机构的组织基础，是构成政府公共关系的内部公众。一方面，政府内部员工是政府公共关系的首要对象，是政府直接面对而又最接近的公众，他们最了解政府的工作目标和政府的利益，政府的一切方针、政策、措施只有首先得到他们的理解与支持才能付诸实施。另一方面，政府开展公共关系对外树立组织形象、扩大社会影响的工作，有赖于政府内部员工的努力和配合。由于政府要时刻与外部公众联系，而政府形象则要通过对外公共关系第一线的政府内部员工的实际行动体现出来，政府内部员工的一言一行都是政府形象的浓缩。可见，在对外交往中，政府内部员工发挥着主体作用。因此，建立良好的政府公共关系，最基本的是处理好政府内部员工的关系。

搞好政府内部员工的公共关系，主要从以下四个方面入手。

（1）教育政府内部员工树立共同的目标和价值观，自觉建立和维护政府形象。要教育政府内部人员摆正人民公仆的位置，牢记全心全意为人民服务的宗旨，时刻把社会利益和公众利益放在第一位；树立科学、民主、和谐、法制、廉洁、高效的行政思想和观念，规范思想和行为使其不脱离政府的目标；规范自身的言行，自觉塑造和维护政府的形象。

（2）认真执行国家公务员制度，建立完善的员工培训机制，提高政府内部员工的素质。一般来说，对公职人员进行培训，既包括业务技术的培训，也包括政治思想的培训和道德品质的培训。

（3）为内部员工创造平等竞争的工作环境，激发他们的责任感、使命感和事业心。政府和部门领导应杜绝以人划线、任人唯亲的丑恶现象，提倡重德才兼备、重工作绩效的良好风尚。尽量以工作绩效为标准来提升员工的职务。

（4）经常向员工通报近期工作安排、重大事项，关心员工的生活，满足员工的正当需求。可以通过内部刊物、网络、会议、展览会、信息发布会等方式，及时向员工通报政府内部的各种信息，这有助于提高员工的参与感。关心员工的身体健康，实行干部休假制度；力求合理公正地解决福利待遇问题；还应该注重员工的精神需求，引导他们在工作中寻求生活的意义和乐趣。这些都有助于调节员工之间的关系，调动他们的积极性。

16.2.3　政府外部公共关系构成举要

政府面对的外部公众范围广、人数多，构成复杂。所以政府外部公共关系的构成也复杂多样。在此，我们只能列举政府若干外部公共关系。

1. 政府与政党的公共关系

政府和政党都是上层建筑的重要组成部分，但它们处于不同的地位，承担着不同的任务，执行着不同的职能。政府是国家行政机关，是国家权力的执行者和实现者。政党是代表某一阶级、阶层或集团的利益并为之奋斗的政治组织。从一般意义上来讲，政府与政党所考虑的阶级利益既紧密相连，又有区别。因此，政府在协调外部公共关系的工作中，首先应该考虑的是政府与政党的公共关系。

2. 政府与企事业单位的公共关系

政府与企业是两种性质截然不同的组织，其行为准则、价值取向和活动方式都有很大的区别。政府与企业的关系是：政府不干预企业的正当经营，企业则要自负盈亏、依法经营。政府要在企业中获得良好的形象，根本问题是要保持经济政策的科学性、稳定性，踏踏实实为企业服务。政府要按照社会主义市场经济新秩序的要求，调整政府职能机构，加强宏观调控；改变传统的管理体制和管理方法；搞好经济监督、政纪监督，积极组织和管理市场。这有助于明晰企业的产权关系，实现所有权与经营权的分离，真正做到政企分开。

政府与事业单位公共关系的基本内容，主要就是政府在对社会活动的管理过程中，通过传播有关信息来完善自己在事业单位组织中的形象，争取事业单位及其成员的理解与支持。事业单位是指那些从事各种不同性质的非生产性活动的非经济部门，包括科研、文化、教育、体育、卫生等社会组织。它们间接地参与社会经济活动，是国家社会生活的重要组成部分。我国政府应该扩大事业单位的自主经营权，保证事业单位开展工作的相对独立性；同时，要限制事业单位行使行政职能，避免以事代政，这样有利于事业单位的发展。

处理好政府与企事业单位的关系，是适应社会主义市场经济体制发展的要求。首先，应加强信息沟通。一方面，政府应该及时向企事业单位通报政策和市场变化的信息，以便于它们调整运营活动。另一方面，政府应该熟悉企事业单位的工作，密切与企事业单位的领导人和公共关系人员的联系，建立良好的关系，准确了解企业的生产和经营及事业单位的运行情况，为政府的决策提供依据。其次，应为企事业单位创造良好的社会环境。有些社会条件企事业本身无法创造，这就需要政府给予帮助。政府公共关系人员应深入企事业单位了解它们的实际困难，并及时向上级汇报，为政府决策的制定献计献策。政府应该多干实事，少搞形式，真正做到为企事业单位服务。再次，应协调企事业单位处理好利害关系。国家的利益高于一切，企事业单位的利益要服从国家利益。政府既不能以维护国家利益为借口损害企事业单位的利益，又不能为了企事业单位的利益而损害国家利益。最后，应明确企事业单位是政府的外部公众。以前多把企事业单位作为政府的行政从属单位，政府对企事业单位多采取行政命令的方式。政府应该明确企业在社会经济活动中的主体作用及事业单位的公益作用，建立与企事业单位平等协商的沟通体制。

3. 政府与非营利组织的公共关系

政府与非营利组织间的关系可以被认为是国家与社会关系在公共事务治理层面上的一个缩影。非营利组织是指那些不以营利为主要目的，而是旨在通过努力，完成某项事业或使命的组织。虽然非营利组织具有“非政府”色彩，但其工作更需要政府的指导与协助。在我国，非营利组织主要分为两大类：一类是群众团体组织，如专业学术团体、业余爱好者协会、工会、妇女保障协会、退休人员协会、宗教协会等，这类团体的数量多、分布广、社会影响大；另一类是事业性组织，主要包括学校、新闻媒体、文艺团体、科研院所等。由于非营利组织所涉及的领域可能是政府权力还未到达的地方，相关法规和政策还没有建立健全的区域，因此更需要通过与政府部门的沟通和交流，获得政府的认可和支持。而这一切只有通过政府公共关系的协调与互动才能达成。

正确处理好政府与非营利组织之间的公共关系，主要应做到以下几点。其一，建立与非营利组织联系紧密的业务部门，构筑与非营利组织畅通无阻的信息联络通道，使非营利组织按照政府的相关政策和指示精神的指导健康发展。其二，政府应该主动了解非营利组织的工作，为非营利组织开展公益活动提供支持。其三，加强信息传递，使非营利组织按照政府部门的工作重心和工作思路，配合政府部门开展自己的公共关系宣传工作。

4. 政府与公民个人的公共关系

公民个人是政府最广大的公共关系对象，政府对社会的综合管理，有很大一部分是针对无组织的公民个人进行的。公民个人虽然无组织，但是他们经常形成临时性社会群体。由于公民个人自身具有广泛性、复杂性等特点，这给政府公共关系带来了许多问题。而公民个人的态度往往以社会舆论的方式表现出来，对政府的决策活动有巨大的影响。所以处理好与公民个人的公共关系，历来非常受政府的重视。

我国公民与政府的政治关系有两重性：从根本上说，公民是政府的主人，他们可以通过法定程序行使民主权利；而在日常社会生活中，公民又要受到政府的管理和约束。这种政治关系的双重性要求政府公共关系首先要尊重公民个人的权利。对于公民个人而言，他们最关心的是那些与他们的利益直接相关的问题，如房价问题、医疗保障问题、养老保险问题等。这些问题都应该引起政府的高度重视，采取积极的措施，保证公民个人的基本权利和基本需要。

处理好政府与公民个人的关系，一方面要采取多种形式进行沟通。政府向公民个人传播有关政府行为的各种信息，其根本目的不是为了方便政府自身的工作，而是为了按照公民的意愿行事，真正做到全心全意为人民服务。政府应该把决策建立在公民理解和支持的基础上，回答公民所关心的各种问题，根据公民个人的要求和意愿调整政策和措施。此外，除了国家机密问题和政府机密部门外，政府还应该多让公民了解政府和政府的工作，增进彼此的相互了解，方便公民参政、议政。另一方面，要发挥舆论监督的作用。公民在法律面前人人平等，这是政府公共关系工作不可忽视的政治根据，决不可以用“人微言轻”的眼光来看待公民个人。政府要认真接待公民个人的来访，倾听公民的呼声，把政府工作置于公民舆论的监督之下。政府要抱着为公民服务的心态，平等待人，改善服务，提高政府工作效率。

16.3 政府公共关系障碍及对策

16.3.1 政府公共关系障碍

1. 政府工作人员公共关系意识淡薄

政府工作人员公共关系意识淡薄主要表现在：① 没有充分认识到政府公共关系的重要作用，更没有把政府公共关系上升为一种管理哲学和管理价值观，政府公共关系观念还没有渗透到政府工作人员的日常行为之中。“为人民服务”是公共关系意识的主要体现。但目前我国不少政府部门仍然缺乏为人民服务的观念，“政府权威”意识及“官本位”的思想严重。② 政府工作人员在履行公务的过程中，根本没意识到自己的言行是代表政府部门的立场，代表其政府部门的形象，导致在决策和实施过程中自觉维护政府形象的意识欠缺。这说明政府工作人员对公众的地位和作用还没有科学的认识，更没有认识到自己在政府公共关系中的正确角色定位。

2. 存在官僚主义作风，服务意识欠缺

政府部门存在官僚主义作风，而其内部工作人员的服务意识欠缺。一些行政机关及其工作人员在工作中往往以“主人”自居，缺乏为人民服务的意识。为了满足做“主人”的欲望，不但利用下级服从上级的组织原则否定政府内部工作人员之间的平等关系，把上下级之间的工作关系变成了无原则的服从与“尽忠”关系，而且为了实现一己私利，不惜牺牲群众的利益和组织的整体利益；官僚主义者对上唯唯诺诺、阿谀奉承，对下命令主义、自以为是，群众或者下属去办事，面临的是“门难进、脸难看、事难办”的尴尬局面；在工作中不愿做扎实细致的调查研究，工作态度生硬，工作方法简单，缺乏实事求是的创新精神与开拓进取的作风，满足于墨守成规。这些都导致了政民关系恶化，无形之中将政府和人民分隔开来了。此外，一些领导干部更多考虑自身的权威性，习惯于高高在上，发号施令，不愿为群众、为社会奉献；脱离群众、脱离实际，对广大群众的利益和要求漠不关心，没有意识到通过努力工作使群众满意是自己的职责；运用手中的权力作威作福，严重败坏了政府的形象。这些都是当前政府公共关系中最突出的问题。

3. 双向沟通不畅，政策效用不强

传播媒介是政府公共关系的要素之一，同时也是社会生活中信息沟通的主要渠道。但政府部门利用传播媒介的方式和力度不够，就会使政府部门与公众的双向沟通不畅，最终将导致政府的政策效用不强。由于政府垄断着大量的公共信息，而公众则处于信息弱势地位，这不仅严重影响了沟通协调的效果，而且使政府的大政方针、决策不能有效地传递给公众，并无法及时收集公众的反馈意见。这些都将影响政策的落实和实施，导致政府无法进行下一步的计划与行动。目前，我国的政府公共关系在双向沟通中还存在着一些问题：① 政府与公众间仍然没有很好的交流平台，政府重大决策缺乏广大公众的参与；② 政府公共关系传播双向交流的方式少、渠道少、效果不佳。在现实生活中，由于传统的命令式、服从式行政方式根深蒂固，政府在与公众进行沟通时，仍然采取行政命令等单向沟通方式。最为明显的是政府通过报纸、电视等渠道或方式进行传播，而公众的评价、反馈等却缺乏合适的渠道和方式。因此，我国政府公关部门及其工作人员在采集和发布信息时，常存在着欺上瞒下、报喜不报忧等状况。政府部门与公众双向沟通不畅将导致公众在政府公共关系建设中长期缺位，公众没有知情权、监督权和话语权，这样政府在建设和谐社会的过程中，必然会遇到许多困难，必然会给社会带来负面影响。

16.3.2 克服政府公共关系障碍的对策

1. 增加政府工作透明度，加强民众监督

公开政务活动、增加透明度是政府与公众密切联系、争取公众信任与理解的有效途径。在民主社会中，政治权利机构应向所有公民平等地开放，公众享有知情权，这是构成现代民主政治制度的思想基础。保持政府工作的公开化，加强民众监督，有利于我国防止和打击政府腐败。只要政府及时、全面、真实地向公众公开自己的政务活动，腐败现象自然无处遁形。

（1）推动政务公开。2008 年《政府信息公开条例》的正式施行，标志着我国各级政府将迈向一个信息公开的新时代。温家宝总理也屡次强调：凡涉及群众利益和公共政策的事项，都要及时向群众公开。目前，政府通过现代化的信息系统，整合互联网和新技术，大力发展电子政务，以提高政府运作效率，为公众提供更为便捷的服务，同时也增强了行政行为的透明度，发挥社会舆论的监督作用。政务公开主要包括：① 办事公开。主动公开政府信息，可通过政府公报、政府网站、新闻发布会及报刊、电视、广播等便于公众知晓的方式公开。政府的办事人员、办事程序、办事结果等，除法律规定应当保密的事项外，都应向公众公开。这样可以减少群众因办事程序不明而导致低效率和扯皮现象，消除群众对政府不满意情绪，拉近民众与政府的距离，还能使政府工作部门处于公众监督之下，能减少以权谋私、贪赃枉法的现象。② 政府工作人员的基本情况公开。政府工作人员的职责是代表国家行使权力，他们的素质、效率、作风直接关系到政事的成败，也直接代表着政府的形象，应主动将政府工作人员的基本情况公开。具体包括：定期公布工作人员的政绩，对其中升迁、罢免者，要向社会公众说明理由；政府工作人员应公开自己的相关背景、收入、家庭情况等。这样可以让公众产生亲近感，有利于在人民群众中树立良好的公仆形象。

（2）加强民众监督检查。各级政府应该健全举报、投诉、监督网络，充分发挥责任单位、主管部门和职能机构的职能；根据不同的情况适时组织纪检监察机关、人大、政协的有关人员和特邀监察员等进行明察暗访，并把监察情况公开通报；经常组织新闻单位对政务公开制度的落实情况进行跟踪采访，充分发挥舆论监督的作用；加大纠正和查处的力度，对违反政务公开的人和事，必须依照规定及时做出处理。

2. 提高工作人员素质，树立服务意识

在我国，中国共产党代表各族人民的根本利益，政府始终以“全心全意为人民服务”作为宗旨，体现了政府的“公众至上”意识。但我们应该看到一些政府部门还存在着封建的治民观念，官僚主义作风盛行。因此，政府部门应该提高政府工作人员的素质，树立服务意识，建立廉洁、自律、高效的政府形象。

（1）培养政府工作人员的公共关系意识。要通过宣传教育使政府的全体工作人员充分了解公关理念，把握公关原则，认清公共关系方向，正确解决开展公共关系的过程中遇到的问题。政府工作人员应该把公共关系意识渗透到日常行为之中去，在执行公务时注意自己的言行举止，能从本职工作出发，自觉树立公共关系意识，建立和维护政府的声誉和形象。

（2）在政府工作人员中开展公共关系专业知识培训。公共关系是一门科学性和艺术性要求很高的专业技能，政府应该重视培养高层次的公共关系专业人才，同时，应该不断地对政府全体工作人员进行公共关系的培训和实际训练，使每个工作人员都能够掌握公共关系的基本知识和基本技能，并能加以灵活运用。此外，应借鉴国内外成功的理论和实践经验，结合我国具体国情完善公共关系理论体系，并对各级政府官员进行培训。

（3）强化政府工作人员的服务意识。各级政府人员应该转变观念，坚决摒弃官本位思想和权力型、领导型政府的观念，牢固树立群众利益至上的服务意识，增强服务型政府的理念；不断强化公共关系的服务意识，充分认识自身形象是政府整体形象的一部分，应以自己的实际行动来体现人民政府为人民服务的本质，切实做到为人民办实事、办好事；全体政府工作人员还应不断提高自身的素质，密切与公众的联系，切实做到一切为社会公众服务，一切为经济建设服务，为塑造立党为公、执政为民和全心全意为人民服务的政府形象尽力。

3. 科学合理地运用各种传播媒介

政府应注意科学合理地运用各种传播媒介，实现政府与公众之间的有效沟通，最大限度地减少政策障碍。通过各种方式、手段达到政府与公众的协调沟通，为政府开展公共关系活动创造适宜的环境和条件。

（1）采集信息，建立有效的民意调查制度。我国政府应该加强与民众沟通，通过多种方式了解公众；增强政府管理透明度，使广大公众得以参政议政，及时掌握利益关系变化中的新情况、新问题；积极开展公众建议征集活动，为制定政策提供依据。主要的渠道有：① 信访工作。这主要是公众直接与有关主管部门及其领导的主动沟通，它是政府了解公众动态的一条重要渠道。在信访工作中，除了受理群众来信及接待来访之外，形式还应向多样化发展，可采用专项热线、信箱专邮、座谈会等方式，或建立行政首长接待日等多样形式，加强多种渠道的双向信息沟通。② 民意测验。可以通过民意测验，主动地、有意识地去收集某项决策所需的信息，这是反映民意的最直接方法。我国政府应该成立一些独立的调查机构负责民意测验，或在各级政府部门网站开辟民意测验专栏，对于政府各项重大决策及主要领导人的表现进行定期调查。

（2）扩展民意沟通渠道，引导社会舆论。政府要有效地引导社会舆论，就需要了解公众的意见，有针对性地采取政策和措施。政府应把握好以下渠道：① 完善政府的新闻发布制度。政府的新闻发布工作既可以保证政府信息输出的畅通，又可以减少信息传递过程中的"失真"。各级政府的公共关系工作应该以现有的"新闻发言人"制度为基础，继续发挥新闻发布制度的传播优势，并把它作为政府公共关系的一种常规性的工作。② 注重媒体的正确引导。政府与其他任何组织一样都生存在特定的公众舆论环境之中，其政策和行为既受公众舆论的影响，也影响着公众舆论。因此，应该借助传播媒介把政府的大政方针、计划方案等告知公众，并取得公众的支持，进而使公众的言行朝着有利于政府管理目标实现的方向转变。新闻媒体作为我国政府的主要喉舌，在引导社会舆论方面起到了不可替代的作用，为我国社会的稳定做出了巨大贡献。

4. 深化政府体制改革

我国政府公共关系以塑造良好的政府形象为目标，为了实现这一目标，必须进一步深化政治体制改革，建设廉洁、自律、高效、为人民服务的政府。

（1）转变政府职能，为政府公共关系的发展创造良好的条件。权力只有真正地以为人民服务为基础，而不是以利益为诉求时，社会发展才真正表现出良性运行的态势。这就要求深化政府体制改革，把政府的职能重心从政治统治职能转到社会管理职能，进而转到社会服务职能，进一步强化社会管理和公共服务职能，为社会提供良好的公共服务。

（2）规范行政权力运作，做到权为民所用，情为民所系。要通过深化行政体制改革和制度建设，预防腐败现象的发生。当前，要完善政务公开制度，把涉及人民群众切身利益的各类权力的运行过程作为政务公开的重点内容，便于群众监督。要进一步强化政府内部的专门监督，严肃查处有令不行、有禁不止的失职渎职行为。要建立健全行政权力监督机制，保证行政权力的运作符合人民群众的利益要求。

（3）加快机构改革，提高服务效率。要继续推进机构改革，按照精简、统一、高效的原则和决策，以及执行、监督相协调的要求，深化机构改革，使政府组织机构更加合理、科学、高效；合理界定各级政府、政府各部门的职能，避免因分工不当、职责不明而导致的办事拖拉、推诿扯皮等不良现象。政府公共关系机构的设置和完善，必须有助于政府行政行为的改善，有效地提高政府为人民服务的效率，从而维护政府的良好形象。

相关知识链接

政府政务公开

目前，在我国学术界对政务公开含义的理解和界定大致分为两种观点：第一种为广义的观点。这种观点认为所谓政务，就是有关政治的种种事务，其中包括政党事务、行政事务和其他社会公共事务。政务公开，就是指除属于国家规定保密以外的党务、行政事务、社会公共事务等都要向社会和群众公开。根据这种理解和界定，政务公开除了包括政府行政机关部门的政务公开外，还应该包括立法、司法部门、政党、社会团体及其他各种公共组织的政务公开。因此，我国当前比较普遍和广泛的村务公开、检务公开、审务公开、警务公开、厂务公开等都可以涵盖进来。

第二种为狭义的观点。这种观点认为，政务公开中的政务，是指行政事务。政务公开仅限于政府行政机关的范围内，尤其是与公共行政管理密切相关的、与民众切身利益密切相关的事务，因此不应该包括基层群众自治组织的村务公开，不包括司法领域的检务公开和审判公开，也不包括国有企业内部推行的厂务公开。

案例点评

戚墅堰区创新警民关系

在传播快、影响大、控制难的信息化时代背景下，传统的警民沟通渠道和方法已明显滞后，警察的公信力受到质疑，创新渠道、创新载体和创新方法已成为形势发展的迫切需要。

常州市戚墅堰区公安分局党委经过实地走访、座谈讨论和调查研究，发现各类涉警矛盾、事件和无责群众投诉的发生，其根本原因就在于警民之间缺乏必要的交流沟通，群众对警方的相关工作满意与否、对民警群体印象的好坏，主要还是根据个体记忆中的印象或受公众评判的引导。

自2009年起，分局决定全警上下转变警务思想，以公安信息化、执法规范化、和谐警民关系“三项建设”为载体，确立“公共关系＝和谐警民关系”的理念。为了打造戚区警察公共关系品牌，构建和谐警民关系，分局推出十项新举措：① 刊发《平安戚区》，开展警民互动活动；② 发放法律知识手册和安全防范扑克牌；③ 建立平安短信平台；④ 开展防范短信征集大赛；⑤ 开展警民恳谈活动；⑥ 搭建网络互动平台；⑦ 建立民意调查制度；⑧ 发布每日平安指数；⑨ 创新推出电动自行车注册登记制度；⑩ 确立考核评价体系。

2009年7月，国家统计局常州调查队对常州全市公安机关服务企业工作及成果做了抽样调查，分局“创新工作、服务方式”满意度名列7个辖市、区首位；11月，在全市公安工作群众满意度调查中，该辖区群众对公安工作和社会治安满意度分别提升了2.8和2.5个百分点，在全市名列前茅。2009年全区刑事发案同比上年下降14.5%，下降幅度位列全市第一位。分局的这一系列做法获得了公安部部长孟建柱、江苏省公安厅厅长孙文德等领导的支持及肯定。《法制日报》、《现代世界警察》、《人民公安报》等媒体对分局打造警察公共关系品牌的做法进行深入报道。

【点评】案例中常州市戚墅堰区公安分局改变原有工作方法，加强本系统公共关系传播，增强与公众之间的沟通交流，树立良好的政府形象，达到与广大人民群众的良性互动，得到了公众的信任和支持。因此，作为塑造政府形象的艺术和沟通政府与人民联系的桥梁的政府公共关系，已成为各级政府工作中不可缺少的重要组成部分，将越来越受到各级政府的普遍重视。

思考题

1. 如何理解政府公共关系？
2. 简述政府公共关系的特征及功能。
3. 何为行政文化？应如何培养行政文化？
4. 当前我国政府公共关系存在哪些问题，应如何应对？
5. 结合实际，论述政府公共关系与政府体制改革的关系。

案例讨论题

水门事件与尼克松下台

30 多年前，美国发生了一件令人瞠目的政治丑闻——“水门事件”，在强大的社会舆论压力之下，尼克松总统被迫于 1974 年 8 月 8 日宣布辞职。尼克松下台后在总结水门事件的教训时，意味深长地说道：“这是公共关系的失策！”水门事件与公共关系有什么关系？一个政府的公共关系处理不好，就能导致总统的下台。这究竟是怎么回事？让我们来看看这个事件的整个经过。

1971 年 6 月，尼克松批准建立一个白宫监视组，它的主要任务是堵住机密情报的漏洞。同年 9 月 13 日，《纽约时报》开始刊登《五角大楼文件》。1972 年 6 月 17 日，这个小组的 5 名成员在华盛顿水门公寓民主党主席奥布莱恩的办公室安装窃听器，被警察当场逮捕。轰动一时的“水门事件”由此爆发。这时尼克松对此保持沉默，奉行“鸵鸟政策”的他对他的两位高级助手说：“我们对此少说为妙，传闻自会过去，不必为此顾虑。”他还试图控制新闻界的消息来源。尼克松政府为采访调查设置的障碍及“闭口不言，充耳不闻”的做法未能熄灭水门之火，反而使其愈演愈烈。

媒体对于这个事件予以高度关注，“水门事件”的端倪渐渐显露出来。这时尼克松命令他的助手开列一份记者和反政府人士中的“敌对分子名单”。据尼克松的助手说，采取这一步骤，是为了使用“可应用的联邦机器去勒紧我们的政敌”。但事态向激化的方向进一步发展。1973年初，参议院“水门事件”调查委员会请总统和他的助手出面接受调查，但他们以“行政特权”为由拒绝委员会的调查。1973年3月，尼克松接受了助手的提议，以“国家安全”的理由为闯入行为辩护。用这种解释应付舆论的谴责和有关部门的调查，使公众越发失去了对尼克松政府的信任。同年的7月24日，最高法院表决要求尼克松交出64盘关于他办公室谈话的秘密录音带。这些录音带上可能有关于“水门事件”的证据，尼克松拒绝交出。同年10月，尼克松下令免去调查水门事件的特别检察官考克斯的职务。尼克松的这一举动激起了公众的愤怒和抗议，“水门之火”燃烧得更加炽烈了。

1973年11月，尼克松当着几百名报纸编辑的面说：“在我从事公务活动的所有年代里，我从未妨碍过正义。我想，我可以这么说，在我从事公务活动的所有年代里，我欢迎这一类的检查。因为人民必须知道，他们的总统是否是一个不正直的人。然而，我不是一个不正直的人。”然而所有这些努力都是徒劳的了。1974年7月末，尼克松以“妨碍司法程序，滥用职权，以及因不肯交出录音带犯了蔑视国会罪”而受到众议院司法委员会的弹劾。8月8日，尼克松宣布辞职，第二天生效。

【讨论题】

1. 尼克松政府是如何失去公众信任的?
2. 假如你是尼克松，结合本章所学，谈谈应采取何种措施处理“水门事件”。

第17章

非营利组织公共关系

本章学习目标

通过本章学习，了解非营利组织的界定及分类、理解非营利组织公共关系的概念及分类，掌握非营利组织公共关系的特征和目标，了解当前我国非营利组织公共关系所存在的问题。

17.1 非营利组织公共关系概述

17.1.1 非营利组织的界定

“非营利组织”（Non-profit organization，NPO），从字面上的意思来说，指的是不以“营利”为目的的社会组织。然而非营利组织的内涵并非仅限于此。不同学者对“非营利组织”有不同的观点，有的表达“非营利组织”时还用到了其他相关的称谓和术语：“非政府组织”（NGO）、“第三部门”（the third sector）、“志愿组织”（voluntary sector）、“慈善组织”（charity organization）、“公益组织”（public-good organization）及“免税组织”（tax-free organization）等。这些称谓由于强调的角度和对象的不同，在意义上有所差别。

（1）非政府组织，强调的是该组织和政府的区别；非营利组织强调的是其和企业或商业的区别。相对于非营利组织一词来说，非政府组织一词在国际社会更为通用，历史也更加悠久。在我国，非政府组织的官方称谓是“民间组织”，体现了政府希望“政社分开”的改革方向。

（2）第三部门，也可称为第三域或独立部门。第三部门和非营利组织在内涵和外延上基本是一致的，是相对政府和市场而言的。政府组织是第一部门，营利组织（公司、企业等）是第二部门，其余的都是第三部门。

（3）志愿组织，强调的是该组织的运作主要是依靠志愿者的精力和时间的投入。

（4）慈善组织，强调的是为公众利益而进行价值（金钱、物资等）方面的捐赠。慈善捐赠是慈善组织收入的主要形式，因此它们将慈善捐赠作为主要目标。

（5）公益组织，是以组织的目的为出发点，即为社会公共利益服务的组织。

（6）免税组织，主要是针对有些国家对非营利组织的管理以税法为主，这些组织往往享有免税待遇，所以在税法中将其称为免税组织。

本书中阐述的非营利组织，主要是围绕组织目标对其加以界定，即存在的目的是非营利的。究竟该如何定义非营利组织，国际上有四种不同的角度。

（1）法律定义：世界上许多国家对非营利组织做出了明确的规定，例如在美国，非营利组织一般指合乎美国联邦税法 501（c）3 项免税规定的组织。[①] 相关条款列出了非营利组织应该具备的基本条件：① 组织的目标完全是为了社会公益性的事业，如宗教性、教育性和科学性的事业；② 组织的运作目标需要符合税法明文规定的免税理由；③ 组织的净收入应用于公益活动而非私人所得；④ 不参与某些限制性的政治活动，如不能够影响立法或干预公开选举。

（2）经济定义：即依据组织的收入来源加以定义。例如，联合国的国民经济核算体系采取的就是这种界定。在这种定义中，非营利组织与其他组织的最大区别在于：其大部分收入不是来自产品或服务销售带来的利润，而是依靠其成员交纳的会费和社会支持群体的捐赠及政府拨款。按照这一定义，只有一半以上收入来自政府资助或社会捐赠的组织才算是非营利组织，从而将许多国家的非营利组织排除在外，所以这一定义被认为是规定过于严格了。

（3）功能定义：非营利组织是为满足公共利益而服务的。既不同于政府提供的强制性公共产品，也不同于企业以营利为目的提供的私人产品；非营利组织提供的是符合社会公众需求的多样化的产品。

（4）结构—运作定义：这一定义着眼于组织的基本结构和运作方式，认为符合非营利性、组织性、自愿性和自治性等条件的组织都是非营利组织。

17.1.2　非营利组织的特征及分类

1. 非营利组织的特征

（1）非营利性。非营利性是非营利组织的首要属性，在本质上与营利组织是对立的，专门提供不能由政府及企业充分提供的社会服务。非营利组织的非营利性体现在以下三个方面。

① 不以营利为目的。作为非营利组织来说，其宗旨也可以有各种不同的表述，但不以营利为目的则是一切非营利组织的根本宗旨。换句话说，非营利组织的宗旨不是为了获取利润，并在此基础上谋求组织自身的发展壮大，而是为了实现整个社会或者一定范围内的公共利益。实现公共利益是每一个非营利组织的基本使命。

---

① 弗斯顿伯格．非营利机构的生财之道．中译本．北京：科学出版社，1991：12－14.

② 不能进行利润的分配。有些非营利组织为了在资金方面的自给自足，为了生存，可以实施获利的项目。非营利性强调的是非营利组织的宗旨——不是为了营利，不等于说它们不可以盈利；但是，它们所赚取的利润必须服务于该组织的基本使命，即实现社会公益。作为非营利组织，无论开展何种形式的经营业务活动，其经营收入都不能作为利润在成员之间进行分配，只能用于组织所开展的各种社会活动及自身发展。

③ 不得将组织的资产以任何形式转变为私人财产。非营利组织的资产严格地说并不属于组织所有，也不属于捐赠者，它是一定意义上的"公益或互益资产"，属于社会所共有，组织本身对其仅具有一定的支配权。如果非营利组织解散或破产，它的剩余资产不能像企业那样在成员之间分配，只能转交给其他公共部门（政府或其他的非营利组织）。

（2）组织性。非营利组织必须是一种机构性实体，它必须有章程、定期的会议、工作人员、规章制度等有组织性的架构，与营利性组织的公司在设立时必须有公司章程、固定经营场所、最低限额注册资金等一样。

（3）稳定性。作为提供社会服务的主体，非营利组织的稳定性，能够保证提供的社会服务的持续性和长效性。

（4）自愿性。是否以自愿提供公共利益为组织宗旨，是非营利组织与其他从事公益事务组织的根本区别。非营利组织的内在驱动力不是利润动机，也不是权力原则，而是以志愿精神为背景的利他主义和互助主义。提供公共利益不仅是非营利组织的使命，只要是公共组织，都有提供公共利益的职责，特别是政府组织；非营利组织与它们的区别就在于是否自愿提供公共利益。

（5）自治性。非营利组织自我管理和自我控制本组织的活动，独立确定组织程序，不受外部控制，也不隶属于政府组织。虽然政府对一些组织给予拨款扶助，但非营利组织有自己的领导阶层，仍然自行掌控组织活动并进行自我管理。

2. 非营利组织的分类

由于非营利组织在不同国家的理解和认识存在比较大的差异，对于非营利组织也有许多不同的界定，因此到目前为止，世界上还没有形成一个统一的分类标准。

一种是联合国国际标准产业分类体系（简称 ISIC 体系）。该体系将各种组织的主要经济活动划分为 17 大类，60 小类。非营利组织就是其中的一大类，并将其又具体分为 3 小类：① 教育，包括小学教育、中学教育、大学教育、成人教育及其他；② 医疗和社会工作，包括医疗保健、兽医及社会工作；③ 其他社区社会和个人服务，包括环境卫生、商会与专业组织、工会及其他会员组织。该体系涵盖的是收入的一半以下来自收费的组织，而将收入的一半以上来自收费或政府资助的组织排除在外，这样，世界上很多国家的很多组织便没有被包括进来，因而范围相对来说比较狭窄。

另一种是美国约翰·霍普金斯大学非营利组织比较研究中心提出的分类体系，是目前国际上流行、使用比较普遍的一种分类方法。该体系将非营利组织分为 12 类，27 小类。

（1）文化与娱乐：文化与艺术；休闲；服务性俱乐部。

（2）教育与研究：中小学教育；高等教育；其他教育；研究机构。

（3）卫生：医院与健康；诊所；精神卫生与危机防范；其他保健服务。

（4）社会服务：社会服务；紧急情况急救；社会救济。

（5）环境：环境保护；动物保护。

（6）发展与住房：经济、社会、社区发展；住房；就业与职业培训。

（7）法律宣传与政治：民权与宣传组织；治安与法律服务；政治组织。

（8）慈善中介与志愿行为、支援服务、募捐服务等。

（9）国际性活动：国际救护组织、人权组织、国际环保组织等。

（10）宗教活动和组织：天主教、基督教、犹太教等。

（11）商会、工会、劳工联盟、专业组织等。

（12）其他。

结合我国实际，我国非营利组织大致可分为两大类：一类是社会团体组织，如基金会、专业学术团体、业余爱好者协会、消费者协会、个体经济协会、工会、妇女权益保护协会、退休人员协会、退伍军人协会、宗教协会、校友协会、同乡会等。这类团体数量多、分布广、社会影响大。另一类是事业性组织，包括学校、医院、图书馆、新闻媒体、出版社、文艺团体、科研院所、体育机构等。

17.1.3　非营利组织公共关系的目标

不同领域的非营利组织运用公共关系有着不同的策略，但在促进公共服务和建立公众信任上都是相同的，都需要通过各种公共关系活动，广泛与公众进行沟通，取得相互的理解和信任，树立自己在公众心目中的良好形象，增进友谊和争取支持。具体而言，非营利组织公共关系的目标包括以下五个方面。

1. 组织使命获得认可

“占领市场、争取顾客、获得盈利”是营利组织的使命；非营利组织同样也有它的“使命”。对非营利组织来说，使命是最重要、最根本的，因为非营利组织存在的价值，就是为了能够切实完成使命。非营利组织的使命要获得公众的认可，必须将组织的使命以一种理念的形式传播给公众。只有公众认可、接受了组织所倡导的理念，才会给予组织支持，成为组织发展壮大的动力。

非营利组织理念的成功推广，必须以树立组织良好形象、扩大对外影响为基础。非营利组织不像政府组织一样具有唯一性，公众不可能不知道政府的职能与权限；非营利组织也不像企业一样，有某些固定的产品，便于公众建立稳定的形象模式。非营利组织面对的现实情况是：非营利组织的种类、数目日益繁多，组织形象模糊难辨，而公众却越来越关心非营利组织的声誉、责任、工作成效及所从事的具体事业，非营利组织之间的竞争也越来越激烈。例如学生在入学、升学方面，家长更加注意选择满意的学校。这导致学校之间的竞争加剧。由于公众对非营利组织缺乏了解，一些非营利组织常常被认为工作不力、职责不明，因而受到批评。这种大趋势使得越来越多的非营利组织开始重视扩大自身影响，帮助公众了解自己的使命，引导公众认可和接受自己的服务等。例如消费者协会通过各种形式，帮助公众识别假冒伪劣商品，以增强消费者自我保护能力；图书馆举办各种义务咨询活动，使公众更好地利用它所提供的各种服务。

如果说树立良好形象、扩大对外影响是非营利组织的一种自我的“营销”，那么推广组织理念就是非营利组织对事业的“营销”。例如北京申办奥运会的成功，便是基于成功推广“新北京，新奥运”的结果。国外一些环境保护主义组织，也向社会积极推广它们保护环境、维持生态平衡的“绿色观念”。

2. 建立与组织服务对象的沟通渠道

非营利组织公共关系的目标之一，就是要让组织的目标公众能够利用其所提供的服务。绝大多数非营利组织的使命（或理念），都是惠及特定的弱势群体，关注和解决他们的切身问题，如年老、病残者的安养问题；妇女儿童的权益保护问题；贫困人口救助问题等。如果一个非营利组织所提供的服务（如为残障人士提供免费轮椅、为老年人提供免费健康检查），连其服务对象都不利用这些服务，就更无法让一般人相信，这是一个能够发挥作用的非营利组织。因此，非营利组织必须建立并保持与服务对象的沟通渠道并保证渠道的畅通。

非营利组织所秉持的理念，大多与弱势群体或值得关注的社会现象有关，所以，如何打动人心，让人们认同具有高尚情操的理念，是非营利组织在公共关系沟通上必须深思的问题。一般可以通过口耳相传的形式，通过宣讲组织在帮助弱势群体过程中所发生的感人事迹，让社会公众产生“心同此理”的同情之感，从而达到社会公众认同组织所秉持的高尚理念的效果；也可以通过新闻媒介传播组织的理念，扩大自己的影响。非营利组织从事的多是非营利事业，多数没有充裕的资金，无力大规模开展公共关系活动，但因为非营利组织所从事的事业与社会或公共利益有关，易引起新闻媒介瞩目，成为“新闻焦点”，所以非营利组织更应注重与新闻媒介的密切联系，提高在社会上“亮相”的频率。同时，非营利组织还应尽力争取政府的扶持和引导。非营利组织的建立要报政府有关部门审批，如学会、协会等专业或群众团体等；还有不少的非营利组织，其经费大部分或全部靠政府拨款，如学校、医院等单位。它们需要通过公共关系增进政府对它们的了解，使政府重视它们的工作，并给予相关的帮助。越来越多的非营利组织效仿营利组织的各种公关运作，为组织打造形象，建立公共关系沟通的新模式，如引入视觉识别标志、召开记者招待会、举办公益活动等。

3. 筹集资金

国外许多非营利组织，从慈善机构、教堂、交响乐团到学校、医院和博物馆等，筹措资金是维持其生存和发展的首要问题，并通常被列入非营利组织公共关系的重要目标之一。如果没有良好的公共关系支持，那么任何筹措资金的工作都难以成功，更不能持久。

非营利组织的经费来源主要有四个方面：私人慈善捐赠（个人、公司或基金的捐赠）、政府的资助、为消费者提供服务或产品得到的收益及组织成员或会员缴纳的会费。尽管来源很多，但资金短缺仍然是困扰很多非营利组织的大问题，有的组织甚至连会费都难以收齐，就更难说赞助和捐赠了。

如何才能够筹集到足够的资金来保证非营利组织工作的正常开展，是非营利组织公共关系最大的挑战。① 非营利组织应该明确组织定位、组织使命和服务宗旨，维护自身会员、成员的利益，赢得他们的理解和支持，做好会费收缴工作。② 非营利组织必须处理好与政府组织间的关系，争取成为政府组织的智囊、顾问和合作伙伴，主动争取政府拨款。③ 非营利组织应努力塑造良好的外部形象，热心公益和公共活动，通过各种手段说服、吸引捐款人，为组织争取更多的捐款。④ 非营利组织还要积极开展各种正当的创收活动，为社会公众提供优质的服务或产品，增加组织的活动资金。

4. 公共政策倡导与影响

非营利组织对于公共政策的发展和维护给予支持，只要是有利于本组织使命的公共政策就大力支持。非营利组织对公共政策的倡导与影响主要体现在三个方面。① 作为推动社会公益事业的主体，非营利组织积极参与相关立法和公共政策的制定过程。② 作为特定群体特别是弱势群体的代言人，非营利组织表达他们的利益诉求和政策主张，努力在立法和制定公共政策过程中谋求和实现更广泛的社会公正。③ 非营利组织通过媒体和社会舆论关注相关立法和公共政策的实施过程及其效果，倡导和影响政策效力的公益性和普惠性。一些非营利组织还要以公众参与的形式直接介入政策实施过程，成为政策的监督者，甚至是执行者，积极影响公共政策效力。公共政策倡导和影响功能反映了非营利组织对于社会政治过程和公共决策过程的影响力。非营利组织生存于社会的公共空间，通过动员社会资源、提供公益服务、推动社会公平并参与社会管理而形成一定程度的公权力，从而对立法和公共政策实施过程施加一定的影响。

5. 告知和动员组织成员

非营利组织成员主要包括雇员、志愿者、委托人等，一般加入非营利组织基本是出于自愿的行为，说明他们在利益、理想、目标、兴趣、观念等方面与组织有一致的地方。因此，成员之间应该团结一致，共同努力搞好组织工作，完成组织的任务和使命。这种观点固然不错，但人的兴趣是会很快发生变化的，有的人加入组织可能是一时激情或者是另有所图。关于人们通过自愿形式提供公益服务的动机，归纳起来大概有三类。第一类是以非营利活动谋取个人和团体的私利（金钱、地位、权力、荣誉等），比如一些营利组织通过公益性赞助或公益性广告附带提升自身形象。第二类动机带有利他主义色彩，有些人认为自己有义务为慈善事业和公益事业作出贡献，但也期望获得某种回报，多数是精神层面的回报。第三类动机是纯粹的利他主义，很大部分非营利组织的成员带有强烈的意识形态色彩和宗教色彩，他们往往把自己的事业当成一种使命，认为他们可以用自己的行为带动更多的人成为慈善和公益事业的支持者。

非营利组织要通过内部公关维持组织成员对组织的感情，使他们感受到组织的凝聚力和团队精神，感受到组织能给他们带来的愉悦感、责任感和成就感，使他们专心致志地为组织的使命、目标和任务努力工作。任何持久的、良好的内部关系都不是靠一时激情维系的，即便是那些对组织非常忠心的成员或者是上文中第三类型的成员，都必须依靠长期不懈的公关努力才能建立持久、良好的内部关系。其常用的方式有：定期召开会议、编制内部刊物、开展联谊活动、进行专题交流、建立组织成员档案、提供组织成员生活和工作方面的帮助、为组织成员利益公开辩护等。

17.2 转型期非营利组织公共关系

17.2.1 转型期我国非营利组织信任危机凸现

取得社会公众的信任，特别是目标公众的信任，是各类组织开展公共关系工作的基础目标，公共关系的一切活动都是基于这一目标展开的。转型期我国非营利组织将有巨大的发展潜力，将有更多的社会资源交给它们管理和支配，将在以后的生活中发挥着越来越广泛的作用。由于自身的特殊属性，非营利组织的健康发展要求公众对其有高度的信任，但当前我国非营利组织面对自身固有的弊病以及转型期复杂多变的生态环境，使得社会公众对其缺乏足够的信任，信任危机成为当今每一个非营利组织亟待解决的难题。

1. 社会公众信任危机产生的原因

美国学者里贾纳·E. 赫茨琳杰教授在《公众对非营利组织和政府的信任可以恢复吗?》一文中提出："我们将最重要的社会职能——教育、公益事业以及健康维护和安全保障等托付给了非营利组织及政府；然而我们却发现，不法行为和不善经营已经严重地削弱了公众对此类机构的信任。还有什么办法可以恢复公众的信任吗?" 按照其观点，由四类问题导致非营利组织公众信任危机："第一，低成效的组织，也就是不能圆满完成社会使命的组织；第二，低效率组织，这类组织与它们所花费的金钱相比，成果距理想效果相差甚远；第三，中饱私囊，即掌管免税组织的个人为自己谋取额外的利益（此处指的是政府组织中的问题，但在非营利组织中同样有中饱私囊的问题）；第四，责任机制的缺乏导致组织高风险运作。"[①] 约翰·郝克斯则实证列举了美国的非营利组织存在的重大问题：滥用减免特权，名不副实；行政费用过高；贪污腐败；不公平竞争；涉足党派政治；等等。

我国非营利组织的信任危机产生的原因与国外两位学者的分析类似，但仍有我们的"特色"。① 效率低下。这主要表现为非营利组织自身的运作成本不断加大，以至于投入与产出不成比例，甚至用于公共服务的支出小于在募捐和管理上的花费。② 组织信息不透明，尤其是财务信息。2010 年 12 月 2 日，中民慈善捐助信息中心在北京发布《2010 年度中国慈善透明报告》，对全国慈善信息披露状况进行年度梳理和分析。报告显示，实际仅有 25% 的慈善组织信息透明度较高，其中组织基本信息公开透明度最高，财务信息透明度则最低；有

① 赫茨琳杰. 公众对非营利组织和政府的信任可以恢复吗//非营利组织管理. 北京：中国人民大学出版社，2000：4－6.

一半以上接受调查的公众会经常性地捐款捐物，但近九成接受调查的公众表示从未接受过慈善机构的信息反馈；在各类慈善组织中，基金会信息披露相对较好。此外，在社会公众网络随机调查中发现，接受调查的近九成公众表示对慈善信息公开满意度偏低。③ 组织身份模糊，难以得到政府的批准，也难以得到民众的认可。李连杰创立的“壹基金”得到了社会认可和其他组织的认可，办事效率和效果也是有目共睹的，但唯独官方对其不理不睬，身份困境成为阻碍“壹基金”发展的最大障碍。

2. 非营利组织信任危机的具体表现

1）非营利组织的商业化经营

迫于生存竞争的压力，众多非营利组织加入了商业化经营的队伍，即非营利组织的市场化运作。正如弗斯顿·伯格所言，“现代非营利机构必须是一个混合体：就其宗旨而言，它是一个传统的慈善机构；而在开辟财源方面，它是一个成功的商业组织。当这两种价值观在非营利组织内相互依存时，该组织才会充满活力。”①

民政部在解释民间组织非营利性时也强调：非营利性并不等于不营利，非营利组织和营利性组织的根本区别不在于是否营利，而在于对获得的收益如何处理。② 即市场化运作只是手段，而不是目的，但在市场化运作的实践中，许多非营利组织经不住获利性的诱惑，没有把公益使命作为最终目的，在市场化运作中产生了严重的目标错位：一是不清楚非营利组织具有的非牟利目标，把企业追逐利润最大化的营利目标当做非营利组织的发展目标，把非营利组织办成了与企业毫无二致的“趋利动物”；二是不清楚非营利组织的利润非分配特性，以为非营利组织就是不能有任何盈余或利润，把政府部门在财政资助支撑下的公共目标当做非营利组织的发展目标，不计成本，不讲效率。我国非营利组织在市场化运作中还是存在许多问题，尤其是背离市场化运作的初衷，放弃公益宗旨而过度逐利的目标错位问题，使我国非营利组织面临日益严重的信任危机和公共服务质量严重下降的困境。

2）非营利组织非自治化倾向

非营利组织非自治化倾向主要指的是政府力量对非营利组织独立性的侵蚀。西方称为官僚化，而在我国称之为行政化。一方面，政府通过资金和公共资源的控制影响非营利组织的决策和活动，使其成为自己履行职能的工具；另一方面，长期依赖政府资源使得非营利组织产生依赖性，官僚化日益严重。在发达国家，20 世纪末的民营化浪潮并没有阻挡国家对非营利部门的侵蚀。从 1990 年开始，英国政府的资助在非营利组织收入中的比重逐年上升，到 1995 年时首次成为第三部门最重要的收入来源（包括来自拨款、合约和服务协议的直接款项，不包括通过税收优惠给予的间接支持）；而在社会发展程度较低的国家，非营利组织则往往被强制纳入政府机构体系，成为政府的附属机构。

在我国，非营利组织趋向于行政化。首先，政府提高了非营利组织的法律准入门槛，限

① 伯格．非营利机构的生财之道．北京：科学出版社，1991：77.

② 李江帆，杨望成．非营利领域的市场化运作模式及其启示．学术研究，2004（8）：62－66.

制了非营利组织的生存和发展的空间；其次，非营利组织行政化，虽然政府能给予大量的扶持（包括政策、人、财、物等），但是容易滋生腐败，降低效率，造成资源的浪费。例如，高校是否行政化的问题，在全国范围内已成为讨论的热点。

3）非营利组织管理缺乏责任机制

非营利组织缺少企业所具有的三种基本的责任机制。第一，缺乏由所有制决定的个人利益的作用；第二，缺乏提高效率的竞争机制；第三，缺乏显示最终业绩的晴雨表——利润测算。非营利组织的运行状况被蒙上了一层神秘的面纱，不暴露出重大问题时人们无法知晓其内幕。[①] 对于国外的非营利组织，这些缺陷能够通过非营利组织中对理事会的监督机制进行一定程度上的弥补。然而中国的非营利组织，尤其是一些民办的慈善组织，对"理事会"的概念比较模糊，无法像国外那些发展比较健全的非营利组织那样，很好地发挥理事会的监督作用。

4）缺乏有效的沟通机制，难以拉近与公众的距离

由于非营利组织的资金主要来自社会资本的捐助，它们往往承担着巨大的社会责任，信誉好坏和资金配置使用的透明度是非营利组织生存和发展的基础。因此，与公众建立高效和透明的沟通机制是非营利组织的又一个重要课题。人们常常听到捐助者这样的质问，"谁能知道他们的钱会用到哪里?""谁能保证捐款一定能够用到受助者的身上?"许多人士往往更愿意通过直接与受助者接触的方式进行救助。这样不但增加了社会救助的成本，而且使非营利组织的功能受到限制。同时，人们也看到非营利组织在公共关系管理上的缺陷：公众往往不了解这些非营利组织募捐的动机和使用途径，这些组织也不具备成熟的公共关系管理能力，因此公众无法了解它们的资源分配机制及监督机制。在政府方面，政府的管理更多的是侧重对社会团体、民办非企业单位、事业单位的审批，而不是对非营利组织成立后的运行状况进行监督。

17.2.2 非营利组织公共关系重塑

1. 增加组织透明度，重建信任

对于公众来说，他们十分关注非营利组织为社会成员作出的贡献和谋取的福利。当公众了解到非营利组织的投入和产出不成比例时，自然不愿意进行下一轮的投入活动。因此，非营利组织要提高自身的公信力，就应该改变现行的管理方式，及时公布信息，让公众清楚地知道非营利组织的运行情况。

美国哈佛大学商学院教授里贾纳·E. 赫茨琳杰提出了披露（disclosure）—分析（analysis）—发布（dissemination）—惩罚（sanction）方案，简称DADS法。即加强非营利组织业绩信息的披露，分析、发布非营利组织的工作业绩。对不遵守以上规定的组织进行

① 赫茨琳杰．公众对非营利组织和政府的信任可以恢复吗//非营利组织管理．北京：中国人民大学出版社，2000：4－6.

惩罚。DADS 法的实施，将会提高捐款人的信任，让他们相信，其捐献物都被用到了有价值的事业上，还可以减少花在运转不良的机构中的钱，转而投入到更有效益的用途中去。①

2. 建立责任机制，提高效率

非营利组织公众信任的缺失正像里贾纳·E. 赫茨琳杰教授所说，是因为缺少企业所具有的三种基本责任机制，以公共利益为组织使命的非营利组织应该确立以公共责任为导向的责任机制。

在此基础上，可以这样理解公共责任：就是个人或组织对其使用的资源流向及其效用的交代，范畴涵盖了适当运用资金的财务责任，遵守适当程序与规则的过程责任，确保工作品质与行动效果的项目责任，以及重视工作的相关性与适当性的优先性责任。对非营利组织而言，公共责任的不断衍生和扩展，其目的无非是凭借更完善的公共责任机制以确保组织使命和公益性的实现。在捐赠者效率意识增强和行为取向的约束下，非营利组织只有强化公共责任才能获取资源。对非营利组织而言，它要向社会负责，具体说来主要包括：使命承诺的责任；对公益性资源进行有效运作的责任；动员并充分发挥志愿者作用的责任；提供公益性或互益性社会服务的责任；帮助弱势群体的责任；推进社会公共利益和社会进步的责任。

3. 建立有效的沟通机制，加强公共关系管理

非营利组织必须更进一步地面向社会、面向公众，从社会资源及民间资本中获得开展公益活动的资金，并以卓有成效的工作为社会提供服务。这就必然要求非营利组织能够以更合理和更专业的方式有效地传播自己的理念和诉求，达成与公众之间善意的理解，建立并维护与公众之间的信任，组织信息透明得到公众的认可，利用专业的知识和灵活的技巧处理危机中的公共关系。这一切都需要具备公共关系管理和危机管理知识的专业人士参与和介入到非营利组织之中。在资讯以空前的深度和广度渗透到公众日常生活的今天，没有任何一个建立于社会资源之上的非营利组织可以忽视对良性公共关系的重视。不同领域的非营利组织以不同的方式进行种种公共关系活动，其目的只有一个，就是通过专业的传播与其资本授予者达成最有效的沟通与理解、关注与认同。在社会、政治及经济发展和变迁剧烈的年代，非营利组织的公共活动也越来越要求科学、合理和专业的管理。

接踵而至的问题就是，作为专业的公共关系管理人，应该如何利用这个机遇以自己的职业道德和技巧为实现社会的公益目标发挥作用呢？简而言之，公共关系管理应该成为非营利组织战略管理中的基本环节，并成为日常事务中重要的组成部分。出色和高效的公共关系管理机制在非营利组织中扮演的角色，应该是非营利组织与公众之间的桥梁，是坚持组织使命、倡导组织理念、取得公众信任、得到公众理解和支持的桥梁。

---

① 赫茨琳杰．公众对非营利组织和政府的信任可以恢复吗//非营利组织管理．北京：中国人民大学出版社，2000：4－6.

4. 完善非营利组织的自律机制

建立多元有效的监督机制是非营利组织能够持续获得公众信任的最后保障。多元化的监督体系包括：非营利组织的自律、政府的监督、独立的第三部门的评估监督、非营利组织同行的互律监督及媒体与公众的监督与评估。

非营利组织重拾公众信任，并在此基础上开展公共关系活动，必须从组织自身做起，由内而外。那么这个“内”就是从强化组织自我监督入手，逐步完善组织自律机制的过程，包括：① 通过组织内部的治理结构，如设立监事会和专职的监督员，对董事、执行人员的行为进行监督；② 通过制定各种规章制度，如筹款管理制度、办事程序等预防违规行为；③ 提高非营利组织从业人员的素质，着眼于根本宗旨的宣传，加强思想教育，强化组织使命的认同感和道德自律。

通过强化组织内部的自律和规范，并结合组织外部的监督约束，可以提高非营利组织对社会资源的使用效率，达到社会公众的期待，满足他们的需求，让公众真实地了解非营利组织的运作、服务、资金使用及行政管理状况。从而规范非营利组织的行为，帮助非营利组织激发自觉履行义务的内在动力，增强组织运用社会资源（包括人力资源和财政资源）的能力，进一步得到社会公众的信任和支持。

17.3 学校公共关系

伴随着信息化、知识化、全球化的大潮，人类已经步入知识经济时代。在我国各领域加速转型的今天，教育体制改革使公众对教育怀有更高的期待，但同时，公众对教育、对学校的不满情绪也在不断增加。教育乱收费；市场化程度偏高；学校的传统教学内容、教学方法和手段，已经不适应当今社会和经济的发展需要；教师队伍素质的下滑等，导致其整体形象的滑坡。学校教育事业的发展，需要政府、社会各界和全体公民的关心与支持。而要获得这种关心与支持，需要学校充分开展公共关系活动去树立良好形象，重拾公众对学校、对教育的信心。

17.3.1 学校公共关系的必要性

1. 教育体制改革需要学校公共关系的辅助

1985 年 5 月 27 日，中共中央提出的关于教育体制改革的决定指出：“党的十二届三中全会关于经济体制改革的决定，为我国社会生产力的大发展、为我国社会主义物质文明和精神文明的提高，开辟了广阔的道路。今后事业成败的一个重要关键在于人才，而要解决人才问题，就必须使教育事业在经济发展的基础上有一个大的发展。”经过 20 多年的改革探索、试点、实施，已部分解决我国各类学校不同程度存在的机构臃肿、专业老化、科研体制不配套、分配制度不合理、教师队伍不稳定、教育资源分配不合理等问题。

我国的教育体制改革是一项长期而又艰巨的任务。全方位的教育体制改革，必须得到政府、社会各界和全体民众的关心和支持。作为教育改革主要对象的各类学校应将公共关系作为一种有效的管理思想、管理哲学和管理方法，通过开展公共关系活动更广泛地唤起全社会的关注，协调内外部的关系，为教育体制改革的顺利开展发挥辅助作用。

2. 学校的正常运行和发展需要学校公共关系

学校是教育者根据当今社会的要求，有目的、有计划、有组织地通过一系列的教育措施，培养适应当今社会需要的人才的场所。学校的基本任务就是教书育人，学校所有的活动都是围绕这一中心任务开展的。在此过程中，涉及方方面面的关系，既有学校内部的，也有学校外部的，它们对学校日常教学任务的完成和学校的发展壮大起到关键性的作用。学校公关部门必须及时了解内外公众的要求和愿望，掌握他们对学校政策、策略的反应，并解决管理中存在的问题，充分调动、利用各个方面的积极因素，化解或抑制各种消极因素，保证学校正常教学工作的顺利进行，进而形成团结、好学、高效的校风，提高教学质量，促进学校的进一步发展。

3. 树立规范性的社会形象需要学校公共关系助力

在我国，学校作为事业单位，一直被列为非营利性的社会组织。由于它的特殊性、重要性，因此是上层建筑特别关注的领域。它必须无条件贯彻落实相应的政治观念、文化价值取向、法律制度等。另外，国家在许多方面对学校有行政干预权，包括校名的更改、联合重组、管理改革等方面。所以无论是从学校本身作为一个职业机构的角度，还是从外部教育管理部门规划的角度，具体学校的社会形象基本上都是教育管理部门规划出来的，从而具备规范性。

因此，学校特别是公立学校不必要为以何种形象出现在公众的面前而思考，重要的是如何让公众认可和接受其规范性的社会形象。学校必须从学校的名称、校容、校风、教风、学风及领导、教职员工的工作能力、道德素质等方面着手，打造学校的知名度和美誉度。学校可以通过各种方式和渠道向社会公众展示自身规范性形象，发挥大众传媒的作用，报道学校的重大的方针政策、重大的科研成果及重要的社会活动；还可通过组织校友会、参加社区活动、建立校企联合组织等渠道加强与社会各界的交流与合作，扩大在公众中的影响等。

17.3.2　学校公共关系的工作范围

1. 学校内部的公共关系

学校内部公众主要包括：教师、学生、行政和教学管理人员。搞好校内公共关系，着重要处理好教师关系、学生关系、师生关系、行政和教学管理工作人员关系。

（1）教师关系。教师是教学工作的主要承担者，处于能够与学生、家长和其他有关人员进行有效联系的位置，可为学校公共关系人员提供有价值的反馈信息，协助学校公共关系活动的开展，对学校的生存和发展起着至关重要的作用。学校必须与教师保持和谐的关系。学校在处理与教师关系方面，应遵循尊重与激励的原则：从教师的心理特点出发，尊重、满足他们的心理需要；努力通过各种方式和渠道向社会各界、学生家长宣传，提高教师的社会地位，尊重他们的辛勤劳动，对他们的工作给予应有的评价；促使社会各界特别是政府、教育主管部门切实改善教师的工作、生活和学习环境，提供有利于教师自身发展的条件，以激励教师工作的积极性和创造性。

（2）学生关系。学生是学校的主人，是学校最重要的内部公众，是学校形象的具体体现者。首先，学校教学质量的好坏，学生能否学到知识，掌握分析和解决问题的能力，是建立良好学生关系的关键所在。其次，关心他们的政治思想、学习和生活，组织丰富多彩的活动，促进他们身心的全面发展。最后，必须要拓宽沟通渠道。根据不同类型的学生采用不同的沟通方式，定期与学生进行交流，及时掌握情况，发现问题，解决问题，力求学校平稳运行。

（3）师生关系。师生关系并非单一的“教”与“学”的关系，从学校教育活动中教师和学生之间存在的种种冲突来看，并不是老师与学生各司其职就能建立融洽的师生关系，能否建立良好的师生关系固然与师生双方的共同努力，特别是教师对待学生的态度有着密切的联系。但从总体上来说，师生关系的好坏并不完全取决于师生双方的共同努力。因为在师生工作关系的背后，还有一只看不见的“手”在起作用。这只“手”就是学校根据自身实际情况及所处的特定社会环境，结合相关的历史因素，对良好师生关系的建立、维系发挥着作用。

（4）行政和教学管理工作人员关系。学校的行政和教学管理工作人员从事与教学相关的服务工作，他们的态度、效率、质量直接影响到学校与师生的关系，有时甚至影响到与外部公众的关系。学校不能忽视与他们的沟通，他们应享受与教师一样的待遇，但必须结合他们工作的性质、特点而定。

2. 学校外部的公共关系

（1）家长关系。学生的家长是支持学校工作的重要力量，是帮助学校实现教育目标的重要力量。传统意义上，与家长的关系是将家长视做被动客体，如今这种关系已经不能适应新时代公共关系的发展。家长不单是学校的“客户”，也是学校教育工作的合作者，更是学校工作质量的评价者和学校声誉的传播者。获得了他们的支持，也就获得了有力的支持者和同盟军。

（2）教育主管部门关系。学校与教育主管部门的关系是下级与上级的关系。教育主管部门对学校行使监督、管理职能，对学校的发展有着重要的指导和帮助作用，学校各项工作都要直接对教育主管部门负责。因此，学校公关工作的基本点就是获得上级教育主管部门的理解和支持。可以定期或不定期地向主管部门寄发有关学校工作的材料；可以邀请主管单位领导、工作人员到学校指导工作；还可以适时拜访交流工作，将学校面临的困难和问题及有关建议等及时反映给教育主管部门。只有教育主管部门增进对学校的了解，才能加深主管部门对学校的印象；才能获得主管部门更多、更大的帮助和支持；才能更好地贯彻和落实主管部门的指示精神；才能更好地完成主管部门交给的各项任务。

（3）校友关系。校友是曾经在学校学习或工作过的老师、学生和职工。面对曾经学习和工作过的地方，他们都怀有眷恋之情，都愿意关心和支持母校的发展；校友的捐赠是学校极为重要的自愿捐赠来源。通过建立校友档案、组织校友会、建立校友通信网络等常用沟通方法将他们与学校紧密联系在一起；在校庆或其他重要活动时，请他们回校参加，作报告、演讲，进行学习或工作交流等。在激发他们对母校感情的同时，可以扩大学校在社会上的影响力，为学校的进一步发展提供诸多潜在的机遇。

（4）企业关系。随着教育改革的深化和市场经济的发展，学校与企业的关系日益密切，合作的领域在不断扩大。从学校的角度来说，与企业建立良好的公共关系，可以使学校在经济、物质方面得到资助；可以建立学校的社会实践和实验场所；可以促进学生就业；等等。具体的操作方式主要包括：合作开发项目；为企业培训人才；输送优秀人才；建立各种校企联合组织；相互成为顾问；发挥智力优势帮助企业出谋划策、诊断咨询；等等。

（5）与社会知名人士的关系。具有现代公共关系意识的学校必须重视人脉资源的开发和利用。聚集其丰富的人脉关系，并进一步进行开发和利用，越来越成为各类组织公共关系的新职能，学校的发展同样需要它来发挥作用。

对于学校来说，重要的人脉资源就是与学校有联系的各领域的知名人士。学校公共关系将社会各领域与学校有联系的知名人士作为工作对象，主要是看中了他们在社会范围内或在某一领域内的影响力。只有搞好与他们的关系，才能够运用他们的影响力。不但减小学校与外界合作的阻力，而且增大学校对外的吸引力。从而能优化学校的教育资源，树立学校良好的整体形象，扩大学校的业务交流，促进学校更快、更好地发展。

17.3.3　学校公共关系的目标

1. 赢得内外公众的信任

学校在公共关系活动中，要切实关心和解决涉及师生、员工切身利益的各种实际问题，努力提升他们对学校的信任感和归属感。在与校内公众的信息沟通与传播的过程中，最大限度地提高公关透明度，让广大师生员工分享公关信息，了解学校的教育目标和工作计划，增强对学校的满意度和信心，以调动学校内部的一切积极因素，团结一致地为实现学校的目标而共同奋斗。只有“内求团结”，才能“外求发展”。

赢得校外公众的信任，学校必须实行开放性办学，将学校的各种教育信息通过各种途径不断地传递给校外公众，使他们了解学校的教育思想、办学方针、发展战略、培养目标和发展方向，能够认识到学校的根本利益和他们利益的一致性。学校还要尽可能多地为社区提供有价值的服务，赢得校外公众普遍的拥护，以利于提高学校的声誉。

2. 营造和谐与安定的环境

学校的建设与发展和其他组织机构一样需要营造良好的环境。作为上层建筑的重要组成部分，学校承担着培养社会主义建设者和接班人的艰巨任务。人才越来越成为国家发展的可持续性资源，对于人才的培养，需要有稳定的教学秩序、工作秩序和生活秩序，以及和谐安定的校园环境。只有稳定，学校才能健康地发展，因此学校必须将稳定作为学校的一件大事来抓。学生是学校的主体，学校必须加强与学生的沟通和联系，通报情况，听取意见，努力改进工作，注意发挥学生在民主管理中的作用，取得他们的理解和支持，共同维护学校安定团结的局面。

3. 建立多元沟通传播渠道

学校不同于其他营利性组织有足够的经费来开展大型的公共关系活动，因此，要开展一些花费少而富有学校特点的活动，既丰富了课外活动，又产生了一定的影响力，这就需要学校与公众之间采用多种方式和渠道来进行沟通。可以通过媒体报道学校的重大政策决定、重大科研成果及重要的社会活动情况，提高大众传媒对学校的关注度。同时，还可以通过组织校友会、参加社区活动、建立校企联合组织等渠道与社会各界交流和沟通，扩大学校在公众中的影响力。由于学校公共关系对象的广泛性，因此要根据不同的公众对象选择不同的沟通手段，以求得学校公共关系活动的最大效果。

4. 把握正确的教育体制改革方向

学校公共关系工作应密切关注社会环境的变化，通过综合分析、研究多方面的信息，预测未来社会的发展趋势，尤其是对教育和人才的新需求，把握教育改革动向，帮助学校制定出适应时代要求的发展战略。

我国正处于加速转型的时期，教育体制的改革已经成为国民最为关注的体制改革之一。2010 年 12 月 6 日国务院办公厅印发了《关于开展国家教育体制改革试点的通知》。《通知》中指出一批改革目标明确、政策措施具体的教育改革项目完成备案程序，标志着国家教育体制改革试点工作全面启动。学校作为教育体制改革的主要对象，务必学习教育体制改革的精神，执行教育体制改革的政策，向上级领导部门提出切实可行的改革建议，努力争取成为教育体制改革试点学校。为了做好教育体制改革试点工作，一方面争取上级部门的大力支持，引起社会的密切关注，产生广泛的社会影响力，树立学校良好形象；另一方面，学校把握教育体制改革良机，深入彻底地解决阻碍自身发展的顽疾，为学校的长期发展扫清障碍。

5. 预防学校危机事件的发生

学校在公共关系活动中，要根据对校内外各种因素的监测，作出客观、科学的分析，预测公共关系进展过程中的各种社会反应，以便未雨绸缪，防患于未然。近年来学生在校意外伤害事故频频发生，如何妥善地处理这类事故，关系重大。有的学校除了定期检查教育场所、设施和在活动中做好预警工作、确保安全外，还进行教育公关活动，请研究教育法的专家给家长作法制教育报告，让家长明白：从法律角度讲，学校不是学生的监护人，不承担对学生的监护责任，而主要是履行教育和管理两种职能；当这两种职能未能充分履行而导致伤害事故发生，学校才负相应责任。这是一种成功的教育公关活动，有预见性。诚如有的家长所说，即使孩子受到意外伤害，也不会找学校无理取闹，而是冷静对待，或诉诸法律解决。

17.3.4 学校公共关系的现状

经过多年公共关系的研究和实践证明，公共关系对组织的发展起到了至关重要的作用，但是在高速发展和欣欣向荣的背后仍然存在着这样或那样的问题亟待解决，学校公共关系亦然。

1. 普通学校（中小学）的公共关系

目前，我国中小学校公共关系现状并不乐观，与西方发达国家相比，我国学校公共关系就其发展程度和管理水平而言都处于较低的水平。

（1）公共关系活动被动、不全面。目前，我国中小学学校公共关系活动开展得很被动，学校没有积极主动地开展公共关系活动，不能充分发挥学校在公共关系活动中的主动性。相反，往往都是等到家长、社区或政府部门等公众找上门来再处理。特别表现在学校的机遇管理和危机管理上，学校不能未雨绸缪、居安思危，总是等到机遇错过了才知道惋惜；直到问题出现了才来解决，导致学校利益、形象、声誉的损坏，既阻碍了学校自身的发展，又影响了社会的和谐发展。

我国学校的公共关系是一种自然状态的事实性公共关系，被当做事务性工作来处理。就事论事，出现什么问题解决什么问题，没有全程质量管理和问题管理的意识；没有全员管理意识，认为教师和学生对学校的生存和发展并不负有公共关系责任；缺乏完整的操作程序，学校实际的公共关系工作大多以内部沟通为主，较少以外部公众为活动对象；沟通活动也是断续的非持续行为。

（2）公共关系意识淡薄。公共关系理论研究上的缺陷，加上传统观念的影响，造成了中小学学校公共关系观念的淡薄。许多学校从领导到教师，没有系统地学习和掌握中小学学校公共关系的理论，甚至不知道中小学学校公共关系为何物。这就造成了在学校管理工作中，没有树立中小学学校公共关系思想，没有从理论上意识到中小学学校公共关系的重要性。有一些学校虽然对公共关系有一定的了解，但是却走进了公共关系的误区，是片面的、错误的，主要表现在两方面：一是认为中小学学校公共关系没有用处；二是没有正确理解中小学学校公共关系，把中小学学校公共关系当成不正当的行为。正是由于这种对公共关系认识的误区和薄弱意识的存在，引发了中小学学校公共关系实务中的一系列问题，严重影响了学校的发展。

（3）缺乏专职公共关系人员。因中小学学校公共关系体制的不完善直接导致了公共关系人员的分散。由于没有专门的中小学学校公共关系机构，中小学学校公共关系人员分散在各个部门，它的组成成员上到校长、中层干部、教师，下到学生干部。看上去这种人员结构是合理的，可是这种缺乏专业人员引领下的“全员公关”存在着一些弊端。一方面，中小学学校公共关系占用这些教师、学生的时间来研究策划公共关系、开展公共关系活动，必然会分散他们的精力，影响学校的教育教学工作的开展和教育教学质量。另一方面，这些公共关系人员缺乏公共关系的专业知识，不能用专业的眼光来审视公共关系工作，因此，在实际开展公共关系活动中形不成合力。无论从哪一方面考虑，这种人员的分散和非专业性，都不利于中小学学校公共关系的开展。

2. 高校的公共关系

作为高校公共关系主体的各大专院校，以培养社会所需的高级专门人才为目的，是集教学、科研为一体的智能型社会组织，其活动原则必须符合国家需要和广泛接受的社会标准。

（1）以提高人才培养质量和科研水平为核心。高校的中心工作是对高级人才的培养和科学的研究，这才是高校最根本的竞争力所在。在人才观方面，应首先重视人才培养的质量，然后才是人才的数量；在科研观方面，应首先注重科研的实用性，而不是功利性。因此，高校公共关系工作一方面应注意收集公众和社会对学校培养的人才的意见和建议，以便于及时调整教学计划，进行教学改革，提高教学质量；另一方面要将科研立项与对口单位进行沟通交流，评估科研项目的实效性。

（2）预测社会发展趋势，制定学校发展目标。各高校应准确把握社会发展的各种信息，预测社会发展的趋势；在观念、知识和行为上引导社会向健康的方向发展。对社会的人才需求做出准确及时的反应，特别是高校应根据社会对不同专业人才的新需求，及时调整专业的设置，培养适应市场和社会需要的新型人才。只有这样，才能使学校站在时代的最前沿，通过知识、技术和人才培养模式的不断创新，真正成为未来人才的“孵化器”。

（3）强化学校的社会责任意识。各高校要赢得社会公众的信任，在社会公众中树立良好形象和信誉，使学校的各项工作得到各界的理解和支持，首先要履行自己在社会发展中应尽的职责，体现出自身实际的价值。利用学校拥有的众多人才、发达的信息、先进的仪器设备等独特优势，在承担人才培养的任务之外，直接为社会服务。例如，进行委托培养，承办各种培训项目，进行科技开发和服务，为经济建设直接服务，为社会进步和发展提供决策咨询服务，为精神文明建设服务。

3. 职业学校的公共关系

（1）职业学校公共关系的特殊性。职业教育是在一定普通教育的基础上，对社会各种职业、各种岗位所需要的就业者和从业者所进行的职业知识、技能和态度的职前教育与职后培训。[①] 从教育模式看，长期以来“重理论，轻实践”的教育观念主导着我们的人才培养工作。现代职业教育引入我国已经130多年了，其发端比普通教育还早，但发展步履之艰难，远落后于普通教育。在部分教育决策人员及社会大众的潜意识中，职业教育是低于普通教育的次等教育，是普通教育的补充。因此，在教育规划中，职业教育往往仅成为调节普通教育生源盈亏的缓冲系统，在招生和经费投入政策中，把职业教育放在保证普通教育需要之余的次要地位。相反，社会对技能型人才，特别是高级技术工人需求旺盛，在不少地方都出现过高级技师的工资高过应届博士、硕士研究生的事例。这种状况，也代表了高职教育在相当长一段时期的发展境遇。

（2）职业学校公共关系的危机。职业学校的发展，有上述人们观念的原因，但在社会

① 国务院关于大力推进职业教育改革与发展的决定［EB/OL］. http：//news. xinhuanet. corn/zhengfu/2002－09/25/eomtent－573918. htm，2002－09－25.

急需职业技术人才的今天，职业学校的发展为何远不如普通教育，还是有其自身的原因。

① 职业学校领导缺乏公共关系意识。学校基本上还处于封闭式办学状态，既不重视家长关系，也不重视社会关系；既不让学生多参与社会实践活动，也不把职业界最新的信息传播给学生。忽视用大众传播的方式来塑造学校形象，学生绝大部分是通过古老的人际传播途径选择所要就读的学校。

② 对外宣传虚假、手段庸俗。很长一段时期，职业学校不是没有开展公共关系活动，就是开展公共关系活动不力；不仅长期处于弱势地位，而且造成了生源的紧张，甚至成为制约职业学校发展的主要问题；出现了宣传内容上有夸大、虚假的成分。这种做法严重地降低了中、高等职业学校宣传的可信度，给自己的招生带来了更多的困难。此外，还有个别中、高等职业学校采用“好处费”、“中介费”等形式变相贿赂介绍人。过高的中介费导致学生的学费过高，使很多农村学生家长承受不起，部分学生因此辍学。这种庸俗做法更加严重地损害了中、高等职业学校的形象。

③ 地方保护主义。很多地区教育主管部门因为自身业绩的考虑，利用行政手段实行“地方保护主义”，封锁生源，把地方职业学校的招生任务下放给各初、高中学校，并与校长的考核挂钩。

随着我国社会经济的快速发展和人民群众对教育需求的不断增长，我国高等职业教育迎来了快速发展的机遇。温家宝总理在《大力发展中国特色的职业教育》的讲话中指出：中国特色的职业教育，必须服务于社会主义现代化建设，着力培养适应经济社会发展需要的高素质的劳动者和高技能人才；必须满足城乡居民对职业教育的多样化需求，为他们就业、创业和成才创造条件；必须与社会主义市场经济相适应，实行政府主导、面向市场、多元化办学的机制；必须与生产劳动和社会实践紧密结合，实行灵活多样的人才培养模式。只有坚持这四个必须，才能通过坚持不懈的努力逐步形成完备的现代中、高职教育体系，才能办好真正意义上的中国特色的中、高职教育。因此，发展具有中国特色的职业教育对各级职业学校公共关系工作提出了更高的要求。

相关知识链接

公募基金会与非公募基金会

《基金会管理条例》将基金会分为公募基金会与非公募基金会两类，实行分类管理。二者的区别在于基金的来源：公募基金会可以向公众募集资金；非公募基金会的基金来源于特定个人或组织的捐赠，不得向公众募集资金。

我国现有的基金会主要是公募基金会，就是面向社会、面向老百姓广泛募捐的基金会。

而国外基金会发展的历史中，涌现了大批个人和企业捐资、以自己名义设立的基金会。这种基金会即非公募基金会，是基金会中的重要类型，由于其资金来源充裕、稳定，运作情况又关系到捐赠人的声誉，因此这类基金会往往运转良好，对公益事业贡献很大。

《基金会管理条例》对基金会分类管理，明确允许设立非公募基金会。可以达到两个目的：一方面，严格管理面向公众开展的募捐活动，维护募捐秩序，控制募捐市场上的竞争，减轻公众负担，维护社会稳定；另一方面，放开政策，允许富裕的个人、企业等设立非公募基金会，使他们能更自主地实现捐赠意愿，使他们在为社会公益事业做贡献的同时，也可以为自身带来良好的社会效益。总之，我们鼓励资助公益事业更多依靠富裕的个人或企业。

案例点评

壹基金走出灰色地带

2010年12月3日，壹基金在深圳落地，获深圳市民政局批准，正式成立深圳壹基金公益基金会。自此，壹基金拥有了独立从事公募活动的法律资格。从此，壹基金成为中国首个由公募基金会下面的基金成功变身为公募基金会的基金。虽然，壹基金的境遇发生了根本性的改变，但是，距离完全发挥它的功能还有很长的路要走，对于其他同样性质的组织来说，它们仍然要为走出灰色地带而努力挣扎。

“可以存在，可以活动，但难以取得合法身份。”这是2010年12月3日之前李连杰与壹基金所需要面临的困境，这也同样是为数众多的中国民间组织共同面临的制度性困境。在较早之前的一次电视访谈中，李连杰坦言，因为无法取得合法身份，壹基金有中断的可能。李连杰将壹基金比拟为一个孩子。从她出生到现在，虽然还健健康康的，但没有身份证。法律地位的模糊状态制约了壹基金的发展。

在此之前，作为私募基金，李连杰的壹基金计划从启动伊始就一直挂靠在有公募资格的中国红十字会名下开展公益慈善活动。按照两家的协议，壹基金现在虽然能够向公众募款，但没有自己独立的账户和公章，只能使用中国红十字会的。这给壹基金的运作带来了不少麻烦。两家签有为期3年的合约，合同期至2010年年底。壹基金这个没有“户口”的黑孩子何去何从，成为了一个问题。

壹基金拿不到身份证，障碍来自现行的社团登记制度。根据1998年10月发布的《社会团体登记管理条例》，申请成立社会团体，首先应当经其业务主管单位审查同意，否则将不予以登记注册。对于“业务主管单位”，该条例也有明确规定，必须是国务院有关部门和县级以上地方各级政府授权的组织。对于多数民间社团来说，要获得业务主管部门的批准基本上是一项不可能完成的任务。

回顾壹基金从之前的“灰头灰脸”到目前的“绝处重生”，我们看到的是壹基金自身的公关能量，它的重生可以说是一个偶然也可以说是一个必然。壹基金首先是在李连杰先生名人效应的持续扩散下引起全国各大新闻媒体的争相报道，得到了全国人民的持续关注，从而产生了强烈的反响；然后在李连杰先生经过多半年时间的持续努力和奔走下，才得以成功取得合法身份。对于壹基金的成功还能否得到持续性的"复制"，我们还有很漫长的路要走。

【点评】我国非营利组织在近年才出现了高速的发展并作为一支重要的社会力量，在社会生活中发挥着越来越重要的作用。但国内公众对其认同程度还不高，众多非营利组织无法发挥特有的社会功能，甚至难以维系组织自身的生存。因此，非营利组织开始重视公共关系的作用，并运用公共关系方法解决组织与公众之间的关系，从而形成了非营利组织的公共关系。作为我国非营利组织中的一员，壹基金的困境反映了我国大多数非营利组织的真实情况。可以说，壹基金能够成功"重生"，走出灰色地带，就在于其成功开展的"公关救赎"。

思考题

1. 非营利组织公共关系有哪些特征?
2. 非营利组织公共关系活动的目标是什么?
3. 非营利组织公共关系信任危机有哪些表现?
4. 如何重塑非营利组织公共关系?
5. 学校如何处理好内外部公众的关系?

案例讨论题

"理大画出彩虹"

——香港理工大学五十六周年校庆主题活动①

香港理工大学于2002年庆祝建校六十五周年，以"六十五载耕耘创新，二十万校友推动繁荣"为口号，展示理大作为高等院校人才济济及关怀社会的一面，并凝聚理大师生及校友的团结力量。"理大画出彩虹"是本次校庆庆典的最重要的大型活动。

1. 项目调研

该校负责校庆统筹的公共事务处经过资料收集，在吉尼斯世界纪录众多的活动类别中，拣选可行的活动，经过分析，决定以"理大画出彩虹"作为校庆重点大型活动。调研分析

① 资料来源：中国公关网 http：//www. chinapr. com. cn/anli/zfjfylzz/200804/19348. shtml，2008－04－28.

如下。

1）遇到的挑战

由于此举为新的尝试，未能充分掌握各教职员工、学生及校友的参与程度，对是否有过万名参加者一起拼砌“彩虹”没有把握。此外，理大为非营利组织，需四处寻找赞助商筹措资金举办该活动，面对经济衰退，寻找赞助有一定困难。

2）面临的机遇

万人拼砌巨型“彩虹”，规模庞大，预期视觉及宣传效果俱佳。此外，理大的学生及毕业生人数众多，如能借校庆之际把他们凝聚起来，将大大增强他们对理大的归属感。理大与工商界一直保持密切联络及良好关系，有助于为活动寻求赞助机构。而且香港的高等院校并未作过类似尝试，所以此举有开创先河的意义，值得一试。

2. 项目策划

1）目标

（1）以“理大画出彩虹”作为建校六十五周年大型庆祝活动，凝聚教职员工、学生及校友的力量。

（2）召集过万名师生及校友拼砌彩虹，尝试刷新世界纪录，为理大、为香港争光。

2）目标公众

（1）理大学生、教职员工及校友。

（2）工商界：活动赞助者。

（3）传媒及社会大众。

3）公关策略

（1）强化内部（校方管理层及各阶层代表）支持力度，筹办大型校庆活动。

（2）以重量级嘉宾及精彩表演活动吸引参加者，营造齐贺校庆的气氛，增强理大成员的归属感。

（3）通过活动筹募捐款给予慈善团体，体现理大关怀社会的精神。

（4）向媒体发布活动进展情况，以媒体赞助、广告及专访等形式宣传，从而达到最大的宣传效果。

3. 项目执行

1）联络各方，寻求支持，确认活动细节

向校方递交建议书，得到校方管理层的全力支持，以“理大画出彩虹”作为理大建校六十五周年重点大型庆祝活动全面进行计划；成立“理大画出彩虹”筹委会；向英国吉尼斯世界纪录机构报名参加该类别的活动，并确认进行活动的特定要求。

2）丰富活动内容，吸引参加者

（1）邀请主礼嘉宾，邀请重量级嘉宾，令活动更添隆重，并进一步吸引传媒的注意。

（2）为了让活动当日节目更丰富及更具吸引力，筹委会在拼砌“彩虹”活动前后都安排了表演项目，使校庆活动气氛更热烈。

3）突出活动意义

筹委会决定通过“理大画出彩虹”活动，鼓励参加人捐款。筹得款项其中一半捐赠给儿童癌病基金及香港耆康老人福利会，彰显理大关怀社会的一面。

4）招募参加者

(1) 在校园显眼位置，以横额、宣传海报、壁画及摆放摊位等形式广泛宣传该活动。

(2) 校园多处放置报名表格，让全校师生及校友容易获得有关资料。

(3) 为活动特制网页，方便成员随时通过互联网报名。

(4) 通过各院系组织招募教职员工、学生及校友报名参加。

(5) 校友事务及拓展处和校友会联会通过互联网或会面邀请校友组织参加。

5）寻找赞助

筹委会制订了不同金额的赞助方案，好让各机构拣选适合方案。

(1) 理大将评选三家机构成为“至尊彩虹赞助”、七家机构成为“活力彩虹赞助”及二十个组织/人士成为“爱心彩虹赞助”。

(2) 另寻企业慷慨赞助拼砌“彩虹”时参加者所需穿戴的T恤及帽子。

6）传播策略/媒体宣传

(1) 浸透式宣传（2002年6月至8月期间）。

理大传讯及公共事务处经常为宣传校内发展动向、院系活动或师生成就等与传媒联络或会面，借此向传媒提及理大将举办大型校庆活动，让他们有初步印象，并跟进活动发展情况。

(2) 媒体赞助。

与发行数量多的报社洽谈，为活动提供媒体赞助，在活动前后刊登大篇幅报导且附有报名表格，召集校外参加者（如毕业生），进行广泛宣传。

(3) 媒体专访。

选择性地安排媒体与校方代表及筹委会主席进行专访，介绍活动，让读者对活动有更深入认识。

(4) 新闻发布会。

活动之前举办新闻发布会，为活动营造声势。校方代表、筹委会成员及主要赞助商出席，让媒体对活动内容有更多的认识。

(5) 活动当日采访安排。

于活动一周前发放采访邀请，与政府新闻处联络有关采访行政长官安排，并与球场商议划定记者席；理大潘校长宗光教授接受传媒访问。

7）其他相关工作

4. 项目评估

1）受众反应热烈、现场效果极佳

当日参加人数超过12 000人，成千上万的理大成员拼砌巨型七色“彩虹”，场面壮观，令人震撼。在司仪的带领下，参加者形成人浪，表现得极为投入而兴奋。

2）成功加强师生及校友对理大归属感，分享校庆喜乐

作为建校六十五周年大型庆祝活动，“理大画出彩虹”体现理大学生、教职员工及校友“万众齐心”的精神，将活动口号“理大群英画彩虹，齐贺校庆乐融融”的精神充分发挥出来。

3）成功筹募捐款，显示理大对社会承担

通过赞助机构及参加者的捐款，共为理大、儿童癌病基金及香港耆康老人福利会筹得约200万港元，在庆祝校庆之余，也支持了大学未来教育发展，并惠及社会有需要人士。

4）刷新世界纪录，为校、为港、为国争光

由理大11 273名成员在香港砌出的“彩虹”图案，刷新了1997年于美国由6 444名群众组成彩虹图案的纪录。此项新纪录已成功列入《吉尼斯世界纪录》，并已在其网站记载，网址：http://www. guinnessworldrecords. com/index. asp? 1D =53123。

5）传媒报导成效显著

“理大画出彩虹”是一项极具意义的活动，活动经过传媒广泛的报导，社会大众进一步认识到香港理工大学是一所充满活力，积极致力培育人才、开发科研、贡献社会的学府，进一步巩固其正面形象，获得意义深远的宣传效果。

【讨论题】

香港理工大学在六十五周年庆典“理大画出彩虹”的主题活动中，运用了哪些公关方式，取得的成效如何?

第18章

国际公共关系

本章学习目标

通过本章学习，理解国际公共关系的含义，了解国际公共关系产生的历史背景、影响因素和发展趋势，掌握开展国际公共关系活动的基本原则、程序和对策。

现代意义上的国际公共关系，产生于20世纪40年代后期，在80年代进入到一个全新的快速发展时期。1947年美国、加拿大公共关系协会宣告成立，1948年英国公共关系协会成立。1955年，国际公共关系协会（简称IPRA）在英国伦敦成立，第一批会员包括了美、欧、亚、非洲的20多个国家的公司和企业（现有会员已经分布到80多个国家和地区），与此同时国际上专门从事公共关系的公司、机构也大量应运而生。

国际公共关系的快速发展得益于当时的国际环境：第二次世界大战后的世界政治形势相对稳定，各国都面临恢复和发展经济的任务；各国经济都有了较快的发展，国际间的经济、技术和劳务交流与合作日趋频繁；国际贸易成倍增长、跨国公司大量出现。正是借此得天独厚的发展环境，国际公共关系开始呈现出欣欣向荣的景象。

18.1 国际公共关系概述

20世纪80年代后的国际公共关系发生了跳跃式发展。一方面，全球经济一体化的浪潮为跨国公司带来了长足的发展，从而带动了世界各领域的全球一体化进程；其相互影响、相互促进的作用，对国际公共关系产生了深远的影响。另一方面，科学技术的发展带动了信息沟通和交流方式的根本性变化，使人们不得不将其维系在以技术为支撑的平台上开展公共关系。

18.1.1 国际公共关系的含义

所谓国际公共关系，正如英国著名公关家萨姆·布莱克所言："通常指这样一类公关活动，即一个组织在本国以外的地区所进行的公关活动或对国外有显著影响的公关活动。”具体而言，国际公共关系是指各类社会组织力图通过各种渠道，在不同地域不同领域内与多极目标公众交往，增进彼此的了解与信任，以此树立本组织的良好形象，从而加快本组织目标的实现。

对于国际公共关系主体的界定，国内学者众说纷纭。大多数人认为应以社会组织为主体，但对于社会组织，不同的人有不同的理解。有人把它界定为非政府性质组织，更多的人则将社会组织理解为具有一定社会职能和相对独立性的党政机关、企事业单位和社会团体。此处必须强调的是政府组织在国际公共关系中具有特殊的地位和作用，但是，它又区别于传统的政府外交活动，即区别于政治家和外交官之间正统的外交活动。在特定条件下，政府的国际公共关系常用在传统外交活动难以奏效或难以取得预期效果的领域，来发挥自身特有的作用。因此政府的国际公共关系是以政府组织的形式出现，而非国家的形式。

对于国际公共关系客体，大多数学者都很明确地将其界定为“国际公众”。诚然，在对应关系的背后也会产生相互的影响。主客体的关系已不再是简单的一一对应关系，即单一主体对应着单目标公众，取而代之的是广泛而复杂的主体对应着多极目标公众。与此同时，多极的客体也对主体产生着不同程度的影响，促使主体作出积极的转变。

18.1.2 影响国际公共关系的因素

1. 经济环境对国际公共关系的影响

国际经济多元化格局的形成和国际市场一体化趋势的出现带动了国际贸易的繁荣，国际公共关系首先就是适应了这种国际贸易的发展需要而得到不断发展和广泛应用的。国际经济的发展是现代国际公共关系发展的基础，经济环境也就成为首要的研究对象。

考察研究一国的经济环境主要从该国的经济发展程度、市场规模、市场行情、人口数量、公民收入情况、经济形态、经济政策入手，同时还要考虑其地理条件等。针对该国的经济发展程度、市场规模、市场行情做出对其进行投资或贸易的可行性分析。市场的行情决定是否可以打开市场，而市场规模是否应该扩大，能否实现盈利，则要从该国的人口数量、公民的收入情况进行分析。人口的数量主要是统计目标公众的数量，即具有相关偏好人口的数量，然后掌握该国公众的收入情况，再统计具有相关偏好人口的收入分配情况。分析可知：一些经济条件欠发达的发展中国家的公众，对高档的奢侈品的购买力甚微，而市场经济发达的国家的公众对此类产品的接受程度要高很多。在此基础上综合对该国的经济形态、经济政策进行分析。市场形态决定了他国进入该国市场的方式，即以什么样的身份进入该国市场，既能获得该国的认可和保护，又能将成本降至最低。而后掌握和分析该国的经济政策，特别是对外商的经济政策。不同的国家对外商的政策和态度由于各种原因而不尽相同，有些国家非常愿意接受甚至鼓励外国投资，并提供各种优惠条件吸引外资，但有些国家则以限制进口、冻结外汇等措施来限制投资、限制进口。此外，气候条件、地理环境等也会产生较大的影响，例如，农业经济作物的进出口贸易必须充分考虑农产品消费国的农作物种类和年产量

（受气候影响，每年的年产量是不同的）；再如，电器企业不必费劲向靠近极地的国家和地区去推销制冷空调，有的国家虽临近赤道，但海拔高，气候凉爽，比如肯尼亚的内陆地区。

因此，只有对目标国的经济环境及其变化趋势做深入的了解和正确的分析判断，才能制定出行之有效的公共关系策略，顺利实现公共关系目标。在缺乏对目标国经济环境了解的情况下制订的公共关系计划，往往无法实现或收效甚微。

2. 政治环境对国际公共关系的影响

政治环境对现代国际公共关系的影响虽已降为次要因素，但仍然会产生不同程度的影响。社会制度、政党制度、法律制度、政策规章等方面都会改变该国政局的稳定，从而影响组织国际公共关系的开展。

一国政局的稳定与否是判断一国政治环境好坏的重要标准，是组织顺利开展国际公共关系活动的必要条件，是国际公共关系全面实施和实现的重要保证。组织实施国际公共关系日益注重可持续性和战略性，组织不仅要注意目标国的目前政治气氛，还要预测该国将来政局的稳定程度，洞悉其政治走向与经济走向、各种政策法令的变化。在其目标国家总统选举、议会大选、地方选举时，尤其要注意目标国对华关系及其对本组织可能造成的影响，特别是不利的影响。同时，为了确保组织在国际公共关系中的合法性，避免引起不必要的麻烦和损失，在足够了解国际通用法律的基础上，对目标国家或地区的法律、法规也要进行全面的了解，不同的国家肯定是有差别的，甚至大相径庭。

1987 年 3 月 8 日，邓小平在接见外宾时指出，保持“国内安定团结的政治局面”，“有领导有秩序地进行社会主义建设”，是实现“三步走发展战略”的重要条件之一。6 月 29 日，他又指出：“没有安定团结的政治环境，什么事情都干不成。”1989 年 2 月 26 日，他又说：“中国的问题，压倒一切的是需要稳定。没有稳定的环境，什么都搞不成，已经取得的成果也会失掉。”改革开放以来大量外国政府机构、企业集团纷纷来华进行直接投资或间接投资，发展和我国的经贸关系，加强和我国的经济、文化、技术等方面的合作与交流，实现了互利共赢。这种局面的产生，是与我国政局的稳定分不开的。

3. 文化环境对国际公共关系的影响

国际公共关系与国内公共关系最大的区别在于文化的差异性。跨国文化的差异及差异程度，对国际公共关系的开展有着明显的影响，能否正确处理文化差异性是国际公共关系成败的关键。不同的国家或地区，经过历史积淀都已经形成了自身独有的文化，体现出了文化的特异性。了解并把握目标国文化必须从文化的同一性入手。虽然地域不同文化亦不同，但是无论什么地方的文化，其基本构成是大体一致的，包括：语言文字、风俗习惯、宗教信仰、教育、审美观和价值观等。语言文字是进行信息传播的重要载体，是与公众交流沟通的工具。除了国际通用语言文字外，各个国家还有自身的语言文字。世界上语言文字的种类极其繁杂，这是对外交往的一大难点。风俗习惯，指风尚、习俗、惯例、行为规范和人们的禁忌、避讳、偏好等。风俗习惯主要体现在人们的日常生活和交往活动中，具有较强的民族差异性。宗教信仰对人们的人生观、价值观和生活方式具有深刻的影响，从而也是开展国际公共关系活动最应注意的关键所在。

国际公共关系的失败，十之八九是由文化差异所造成的。《电子世界》杂志 1991 年曾就“什么是在全球市场做生意的最大障碍”这个问题在全球范围内向国际营销人员询问，结果在所列的八大障碍中，文化差异被排在首位。如果忽视目标国公众的文化差异，毫无区别地开展国际公共关系，只会增加公关活动的盲目性，从而降低国际公共关系活动的效用。在东亚和阿拉伯文化中，人际间的交流更多的是靠非语言的信号，如手势、眼神、表情等蕴涵着模糊朦胧的信息进行沟通交流。而美国文化则注重语言的实际含义，直来直去、不拐弯抹角、不留余地。在中国人看来，这样就表现得不成熟谦逊、没有礼貌。中国的历史文化传统强调群体意识：儒家思想的核心之一是“仁”，从“仁”这个字的结构来看，是由“二”和“人”组成，可以看出，其内涵是一个人与他人有密切联系。孔子以爱他人为仁，有亲近、尊贤等含义。这与美国的个人主义大相径庭。美国文化强调个人，高度重视个人自由，广泛强调自我支配、自我控制，不受外来约束。所以，组织在开展国际公共关系活动时，只有注意增强活动的针对性，才能提高公共关系的实效。

18.1.3 国际公共关系的发展趋势

21 世纪是世界经济大循环、经济技术快速发展的时代，信息技术、网络经济、生命科学等的发展，将给人类的生活、学习、生产带来前所未有的机遇和挑战；同样，全球公共关系行业面临的新问题也将是前所未有的。立足新形势，适应新变化，我国国际公共关系的发展将会有以下五种趋势。

1. 国际公共关系领域日趋多样化

国际公共关系领域随着国际公共关系的发展将会逐渐扩大。这个扩大的过程也是一个新旧交替、以新代旧、以旧衍新的过程，而新生的总是多于陈旧的。因此，国际公共关系在未来究竟能衍生出多少新的领域，无法预测。我国改革开放 30 多年来，积极开展国际公共关系活动，对各领域的飞跃式快速发展起到了关键性的作用；同时，各领域的国际公共关系组织对外联系也日益增多，一些交叉和相关的领域也被带动起来，从而开辟了国际公共关系的更多新领域。

2. 国际公共关系更趋于专业化

随着世界经济的发展、各国对外交往的增多，世界各国都认识到国际舞台的重要性，因此，极为重视国际公共关系的作用，并对其有着更高的要求。于是，国际公共关系专业化也将随之而来。

在中外公共关系市场逐步接轨的今天，市场运作将更加健全、规范。专业化服务将进一步细化，更加到位。公共关系公司将从简单项目的执行向高层次整合、策划、顾问和咨询等方面转变；公共关系协会的功能也将向行业公共关系协会的职能进行转变。专业化的公共关系公司将备受各级组织青睐，也将给现代组织带来更为详尽到位的全方位服务。人们就像在发展中离不开法律顾问一样离不开公共关系公司，由此而生的公共关系咨询业将成为当今国际公共关系行业的新的增长点。公共关系咨询业表现出来的强劲的智力劳动的价值将得到社会的广泛尊重和高度重视。

1955 年在伦敦成立的国际公共关系协会，还有各国、各地区成立的国际公共关系协会及其相关组织，爱德曼、博雅、奥美、蓝色光标等著名的国际公关公司，各类组织的国际公共关系部，各类公共关系教育、研究、培训机构等，都构成了现代国际公共关系专业化的主要推动力量。

3. 国际公共关系日趋战略化

国际公共关系受国际政治、经济、社会和文化等多重文化环境的影响和制约，组织要在特定国际舞台上获得稳定的优势，就必须在正确分析和处理好所处的环境基础上，具有可持续发展的战略思维，即谋求组织的可持续发展。同时，在可持续发展的背后还必须有战略化的思考。

1）国际化形象战略

国际公共关系活动的基本职能和主要内容，就是为本组织树立良好的组织形象，从而间接地树立良好的国家形象。国际市场经济发展到今天，组织形象已经成为推动组织发展的新动力，形象的竞争已经成为真正具有战略意义的竞争，成为组织成败的关键点和组织竞争的目标。国际公共关系作为一种重要的传播手段和战略，将为组织塑造一种“全球形象”而纳入组织的战略管理层面，其战略性地位日益加强。

组织形象是一个组织综合素质在社会公众中形成的总体印象，也是组织内外公众对一个组织的整体评价和判断的整套要求和标准。拥有良好的组织形象，不仅表明该组织有着良好的公共关系状态，还表明其拥有一笔非常可观的无形财富，是组织有形资产和无形资产有效综合运用的结晶。作为当今世界最大的快餐店连锁集团——麦当劳公司的成功，很大程度上得益于独特的企业形象战略。麦当劳公司的经营理念是 QSCV，即品质、服务、卫生、价值。自 1962 年起，麦当劳一直采用金黄色的“M”招牌，它像两扇打开的黄金拱门，象征着快乐和美味；作为麦当劳标志之一的麦当劳叔叔，象征着祥和友善，象征着麦当劳永远是大家的朋友，是社区的一员。麦当劳进入中国已有 20 多年的历史，金黄色的“M”已经深入人心。

2）国际化合作战略

树立良好的国际形象是各组织国际公共关系的基本目标。如何在树立良好国际形象的基础上促成与目标公众的合作从而促进该组织的更好发展，是现代组织对国际公共关系更深层的要求。同样，国际经济发展、社会进步的背后，都存在着一系列的问题亟待解决，而这些问题都是国际性的、全球化的，世界的每个国家每个角落都存在的。比如环保、人口膨胀、战争与和平、人权与主权等问题，已非一个国家和一个民族所能解决，必须通过全球性、跨文化的传播沟通达成共识，在此基础上，制定国际化的标准，靠全人类通力合作来加以解决。公共关系在解决这类问题的过程中，是具有独特作用的。作为当今世界一个负责任的大国，如何通过国际化的沟通与合作去解决这些问题，是我国政府、企业、社会团体及其他各类组织开展国际公共关系活动的重要使命。

因此，现代化的国际公共关系主体必须学会如何整合与优化国际公共关系资源，即：整合优化目标公众国家政府的制度、政策和法律资源，能够获得这些资源的支持对于组织在该地区立足和生存有重要的帮助；整合优化国际相关组织资源，能够得到第三方力量的帮助；整合优化人脉资源（特别是知名人士），能够起到助推剂的作用；整合优化竞争对手和合作伙伴资源，能够补充和优化自己；整合优化国际传播资源，能达到更好的宣传和包装效果。

4. 机遇与挑战并存

改革开放以来，特别是进入21世纪以来，国际、国内形势发生了重大变化，中国公共关系业迎来了快速发展时期。

国际上，世界出现多极化趋势，中国提出的和平、合作、发展、共赢的发展理念得到国际社会的认同，中国各类组织在国际上的广泛参与，以及众多华侨华人在国际各领域的卓越成就，使我国无论是在以经济为代表的硬实力方面还是在文化建设、国家形象等软实力方面，在国际舞台上都发挥着重要作用。

在国内，随着我国经济社会各方面建设全面推进，综合国力不断加强，各级政府、企事业单位、社会团体等对公共关系的了解日益加深，并已经引入和建立公共关系专业服务。中国的国际公共关系行业有了长足的发展，众多的本土公关公司、公关协会、公关部门都已经有十几年的历史，积累了较为丰富的经验，在国际范围内已具备一定的影响力。近年来奥运会、世博会的成功举办，城市形象的成功推广，各种新媒体的出现，给我国国际公共关系的发展带来了前所未有的机遇。

然而，机遇总是与挑战并存。公共关系在我国只有20多年的发展历史，国际公共关系的出现时间还要稍微短些，与世界其他国家相比，我国公共关系的成长还比较稚嫩，社会对公共关系价值的认识还有待于进一步提高，专业服务水平、地区间发展的差异、人力资源、社会资源等瓶颈仍然制约着公共关系的发展。现今，国际公共关系出现了很多变化，需要专业服务的领域越来越多，应用的范围和领域变得更大更广泛，因此，我国的国际公共关系的发展在专业化、职业化、规范化方面都面临着严峻的挑战。

（1）国际公共关系的专业水平还有很大的提升空间，必须提高进入此行业的门槛，切实制定出国际公共关系服务专业化的长效机制。

（2）公共关系人才缺少，特别是国际公共关系人才稀缺。要促进国际公共关系发展，就必须有一大批资深专家，还要培训出能够持续跟进的专业人才。

（3）经过金融危机冲击的后金融危机时期，组织更加注重技术的创新、理论的创新。新技术、新手段、新理念将大量运用到公共关系领域中去，它们将完成对公共关系传播、沟通和管理的方法与手段的调整、更新，公共关系将更为丰富多彩。

（4）中国国际公共关系事业的发展，要求中国公共关系教育更加科学化和规范化。一方面，市场迫切需要大量的公共关系人才，尤其是复合型的国际化的公共关系人才将大受欢迎；另一方面，社会化的公共关系教育与培训将有增无减，在公共关系行业发展的推动下，在规范化的高等教育的引领下，全社会的普及型及提高型的公共关系教育与培训将有规模、有系统地交叉运行。

18.2 国际公共关系活动

18.2.1 国际公共关系的原则

国际公共关系所涉及的活动内容和范围，要远远超过一般的国内公共关系，它不是国内公共关系的简单延伸，因此应遵循以下特有的原则。

1. 以维护国家形象、保护国家利益为核心

当一个组织在开展国际公共关系活动时，无论这个组织是政府、企事业单位还是社会团体等，虽然具有一定的独立性，但毕竟是国家的一部分，某种程度上代表着整个国家，因此，都必须顾及国家的整体利益、尊严和形象。如果没有国家的尊严和形象做后盾，那么每一个组织开展公共关系活动时同样没有尊严和形象；应当明白每一个组织与国家是一荣俱荣、一损俱损的血肉相连的关系。因此，维护国家形象和利益是每个组织在从事国际公共关系活动时所必须遵守的核心原则。

2. 诚实信用

诚实信用原则是开展国际公共关系活动的首要原则。国际公共关系活动的目标是建立组织与国际公众之间的良好关系，而良好的公共关系的建立和维持就必须以互相信任、互相尊重、诚实守信为基础。诚实信用是公共关系伦理的核心内容，无论是开展国内公共关系工作，还是开展国际公共关系工作，都必须实事求是，客观、全面、公正地向公众提供信息。一个组织只有把自身塑造成为一个诚实守信的形象，才能取信于公众。如果没有对事实的准确把握，那么组织开展的公共关系活动也就失去了基础。弄虚作假的行为一旦被戳穿，对公众关系的破坏将是致命的，对组织形象的损害也是严重的。诚实信用是赢得信誉的第一步。

3. 平等互利，互相尊重

世界各国的风俗习惯、语言、社会制度、意识形态、地理环境、发展水平有很大差异。无论大小国家、经济发展的好坏、组织的强弱都要一视同仁，既不能嫌贫爱富也不可持强凌弱。应该像对待本国的同行和公众一样，平等地对待外国的同行和公众，这是尊重人权最基本的表现。在国际公共关系中活动中，能否平等待人、相互尊重，关系到国际公共关系活动的成败，从而影响组织的国际形象。

在主客双方彼此平等的基础上，公共关系的建立和维持从根本上是以利益为纽带，在实现本组织目标和利益的同时，又使公众受益，这就要求组织“以公众利益为导向”，把公众的利益视为最重要的因素予以考虑，把能否充分满足公众的利益作为组织公共关系活动的目标导向。组织的利益与公众利益从根本上讲是一致的，但有时也会出现矛盾，当这种矛盾难以协调时，组织应当从长远、整体利益着想，甚至不惜牺牲自身的短期利益和局部利益，以满足公众利益。因此，在国际公共关系活动中既要考虑本组织的利益，又要兼顾公众利益，使双方互利互惠，实现共赢。反之，即使双方勉强建立合作关系，也不会持久和稳固。

4. 遵守国际惯例

在开展国际公共关系工作时，各行业各领域都有自己独有的成文和不成文的规则即国际惯例。国际惯例植根于国际交往实践中，是在长期反复实践中逐步形成的某一特定领域内的习惯性做法或通则。国际惯例不是一成不变的，随着科学技术的发展和社会进步，原有的惯例不断地完善，新的惯例则在频繁的国际交往中应运而生。中国国际公共关系发展的时间还不长，对国际公共关系活动中的惯例了解得还不多。随着国际交往的日益增多、国际公共关系活动的大量开展，我国各类组织能够更多地熟悉和掌握有关的国际惯例。每个组织在坚持自身特色的同时必须遵守这些基本规则，不遵守规则的行为必将受到谴责和惩罚。

成文的国际惯例，即由国际组织或学术团体对不成文的惯例进行解释、整理编纂后的成文形式，它具有条理性、明确性和稳定性。如国际商会于 1933 年制定的《统一惯例》，1936 年主持制定的广泛适用于国际货物买卖当事人双方权利与义务的《解释通则》；国际法协会制定的《华沙—牛津规则》；国际海事委员会制定的《约克·安特卫普规则》；联合国国际贸易法委员会主持制定的《仲裁规则》与《调解规则》；联合国经济及社会理事会主持制定的《跨国公司行为规则草案》；联合国贸易与发展会议经过多年努力整理而成的《国际技术转让行为规则草案》等。不成文的国际惯例，即在国际公共关系活动中约定俗成的规则，通常为国际社会普遍认可，并像遵守所在国家和地区的法律法规一样自觉遵守。例如，在向社会公众广泛传播信息的过程中，注意保守组织或客户的商业机密；公共关系职业性服务机构要在公平竞争的基础上寻求公共关系项目，不得向自己已有客户的竞争者提供服务等。

5. 内外兼收，综合运用

国际公共关系活动面对复杂的国际环境，如何充分开发信息、积极传播信息、有效地使用信息，从而获得公众的理解和支持，达到组织目标的实现，是现代国际公共关系必须解决的一项课题。科学技术的飞速发展，各种技术、手段、理念的快速更新，各种文化、各学科互相渗透彼此融合地推动国际社会的巨大变化，已是大势所趋。立足于此，国际公共关系作为一种实用的技术和理论，一方面，要整合兼收各种相关学科的知识，如现代管理学、地理环境学、市场营销学、信息传播学、国际广告学等；另一方面，要充分合理利用报纸、杂志、广播、电视、户外宣传等传统媒体，加大对互联网、移动电视、手机、IPTV 等新媒体的应用，向国际公众传递组织信息。纵观世界上成功的国际公共关系案例，无一不是综合灵活运用各种手段、多元传播的结果。

18.2.2 国际公共关系活动的内容

本章在前面对国际公共关系的主客体已经有粗略的涉及，本节做一下具体详细的分析。不过需要说明的是：在分析国际公共关系主客体时，因为现代国际公共关系所涉及的领域繁多，各种组织及其所对应的目标公众多种多样，难以界定和划分清楚，所以并不局限于具体地研究国际公共关系的主体、公众对象，而是抽象出一般意义上的本国组织及与之相对应的目标公众作为主体，也就是基于普遍意义上的论述。

1. 国际公共关系主体

从事国际公共关系活动的主体是多层次、多方面的，包括政治、经济、科技、文化、民间社会团体等各种组织机构，难以明确地界定和划分清楚具体的公共关系主体。一般而言，国际公共关系主体指的是与国外公众发生交往关系的一国组织。从西方国际公共关系主体看，有工商企业、公共关系公司、文化团体、宗教团体、政治组织和军事组织等，各行各业的社会组织都在进行广泛的对外交往；从我国目前的情况看，从事国际公共关系活动是以营利性组织为主，非营利性组织（各种民间社会团体等）参与的还不是很多。现将经常参加国际公共关系活动的我国主体性组织简单分类如下。

（1）政府对外管理机构。主要是各级政府的外事部门、对外经济管理部门及招商引资部门等。在处理对外事务时，运用国际公共关系加强与国外公众的沟通协调，多带有较强的国际公共关系性质。

（2）金融信托组织。主要是指存储、借贷外汇的银行系统，如中国银行及其在世界各地的分行、中国投资银行、中国国际信托投资公司、中国工商银行国际业务部等，它们与国际客户进行广泛的业务交往，是我国的贸易公司及进出口商、合资企业等和外国客户进行经济往来的国际贸易信用中介，是各类公司和企业的押汇、托收、担保和各种证券处理的承担者。

（3）对外贸易组织。无论在何种经济体制下，对外贸易公司或进出口商都是本国对外经济贸易往来的主体。它们直接参加世界市场的经济活动，广泛地接触外商和外销产品的消费者，精通国际公共关系的技巧，国际公共关系活动是其实现盈利的关键。

（4）跨国和外向型企业。当今，中国国内的中外合资合营企业发展迅速，在这些企业的经营管理活动过程中，中方不仅要与外商或参与管理的外国企业家协调好关系，而且要参与产品的外销活动，因此必须要用到国际公共关系；专门生产外销产品的企业在开拓国际市场和维持国际市场占有率上也必须运用国际公共关系；实力比较雄厚的国内企业，通过各种渠道运用国际资源组织产品生产，进行跨国经营，更需要运用国际公共关系在风云变幻的世界市场上立于不败之地。

（5）专业从事国际经济信息咨询及公共关系服务的机构。如国际经济信息咨询公司、国际广告公司、国际公共关系公司。

（6）对外旅游服务机构。包括涉外宾馆、酒店、旅行社、民航、海运交通部门等组织。国际旅游业已经成为许多国家外汇收入的一个重要来源。这些组织主要分布在重要的旅游城市中，国际公共关系在这些组织中为其树立良好国际形象，吸引外国客商和游客，并提供高质量的服务，从而实现组织目标。

（7）科教文卫、民间社团组织。随着我国对外开放政策的实行、市场经济的发展，我国越来越多的科技、教育、文化、卫生及各种民间社团组织纷纷走出国门参与到各种国际交往当中，国际公共关系活动成为它们的开山利刃。

2. 国际公共关系的客体

国际公共关系的客体是指与主体组织的国际公共关系相关的国际公众。国际公众，即与特定的国际公共关系主体相互联系、相互作用的个人、群体或组织的总和，是国际公共关系工作的对象。国际公众是社会组织为发展国外业务，扩大国际影响所面临的并与之存在某种关系的非本国国籍的个人、群体或组织。

与一般的国内公众相比较，国际公众有着一系列的特点。例如，国际公众处在不同的社会环境、文化氛围和政治制度中，他们的信仰、利益、兴趣、态度要比国内公众更复杂，更容易受国际环境的影响发生变动。同时，他们也具有一定的同一性和可沟通性、传播性。要深入细致地分析、研究和把握国际公众所独有的特点，必须结合国际公众的分类。

1）按照国际公众对组织的重要性划分

（1）首要公众，是指那些对组织的生存和发展具有直接和重要影响的公众，如顾客或消费者、股东、经销商等。

（2）次要公众，是指那些与组织不存在直接的业务或利益上的关系，但对组织的生存和发展有一定程度影响的公众，如社区、新闻媒介、政府部门等。

2）按照国际公众对组织持有的态度划分

（1）善意公众，是指那些对组织有一定的了解，并抱有很大的希望，对该组织的行为和目标持赞赏、支持、合作态度的公众，也叫支持公众。一个组织的善意公众越多，说明该组织的国际公共关系处于越有利的发展环境之中。

（2）独立公众，是指那些对组织的行为和目标持中立态度，或尚未表态、持观望态度的公众，也叫中立公众。独立公众存在两种转变的可能，要么转化为善意公众，要么转化为敌对公众，因此，组织不能忽视独立公众，要在掌握稳固善意公众的前提下，尽力争取独立公众逐步完成向善意公众的转变。

（3）敌对公众，是指那些对组织的行为和目标持反感、敌对或不合作态度的公众，也叫仇视公众。无论何种原因，敌对公众的存在对组织的发展总不是好事，当敌对公众达到一定规模时，对组织的发展就会构成威胁。组织应当及时了解情况，分析原因，采取危机公共关系的手段，缓和、化解矛盾和冲突。

3）按照国际公众的发展过程划分

（1）潜在公众，是在目前还没有与组织形成明朗的利益关系，但随着条件的变化，组织为谋求发展而进一步挖掘有可能与组织发生交往关系的那类公众。

（2）现实公众，是与组织已经存在明确的、现实的利益或需求关系的那类公众，它是由潜在公众逐渐转化而来的。

潜在公众向现实公众转化的过程，是由组织的发展思路和发展方向决定的。也可以说，由潜在公众转变为现实公众是组织不断发展的结果。因此，组织必须认真地分析和定位自身之后，方能界定自身所需公众的范围，抓住现实公众，积极预测和培育潜在公众。只有潜在公众多于现实公众，并源源不绝地向现实公众转变，组织才拥有更广阔的发展空间。

3. 国际公共关系活动的基本内容

一国组织的国际公共关系活动目的在于树立良好的组织形象，加强与国际公众的沟通与交流，争取他们的支持，建立和形成良好的关系。

（1）监测环境。了解国际公众所在国家、所在地区的公民需求、文化传统、价值观念、政治与经济情况及他们对组织所持的态度。

（2）预测分析。在监测的基础上进行分析和预测，特别是一些不确定的因素，更应该予以重点考察、分析和预测，预测分析可使本组织在国际公共关系活动的开展中更具有针对性。

（3）组织宣传。依据监测环境反馈的信息进行分析和预测，结合本组织实际制定策略，宣传组织的宗旨，树立组织的国际形象，并努力消除国际公众的敌意、抵触和排外的情绪，协调和沟通与国际公众的关系，争取他们的认同和支持。

（4）具体实施。在这个阶段，组织按照之前监测分析结果所制定出的战略，有目的地举行记者招待会、举办产品展销会、组织参观、组织纪念活动、开展文体活动、支持赞助当地社会的发展计划、参与当地福利和慈善活动等，使目标国政府、有关人士，特别是国际目标公众了解本组织，增强对方对本组织的好感与信任。

（5）日常国际公共关系活动。组织开展国际公共关系活动不只是一时的公关，日常的国际公关事务也是大量的、多方面的，如收集汇总各种信息资料，编制印刷组织宣传刊物、视听资料等，还包括日常的迎来送往、参观访问、投诉、建议、节日拜访等内容。

（6）危机处理。危机处理即危机公共关系。相关内容已在第14章“公共关系危机处理”里详细论述，此处不再详述。

（7）注重人脉资源的利用。中国人特别注重讲人情，在国际公共关系中更应该发挥这一文化的作用，加强与所在国公众代表、社会名流的社会交往，同时充分利用国际舞台上知名华侨、华人的力量，则更加有助于推广组织良好的国际形象。中国新闻社课题组发表的《二〇〇八年世界华商发展报告》显示，改革开放30年来，从中国大陆走向世界各地的新华侨、华人总数超过600万人，目前有4 800万华侨、华人分布在世界各地。如何开发和利用好丰富的人脉资源，是中国国际公共关系组织发展的又一个新课题。

18.2.3 国际公共关系运作的程序

国际公共关系活动的具体运作程序与一般公共关系没有太大区别。美国著名公共关系学专家卡特利普·森特在与他人合著出版的《有效公共关系》一书中就提出了公共关系操作程序——“四步工作法”，这一理论至今仍被中外公共关系学界所普遍接受。“四步工作法”是从公共关系调查、公共关系策划、公共关系实施、公共关系评估四个阶段进行的。但国际公共关系活动所面临的环境和公众更复杂易变，在具体操作时，只有把握住其特点才能取得实效。

1. 国际公共关系调查

国际公共关系调查是收集、分析和研究与组织有关的各种国际信息，为制订科学、合理的公共关系活动方案提供可靠依据。它侧重于调查国际公众和国际社会的情况，帮助组织时刻掌握国际环境的种种变化，以便有针对性地开展国际公共关系活动。

国际公共关系调查的内容，是指与组织密切相关的各种国际信息。主要包括以下几个方面。

（1）组织相关的国际社会环境。国际上或目标公众国家对组织公共关系活动产生直接或间接作用的政治、经济、文化和法律环境等。

（2）组织面对的国际公众的情况。组织开展国际公共关系活动的最终目标是具体、特定的公众，既有个人又有组织机构。只有了解和认识公众，才能提高公共关系活动的针对性和有效性。主要包括：公众的数量、类型、分布；公众的需求、动机、行为；公众的宗教信仰、教育程度、风俗习惯；公众的经济水平及消费的需求、结构、习惯；公众对组织的态度、认知、评价；公众的价值观、审美观、道德风尚；公众的媒体接触范围、种类、频率等。

（3）组织自身状况调查，在组织自身状况调查中，一般包括组织的性质、定位、特点、发展方向及组织在国际上的知名度和美誉度等。

（4）传播环境的调查。在进行国际公共关系活动中，传播媒介及其在公众中的影响力应列为重点调查内容，从以下方面入手：大众媒介——电视台、广播电台、报刊（种类、数量、分布）等；媒介的组织结构、职能、分工、运作程序；媒介管理的法律、法规；媒介的价值取向、经营策略、报道方针；媒介的收费标准；媒介负责人的基本情况；新媒体的接受和使用程度等。

国际公共关系调查的方法与一般公共关系大同小异，主要是根据不同情况采取不同的方法，只有运用的方法和情况相匹配，调查的结果才能更准确。常用的调查方法有：访谈调查法、文献调查法、问卷调查法、委托调查法、现场调查法等。

2. 国际公共关系策划

国际公共关系策划是国际公共关系活动的核心和关键环节。从调查研究的结果看，国际公共关系策划是运用知识和智慧，构思和设计公共关系活动方案的过程。国际公共关系策划要解决的主要问题是：公共关系活动的目标、内容、对象、策略、时机、方式及相关的媒介等。

1）国际公共关系策划的内容

（1）国际公共关系活动目标策划。这是指公共关系人员在大量的调研和运用各种科学方法、经验的基础上，来确定组织开展国际公共关系活动所要达到的目的或成果，是对目标的选择与定位的过程。

（2）国际公共关系活动主题策划。它是国际公共关系活动目标的具体化，是对国际公共关系活动内容的提炼和高度概括，指导着整个公共关系活动的进行，连接各项目、各程序，是公共关系活动的灵魂。

（3）国际公共关系的传播策划。组织要想有效地将信息传递给特定的国际公众，就要制定恰当的传播程序，选择合适的传播渠道，围绕国际公共关系活动的目标开展工作。

（4）国际公共关系活动方式策划。具体活动以何种方式开展更符合实际情况的要求，更符合国际公众的口味，更容易对国际公众产生积极影响，都是基于调查分析的结果。

（5）国际公共关系活动经费预算。按照确定的目标，将完成任务所需的经费一一列出，编制详细的预算表，做到量力而行，高效使用。

（6）国际公共关系时机策划。公共关系活动内容、时机不同，效果截然不同。公共关系人员要善于审时度势，抓住机会，甚至创造机会。有的时机是可预先选定的，如国际性的节假日、国际性的文体赛事；有的时机却是偶发的或“天赐”的，需要公共关系人员及时捕捉。

2）国际公共关系策划的步骤

根据国际公共关系活动策划的内容，策划步骤也基本清晰。

（1）确立国际公共关系活动的目标和主题。

（2）分析研究国际公众的民族文化背景，寻找最佳切入点。

（3）分析研究可以利用的媒介渠道，选出既经济又合适的传播手段和方式。

（4）进行国际公共关系活动经费预算。

（5）选择最佳时机。

3. 国际公共关系活动实施

国际公共关系活动实施是将活动策划的内容转变成现实的过程，具有较强的操作性、应用性；再完美的公共关系策划方案，也只有借助于强有力的实施才能充分实现其价值。因此，在实施过程中应注意以下几个环节。

（1）正确地选择国际公众对象和传播渠道，对策划进行必要的补充和调整，采取一定的保障措施及时排除实施中的障碍。

（2）国际公共关系活动的实施过程，也是信息传播的过程。因此，组织必须根据国际公众的特点，精心设计和准备国际公共关系信息，使其符合他们的习惯和口味，使他们容易理解和接受。

（3）国际环境变幻莫测，国际公共关系活动实施常会发生与实际相脱节的情况。这就要求组织能够立即分析产生问题的原因，及时采取措施，保证活动的有效实施。

4. 国际公共关系评估

国际公共关系评估是根据特定的标准，对公共关系的调查、策划、实施及效果进行检查、评价和总结，以判断其优劣的过程。它既是国际公共关系“四步工作法”中的一个独立环节，同时又贯穿于其他三个环节中，通过评估、反馈，进一步完善国际公共关系计划和方案，为后续的国际公共关系活动提供借鉴和指导。

国际公共关系评估的内容十分广泛，不同活动的评估内容和标准都大不相同，但一般都涵盖以下几点。

① 活动是否覆盖到目标公众，是否成功地影响或改变了这些公众对组织的态度、观点和行为，推进了组织总目标的实现。

② 量化活动效果指标，对组织国际公共关系活动所取得的效果进行量化。

③ 分析传播渠道的作用，应从传播渠道的选择适当与否及宣传的质量、效果如何两方面来考察。

④ 国际公共关系活动初期调查研究是否准确无误，策划是否合适可用，经费预算是否合理，组织在本次活动中积累了哪些经验教训等。

如前所述，组织的性质和功能的不同决定了其国际公共关系活动评估渠道的不同。当然，评估的效果也不尽相同。但一般来说，评估主要通过以下几种渠道。

① 组织内部的各种材料。如对统计报表、财务活动分析、公众信访记录、会议记录、简报、工作报告和总结、大事记、工作人员的工作日记等公共关系活动中形成的各种记录材料，予以汇总整编，按照评估指标体系作出评价。

② 收集分析材料。效果评估是在广泛收集各方面反馈信息的基础上进行的。组织可通过各种相关的评论、报道、公众来信、专家咨询及社会调查来收集反馈信息，从中分析该活动对国际公众的影响。

③ 传播媒介效果评估。综合分析关于活动的媒体关注度，如新闻报道的角度、媒介的层次和覆盖面、版面的位置及报道次数、时数、篇幅等。

④ 专家评估。为了弥补组织自我评估的缺陷，提高评估的准确度，可以聘请专家学者对组织国际公共关系活动的效果进行全面客观的评估，以此作为或部分作为组织活动评估的参考。

上述国际公共关系活动操作的“四步法”是组织在开展国际公共关系活动时的基本方法，随着国际公共关系事业的发展和繁荣，国际公共关系活动的操作方法也在逐步丰富和更新。

18.3 国际公共关系中的交际礼仪

国际公共关系活动是一种国际间的交往活动，国际公共关系礼仪实质上是一种国际礼仪。国际公共关系礼仪反映的是一个组织的文明素质和形象，遵守国际礼仪对于提高国际公共关系活动中人际交往的效果有重要的作用。因此，各组织只有了解各国的历史文化、公众心理、礼仪礼节和各国、各民族的风俗习惯，才能使公共关系工作更有效。

18.3.1　日常交往中的基本要求

1. 遵时守约

中国有两句名言："时间就是生命，浪费别人的时间就是在谋财害命。""言而无信非君子。"可以看出我国对时间和诚信的重视（程度）。同样，在发达国家人们的时间观念更强，特别要注意遵时守约，讲究诚信。过早到达，会使主人因准备未毕而难堪；迟迟不到，则让主人和其他客人等候过久。因故迟到，要向主人和其他客人表示歉意；万一因故不能应邀赴约，要提前告诉主人，并以适当方式表示歉意。迟到和失约都是很严重的失礼行为。

2. 言谈举止端庄得体

言谈是国际公共关系交往中最基本、最常用的沟通手段。第一，见面时的称呼要得体。不同的国际交往场合，称呼也是不同的。根据不同的场合灵活合理地运用称呼，能够令对方记忆深刻、易于接受自己，方便沟通交流。第二，言谈内容要得体。要根据对方的身份、文化背景和喜好选择合适的内容，寻找共鸣点，不能说假话、粗话。第三，言谈时表情要放松自然，配合适当的体态语言予以辅助。第四，言谈风格要做到朴实与文雅、直率与含蓄、简明与丰富、庄重与和谐的统一，同时还需根据不同的交谈对象把握合理的尺度。

在非言语交往过程中，人的举止动作是最基本的媒介，得体而规范的举止可以传达信息和表达思想感情。举止要落落大方，端庄稳重；表情要自然诚恳，温和可亲，表现出良好的教养和气质。

3. 尊老爱幼女士优先

尊老爱幼是中华民族的传统美德。在国际日常交往中，应继续发扬尊老爱幼的优良传统，更应注意尊重女士，礼让优先。女士在男士面前，处于尊者地位，享受相应的礼仪待遇。女士优先是国际社会公认的一条重要的礼仪原则，也是体现教养水平的重要标志。女士优先在欧美各国很讲究，尤其是英国。在社交场合，每一名成年男子都有义务自觉地以自己的实际行动去尊重、体谅、照顾女士，而且还要想方设法、尽心竭力地去为女士排忧解难，体现绅士风度。例如，上下楼梯、上下车、进出电梯、就餐、就座之前等均请老人、女士先行，并主动予以照顾；同行时，男士应主动帮助女士提拿重物，男士应走在女士的后面或左面，不熟悉的地方应予以引导；与老人、女士同桌用餐时，男士应主动照顾，帮他们入席、离座等；在国际交往中有以右为尊的规定，在座次上，一般都必须将女士的座位安排在男士的右边，显示其身份的尊贵。

4. 尊重各国各民族的风俗习惯

由于不同国家不同民族历史、文化的差异，形成了各国各民族不同的风俗习惯，成为日常国际公共关系交往中的严重障碍，如果处理不当就会伤害对方的情感。尊重各国各民族的风俗习惯，就需要加强学习研究，详细地了解各国各民族的风俗习惯，以备待用。

18.3.2 日常交往中的基本礼仪礼节

1. 介绍

介绍在国际交往活动中是不可缺少的环节，无论是自我介绍还是为他人介绍，在顺序上通常是：先把社会地位低的人介绍给地位高的人、先把年轻人介绍给年纪大的人、先将男士介绍给女士。一般情况下，被介绍者应起立，以微笑相迎；接受介绍者应以热情、亲切、仰慕的态度回应，或以微笑、点头示意，边讲边握手等。

2. 握手

双方见面互相介绍时，按国际惯例一般行握手礼，应注意握手的顺序和基本要求，并注意点头致意。与客人握手时，一般是接待方人员先向客人伸手、年长者主动向年轻者伸手、身份高的人向身份低的人伸手、女士主动向男士伸手。如果对方身份较高，而且没有主动伸手，就不要主动向高身份的人伸手，男士不要主动向女士伸手，有礼貌地点头或微笑致意即可。如果需与多人握手，不要交叉握手。行握手礼时，外宾由于国籍、习俗的不同，可能还要行不同的拥抱礼、亲吻礼、鞠躬礼、吻手礼等，均应作相应表示，不可推卸或表现勉强。

3. 称呼

称呼一定要根据对方的身份、年龄、职业、地位和场合等具体情况而定，力求准确适当。在一般的国际交往中称呼包括先生、女士、夫人、小姐等，对于地位较高的官方人士则要称其“阁下”。国际交往的人员身份五花八门，要做到称呼得当，必须做到谨慎、细致、灵活。

4. 送礼

在一般的国际交往中，有时需要赠送一些小礼品，这既不是满足某人的欲望，也不是显示自己富有，而是为了加深感情，以及表示对友人的祝贺、慰问和感谢。在选择礼品时，要挑选一些物美价廉、有一定纪念意义、有民族特色、有艺术价值的礼品，即使人一看就十分喜欢的小礼物。送礼时，一般应当面赠送，礼品要用礼品纸包装好。

5. 用餐

宴请用餐是国际交往中重要的组成部分，用餐礼仪也是需要特别注意的。应正确把握宴请的性质、自身所处的位置和角色，不同情况下对用餐礼仪的使用也有所不同。按国际惯例，用餐礼仪是：① 不要用自己的筷子给外宾搛菜，也不要反复劝菜，只要向外宾介绍中国菜的特点即可，吃不吃由他。② 给外宾敬酒也要适量，不要反复劝酒，切忌饮酒过量。③ 无论是吃菜还是喝汤，都不要发出声音。如果汤很烫，不要用嘴去吹，可过一会儿再喝。喝汤时用汤匙，不要啜，也不要端碗而饮。④ 如果吃西餐，就要注意餐具的用法——左手拿叉、右手持刀。用刀将食物切成小块，用叉将食物送到嘴里，不要用刀直接将食物送进嘴里。取用刀、叉应按由外向内的顺序，注意不要使刀、叉相互碰撞、叮当作响，刀、叉也不要在手中飞来舞去。⑤ 进餐过程中，不要吸烟，不要紧靠椅背或紧贴桌面。⑥ 咳嗽、剔牙时，要用手或餐巾遮口。⑦ 交谈时，应与同桌的人交谈，不要只与熟人说话，而不理睬其他人。⑧ 用餐完毕，刀、叉不要交叉放，并拢平放在盘中即可。⑨ 离开餐桌时，要帮助邻座的女宾或年长者移开椅子，让女宾或年长者先走。⑩ 宴会结束后，主人应与同桌外宾一一握手道别。

18.3.3 国际公共关系中的注意事项

1. 礼俗禁忌

大千世界无奇不有，各国各地区礼俗禁忌五花八门，不同国家和不同民族由于历史文化、宗教信仰和风俗习惯的不同，形成了许多禁忌。主要包括：言谈举止间的禁忌、颜色禁忌、花卉禁忌、宗教禁忌、数字禁忌、饮食禁忌等。

（1）言谈举止间的禁忌。在国际公共关系交往中，与外国人交谈，有些内容是忌讳的，不是随便可以谈的。欧美人特别忌讳谈论个人隐私，如家庭状况、婚姻状况、经济收入、年龄、家人等。举止禁忌是一种非言语禁忌，如在公共场合大声谈笑，在别人面前吐痰、挖耳、抠鼻、抓头、挠痒、打嗝、剔牙、打哈欠等，都是不文明不礼貌的。一些在中国人看来很正常的举止，却可能会被外国客人认为是无礼，甚至是犯忌的行为。需要特别注意的举止，例如，伸舌头被认为是侮辱人的举止；跷大拇指在我国是一种表示赞许、肯定的手语，但在英、美、澳大利亚、新西兰等国，还可表示要求搭车，在希腊则是要对方“滚蛋”的意思；“左手忌”是流行于阿拉伯各国及印度、缅甸、泰国等国的风俗习惯，他们认为左手是肮脏的，在赠礼、握手等活动中只能用右手。

（2）颜色禁忌。红色在我国是喜庆的颜色，但在泰国就是不吉利的颜色，因为写死者的姓氏是用红色；在欧美国家，视黑色为哀丧之色，尽量少用；巴西人认为人死好比黄叶落下，所以忌讳棕黄色；在伊斯兰国家流行绿色，但不少欧洲国家不喜欢绿色，我国少数民族几乎没有崇尚绿色的，日本人认为绿色是不祥之色。

（3）花卉禁忌。在国际交往中，一般应避免菊花、石竹花、杜鹃花和其他各类黄颜色的花，因为在大多数国家，这些种类的花是献给死者的。在欧洲许多国家流行给女士送花，但通常都是送单数花。

（4）宗教禁忌。无论是在东方还是西方，宗教都已渗透到交往礼仪的方方面面。每种宗教都有其信仰和禁忌。国际交往中，不得不考虑宗教对各国家各地区的影响。在欧美国家要考虑到基督教的影响，在中东地区要考虑到伊斯兰教的影响，在东南亚地区要考虑到佛教的影响。

（5）数字禁忌。13 这个数字是西方国家最忌讳的，如果一个月的 13 日恰好是星期五，那么这一天被认为是最不吉利的日子；一年中最不吉利的日子就是 5 月 13 日，如果这一天又恰逢星期五，那么就应该尽量避免在这个日期开展活动。在日本、韩国等东亚国家忌讳“四”，将“四”看做是预示厄运的数字。

（6）饮食禁忌。饮食的忌讳多与宗教有关，印度教禁吃猪、牛肉，牛被视为印度的“圣物”，在一般印度教教徒当中，如同恒河被视为“圣河”一样，牛也被崇拜为神物——

“圣牛”；伊斯兰教禁谈猪，更不吃猪肉；日本人不吃羊肉；俄罗斯及东欧一些国家不爱吃海鲜，忌吃动物内脏。

礼俗禁忌在社交活动和社会生活的各个方面广泛存在，组织在国际公共关系交往中必须广泛了解和尊重，只有入乡随俗，才能广结人缘，赢得公众。

2. 主要宗教节日和民间节日

1）宗教节日

（1）基督教。

圣诞节，是基督教最重要的节日，也是欧美国家一年中最重大的节日，是为庆祝耶稣诞生，定于每年的12月25日为圣诞日，12月24日通常称为圣诞夜。

复活节，是为纪念耶稣复活的节日。据《圣经·新约全书》载：耶稣受难被钉死在十字架上后，第三天复活。根据公元325年尼西亚公会议规定，复活节在每年春分后第一个圆月后的第一个星期日。

受难节，受难节是纪念耶稣受难的节日。据《圣经·新约全书》载：耶稣于复活节前三天被钉于十字架而死，这天在犹太教的安息日前一天，因此规定复活节前两天星期五为受难节，基督教多数教派都纪念这一节日。

感恩节，是美国基督教的习俗节日。起源于1621年，最初为迁居美洲的清教徒庆祝丰收的活动，于1941年起定为11月第四个星期四，教堂在这天举行感恩礼拜，家庭也举行聚会，通常共食火鸡。

（2）伊斯兰教。

开斋节，是在伊斯兰教历10月1日，我国穆斯林称肉孜节、大尔代节。穆斯林在开斋节要净身、理发、剪指甲，穿上新衣，吃枣子，到清真寺举行礼拜，互相祝贺，交换礼物，施舍礼物。

古尔邦节，在伊斯兰教历12月8日至10日，又称宰牲节，清真寺举行会礼。宰牲献祭，牲畜肉分三份，一份送亲友，一份施舍，留一份自食。亲友间互相拜会。宰牲节的意义是学习易卜拉欣经受了考验，易卜拉欣以绵羊作牺牲。

圣纪节，在伊斯兰教历3月12日，相传这天是穆罕默德的逝世日，也称“圣忌”。

（3）佛教。

佛诞节，也称浴佛节，时间是每年的农历四月初八，相传是释迦牟尼的诞生日，除了要举行浴佛法会外，还有一个盛大的“行像”庆祝活动。

佛成道节，时间是农历的十二月初八，相传是释迦牟尼成道的日子，佛教徒在这一天举行诵经、赞颂佛祖功德等纪念仪式，特别要煮腊八粥供奉。

万佛节，泰国传统佛教节日，是每年泰历三月十五日，相传释迦牟尼于这一天在摩揭陀国王的舍竹林园大殿，向自动前来集会的1 250名罗汉首次宣讲教义，泰国教徒称此日为“佛教创建日”。

2）主要民间节日

国际上的民间传统节日数目众多，被大家所熟知的主要有：新年、情人节、愚人节、泼水节、母亲节、万圣节、狂欢节、斗牛节等。

相关知识链接

国际公共关系协会（IPRA）职业行为准则

一、国际公共关系协会成员必须竭诚做到以下各条：

第一条 为建设应有的道德、文化条件，保证人类得以享有《联合国人权宣言》所规定的诸种不可剥夺的权利作贡献。

第二条 建立各种传播网络与渠道以促进基本信息自由流通，使社会的每一成员都有被告知感，从而产生归属感、责任感与社会合一感。

第三条 牢记由于职业与公众的密切联系，个人的行动——即使是私人方面的也会对事业的声誉产生影响。

第四条 在自己的职业活动中尊重《联合国人权宣言》的道德原则与规定。

第五条 尊重并维护人权的尊严，确认各人均有自己做判断的权利。

第六条 促成为真正进行思想交流所必需的道德、心理、智能条件，确认参与的各方都有申述情况与表述意见的权利。

二、所有成员都应保证：

第七条 在任何时候任何场合，自己的行为都应赢得有关方面的信赖。

第八条 在任何场合，自己均应在行动中表现出对其所服务的机构和公众双方的正当权益的尊重。

第九条 忠于职守，避免使用含糊或可能引起误解的语言，对目前及以往的客户或雇主都始终忠诚如一。

三、所有的成员都应力戒：

第十条 因某种需要而违背真理。

第十一条 传播没有确凿依据的信息。

第十二条 参与任何冒险行动或承揽不道德、不忠实、有损于人类尊严与诚实的业务。

第十三条 使用任何操纵性方法与技术来引发对方无法以其意志控制因而也无法对之负责的潜意识动机。

案例点评

雀巢咖啡的国际化战略

雀巢被誉为当今世界在消费性包装食品和饮料行业最为成功的经营者之一。从消费者的观点看，国际品牌应该意味着一位旅行者在每个国家都能找到同样的产品组成同样类型的商品。这就产生了一个疑问，雀巢咖啡是不是一个真正的国际品牌？事实上，雀巢咖啡这一品牌在世界各处看起来都是一样的，标签上的图案也可能是一样的，但产品的类型、实际的组成和口味在各国却是不同的。雀巢咖啡有100多个品种，它们的口味根据各国消费者的嗜好而改变，这使得旅行者很难识别产品。因此，或许把雀巢咖啡作为一种国际概念比把它作为一个国际品牌更为恰当，因为其所有基本元素的标准还都是一样的。

雀巢公司根据欧洲市场在未来更加一体化的趋势，就采取了这样的一种新策略：在尽力使新产品达到更大的一致性外，同时也接受品牌呈现在各地的细微差异。雀巢公司的300多种产品（不仅是咖啡）在遍及61个国家的421个工厂中生产。公司设在瑞士日内瓦湖畔的小都市贝贝（Vevey）总部对生产工艺、品牌、质量控制及主要原材料作出了严格的规定，而行政权基本属于各国分公司的主管，他们有权根据各国的要求决定每种产品的最终形成，这意味着公司既要保持全面分散经营的方针，又要追求更大的一致性，为了达到这样的双重目的，必然要求保持一种微妙的平衡。这是国际性经营和当地国家经营之间的平衡，也是国际传播和当地国家传播之间的平衡。如果没有按照同一基本方针、同一目标执行，没有考虑与之相关的所有因素，那么这种平衡将很容易受到破坏。雀巢公司的主席兼首席执行官 Helmut Maucher 先生强烈感受到：雀巢的各地公司能够最好地做出分析，判断公司在食品方面的各种产品如何适应当地的口味习惯和偏好，并兼顾到各国与食品相关的法规。

【点评】 案例中雀巢公司品牌国际化战略，对我们开展国际公共关系传播具有很高的借鉴价值。虽然我国已开展了多年国际公共关系活动并取得了一系列的经验和成果，但较西方发达国家仍显稚嫩。今后，我国想在国际舞台上占有一席之地并获得更广阔的发展空间，持续性地提升我国在各领域国际交往中的地位和威信，国际公共关系的作用将发挥重要的作用。

思考题

1. 如何理解国际公共关系的含义？
2. 列举影响国际公共关系活动开展的相关因素。

3. 开展国际公共关系活动应遵守哪些原则?
4. 简述国际公共关系的内容。
5. 你认为国际公共关系发展的趋势是什么?

案例讨论题

“联邦熊猫快递号”①

1. 项目主题:大熊猫“乐乐”和“丫丫”的“美国之旅”

2. 项目主体:美国联邦快递公司

3. 项目执行:凯旋先驱公共关系公司

4. 项目背景

美国联邦快递公司是全球最大的速递公司,成立于1973年。经过30年的发展,其业务已覆盖全球215个国家,雇员逾138 000人,服务机场365个,堪称世界运输业的领头羊。联邦快递公司于1984年进入中国,经过20年的时间,公司业务发展迅速,一年一个台阶,取得了骄人的业绩,创造了诸多业界之最。1999年11月,联邦快递与天津大田集团在北京成立合资企业大田—联邦快递有限公司,目前双方合作顺利,配合默契,为中外企业合资树立了新风。

联邦快递自进入中国以来,做了许多增进中美人民友谊的义举。曾多次参与援助中国的贫困和受灾地区,运送医疗设备和物资。2003年4月7日,它资助中美两国政府间关于动物保护及研究计划,用喷饰一新的麦道-11型专机“联邦熊猫快递号”,无偿将来自上海的四岁的雄性大熊猫“乐乐”和来自北京的两岁的雌性大熊猫“丫丫”从北京运送到美国田纳西州的孟菲斯动物园落户。两只大熊猫将在美国生活十年,成就了熊猫作为“外交大使”的名气。

5. 项目策划和设计

1) 目标

(1) 进一步使人们认识联邦快递在提供快捷可靠速递服务方面所处的全球领导地位;突显中美间快递服务的亮点。

(2) 以大熊猫运送强调联邦快递无人可及的可靠服务、完善的追踪系统,以及运送特殊稀贵货物的操控能力。

---

① 资料来源:中国公关网2008-4-28 17:04:59.

(3) 强化联邦快递对中国市场所做的努力和对中国市场的长期承诺。

(4) 展现并提升联邦快递资助此次运送大熊猫项目及其在中美两国所做的其他社会公益项目，为联邦快递树立良好的企业公民形象。

2) 战略

(1) 提前一个月在北京召开新闻发布会，公开宣布联邦快递即将运送大熊猫到美国的活动，以引起媒体对于大熊猫运送活动的关注。凯旋先驱邀请了颇具影响力的全国性的商业及相关行业和广受公众喜爱的媒体参加此次新闻发布会。

(2) 把电视传播确定为此次活动宣传的一个重要方面。这不仅是因为大熊猫在镜头前的友善形象，还在于体现联邦快递有能力运送像大熊猫这样的在世界上濒临灭绝的物种。与此同时，电视传播能迅速构筑起中美两国间牢固的交流纽带，并充分利用视觉效果确保地球的两端能紧密联系在一起。

(3) 电视传播也被确定为吸引美国公众关注此项活动的一个基本途径，可从中国将影像资料通过卫星传送到美国。这意味着在大熊猫被运送出境之前，有关电视节目已经在美国播出了。

(4) 在北京机场组织大型的欢送仪式，届时邀请一些国内外重要的新闻媒体，最大限度地吸引媒体对此事的关注并进行大篇幅报道。

(5) 针对联邦快递亚太地区总裁简力行的来访采取媒体专访的报道形式。对外传播的主要信息集中于联邦快递加强中国市场业务的承诺；运送特殊贵重货物时所表现的超凡能力；公司在中国的良好企业公民形象，以及公司对正在受非典侵袭的中国所表示出的信心，公司坚信中国将挺过这次“非典”危机。

(6) 开设专门网站（www.fedex.com/pandas），对大熊猫的运送情况进行追踪报道，以在活动中不间断地吸引公众的关注，并以此证明联邦快递高超的货件追踪能力。通过访问此网站，公众可以了解到运送大熊猫的最新情况，并且在4月7日全天能随时追踪到大熊猫的行程。

6. 项目实施

1) 事前新闻发布会

(1) 在运送大熊猫前一个月在北京举办一次新闻发布会，提前宣布联邦快递运送大熊猫至美国的活动，吸引媒体对此事的关注。

(2) 除邀请在北京的全国性及北京地方媒体参加此次新闻发布会外，还专门邀请了上海和广州的极具影响力的媒体出席新闻发布会，以此扩大联邦快递运送大熊猫到美国的影响力。

(3) 在北京、上海、广州及深圳发布有关活动的新闻稿，提前透露消息，引起媒体对此次活动的关注，并加强宣传联邦快递对社会的承诺，以及公司在运送特殊稀贵货物时所表现出的超凡的协调及运输能力。

（4）在新闻发布会正式开始之前，不断播放联邦快递2000年12月将中国两只大熊猫运送至华盛顿国家动物园的摄影片段，以引起媒体的兴趣，并进一步强化联邦快递欲传递的主要信息，表现公司长期以来对中国业务市场的承诺。

（5）时任联邦快递中国及中太平洋地区副总裁的陈嘉良先生在发言中强调联邦快递对此项目的慷慨资助以及以往联邦快递公司作为企业公民所参与的社会公益活动。

2）大熊猫起程欢送会

（1）联邦快递在北京首都国际机场举行了简短而热烈的欢送活动，欢送大熊猫“乐乐”和“丫丫”到美国生活。美驻华大使、中国外交部高级官员，以及中国动物园协会、美国孟菲斯动物园官员与联邦快递公司高级行政人员共同向两只大熊猫告别。

（2）由于机场的安全及场地限制，凯旋先驱精心挑选了24家最具影响力的30余名中外记者参加了欢送会，在停机坪前目睹大熊猫登上联邦快递为它们准备的专机——“联邦熊猫快递号”。

（3）在欢送仪式结束后，抓紧时间在“联邦熊猫快递号”前为联邦快递的两位高级行政人员安排了与重要媒体的专访，以便更有效地阐述联邦快递在运送特殊物品方面的超凡能力及联邦快递对中国市场的重视等主要信息。

（4）在大熊猫抵达美国后，凯旋先驱与联邦快递公关负责人积极与在美国的团队联系，在最短的时间内得到大熊猫抵达美国的图片。在第一时间内将图片发给国内的媒体，以便其对此活动进行后续报道。

3）电视传播

（1）凯旋先驱协助联邦快递的国际电视拍摄小组策划将联邦快递运送大熊猫的全过程摄制下来，以供不能到活动现场的电视媒体使用。主要画面包括：熊猫在北京动物园的画面、运送车开往机场的场景、欢送会和飞机起飞的过程。

（2）在大熊猫起程欢送会结束后，安排联邦快递高级行政人员与中央电视台多个频道进行专访，突出联邦快递在运送特殊物品方面的超凡能力及联邦快递对中国市场的重视等主要信息。

7. 效果评估

（1）联邦快递运送大熊猫的行动，引起了大量的高质量的媒体报道和社会的广泛关注，联邦快递公司从中获益匪浅。共有73家中国报纸和商业类刊物刊登了有关此项活动的报道。与此同时，26家主要的新闻网站向公众介绍了联邦快递运送大熊猫的全过程。

（2）除在国内进行媒体宣传外，凯旋先驱还通过与亚太区重点国家的公关团队的合作，将联邦快递运送大熊猫的消息向亚太地区的知名媒体广泛发布。在亚洲，对此项活动的电视报道的次数在41次以上，至少有1.19亿名受众观看了报道。在美国，新闻报道也是铺天盖地。

（3）在所有的新闻报道中，有70%提到了联邦快递传播的关键信息。

（4）在所有的新闻报道中，有超过30%在文章标题中提到了联邦快递的名字。

（5）除了1.19亿名电视受众，还有26 554 192人通过其他媒体报道得知了相关消息。

【讨论题】

1. 联邦快递公司为什么能够通过“联邦熊猫快递号”取得良好的公关效果？
2. 通过此案例，你学到哪些国际公共关系知识？

参考文献

[1] 布鲁姆，森特，卡特里普．有效公共关系．明安香，译．北京：华夏出版社，2002.
[2] 姚惠忠．公共关系理论与实务．北京：北京大学出版社，2005.
[3] 苗丽静．非营利组织管理．大连：东北财经大学出版社，2006.
[4] 张东娇．学校公共关系管理：公众、事务与形象．重庆：重庆大学出版社，2005.
[5] 李健荣，邱伟光．现代公共关系．北京：东方出版社，2004.
[6] 刘智勇．国际公共关系导论．成都：电子科技大学出版社，2005.
[7] 胡锐．现代公共关系原理．杭州：浙江大学出版社，2005.
[8] 袁传荣，宋林飞．公共关系学新论：组织形象管理．南京：南京大学出版社，2002.
[9] 唐钧．政府公共关系．北京：北京大学出版社，2009.
[10] 龚荒．公共关系学：原理·实务·案例．北京：北京交通大学出版社，2009.
[11] 张观发，佳玉．政府公共关系概论．北京：北京邮电大学出版社，1990.
[12] 詹文都．政府公共关系．广州：华南理工大学出版社，2004.
[13] 李祚，张东．公共关系学．北京：中国劳动社会保障出版社，2007.
[14] 黄顺力，朱仁显．现代公共关系学．厦门：厦门大学出版社，1998.
[15] 张践．公共关系：从理论到实务．北京：人民出版社，2003.
[16] 张克非．公共关系学．北京：高等教育出版社，2008.
[17] 翟向东．中国公共关系教程．北京：中国商业出版社，1994.
[18] 熊钟琪．公共关系教程．长沙：国防科技大学出版社，2006.
[19] 巴文华．企业公共关系新编．广州：中山大学出版社，2006.
[20] 江明华．企业公共关系实务．北京：北京大学出版社，1997.
[21] 陈恢忠，郭小林．公共关系学教程．武汉：华中科技大学出版社，2003.
[22] 黄昌年，赵步阳．公共关系学．上海：上海交通大学出版社，2005.
[23] 林祖华．公共关系学．北京：中国时代经济出版社，2005.
[24] 丁乐飞，翟年祥．公共关系教程．合肥：安徽大学出版社，2004.
[25] 张迺英．公共关系学．上海：同济大学出版社，2007.
[26] 吴丽兵．公共关系理论与实务．合肥：合肥工业大学出版社，2004.
[27] 李磊．公共关系实务．北京：中国广播电视出版社，2004.
[28] 周安华，苗晋平．公共关系：理论、实务与技巧．北京：中国人民大学出版社，2004.
[29] 王兴富，王中蝶．公共关系实务．北京：中国经济出版社，2002.
[30] 张水，张景云．公共关系管理．北京：科学出版社，2006.

[31] 张亚．公共关系与实务．北京：科学出版社，2004.
[32] 杨加陆．公共关系学教程．上海：复旦大学出版社，2005.
[33] 齐家福，栗宗祥，杨红波．公共关系学教程．北京：中国物资出版社，2004.
[34] 王玫，王志敏．公共关系理论与实务．北京：北京大学出版社，2007.
[35] 张荷英．现代公共关系学．北京：首都经济贸易大学出版社，2004.
[36] 马纯，张袆．公共关系学．合肥：合肥工业大学出版社，2007.
[37] 曾琳智．新编公共关系学．上海：上海财经大学出版社，2005.
[38] 陶应虎，顾晓燕．公共关系原理与实务．北京：清华大学出版社，2006.
[39] 吴友富，于朝晖．现代公共关系基础教程．上海：上海外语教育出版社，2006.
[40] 邓月英．新编公共关系简明教程．上海：复旦大学出版社，2006.
[41] 居延安．公共关系学．上海：复旦大学出版社，2005.
[42] 赵晓兰，赵咏梅，缪春萍．最新公共关系学．北京：中国社会科学出版社，2006.
[43] 潘红梅．公共关系学．北京：科学出版社，2009.
[44] 方宪玕．公共关系学教程．杭州：浙江大学出版社，1998.
[45] 朱力，任正臣，张海波．公共关系新论：理论与实务．南京：南京大学出版社，2006.
[46] 李占才．公共关系学概论．上海：上海交通大学出版社，2005.
[47] 李秀忠，刘桂莉．公共关系学．武汉：武汉大学出版社，2009.
[48] 余明阳．公共关系学．北京：北京师范大学出版社，2006.
[49] 余明阳．公共关系策划学．北京：首都经济贸易大学出版社，2006.
[50] 邱伟光．公共关系调查．上海：复旦大学出版社，1992.
[51] 边一民．公共关系案例评析．杭州：浙江大学出版社，2004.
[52] 王妙．公共关系．上海：复旦大学出版社，2009.
[53] 李兴国．公共关系实用教程．北京：高等教育出版社，2000.
[54] 陈一收．大型活动公关．北京：北京大学出版社，2010.
[55] 彭兰．网络传播概论．北京：中国人民大学出版社，2009.
[56] 刘军．公共关系学．北京：机械工业出版社，2006.
[57] 郝树人．公共关系学．大连：东北财经大学出版社，2006.
[58] 吴勤堂．公共关系学．武汉：武汉大学出版社，2007.
[59] 赵麟斌．危机公关．北京：北京大学出版社，2010.
[60] 中国国际公共关系协会．最佳公共关系案例．北京：清华大学出版社，2007.
[61] CUTLIP S M，CENTER A H. Effective Public Relations. Prentice-Hall，1982.